Josef Schenk

Droge und Gesellschaft

Mit 4 Abbildungen und 13 Tabellen

Springer-Verlag Berlin Heidelberg GmbH

Dipl.-Psychologe JOSEF SCHENK
Psychologisches Institut (II) der Universität,
D-8700 Würzburg, Ludwigstraße 6

ISBN 978-3-540-07480-9 ISBN 978-3-642-66247-8 (eBook)
DOI 10.1007/978-3-642-66247-8

Library of Congress Cataloging in Publication Data. Schenk, Josef. Droge und Gesellschaft. Bibliography: p. Includes index. 1. Drug abuse. 2. Youth and drugs. I. Title. HV5801.S327   362.2'93   75-29026.

Das Werk ist urheberrechtlich geschützt. Die dadurch begründeten Rechte, insbesondere die der Übersetzung, des Nachdruckes, der Entnahme von Abbildungen, der Funksendung, der Wiedergabe auf photomechanischem oder ähnlichem Wege und der Speicherung in Datenverarbeitungsanlagen bleiben, auch bei nur auszugsweiser Verwertung, vorbehalten. Bei Vervielfältigung für gewerbliche Zwecke ist gemäß § 54 UrhG eine Vergütung an den Verlag zu zahlen, deren Höhe mit dem Verlag zu vereinbaren ist.

© by Springer Verlag Berlin Heidelberg 1975

Die Wiedergabe von Gebrauchsnamen, Handelsnamen, Warenbezeichnungen usw. in diesem Werk berechtigt auch ohne besondere Kennzeichnung nicht zu der Annahme, daß solche Namen im Sinne der Warenzeichen- und Markenschutz-Gesetzgebung als frei zu betrachten wären und daher von jedermann benutzt werden dürften.

Herstellung: Brühlsche Universitätsdruckerei, Gießen-Wieseck

GELEITWORT

„Die Droge selbst erzwingt nicht die Abhängigkeit", und: „Nicht die Droge, sondern der Drogenkonsum ist das Problem" — diese Thesen kennzeichnen den Ansatz von Schenk: Er will den Konsum und den Mißbrauch von sog. „Modedrogen" als ein primär sozial bedingtes und sozial relevantes Problem behandeln. Die Bedingungen der Drogennahme sind in der Familie, in der Peer Group, in den Einstellungen von Staat und Gesellschaft, in den Reaktionen von Polizei und Justiz, zu suchen. Der Autor legt den Finger deutlich auf die unterschiedliche gesetzgeberische Bewertung und Behandlung des Konsums von Cannabispräparaten auf der einen, von Alkohol und Tabak auf der anderen Seite, obgleich letztere ungleich häufiger genommen werden und nicht weniger schädlich sind.

Durch den pointiert gesellschaftswissenschaftlichen und speziell sozialpsychologischen Aspekt der Problematik hebt sich Schenk vom traditionellen psychiatrischen und tiefenpsychologischen Aspekt ab, der die Bedingungen für Drogenmißbrauch vorwiegend in der Persönlichkeit des „Süchtigen" sieht und damit den vielschichtigen Fragezusammenhang einseitig in den pathologischen Bereich verweist. Die Persönlichkeitsstruktur als Quelle des Drogenabusus wird in der vorliegenden Arbeit eingehend behandelt. Aufgrund fremder und eigener Untersuchungen scheint Drogenkonsum mit Neurotizismus zu korrelieren, aber auch, wie Schenk in einer für 1976 angekündigten Arbeit berichten wird, mit sozialen Einstellungen. Freilich: „Korrelationen können nicht zeigen, was zuerst da war, die Weltanschauung oder die neurotische Störung. Die Einbeziehung auch sozialer Einstellungen sollte jedoch dazu führen, das Problem in seiner

Komplexität zu sehen und es nicht vorschnell in den klinischen Sektor abzudrängen". Es liegt in der Konsequenz seines Zuganges, daß Schenk auch den üblichen therapeutischen Maßnahmen, insbesondere der Entzugstherapie mit ihrer geringen Erfolgsquote, kritisch gegenübersteht. Weit wichtiger, weil am Herd des ganzen Komplexes ansetzend, scheinen ihm Veränderungen gesellschaftlicher und erziehlicher Einstellungen, die Prophylaxe also.

Außer dem sozialpsychologischen Grundansatz, der in dieser Form bisher noch nicht durchgeführt worden ist, möchte ich die durchgehende Wissenschaftlichkeit der Schenk'schen Arbeit hervorheben; denn gerade auf diesem Sektor sind die einschlägigen Veröffentlichungen voll von ideologischen, politischen, weltanschaulichen Vorurteilen. Schenk zitiert dazu eine Reihe eindrucksvoller Beispiele. Es ist an der Zeit, daß sich die Wissenschaft mehr und intensiver als bisher der Drogenproblematik und ihrer Epidemiologie widmet, so daß an Stelle von Meinungsäußerungen und Autoritätsbeweisen mehr und mehr methodengerecht erhobene Untersuchungsergebnisse treten können. Schenk hat mit diesem Buch m. E. ein Musterbeispiel wissenschaftlicher Drogenforschung geliefert. Er macht den Leser mit den in- und ausländischen Untersuchungen bekannt, überprüft sie kritisch und ergänzt sie durch zum Teil großangelegte eigene Untersuchungen.

Schenk hat sich als Drogenforscher bereits einen Namen gemacht. Seine Monographien und Zeitschriftenartikel lassen den erfahrenen Fachmann auf diesem Gebiet erkennen. Erwähnt seien seine Untersuchungen zur Epidemiologie, die Methodenkontrollen, die Studien zur Persönlichkeit des Haschischkonsumenten, die Massenmedienanalysen, die Überprüfung und Neukonstruktion von Persönlichkeitsskalen. Diese Arbeiten beweisen ebenso wie die vorliegende Schrift Schenks reiches Fachwissen, theoretische Stärke und strenges Methodenbewußtsein.

Dieses Buch wäre nicht entstanden ohne den Auftrag und die großzügige Förderung des Bundesverteidigungsministeriums, vertreten durch Abteilung P II 4 (Leitung: Ministerialrat Rauch). Ihm sei an dieser Stelle ausdrücklich gedankt. Diese grundlegende Arbeit von Schenk, der bei diesem Forschungsauftrag als bewährter Projektleiter fungiert hat, mag zusammen mit den bereits vorgelegten Forschungsberichten die Unterstützung der wissenschaftlichen Forschung durch die öffentliche Hand voll rechtfertigen.

Prof. Dr. L. J. Pongratz

Institut für Psychologie,
Lehrstuhl für Psychologie II,
Universität Würzburg

VORWORT

Drogenkonsum ist zumindest in bestimmten Aspekten ein soziales Problem, aber er offenbart gleichzeitig ein Problem der Wissenschaft. Der notwendige interdisziplinäre Ansatz verkümmerte vielfach zu einer Reflexion über pathologische Aspekte, deren sich Psychiatrie und teilweise die Psychologie annahmen, ohne daß ein solcher Ansatz seine Relativierung in einem übergreifenden Konzept des Drogenkonsums gefunden hätte. Dieses von einem verkürzten Forschungsansatz her vorprogrammierte negative Ergebnis gilt es zu problematisieren — nicht etwa, um dadurch zu beweisen, daß Cannabis-Konsum ungefährlich sei, sondern um auch im Bereich der Drogenforschung dem empirisch abgesicherten Argument den Vorrang vor der bloßen Spekulation oder moralischen Betrachtungen einzuräumen.

Die Wissenschaft der westlichen Welt ist durch die epidemische Entwicklung des Modedrogenkonsums, insbesondere von Cannabis und LSD, überrascht worden. Niemand wird ihr das verübeln dürfen, insbesondere auch nicht der Medizin. Cannabis-Konsum war in der westlichen Welt selten und gehörte daher nicht zum Ausbildungsplan der Ärzte. Ein Arzt war daher durch seine übliche Ausbildung nicht Fachmann auf dem Gebiet der Modedrogen, und in gleicher Weise gilt dies für den Psychologen. Die Wissenschaft mußte daher zwangsläufig mit ihren Aussagen der sozialen Entwicklung hinterherlaufen. Angesichts der notwendigen sorgfältigen Vorbereitungen wissenschaftlicher Forschung wird dies niemanden erstaunen. Um so bedenklicher ist es, daß manche Wissenschaftler unter dem Druck der öffentlichen Meinung sich zu vorschnellen Aussagen verleiten ließen, die nicht haltbar sind. Es ist daher notwendig, eine kritische Bestandsaufnahme der vorliegenden Ergebnisse vorzunehmen. Eine solche Bestandsaufnahme soll so weit wie möglich das Politische an den notwendigen Entscheidungen deutlich machen und dadurch auch zu einer Neubesinnung der Drogenforschung beitragen. Es ist gleichzeitig ein Plädoyer für eine Wissenschaft des Drogenkonsums, die nicht auf bestimmte Aspekte beschränkt bleibt und damit die Aspektivität nicht mehr zu verdeutlichen vermag, sondern die Drogenkonsum sowohl in seinen negativen wie positiven Auswirkungen in gleicher Weise wissenschaftlich darzustellen weiß. Aus dieser Sicht stellt das Buch eine grundsätzliche Kritik der bisherigen Drogenforschung dar, übergreift also das Thema der Modedrogen, exemplifiziert aber an diesen die Probleme einer möglichst vorurteilslosen Drogenforschung.

Um keine Mißverständnisse aufkommen zu lassen: Der Nachweis falscher Argumente ist noch nicht der Sieg für die Gegenseite, sondern zeigt eben nur, daß es so nicht geht. Es erscheint mir eine der vornehmsten Pflichten der Wissenschaft, entgegen dem Drängen der Öffentlichkeit die gegebenenfalls vorhandene eigene Unwissenheit einzugestehen, die nicht auf Unfähigkeit, sondern auf tieferer Einsicht beruht und damit erst die Voraussetzung für besseres Wissen schafft. Aus dieser Sicht ergibt sich sowohl für die bereits in der Drogenforschung vornehmlich engagierten Disziplinen, insbesondere die Psychiatrie, die Aufforderung nach einer strengeren Überprüfung der Forschungsmethoden, wie auch an die anderen Disziplinen, inbesondere Psychologie und Soziologie, sich stärker in diesem Bereich zu engagieren und damit zu einem interdisziplinären Ansatz beizutragen. Ein solcher Ansatz kann sicherlich nicht von dem guten Willen einer Wissenschaft allein getragen werden und setzt die aktive Kooperationsbereitschaft aller Wissenschaftsdisziplinen voraus.

Das vorliegende Buch ist Teil eines Forschungsprojektes und wird seine Ergänzung durch ein weiteres Buch finden, in dem die wesentlichen Persönlichkeitsstudien zum Drogenkonsum dargestellt werden, wobei auch auf den

Zigarettenkonsum und den Alkoholkonsum differenziert eingegangen wird.

Als Autor erscheint es mir notwendig, darauf hinzuweisen, daß dieses Buch nicht ohne die direkte oder indirekte Unterstützung anderer Personen möglich gewesen wäre. Zu danken habe ich den Professoren Graumann (Heidelberg) und Pongratz (Würzburg) für ihre verständnisvolle Unterstützung, ohne die dieses Buch nicht unter diesen Umständen und zu diesem Zeitpunkt erschienen wäre; Ministerialrat Rauch (Bonn) für seine sachkundige Förderung; für die Unterstützung bei der Erhebung und Auswertung der verwandten eigenen Untersuchungen Frau ORR Nonn, Herrn ORR Dr. Steege (Bonn) und Herrn Dipl.-Math. Rausche (Würzburg) sowie Herrn cand. psych. R. Pfister; für das Schreiben der Arbeit Frl. Honecker und das Korrekturlesen Frl. Hampp und Frl. Kuhn; nicht zuletzt möchte ich auch Frau Horn für ihren Einsatz für das Drogenforschungsprojekt danken. Ihnen allen fühle ich mich zu Dank verpflichtet.

Die vorliegende Form der Drucklegung wurde z.T. aus ökonomischen Gründen, z.T. aus Zeitersparnisgründen gewählt. Sie stellte an Autor und Sekretärin besondere Anforderungen. Es war unvermeidlich, daß sich einzelne Fehler einschlichen, die der Leser aus den oben erwähnten Vorzügen entschuldigen mag.

Würzburg, August 1975   JOSEF SCHENK

INHALTSVERZEICHNIS

A. Einleitung 1

Kapitel I. Die Analyse sozialer Probleme 1

1. Drogenkonsum als soziales Problem 1
2. Der Wissenschaftler im sozialen Bezug 3
3. Angestrebte Konsequenzen 10
4. Eigener Standort 14

B. Das Ausmaß des Drogenkonsums bei Jugendlichen 17

Kapitel II. Polizeiliche Angaben zum Drogenkonsum in der Bundesrepublik Deutschland 17

1. Die beschlagnahmten Drogenmengen 17
2. Die Drogentäter 19
3. Zur Verwendbarkeit der amtlichen Statistiken 21

Kapitel III. Befragungen zum Drogenkonsum in der Bundesrepublik Deutschland 24

1. Der Umfang des Konsums 28
2. Die verwendeten Drogen 32
3. Die Stärke des Konsums 33
4. Die Drogenwelle 36
5. Kritik bisheriger Untersuchungen 43

Kapitel IV. Die Bedeutung der traditionellen Drogen Alkohol und Tabak 48

1. Der Umsatz von alkoholischen Getränken und Tabakerzeugnissen 49
2. Der Umfang des Konsums von Alkohol und Tabak bei jungen Menschen 51

3. Die Intensität des Konsums   55
4. Eine Gesamtperspektive des Drogenkonsums   58

Kapitel V. Drogenkonsum in den USA   60

1. Die Bedeutung der USA für die Entwicklung des Problembewußtseins   60
2. Der Umfang des Drogenkonsums   62
3. Die benutzten Drogen   64
4. Die Stärke des Konsums   66
5. Die Bedeutung der traditionellen Drogen   68

Kapitel VI. Zur Validität der Eigenangaben   70

1. Konventionelle methodische Kontrollen   70
2. Der Vergleich zwischen angegebenem Konsum und tatsächlichem Konsum   73
3. Befragungen zum Drogenkonsum als soziales Phänomen   75

C. Die Definition der Drogenabhängigkeit und des Drogenmißbrauchs   78

Kapitel VII. Drogenabhängigkeit   78

1. Der Suchtbegriff   78
2. Gewöhnung   79
3. Drogenabhängigkeit   80
4. Kritik an der WHO-Definition   82
5. Die Definition von BEJEROT   86

Kapitel VIII. Der Begriff der Droge   89

1. Die Liste der WHO   89
2. Der Begriff der Droge   90
3. Die übersehene Droge Nikotin   91
4. Der Begriff der Rauschdroge   94

Kapitel IX. Der Begriff des Drogenmißbrauchs   96

1. Die Definition des Mißbrauchs   96
2. Die Verunsicherung der Rolle des Arztes   99

3. Die Beziehung zwischen Drogenabhängigkeit und Drogenmißbrauch 102

D. Die Wirkung der Modedrogen 108

Kapitel X. Die Wirkung von Cannabis 108

1. Die Gewinnung der Droge 108
2. Abhängigkeit der Wirkung von spezifischen und nichtspezifischen Faktoren 109
3. Stimmungs- und Wahrnehmungsveränderungen 116
4. Fahrverhalten 123
5. Sexualität und Aggressivität 127
6. Die Persönlichkeitsdepravation 138

Kapitel XI. Die Wirkung von LSD 143

1. Halluzinogene Wirkung 143
2. Negative Erlebnisse 150
3. Interpretationen der adverse reactions 155

Kapitel XII. Die Wirkung der Opiate 160

1. Die Droge und ihre erlebnismäßige Wirkung 160
2. Die Abhängigkeit 164
3. Das Depravationssyndrom 168
4. Kontrollierter Gebrauch der Opiate 170

Kapitel XIII. Die Drogensequenz 180

1. Die Bedeutung der Fragestellung 180
2. Cannabis — die Einstiegsdroge? 182
3. Kritische Einwände 185
4. Empirische Hinweise 194

Kapitel XIV. Anmerkungen zu einer Theorie der Abhängigkeit 204

1. Die orthodoxe Darstellungsweise 204
2. Kritik des orthodoxen Ansatzes 206
3. Elemente der Drogenabhängigkeit 209

E. Die Ursachen des Modedrogenkonsums 217

Kapitel XV. Die Person des Drogenkonsumenten 217

1. Verschiedene Ebenen der Ursachenerklärung 217
2. Das Konzept der süchtigen oder drogenabhängigen Persönlichkeit 219
3. Methodische Überlegungen 222
4. Ergebnisse empirischer Studien 226

Kapitel XVI. Der enge soziale Rahmen als Verursachungsfaktor 238

1. Die Bedeutung des engen sozialen Rahmens 238
2. Familienzusammenhalt 239
3. Die Gruppe der Gleichaltrigen 243
4. Das Vorbild der Eltern 247

Kapitel XVII. Die Einstellung der Gesellschaft gegenüber Drogen 250

1. Werbung und Verfügbarkeit 250
2. Die Unterscheidung zwischen Genußmitteln und Rauschgiften 254
3. Die Bedeutung der Massenmedien 262
4. Der finanzielle Aspekt 270

Kapitel XVIII. Die gesamtgesellschaftliche Situation 276

1. Der kulturkritische Aspekt 276
2. Der Umgang mit sich selbst 277
3. Die Suche nach einer neuen Lebensform 281
4. Beziehungen zwischen den einzelnen Erklärungsansätzen 286

F. Soziale Reaktion auf den Modedrogenkonsum 288

Kapitel XIX. Das Problem einer juristischen Regelung 288

1. Das grundsätzliche Recht zur staatlichen Kontrolle 288

2. Argumente für die Kontrolle von Modedrogen 293
3. Argumente gegen die Kontrolle von Modedrogen 297
4. Das Beispiel Tabak 301
5. Die Beurteilung der Schädlichkeit und der juristischen Konsequenzen durch Laien und Fachleute 308
6. Offene Fragen 313

Kapitel XX. Therapie und Prophylaxe 318

1. Das Scheitern der orthodoxen Therapie 318
2. Das Methadon-Erhaltungsprogramm 320
3. Kritik am Methadon-Programm und Alternativen 322
4. Die Notwendigkeit der Prophylaxe 324
5. Auf dem Wege zu einer kausal orientierten, effektiven Prophylaxe 326

G. Ausblick 331

Kapitel XXI. Zukünftige Aufgaben 331

1. Die Rolle der Wissenschaft 331
2. Notwendigkeit kontinuierlicher Reformen 333
3. Die Gewinnung einer durchgängigen und konsequenten Haltung gegenüber dem Drogenproblem in seiner weitesten Bedeutung 334
4. Beeinflussung in der Demokratie 335

H. Literaturverzeichnis 338

I. Sachverzeichnis 369

A. EINLEITUNG

Kapitel I. Die Analyse sozialer Probleme

1. Drogenkonsum als soziales Problem

Betrachtet man das Problem des Drogenkonsums historisch, so befaßten sich damit nur die klinischen Disziplinen (Psychiatrie und Klinische Psychologie), die den Drogengebrauch - und gemeint war damit der exzessive Drogengebrauch - als Krankheit einstuften. Für Psychiater und Psychoanalytiker stellte sich nicht die Frage, ob es sich dabei um Krankheit oder - moderner ausgedrückt - um abweichendes Verhalten handelt. Das Selbstverständnis der Kliniker war ungebrochen, unreflektiert: Alkoholismus und Morphinismus waren ohne Zweifel krankhafte Verhaltensweisen. Diese Selbstverständlichkeit wurde jedoch in der Gegenwart durch zwei Entwicklungen in Frage gestellt: durch den Einfluß soziologischer und sozialpsychologischer Betrachtungsweisen und durch das Entstehen von Subkulturen, die sich nicht mehr den herrschenden Vorstellungen unterordnen wollen.

Der sozialpsychologisch/soziologische Ansatz wird von folgender Frage bestimmt: Warum wird ein bestimmtes, abgrenzbares Verhalten aus der Masse aller Verhaltensweisen herausgegriffen und zu einem sozialen Problem erklärt? Er geht also nicht davon aus, daß ein bestimmtes Verhalten abweichend ist, zu dem dann Persönlichkeitseigenschaften, sozialer Hintergrund etc. erforscht werden können, sondern er fragt zunächst nach der Legitimation, dieses Verhalten als abweichend klassifizieren zu dürfen. Beschränken wir uns hier auf das Beispiel des Drogenkonsums, so stellen sich dann die

Fragen: Ist Drogenkonsum an sich abweichendes Verhalten? Ist nur der Konsum bestimmter Drogen abweichendes Verhalten? Ist vielleicht nur der Konsum von Drogen über ein gewisses, näher zu bestimmendes Maß hinaus abweichendes Verhalten? Wovon hängt es ab, ob ein bestimmtes Drogenkonsumverhalten als abweichend definiert wird?

Die Erforschung von Drogenkonsumverhalten wurde bisher vor allem von Klinikern (Psychiatern und Klinischen Psychologen) geleistet. Sie waren im wesentlichen mit der Erforschung von Alkoholismus und Morphinismus beschäftigt. Mit dem Erscheinen neuer Formen des Drogenkonsums erkannten sie, daß sie, allein auf sich gestellt, im Kampf gegen den Drogenkonsum auf verlorenem Posten standen und sie appellierten an die Gesellschaft, das Problem des Drogenkonsums nicht nur als ein medizinisches Problem, sondern als ein gesamtgesellschaftliches Anliegen zu betrachten (HIPPIUS 1972 b). "Drogenabhängigkeit ist nicht nur ein medizinisches Problem; es ist ebenso ein soziales, rechtliches und politisches Problem und wurde in all diesen Aspekten ein universelles Problem" (IMLAH 1971, S.2).

Mit der Frage nach der Legitimation der Klassifikation eines bestimmten Verhaltens als einer Form abweichenden Verhaltens wird deutlich, daß jede Analyse abweichenden Verhaltens in einer doppelten Weise auf den Sozialbezug verweist. In der traditionellen, unreflektierten Analyse geschieht es, indem das nicht weiter hinterfragte abweichende Verhalten in seiner Abhängigkeit von sozialen Strukturen untersucht wird (z.B. kriminelles oder süchtiges Verhalten in Abhängigkeit von bestimmten Familienstrukturen). Unter einem modernen Aspekt dehnt sich der Sozialbezug nun aus und schließt auch den Forscher mit ein. Es gibt hier nicht mehr das "Bewußtsein überhaupt", das jeglicher Subjektivität entkleidet ist und dessen Erkenntnisse daher für alle wissenschaftlich Denkenden zwingend sind, wie noch JASPERS (1956) meinte. In der Analyse sozialer Prozesse bezieht der Forscher selbst einen Standpunkt und wird so zu einem Teil des zu analysierenden sozialen Systems.

In einem anderen Zusammenhang habe ich (SCHENK 1971) eine analytische Formel entwickelt, die einige Variablen aufführt, die bei einer Analyse sozialer Prozesse beachtet werden müssen. Solche Formeln haben für andere Zusammenhänge LASSWELL (1960) und CATTELL (1957) ebenfalls entwickelt.

> Wer
> bezeichnet
> welches Verhalten
> unter welchen Umständen
> bei wem
> mit welcher Verbindlichkeit
> und welchen Konsequenzen
> als welche Form
> abweichenden Verhaltens

Diese Formel erfaßt sicherlich nicht alle Variablen, die bei dem Bestimmungsvorgang wirksam werden, aber sie verdeutlicht, daß die Zuordnung eines bestimmten Verhaltens zu einer Kategorie selbst ein sozialer Prozeß ist. Es ist nicht möglich, sich diesem sozialen Prozeß zu entziehen, der Forscher handelt niemals in einem luftleeren Raum. Es ist jedoch möglich, diesen Prozeß bewußt zu machen und damit wenigstens teilweise einer rationalen Kontrolle zu unterwerfen.

Die Formel soll verdeutlichen, daß die einzelnen Elemente in Wechselwirkung zueinander stehen. Der Prozeß der Klassifikation verläuft danach nicht notwendig in einer Richtung (erst eine sorgfältige Analyse, dann die Einstufung des Phänomens), sondern kann an irgendeinem der Elemente ansetzen und von daher den Freiheitsraum der anderen Elemente einengen.

2. Der Wissenschaftler im sozialen Bezug

Es ist von entscheidender Bedeutung, wer das Subjekt der Analyse ist. Sind es Ärzte, so wird das Drogenkonsumverhalten mit einer größeren Wahrscheinlichkeit als "krank" eingestuft, während Staatsanwälte und Polizisten vielleicht eher dazu neigen, im Drogenkonsumenten einen Kriminellen zu sehen. Eine anschauliche Schilderung dieses Streits zwischen Medizinern und Juristen in den USA geben LINDESMITH (1968a) und SAPER (1974). Während jedoch beide Gruppen sich wohl weitgehend darin einig sind, daß es sich beim Drogenkonsum um abweichendes Verhalten handelt, wird die Klassifikation unsicher, wenn Soziologen oder Psychologen die Forschung durchführen. Eine Umfrage von CLARK/FUNKHOUSER (1970) ergab in der Tat, daß Psychologen Cannabis und teilweise auch LSD liberaler gegenüberstehen als dies z.B. Psychiater tun. Wenn man gerade im Zusammenhang der Drogenforschung einen interdisziplinären Ansatz fordert, dann deshalb, um die Aspektivität der einzelnen Ansätze präziser erfassen zu können. "Wer mit einem Leichenbeschauer spricht, gewinnt den Eindruck, daß jeder irgendwie bedeutende Mensch tot ist. Wer mit einem Polizeibeamten spricht, erfährt, daß quasi jeder ein tatsächlicher oder potentieller Verbrecher ist. Und wer mit einem Psychiater spricht, hört nichts als düstere Lexika der Psychopathologie" (LEARY 1970, S.43). Richtig verstandene Aspektivität darf nicht eine summative Aneinanderreihung von einander losgelösten Einzelaussagen sein, sondern bestimmt sich durch die Positionsbestimmung im Rahmen einer Gesamtbetrachtung. Erfolgt diese Positionsbestimmung nicht, durch die ja erst die Relativierung mit einem konkreten Inhalt gefüllt wird, kann man im strengen Sinne nicht von einem Aspekt sprechen.

Von besonderer Bedeutung ist die Variable "unter welchen Umständen", denn in ihr soll die Situation erfaßt werden, in der der Forscher steht und aus der heraus er handelt. Der Drogenkonsum von Jugendlichen hat sich in den letzten Jahren in seiner Struktur stark verändert und eine Steigerungsrate erreicht, die viele Autoren dazu veranlaßte, von einer explosionsartigen Ausdehnung des Drogenkonsums unter Jugendlichen zu sprechen. Die Öffentlichkeit forderte eine Eindämmung dieses immer weiter um sich greifenden Drogenkonsums und verlangte von den selbst durch die Entwicklung überraschten Fachleuten Rat und aktive Hilfe. EDWARDS (1972) faßt die La-

ge der betroffenen Fachleute nüchtern zusammen, wenn er sagt:
"Wir stehen unter Druck und wir reagieren auf den Druck, indem wir uns an das halten, was leicht ins Auge springt und sofort getan werden kann" (EDWARDS 1972, S.154). FREEDMAN (1972b) stellt fest, daß jeder unter dem Druck steht, etwas tun zu müssen und es vor allem auch den anderen zu zeigen, daß er etwas tut. Insbesondere an den Psychiater wird der Wunsch herangetragen, ein fachmännisches Urteil abzugeben (sh. den Kommentar von K.M.B. im Amer.J.Psychiat. 1951/52).

Die Wissenschaftler fühlen sich so in einem besonderen Maße zum Handeln aufgerufen, aber sie treffen dabei z.T. auf eine Öffentlichkeit, die angesichts der Entwicklung nicht passiv blieb. In den USA richtete die Bundesregierung ein Amt zur Bekämpfung des Rauschmittelkonsums ein, das Bureau of Narcotics. Dieses Amt wurde, nachdem auch die Cannabis-Produkte einer staatlichen Zensur unterworfen wurden, umbenannt in Bureau of Narcotics and Dangerous Drugs; es wurde lange Zeit geleitet von H.J.ANSLINGER. Die Aufklärungsarbeit dieser einflußreichen amerikanischen Behörde führte nach GRINSPOON (1969) zu einem äußerst emotionalen Vorurteil gegenüber Marihuana, das auf vielen Fehlinformationen über die Droge beruhte. Die Konsequenzen des Genusses von Marihuana wurden stark übertrieben dargestellt (McGLOTHLIN/WEST 1968). Auf einem der Anti-Marihuana-Posters, die von der Behörde verteilt wurden, wird Marihuana als "Mörder-Droge" bezeichnet, deren Genuß zu Tod, Geisteskrankheit oder Mord führen könne. Diese Behörde hatte jedoch nicht nur eine ausgeprägte Meinung über Drogen, sie versuchte darüber hinaus, andersartige Ansichten zu unterdrücken und entsprechende Veröffentlichungen zu verhindern. Sie scheute dabei auch den Konflikt mit angesehenen Wissenschaftlern und wissenschaftlichen Vereinigungen oder staatlichen Stellen anderer Länder nicht (sh. LINDESMITH 1968a).

In den westlichen Ländern wird die Diskussion über die Modedrogen vorwiegend unter dem Versuch der Abwehr dieser Drogen geführt. Dies führt dazu, daß eine eher neutrale oder bestimmten Drogen gegenüber positiv eingestellte Haltung in

Mißkredit gerät. So spricht EHRHARDT (1970) pauschal von "wissenschaftlich verbrämten Büchern" und das Bundesministerium des Innern äußert in einer Ausgabe der Schriftenreihe "Innere Sicherheit" vom 1.10.1971 sein Erstaunen darüber, daß sich immer wieder Wissenschaftler finden, die die gesundheitliche Gefährdung durch Cannabis leugnen oder in Frage stellen. In einem Brief an den Vorsteher des Börsenvereins des Deutschen Buchhandels vom 17.7.1972 äußert sich der Parlamentarische Staatssekretär im Bundesministerium für Jugend, Familie und Gesundheit, Heinz WESTPHAL, besorgt über die Tatsache, daß Bücher wie der "Haschisch-Report" von LEONHARDT (1970), der "LSD-Report" von OLVEDI (1972), "Das Haschischverbot" von HOMANN (1972) in der BRD erscheinen konnten (WESTPHAL 1972 b). Er vertrat in seinem Schreiben die Ansicht, daß die Verleger in diesem Bereich ihrer Publikationen eine besondere verlegerische Sorgfalt walten lassen sollten. Verständlich wird diese Bitte, wenn man bedenkt, daß die Bundesregierung ein Aktionsprogramm gegen den Rauschmittelkonsum entwickelt hat, dessen Früchte sie nicht durch eine Art Gegenpropaganda gefährdet sehen wollte.

Die Regierungen der westlichen Staaten wurden durch das lawinenartige Anwachsen des Modedrogenkonsums der Jugendlichen überrascht und zum Handeln gedrängt. Sie mußten Stellung beziehen, obwohl das Wissen über die neuen Drogen nicht ausreichend war und sie bezogen in der Erkenntnis möglicher Gefahren gegen diese neuen Drogen Stellung.

"Wegen der Intensität des öffentlichen Interesses und der emotionalen Haltung, mit der man allem begegnete, was in den Bereich der Drogen gehörte, sahen sich alle Regierungsbehörden zum Handeln gezwungen, ohne ausreichend Zeit zum Planen zu haben. Der politische Druck, der in den Bemühungen der Regierung wirksam wurde, führte zu einer Konzentration der Energie auf die hervorspringendsten Aspekte des Drogenkonsums und einer Reaktion, die dem Weg des geringsten politischen Widerstandes folgte. Das neueste Ergebnis war die Schaffung von noch größeren Bürokratien, immer größeren Geldausgaben und einer Flut von Publizität, so daß die öffentlichkeit darüber informiert war, daß 'etwas' getan wurde" (SONNENREICH 1973, S.44f)." Die gegenwärtige Politik ist größtenteils das Ergebnis von unmittelbaren Reaktionen auf die augenblicklichen politischen Strömungen des Landes" (SAPER 1974, S.190). Was SONNENREICH und SAPER über die USA sagen, gilt wohl im wesentlichen für die gesamte westliche Welt.

Jeder Wissenschaftler, der diese bestehenden Positionen verstärkt, findet daher leicht Zustimmung. So fordert das Bayer. Oberlandesgericht in einem Beschluß vom 27.8.1969 die Wissenschaft dazu auf, durch Intensivierung der Forschung auf medizinischem und soziologischem Gebiet Argumente gegen die Bestrebungen, Genuß von Cannabis zu legalisieren, zu erarbeiten (Bayer. OLG, zit. nach Pharmazeut.Zeitung vom 3.7. 1969, S.983). Zweifelt jemand an der Gefährlichkeit von Cannabis, so muß er mit dem Vorwurf rechnen, zu verharmlosen, sich in unverantwortlicher Weise um eine scheinprogressive Haltung zu bemühen. POMMERENING (1972) erwähnt einen Hamburger Nervenarzt, der in seiner Praxis folgendes Schild aufhängte: "Haschisch verniedlichen nur Verbrecher". Diese Vorwürfe werden wohl vor allem gegen LEONHARDT erhoben, den "Haschisch-Apologeten Nr.1 der Drogenkonsumenten" (KLEINER 1972, S.30), dessen Darstellungen Heinz WESTPHAL (1972 b) für den Haschischkonsum vieler Jugendlicher verantwortlich macht. Sicherlich hat LEONHARDT nicht zum Konsum von Cannabis ermuntert.

"Das ist nicht meine Absicht. Aber wenn einer sagt, Masturbation macht bestimmt nicht krank, dann läuft er offenbar immer Gefahr, daß herausgehört wird: nun onaniert mal feste drauflos. Ich würde allen Kindern, sagen wir: unter sechzehn, dringend abraten von Haschisch - so wie ich ihnen abraten würde von Nikotin, von konzentriertem Alkohol und vom Kinderkriegen, zum Beispiel. Aber die Kinder wollen überzeugt, sie dürfen nicht terrorisiert werden: schon Prügel halte ich in der Tat für schlimmer als Haschisch" (LEONHARDT 1970, S.15).

LEONHARDT ermuntert nicht zum Konsum von Cannabis, aber er versucht, die Gefährdung durch Cannabis zu vergleichen mit anderen Gefährdungen und kommt dabei zu dem Schluß, daß viele der alltäglichen Gefahren schwerwiegender sind. Die Ärztezeitung "Selecta" nimmt LEONHARDT vor dem Vorwurf, ein Verführer der Jugend zu sein, mit dem Hinweis in Schutz, daß er ja letztlich nichts anderes getan habe, als das, was angesehene Ärzte in einer angesehenen Zeitschrift wie "Lancet" ebenfalls getan hätten; nämlich festgestellt, daß Marihuana nicht schädlicher sei als Alkohol (sh. Selecta, 17.11.1969, S. 763).

Man wird über diese Beurteilung diskutieren müssen. Bedenklich ist jedoch, daß LEONHARDT sein Urteil über Cannabis auf ein recht geringes Wissen stützt und als Kronzeugen Untersuchungsberichte zitiert, die vom heutigen, methodisch verfeinerten Standpunkt her nur noch von historischem Wert sind (gemeint sind der Bericht der indischen Hanfdrogen-Kommission aus dem Jahre 1894 und der New Yorker "La Guardia Report" aus dem Jahre 1944). Aber diesen Vorwurf des mangelnden Wissens wird man gleichzeitig auch vielen Autoren machen müssen, die sich warnend über die Modedrogen geäußert haben. In der Tat wird man wohl feststellen müssen, daß trotz der ausgiebigen Diskussion in der Öffentlichkeit und trotz der vielen Publikationen das verfügbare Wissen für viele Autoren recht gering ist. Die hochgradig emotional geführte Diskussion, die BEJEROT (1970) so bedauert, ist vielleicht nicht zuletzt darauf zurückzuführen. Nach Ansicht von COLLIER ist das Wissen über psychologische und soziologische Hintergründe des Drogenkonsums insgesamt gering, während das Wissen über die Verbreitung des Konsums und die Pharmakologie weit besser sei. Er führt dies auf die restriktive Haltung der amerikanischen Regierung zurück und meint, daß die Drogenforschung in den USA im großen und ganzen eine Funktion der politischen Entscheidungen der Regierung sei. "Beinahe bis zum heutigen Zeitpunkt waren Untersuchungen zum Gebrauch und zu den Wirkungen von verbotenen Drogen durch einigermaßen strenge Protokollvorschriften durch die Regierung erschwert. Die Einstellung der Regierung, daß Forschung über illegale Drogen die Politik der Regierung in Frage stellen und untergraben könnte, war offensichtlich die Ursache für diese Forderungen" (COLLIER 1973, S.327).

Die Erkenntnis des mangelnden Wissens der Bevölkerung veranlaßte viele Wissenschaftler, einen Beitrag zur sachlichen Vertiefung der Diskussion zu versuchen. SCHURZ (1969), KOLB (1962), COHEN (1969), IMLAH (1971), KLEINER (1971) haben sich neben vielen anderen das Ziel gesetzt, mit ihren Schriften aufklärend zu wirken oder - wie KLEINER sagt - eine fundiertere Meinungsbildung zu ermöglichen. Dieser Absicht, aufklärend zu wirken, sind jedoch Grenzen gesetzt: sei es, daß noch kein gesichertes Wissen vorliegt und die einzig vertretbare Anwort manchmal "Wir wissen es nicht" sein muß (COHEN 1969) , sei es, daß der Autor erkennt, daß dieses Thema nicht frei von weltanschaulichen Überzeugungen ist und daß deshalb nicht alle Auffassungen in allen Punkten übereinstimmen werden (KLEINER 1971).

Gerade in Erkenntnis der weltanschaulichen Abhängigkeit stellt NOWLIS (1969) lapidar fest, daß ein Handbuch mit fertigen Lösungen nicht geschrieben werden könne. Die Komplexität des Themas und die überall sichtbar werdenden Wertentscheidungen zwingen zur Bescheidenheit. Für ihre eigene Person sagt sie: "Weil ich ein Psychologe bin, der das komplexe menschliche Verhalten unter Einbeziehung der sozialen, emotionalen und motivationalen Reaktionen auf eine Vielzahl von Drogen erforscht hat, weil ich ein College-Lehrer und -Verwalter bin, weil ich Mutter bin und weil ich eine Person bin, die viele Entscheidungen getroffen und Einstellungen entwickelt hat bezüglich meines eigenen Konsums von chemischen Substanzen, kann ich nicht vorgeben, unvoreingenommen zu sein. Meine Vorannahmen als Psychologe werden alsbald sichtbar werden. Daß ich mich mit dem stetigen Wandel und den Frustrationen abgefunden habe, sollte ebenfalls erkennbar sein. Über allem habe ich jedoch versucht, den Prinzipien der Beweisführung zu folgen. Dabei mußte ich mich auf eine Reihe von Experten verschiedener Disziplinen verlassen. Jemand mit anderen Vorannahmen hätte vielleicht andere Experten gewählt und mit Sicherheit dann ein anderes Buch geschrieben" (NOWLIS 1969, S.VIII).

Helen NOWLIS verdeutlicht hier sehr anschaulich, daß wissenschaftliche Erkenntnis nicht von der jeweiligen Person losgelöst gedacht werden kann, daß die ganzen Einstellungen, Sorgen, Hoffnungen den wissenschaftlichen Prozeß mit beeinflussen und daß es trotzdem noch eine wissenschaftliche Analyse sein kann, meint man damit das Streben nach methodischer und systematischer Erkenntnis, welches nach bestem Wissen und Gewissen erfolgt.

3. Angestrebte Konsequenzen

Der Konsum von Opiaten und Cannabis ist für die USA kein neuartiges Phänomen. Während in Europa - sieht man einmal von wenigen, unbedeutenden Ausnahmen wie den Pariser "Club des Haschischins" ab - Cannabis erst in den sechziger und siebziger Jahren in einem nennenswerten Ausmaß geraucht wurde, sah man sich in den USA bereits in den dreißiger Jahren einmal gezwungen, sich mit dieser Droge auseinanderzusetzen. Die grundsätzlichen Entscheidungen über Cannabis - insbesondere die gesetzliche Gleichbehandlung mit den Opiaten - fielen in dieser Zeit. Will man die heutige Diskussion um Cannabis in den USA verstehen, so darf man diesen historischen Aspekt nicht übersehen. GRINSPOON (1969) äußert den Verdacht, daß die Gesetzgebung gegen Cannabis vielleicht nur auf dem Hintergrund der ethnischen Konflikte der USA zu verstehen sei. In der damaligen Zeit wurde Marihuana vornehmlich von Negern, Mexikanern und Puertorikanern geraucht. Diesen Verdacht hat jüngst MUSTO (1972) in einem Artikel in der angesehenen Zeitschrift Archiv of General Psychiatry präzisiert. Er legte eine Analyse der Entstehungsgeschichte der Marihuana Tax Act von 1937 vor und kommt dabei zu dem Schluß, daß die Kampagne gegen Cannabis, die von den Südstaaten ausging, in direkter Beziehung gesehen werden muß zur wirtschaftlichen Depression und den ungelösten ethnischen Konflikten. Da in den Südstaaten vor allem die mexikanischen

Gastarbeiter Marihuana rauchten, war der Kampf gegen Cannabis auch ein Kampf gegen die Mexikaner, die - als Arbeitskräfte überflüssig geworden - wieder aus den USA vertrieben werden sollten. C.M.GOETHE, ein prominentes Mitglied der "American Coalition", einer Vereinigung, die sich das Ziel gesetzt hatte, Amerika amerikanisch zu erhalten, sagte: "Marihuana, vielleicht die hinterhältigste Droge innerhalb der Gruppe der Narkotika, ist ein direktes Nebenprodukt der unbegrenzten Einwanderung von Mexikanern" (zit. in: MUSTO, 1972, S.104). C.M.GOETHE behauptet sodann, daß die Mexikaner bereits begännen, in den USA Hanf anzubauen und Marihuana an die Schulkinder zu verkaufen. Er beklagt, daß alle Gesetzesinitiativen gegen die mexikanische Einwanderung im Kongreß bisher blockiert wurden. Die Nation aber habe bereits genügend Arbeiter.

Sollte sich diese Darstellung als richtig erweisen-und es spricht vieles dafür, denn MUSTO kann selbst den damaligen Chef des Bureaus of Narcotics zur Stützung seiner These anführen -so wurde die gesetzliche Regelung des Konsums von Marihuana stark durch Faktoren beeinflußt, die nichts mit Drogen, doch sehr viel mit Rassenkonflikten und wirtschaftlichen Problemen zu tun hatten. Man hätte demnach Cannabis nur deshalb verboten, weil man durch dieses Verbot bestimmte Konsequenzen glaubte herbeiführen zu können (Einschränkung der Einwanderung von Mexikanern). Die Klassifikation des Konsums von Marihuana würde dann nicht ihren Ausgangspunkt genommen haben bei der Variablen "welches Verhalten", sondern bei den Variablen "bei wem" und "welche Konsequenzen". Weil Mexikaner Marihuana rauchen und weil man die Mexikaner wieder aus den USA hinausdrängen wollte, deshalb wird das Rauchen von Marihuana als abweichendes, als kriminelles Verhalten kategorisiert, das mit hohen Strafen belegt wird. Es wird weiterer Analysen bedürfen, ob diese ungeheuer erregende Untersuchung von MUSTO in ihren Schlußfolgerungen aufrecht erhalten werden kann. Unabhängig davon aber zeigt diese Studie, daß es keineswegs undenkbar ist, den Prozeß der Kategorisierung am Ende zu beginnen und daß dieser ganze Prozeß sehr stark davon beeinflußt sein kann, welche Konsequenzen man glaubt rechtfertigen zu müssen.

Die Streitfrage, ob Drogenkonsum als krankhaftes oder als
kriminelles Verhalten einzustufen sei, ist dabei nicht nur
ein Streit um Kompetenzen, sondern ist gleichzeitig ein
Streit um die Frage, was man mit dem Drogenkonsumenten tun
darf, ist also von erheblicher Handlungsrelevanz. Im Anschluß an die Harrison Act des Jahres 1914, die den Handel
mit Opiaten reglementierte, brach in den USA ein Streit darüber aus, ob Opiatabhängige Kranke sind und es damit dem
Arzt gestattet sein muß, in Verfolgung seiner ärztlichen Bemühungen nach eigenem Ermessen dem Opiatabhängigen Opiate zu
verschreiben. Das Bureau of Narcotics widersprach dieser
Auffassung und behandelte Opiatabhängige wie Kriminelle, die
man in ihrem Laster nicht unterstützen dürfe und denen man
z.B. nicht die auf Dauer einsetzenden Entzugssymptome durch
dosierte Gaben von Opiaten mildern dürfe. Konkret hieße dies,
ließe man dem Arzt die Freiheit der Behandlung, so mag er bei
einzelnen Patienten zu der Auffassung kommen, daß eine Entwöhnung von der Droge nicht möglich ist; er könnte sich dann
darauf beschränken, zur Behandlung von auftretenden Entzugserscheinungen immer wieder begrenzte Rationen zu verschreiben. Er würde so dem Patienten zu einem legalen, kontinuierlichen Nachschub verhelfen. ELDRIDGE (1967) hat die Harrison Act treffend beschrieben, wenn er sagt, daß sie entwikkelt wurde, um den nichtmedizinischen Gebrauch von Narkotika
zu kontrollieren, aber in der Praxis zu einem Verbot des
nichtmedizinischen Gebrauchs und einer Kontrolle des medizinischen Gebrauchs führte.

Der kritische Autor weiß, daß sein Urteil nicht von letzter
Verbindlichkeit sein kann : es war in diesem Zusammenhang bereits auf die weltanschaulichen Implikationen verwiesen worden. Diese führten, wie die Autoren des amtlichen englischen
Cannabis-Reports (Home Office Advisory Committee on Drug Dependence 1968) zeigten, in den früheren Darstellungen der
Wirkungen von Kaffee und Tee zu grotesken Übertreibungen. In
Erkenntnis dieser Standpunkthaftigkeit der Aussagen meinten
die Autoren des englischen Reports, sich auch bezüglich Can-

nabis jeder absoluten Aussage enthalten zu müssen. Aber es
geht hier in einer weiteren Sicht nicht nur um die weltanschauliche Position des Forschers, es geht auch um die weltanschauliche Position der untersuchten Konsumenten. Ist es
überhaupt möglich, Versuchspersonen zu einem Thema zu befragen, das vielleicht strafrechtliche Konsequenzen haben könnte? Das Institut für Jugendforschung, das im Auftrag der
Bundeszentrale für gesundheitliche Aufklärung erstmals in
der ersten Hälfte des Jahres 1971 eine Befragung zum Drogenkonsum der Jugendlichen durchführte, verneinte anfänglich
diese Möglichkeit. "Aus Gründen der Pönalisierung des Untersuchungsgegenstandes muß darauf verzichtet werden, die direkte Frage nach dem Konsumverhalten zu stellen" (Bundeszentrale für gesundheitliche Aufklärung (1971,S.2). Die Ergebnisse anderer Untersuchungen zeigten jedoch, daß dies
kein Hinderungsgrund sein muß und das Institut für Jugendforschung fragte in den folgenden Erhebungen Ende 1971 und
Anfang 1973 ebenfalls nach dem Konsumverhalten. Untersuchungen zum kriminellen Verhalten in der Kriminologie zeigten
im übrigen , daß unter Beachtung der Anonymität der Befragten es schon möglich ist, diese zum Eingeständnis strafbarer Handlungen zu veranlassen.

Die Untersuchungen zum Drogenkonsumverhalten sind jedoch darüber hinaus durch eine besondere Problematik gekennzeichnet. Die Frage, ob z.B. Cannabis verboten bleiben sollte,
ist in der Öffentlichkeit viel diskutiert. Das Thema ist
eminent politisch. Viele Autoren sehen sich daher dazu veranlaßt, explizit zu dieser Frage Stellung zu nehmen. Es könnte durchaus sein, daß auch die Befragten unbeschadet ihrer
persönlichen Anonymität ihre Antworten in diesem politischen
Rahmen sehen. Eine Untersuchung von SCHENK/STEEGE (1974) an
Rekruten bestätigt diese Vermutung. Fragt man nach den Konsequenzen, die eine Befragung zum Drogenkonsumverhalten haben könnte, so glauben ca. 90 Prozent der Befragten, daß
sie persönlich weder angenehme noch unangenehme Folgen zu
erwarten hätten. Sie vertrauen somit der Zusicherung der
persönlichen Anonymität. Allgemein glauben jedoch 34 Prozent,
daß solche Untersuchungen das Wissen vertiefen können, 27

Prozent meinen, daß dadurch die Diskussion angeregt werden
könne und ca. 10 Prozent befürchten, daß dadurch die negative Haltung gegenüber Drogen verfestigt würde. Entscheidend
ist jedoch, daß die Vermutung über die Konsequenzen einer
solchen Untersuchung das eigene Verhalten der Befragten beeinflußt hatte! Wer z.B. der Ansicht ist, daß Drogenuntersuchungen das Wissen vertiefen könnten, gibt weniger Drogenkonsum an als derjenige, der der Ansicht ist, daß dadurch
die Diskussion angeregt werden könnte. Auf die damit verbundenen methodischen Probleme wird später eingegangen werden,
hier genügt einstweilen die Feststellung, daß der Forscher
unter Berücksichtigung dieser Umstände die Ergebnisse seiner Untersuchungen vorsichtiger formulieren und daß er sie
auf dem Hintergrund sozialer Prozesse sehen muß, in die der
Befragte auch während der Untersuchung eingegliedert bleibt.

4. Eigener Standort

Die bisherige Darstellung sollte zeigen, daß Untersuchungen
über abweichendes Verhalten nicht nur die Analyse eines sozialen Prozesses sind und von diesem abgehoben, sondern daß
sie Teil des sozialen Prozesses sind. Sich aus diesem sozialen Prozeß auszugliedern ist unmöglich; es ist jedoch möglich, seinen Standort in diesem sozialen Prozeß zu verändern
und ihn zumindest teilweise zu reflektieren. In diesem Zusammenhang ist es auch wichtig, daß der Forscher klar unterscheidet zwischen den Vorannahmen, mit denen er an den Gegenstand herantritt, und den Ergebnissen, die dann aus der Beschäftigung mit dem konkreten Forschungsgegenstand resultieren. Illegitim erscheint es, die eigenen Vorannahmen als
die Ergebnisse der Beschäftigung mit dem Gegenstand darzustellen. Ich möchte daher kurz einige wesentliche Voraussetzungen meiner eigenen Betrachtungen skizzieren.

Obwohl die von Max WEBER gewünschte Trennung zwischen Politik und Wissenschaft in dieser Form nicht möglich ist, halte ich den Grundansatz von WEBER für beherzigenswert. WEBER ging es um die Trennung von Fakten und Bewertung: nicht zuletzt deshalb, um politisch verantwortliche Entscheidungen möglich zu machen. Da jedoch das Wissen standpunktabhängig ist, wird die Auswahl, Darstellung und Integration der Fakten von der eigenen Position mitbestimmt, kann also eine Trennung von Fakten und Bewertung nie vollkommen gelingen, sondern nur im Sinne einer möglichst großen Transparenz angezielt werden. Zu dieser angezielten Transparenz gehört es dann auch, daß ein Wissenschaftler sich durch die Ansprüche von Laien nicht in die Rolle des bereits Wissenden hineindrängen läßt, obwohl er über dieses Wissen noch gar nicht verfügt. Es ist meines Erachtens dann die Pflicht des Wissenschaftlers, die Antwort zu verweigern und nicht eine Entscheidung zu rechtfertigen, für die es im Augenblick keine ausreichende wissenschaftliche Legitimation gibt. Dies bedeutet gleichzeitig, daß man nicht unter dem Druck der Öffentlichkeit wissenschaftliche Untersuchungen vorantreiben sollte, die den herkömmlichen wissenschaftlichen Kriterien nicht genügen, die jedoch in der Folgezeit als die entscheidenden Argumentationshilfen benutzt werden. Eine solche Haltung soll die Verantwortung bewußter machen; sie soll gleichzeitig auch die Argumente bewußter machen.

Einen anderen Punkt möchte ich hier herausheben, weil er im Augenblick im Zentrum der Diskussion steht: sollen die Modedrogen, insbesondere Cannabis, verboten bleiben oder nicht. Auch hier kann die Wissenschaft nur die Vor- und Nachteile einer solchen Entscheidung aufzeigen. Es verbirgt sich jedoch dahinter die grundsätzliche Frage, ob Verbote überhaupt eine sinnvolle Maßnahme darstellen. Sie mögen kurzfristig eine Lösung des Problems bieten, indem ein Symptom beseitigt wird. Verbote beseitigen in der Regel jedoch nicht die Ursachen und deshalb ist es die besondere Aufgabe jeglicher wissenschaftlicher Analyse, diese Ursachen sorgfältig zu erforschen und herauszustellen. Gerade dann, wenn man zu dem Mittel des Verbots greift, ist die moralische Verpflichtung besonders groß, auch die Ursachen des Übels zu beseitigen, d.h., nicht nur Therapie zu betreiben, sondern auch realisierbare Prophylaxe-Maßnahmen zu konzipieren. Erst so zeigt sich, ob man nur störende Symptome beseitigen oder ob man tatsächlich dem gefährdeten Individuum helfen will.

Verbote schränken den Freiheitsraum des Individuums ein, dies kann und darf in jedem Fall nur eine Notlösung sein. Man wird daher mit solchen Verboten sehr vorsichtig sein müssen und sie nur dort aussprechen dürfen, wo eine echte Gefährdung vorliegt. Fragen des Geschmacks oder des Lebensstils sollten in einer Demokratie, die ihrem Wesen nach pluralistisch ist, solche bleiben. Der Standpunkt, von dem ich mich leiten lassen möchte, ist der des Liberalismus. Dies bedeutet, daß die Pluralität der Wertvorstellungen bejaht wird und daß sich dies auch im konkreten Handeln auszuwirken hat. Es wird zu prüfen sein, warum Drogenkonsum einer bestimmten Art in einer pluralistischen Gesellschaft zu einem sozialen Problem werden kann. Ich sehe die Aufgabe der Wissenschaft darin, den Freiheitsraum des einzelnen Menschen zu vergrößern, indem sie hilft, Informationen für Entscheidungen zur Verfügung zu stellen, ohne selbst (soweit dies möglich ist) Entscheidungen vorwegzunehmen. Unabdingliche Voraussetzung dafür ist die Klarheit und Durchsichtigkeit wissenschaftlichen Tuns.

B. DAS AUSMASS DES DROGENKONSUMS BEI JUGENDLICHEN

Kapitel II. Polizeiliche Angaben zum Drogenkonsum in der Bundesrepublik Deutschland

Viele Autoren greifen auf die amtlichen Statistiken zurück (z.B. BUSSEWITZ 1969; BAUER 1970; COPER/HIPPIUS 1970; EHRHARDT 1970; SCHUBERT 1970 b; LEUNER 1971; BECK 1972; LEUZE 1972; POMMERENING 1972). Obwohl bekannt ist, daß diese amtlichen Statistiken mit einer Dunkelziffer behaftet sind, glaubt z.B. der Sozialminister des Landes Schleswig-Holstein, könne man doch Trends damit erfassen (Sozialminister Schleswig-Holstein 1972), ebenso TÄSCHNER (1972). Diese Ansicht vertritt auch LENHARD, Ministerialrat im Bundesministerium des Innern, mit der Feststellung, daß ja die Registrierung Jahr für Jahr nach den gleichen Grundsätzen erfolge und daher "die Jahresstatistiken eine zutreffende Aussage über die Veränderung der Verhältnisse gegenüber dem Vorjahr" enthielten (LENHARD 1971, S.13). Der Vorteil der amtlichen Statistiken besteht darin, daß sie im Rahmen einer allgemeinen Kriminalstatistik auch bereits Zeiträume erfassen, für die keine oder doch nur unzureichende andere Daten zur Verfügung stehen. Unterschieden werden muß zwischen der Statistik der Beschlagnahmungen und der Täterstatistik.

1. Die beschlagnahmten Drogenmengen

Nach BAUER (1970) ist die Statistik der beschlagnahmten Drogenmengen ein Hinweis auf die Ausweitung des Handels, nach COPER/HIPPIUS (1970), SCHUBERT (1970 b) und LEUNER (1971)

nicht nur ein Zeichen für vermehrtes Angebot, sondern auch
für gesteigerten Absatz. Tabelle 1 enthält die amtlichen Angaben zur Entwicklung der beschlagnahmten Mengen für Cannabis, LSD, Rohopium und Heroin bis zum Jahr 1973; eine entsprechende Darstellung findet sich ebenfalls bei KEUP (1975).

Tabelle 1. Sicherstellungen von Cannabis, Rohopium, Rohmorphin, Heroin (in kg) und LSD (in trips) in der Bundesrepublik einschließlich Westberlin

Jahr	Droge				
	Cannabis	Rohopium	Rohmorphin	Heroin	LSD
1960	1,2	-	-	-	-
1963	38,0	1,04	0,008	-	-
1966	135,0	8,43	1,04	-	-
1968	381,0	31,88	0,001	0,001	30
1969	2 278,2	48,06	209,08	0,587	5 861
1970	4 332,0	34,77	0,596	0,494	178 925
1971	6 669,0	61,70	415,939	2,9	89 281
1972	6 114,0	47,85	163,18	3,7	52 272
1973	4 731,9	50,58	21,55	15,43	68 566

Diese Daten werden oftmals benutzt, um zu zeigen, daß man
zurecht für die Bundesrepublik von einer Drogenwelle sprechen darf. Besonders die bis zum Jahr 1971 stetig hochschnellende Menge beschlagnahmter Cannabis-Produkte stützt
diese Interpretation, während die Zahlen für Rohopium, LSD
oder Rohmorphin doch recht schwankend, die Zahlen für Heroin
unerheblich sind. Orientiert man sich im wesentlichen an den
Zahlen für Cannabis, so würde man den Beginn der Drogenwelle
im Zeitraum 1966-1968 fixieren müssen. Das Jahr 1972 hat
erstmals keine Zuwachsrate mehr, im Jahr 1973 war ein deutlicher Rückgang zu verzeichnen, was im Modell der Drogenwelle für den Beginn des Wellentales, also des Nachlassens
des Interesses sprechen würde.
Zum Vergleich seien einige Daten für Europa bzw. alle Länder der Erde angegeben. Die beschlagnahmte Menge von Ha-

schisch stieg in Europa von 2403 kg im Jahr 1969 auf 9019 kg im Jahr 1971, die beschlagnahmte Menge Marihuana von 3646 kg im Jahr 1969 auf 10 155 kg im Jahr 1971. Will man diese Zahlen mit den Beschlagnahmungen in der BRD vergleichen, so muß man die Zahlen für Haschisch und Marihuana zusammenzählen, sie ergeben die Gesamtmenge der beschlagnahmten Cannabisprodukte. Ungefähr ein Drittel der in Europa 1971 beschlagnahmten Cannabis-Produkte wurde in der BRD sichergestellt.

Im Jahr 1971 wurden in allen Ländern der Erde rund 4 700 000 kg Cannabis-Produkte sichergestellt. Nur 10 Prozent davon waren Haschisch, der Rest Marihuana. Während die beschlagnahmte Menge Haschisch sich von 1969 auf 1971 um rund ein Drittel erhöhte, stieg die Menge beschlagnahmten Marihuanas um mehr als das doppelte von 1,8 Millionen kg auf 4,6 Millionen kg. Im Unterschied zu Europa spielt, aus der Perspektive aller Länder nach den Beschlagnahmungen zu urteilen, Haschisch neben Marihuana eine untergeordnete Rolle.

Ähnlich wie für die BRD schwanken die Zahlen für die Opiate bezogen auf die gesamte Welt bzw. Europa, stark. Ein Beispiel für die Weltsituation: Im Jahr 1969 wurden 40 729 kg Opium sichergestellt, 1970 waren es 28 996 kg und 1971 wieder 37 815 kg (sh. hierzu DANNER 1973).

2. Die Drogentäter

Die amtliche Statistik der polizeilich festgestellten Drogentäter wird von vielen Autoren benutzt, um differenzierende Aussagen über den Personenkreis der an der Drogenscene Beteiligten zu machen. Die Statistik gibt hierzu die Beteiligung verschiedener Altersgruppen wieder, die Unterteilung orientiert sich an juristischen Gesichtspunkten. Die Daten sind ebenfalls abgedruckt in KEUP (1975). Tabelle 2 gibt die Gesamtzahl der polizeilich festgestellten Drogentäter wieder sowie den Anteil der Kinder, Jugendlichen und Heranwachsenden daran.

Tabelle 2. Polizeilich festgestellte Täter in unmittelbarem Zusammenhang mit Rauschgiftdelikten unter besonderer Berücksichtigung der Altersgruppen bis zu 21 Jahren

Jahr	Täter			
	Gesamt	Proz.Anteil unter 14 J.	Proz.Anteil 14-18 J.	Proz.Anteil 18-21 J.
1963	733	-	0,3	2,3
1965	797	-	1,6	3,7
1967	1 226	0,1	6,2	16,2
1968	1 937	0,2	10,7	24,6
1969	4 405	0,1	17,2	30,5
1970	16 188	0,4	27,5	39,4
1971	23 200	0,5	28,9	39,6
1972	22 607	0,3	24,0	39,9
1973	24 015	0,3	18,6	40,0

Die Tabelle zeigt, daß der Anteil der Täter bis 21 Jahre im Verlauf der Jahre an der Gesamtzahl der Drogentäter immer größer wurde und im Jahr 1971 ca. 70 Prozent der polizeilich erfaßten Täter ausmacht. Erstmals für das Jahr 1972 ging die absolute Zahl der Täter zurück, um für das Jahr 1973 jedoch wieder einen neuen Rekordstand zu erreichen. Der Prozentsatz der Täter bis 21 Jahre scheint ab 1971 zu sinken; 1971 waren 69 Prozent der Täter höchstens 21 Jahre alt, 1972 sinkt der Anteil auf 64,2 Prozent, um 1973 einen nochmaligen Rückgang auf 58,9 Prozent zu erleben.

Die aktuelle Drogenproblematik wäre nach diesen Angaben im wesentlichen eine Angelegenheit der Jugendlichen, die sich bis einschließlich des Jahres 1971 immer stärker in die Drogendelinquenz verstrickten. Der Rückgang in den Jahren 1972 und 1973 findet seine Entsprechung im Rückgang der beschlagnahmten Menge Cannabis, so daß man sagen kann, daß die beiden Statistiken sich in ihrer Trendaussage gegenseitig stützen. Die Statistik der Drogentäter deckt jedoch ein weites Feld der Rauschgiftkriminalität ab. Unter Rauschgiftkriminalität wird in der BRD unter anderem gerechnet: Schmuggel von Betäubungsmitteln, illegaler Erwerb von Betäubungsmitteln,

Rezeptfälschungen. Es ist also ein recht heterogenes Bild
von Delikten. Der Hauptanteil der Delikte fällt in den Bereich des illegalen Erwerbs.

3. Zur Verwendbarkeit der amtlichen Statistiken

Nach LENHARD kann man die Angaben für die einzelnen Jahre
deswegen direkt miteinander vergleichen, weil ja die Registrierung immer gleich geblieben sei. Die Zahlen sollen ein
Indikator für die im Handel befindliche Drogenmenge oder die
an der Drogen"scene" beteiligten Täter sein. Eine Veränderung in der Statistik soll also im wesentlichen eine Veränderung dieser Verhältnisse widerspiegeln. Dies kann jedoch mit
Sicherheit ausgeschlossen werden.

Der Hessische Sozialminister verweist darauf, daß eine Verstärkung und Spezialisierung der Polizeiorgane und eine verbesserte Zusammenarbeit zwischen den verschiedenen Dienststellen die Effektivität erhöht habe (Hess.Sozialminister
1973). 1968 waren im bayerischen Landeskriminalamt vier Beamte mit Rauschgiftdelikten befaßt, im Jahr 1971 sind 22 Beamte tätig und eine Sondergruppe von 20 Spezialisten war gegen den Rauschgifthandel eingesetzt (Das Parlament, 6.11.71).
Während in Schleswig-Holstein noch in den sechziger Jahren
zwei Sachbearbeiter für das ganze Land ausreichten, sind
1972 allein im Kriminalpolizeiamt, dem die zentrale Bekämpfung der Rauschgiftkriminalität obliegt, sieben speziell
ausgebildete Beamte tätig, weitere 44 Beamte im Land sind
für die Bekämpfung der Rauschgiftdelikte ausgebildet (Sozialminister des Landes Schleswig-Holstein 1972). NEANDER
(1971) bezeichnet es nicht zu Unrecht als einen "Kinderglauben", daß es in der deutschen Kriminalpolizei schon
immer Rauschgiftdezernate gegeben habe. Die Bundesregierung
sah es daher als eine der zentralen Aufgaben an, die Effektivität der Polizei zu erhöhen und wollte dies durch die
Schaffung von Spezialdienststellen der Kriminalpolizei,größeren personellen Einsatz, bessere Ausstattung und bessere
Spezialausbildung erreichen (Bundesminister für Jugend, Familie u. Gesundheit, 3.1.1972).

Man muß also davon ausgehen, daß die Ausstattung von Zoll und Polizei in den letzten Jahren stark verbessert wurde, daß sich die Behörden erst in den letzten Jahren besser auf die neue Aufgabe einstellten. Die Erfolge von Zoll und Polizei mögen somit das direkte Resultat verbesserter Kontrollmaßnahmen sein. Ein klarer Rückschluß auf die Marktlage und auf den beteiligten Personenkreis im Wandel der Jahre scheint nicht mehr möglich. Auf diesen Aspekt hat selbst die Bundesregierung in ihrer Antwort auf eine kleine Anfrage von Bundestagsabgeordneten hingewiesen:

"Zu den Maßnahmen der Zollbehörden hat der Parlamentarische Staatssekretär beim Bundesminister der Finanzen in der Fragestunde des Deutschen Bundestages am 3.Juni 1970 zur Frage des Abgeordneten Dasch folgendes ausgeführt:
'Die Anzahl der von Grenzzollstellen allein oder in Zusammenarbeit mit der Polizei erzielten Aufgriffe und der hierbei beschlagnahmten Mengen ist im vergangenen Jahr gegenüber dem Vorjahr stark angestiegen. Das ist unter anderem darauf zurückzuführen, daß die Zollabfertigungsbeamten der wichtigeren Grenzzollstellen durch Fachkräfte bei der Polizei über Rauschgifte und ihre charakteristischen Merkmale unterwiesen werden...'" (Bundesminister für Jugend, Familie und Gesundheit, 13.7.1970, S.94).

Diese verbesserte Vorbereitung mag möglicherweise nun die Ursache dafür sein, daß es der Polizei gelingt, auch größere Mengen Rauschmittel sicherzustellen. Am Beispiel des Jahres 1972 soll gezeigt werden, daß die beschlagnahmte Menge eines Jahres nicht nur das Ergebnis vieler Beschlagnahmungen kleiner Mengen ist, sondern daß auch einzelne größere Sicherstellungen darunter vorkommen und das Endergebnis entscheidend beeinflussen können.

Im Jahr 1972 wurden ca. 6 000 kg Cannabis in der BRD sichergestellt. Zu diesem Resultat trugen bei: 350 kg im Mai in Bad Reichenhall; 1 200 kg im Juli in Saarbrücken; 70 kg im Juli in Frankfurt; 363 kg im November in Hamburg. Ein Drittel der Jahresmenge 1972 wurde also in vier Aktionen sichergestellt. Eine einzige Beschlagnahmung wie die in Saarbrücken kann einen ganzen Jahresabschluß entscheidend beeinflussen.

KEUP (1975) verweist zurecht darauf, daß man aus den Beschlagnahmungen von Opiaten nicht auf Konsumtendenzen schließen könne, da die Jahresschwankungen zu groß seien und wohl bedingt durch einige wenige umfängliche Fänge. Die Daten für Cannabis-Beschlagnahmungen erlauben nach KEUP aber eine Aussage über den Konsum. Kennt man jedoch die beschlagnahmten Teilmengen, die offensichtlich weder KEUP noch anderen Autoren bekannt sind, so muß man gerade auch für Cannabis es ablehnen, aus den Beschlagnahmungen irgendeine Aussage über den Konsum zu ziehen.

Mit welchen im Handel befindlichen Teilmengen man rechnen muß, sollen noch einige Zahlen aus der internationalen Perspektive zeigen. In einer gemeinsamen Aktion stellten die mexikanische und die amerikanische Polizei 42 Tonnen Marihuana sicher (FAZ 27.6.1974); bei einer gemeinsamen Aktion pakistanischer und amerikanischer Polizei wurden 12 Tonnen Haschisch entdeckt (FR 26.11.1973); 25 Tonnen Marihuana wurden in den USA beschlagnahmt (FR 27.12.1973); 1,7 Tonnen Haschisch wurden von der amerikanischen Polizei an Bord eines Schiffes vermutet, das jedoch von der Besatzung versenkt wurde (FAZ 27.5.1974). Problematischer noch als die Interpretation der beschlagnahmten Mengen Haschisch erweist sich die für beschlagnahmtes Heroin. In Europa wurden im Jahr 1971 405 kg Heroin beschlagnahmt (sh. DANNER 1973), aber allein die französische Polizei konnte in einer einzigen Aktion bei Paris 106 kg sicherstellen (FAZ 11.10.1971). Weit übertroffen wurde dieses Ergebnis im nächsten Jahr wiederum durch die französische Polizei, die bei einer einzigen Aktion mehr Heroin sicherstellte als im Jahr zuvor in ganz Europa konfisziert wurde, nämlich 425 kg (FAZ 3.3.1972). Man wird angesichts dieser beachtlichen im Handel befindlichen Teilmengen den deutschen Beschlagnahmungen, die selbst für das Jahr 1973 nur einen kleinen Wert von 15 kg erreichen, besonders skeptisch gegenüberstehen.

Polizeiaktionen sind Maßnahmen zur Durchsetzung des Gesetzes; Beschlagnahmungen und Verhaftungen spiegeln daher immer zwei Tatbestände wider: Die Gesetzesübertretung und die Fähigkeit der Polizei, diese nachzuweisen. Ein Anstieg der Statistik mag auf den einen oder den anderen Faktor zurückzuführen sein; vieles spricht aber dafür, daß die Polizei bei der Rauschmittelbekämpfung in den letzten Jahren entscheidend besser gerüstet ist und daß man die Statistik unter diesem Gesichtspunkt sehen muß.

Entgegen einer weit verbreiteten Tendenz, aus diesen Polizeistatistiken Erkenntnisse über den Konsum zu gewinnen, muß man sagen, daß diese Zahlen eine solche Interpretation nicht zulassen. Nimmt man allein die drastisch verbesserte Ausbildung und Ausstattung von Zoll und Polizei, so kann damit die Zuwachsrate der Beschlagnahmungen hinreichend erklärt werden. Dies schließt nicht aus, daß auch das Angebot an illegalen Drogen sich vergrößert hat, man wird jedoch zum Beweis für eine solche These über die vorliegenden Statistiken hinausgehend weitere Anhaltspunkte suchen müssen.

Kapitel III. Befragungen zum Drogenkonsum in der Bundesrepublik Deutschland

Da es mittels der amtlichen Statistiken nicht möglich ist, einen verläßlichen Hinweis auf das Ausmaß des Drogenkonsums zu erlangen, wurden in der Bundesrepublik mehrere Befragungen zum Drogenkonsum durchgeführt. Wie die Übersicht über die Studien zeigt (sh. Tabelle 3), wurden repräsentative Erhebungen erstmals im Jahr 1970 durchgeführt, gemessen an dem Erhebungszeitraum der amtlichen Statistiken also zu einem relativ späten Zeitpunkt. Veranlaßt wurden diese Studien durch die Erkenntnisse, die man aus den Polizeistatistiken gewann: "Die Dringlichkeit einer derartigen Untersuchung ergab sich aus den folgenden Zahlen: Während 1969 im Lande erstmals 18 Apothekeneinbrüche verübt wurden, waren es 1970 schon 105" (SCHWARZ 1972, S.196).

In der folgenden Übersicht werden Arbeiten, die von ihrer Konzeption her nicht auf Verallgemeinerung der Ergebnisse angelegt sind, nicht berücksichtigt; dies gilt insbesondere für Arbeiten von WETZ (1972 a, 1972 b), BSCHOR (1971) und WANKE (1971).

Es soll also im folgenden versucht werden, einen Überblick über den Drogenkonsum der Jugendlichen zu geben und dies kann nur dann gelingen, wenn man von repräsentativen Untersuchungen ausgeht. Man wird jedoch bei den vorliegenden repräsentativen Untersuchungen eine Einschränkung machen müssen, die gerade für das Thema Drogenkonsum von besonderer Bedeutung ist. Repräsentative Untersuchungen orientieren sich angesichts des notwendigen Arbeitsaufwandes auch an ökonomischen Gesichtspunkten; aus diesem Grunde werden solche Befragungen vornehmlich an Schulen und anderen Institutionen durchgeführt, da hier der technische Aufwand am geringsten ist. Die Repräsentativität bezieht sich dann z.B. nur auf die Schüler des untersuchten Schulsystems. Gerade ausgeprägte Drogenkonsumenten sind nach den verschiedenen Kriterien, nach denen man eine Repräsentativuntersuchung durchführen kann, oftmals nicht mehr erfaßbar. "Die Mitglieder des 'harten Kerns' der Drogenszene, das heißt die Konsumenten 'harter Drogen' und die 'ganz kaputten Typen', die durch 'harten Dauergebrauch' von 'weichen Drogen' 'total ausgeflippt' sind, werden dagegen durch Repräsentativuntersuchungen nicht erfaßt. Es handelt sich dabei nämlich durchweg um junge Leute, die keine Schule mehr besuchen, die in der Mehrzahl der Fälle auch keiner geregelten Arbeit nachgehen und die meistens nicht unter ihrer im Melderegister verzeichneten Adresse anzutreffen sind" (GÜNTHER 1974, S.250). Die vorliegenden Repräsentativuntersuchungen sind Befragungen an Pbn, die noch einigermaßen in das normale soziale System integriert sind. Insofern unterscheiden

Tabelle 3. Übersicht über repräsentative Untersuchungen zum Drogenkonsum in der Bundesrepublik Deutschland in den Jahren 1970 bis 1973

Jahr der Erhebung	Land/Stadt	sample	Autor/Jahr Publikation
1970	Schleswig-Holstein	4647 Schüler	J.SCHWARZ/M.BERGIUS/O.ANHEGGER/K.BIRNBAUM (1971a, 1971b)
1970	Speyer	2373 Schüler	Stadtjugendamt Speyer (1971)
1970	BRD	5000 Soldaten	K.RITTER/E.SCHEIDT/K.HECKMANN/J.MICHAELIS (1971)
1971	Baden-Württemberg	ca. 1880 Pbn	Innenministerium Baden-Württemberg (1972)
1971	BRD	2000 Pbn ab 16 Jahren	Institut f. Demoskopie, Allensbach (sh. "Parlament" 25.9.1971a)
1971	BRD	1890 Pbn 14-25 Jahre	Institut f. Jugendforschung/Bundeszentrale für gesundheitliche Aufklärung (o.D.)
1971	Bonn	5398 Bonner Studenten	H.E.HASSE/E.LUNGERSHAUSEN/H.P.WEBER (1972)
1971	Hamburg	4797 Schüler	M.JASINSKY, Staatl.Pressestelle Hamburg (1971)
1971	Essen	2462 Obersch.	E.JUNGJOHANN/K.BEHRENDS/R.ZIMMERMANN/M.SCHNEIDER (1972)
1971	Dortmund	1844 Schüler	V.NORDALM (o.D.)
1971/72	BRD	1000 Pbn 14-25 Jahre	Institut f.Jugendforschung/Bundeszentrale für gesundheitliche Aufklärung (1973a)

Jahr der Erhebung	Land/Stadt	sample	Autor/Jahr Publikation
1971/72	Schleswig-Holstein	4995 Schüler	J.SCHWARZ/J.LAUBENTHAL/D.LEINEWEBER/ A.K.RUSTAD (1973)
1972	Rheinland-Pfalz	4200 Schüler	J.G.GOSTOMZYK/H.EDELMANN/J.E.STOLL (1973)
1972	Varel	414 Real- u. Oberschüler	D.HERRMANN/J.LOTZE (1972)
1972	BRD	2000 Pbn	Institut f. Demoskopie, Allensbach (1972)
1972	Nordrhein-Westfalen	4653 Schüler	B.PETERSON/R.WETZ (1973)
1972	Hessen	11 610 Schüler	Hess.Kultusminister/Hess.Sozialminister (o.D.)
1972	Saarland	2088 Schüler	H.L.KRÄMER/W.SCHMITT/O.STEIN, (o.D.)
1973	Bayern	2700 Pbn 12-24 Jahre	Bayer. Staatsministerium des Innern (1973)
1973	Hamburg	5169 Schüler	M.JASINSKY, Staatl. Pressestelle Hamburg (1973)
1973	BRD	1763 Pbn 12-25 Jahre	Institut f. Jugendforschung/Bundeszentrale f.gesundheitliche Aufklärung (1973b)
1973	Baden-Württemberg	1600 Pbn 14-21 Jahre	Minister f. Arbeit, Gesundheit u. Sozialordnung, Baden-Württemberg (1974)
1973	BRD	5000 Soldaten	J.SCHENK (1974c)
1974	BRD	800 Soldaten	J.SCHENK/M.NONN (in Vorbereitung)

sich diese Repräsentativuntersuchungen nicht von anderen derartigen Untersuchungen, wo drop-out Personen ebenfalls nicht vertreten sind. Man wird jedoch bei allen Interpretationen der Ergebnisse im Gedächtnis behalten müssen, daß solche Untersuchungen den Gebrauch harter Drogen bzw. den harten Gebrauch von Drogen zu niedrig angeben. Gemessen an der Gesamtzahl der Jugendlichen bzw. an der Zahl der repräsentativ erfaßten Drogenkonsumenten dürfte der Anteil der drop-out Personen gering sein; allerdings liegen hierzu keine verläßlichen Zahlen vor.

Wie der Überblick zeigt, begann man im Jahre 1970 mit der Erforschung des Drogenkonsums Jugendlicher, die erwähnten nicht-repräsentativen Untersuchungen gehörten zu den ersten größeren Forschungen auf diesem Gebiet. Die Mehrzahl der Arbeiten wurden in den Jahren 71 und 72 durchgeführt, während für das Jahr 1973 wieder ein Rückgang der Untersuchungen zu verzeichnen ist. Viele Forscher beschränkten sich dabei auf eine Befragung der Jugendlichen. Verständlich wird dies auf dem Hintergrund der Statistik der polizeilich festgestellten Täter im Zusammenhang mit Drogendelikten. Bereits die Statistik bis zum Jahr 1969 ließ hier ein deutliches Ansteigen des Anteils jugendlicher Täter erkennen, so daß sehr frühzeitig die Entwicklung des Drogenkonsums als ein Jugendproblem definiert wurde.

1. Der Umfang des Konsums

Auf einer gemeinsamen Sitzung der NRW-Landtagsausschüsse für Arbeit, Gesundheit und Soziales sowie für Jugend und Familie im Jahre 1971 wurde angegeben, daß nahezu ein Drittel der Jugendlichen im Alter zwischen 13 und 20 Jahren Kontakt mit Drogen habe und für das Jahr 1971 im Vergleich zum vorhergehenden Jahr mit einer Zuwachsrate von 50 Prozent gerechnet werden müsse (sh. Selecta vom 12.7.1971).

Im Jahr 1972 vertrat WESTPHAL die Ansicht, daß 30 bis 40 Prozent der Jugendlichen im Alter von 14 bis 25 Jahren Erfahrung mit Drogen haben (WESTPHAL 1972 b). HOLZGREVE schätzte jedoch 1973 die Zahl der Drogenerfahrenen etwas niedriger ein, nach ihm sind es 25 bis 30 Prozent (HOLZGREVE 1973).

Deutlich höher setzt GRUENWALDT (1973) allein den Wert für Haschisch an: nach ihm haben 50 Prozent aller Schüler Erfahrung mit Haschisch. SCHÖNHÖFER soll 1973 nach einer Meldung des Deutschen Ärzteblattes es als sicher hingestellt haben, daß etwa die Hälfte der Abiturienten in der Bundesrepublik Drogenerfahrung habe (DÄ 1971 b).

Die Schätzungen variieren stark, müssen jedoch auch in ihrer Beziehung auf ein bestimmtes Datum und auf einen bestimmten Personenkreis gesehen werden. Jenseits dieser Unterschiede sind sich die erwähnten Autoren über die untere Grenze von 30 Prozent einig. Es sollen nun diese Schätzungen verglichen werden mit den Ergebnissen der repräsentativen Befragungen in der Bundesrepublik, die als die entscheidenden Fakten anzusehen sind. Zu diesem Zweck sei auf einige der größeren Untersuchungen zurückgegriffen. Tabelle 4 gibt einen Überblick über die Resultate der Befragungen.

Tabelle 4. Drogenerfahrene Jugendliche und User in der BRD (in Prozent der Befragten)

Jahr	Land	Drogenerfahrene	User
1970	Schleswig-Holstein	21,7	11
1970	Speyer	20,35	11,7
1971	Bonner Studenten	22,7	-
1971	Hamburg	22,9	13,3
1971	Essener Oberschüler	13,6	-
1971	Baden-Württemberg	34	10,8
1971	Dortmund	17,1	5,8
1971/72	Schleswig-Holstein	22,7 Obersch.	7,4
		14,7 Realsch.	5
		21,3 Berufsch.	
1972	Rheinland-Pfalz	11	4,29
1972	Nordrhein-Westfalen	16,4	4,2
1972	Hessen	10,2	1,3
1972	Saarland	25	12
1973	Bayern	11,8	4,3
1973	Hamburg	17,9	9,6
1973	Baden-Württemberg	28	10

In diese Tabelle wurden nur Ergebnisse von Untersuchungen aufgenommen, die auf dem Konzept des Drogenerfahrenen bzw. -users basieren. Im Unterschied zu anderen Analysen, wo die Stoffe einzeln aufgeführt werden, steht hier im Zentrum der Begriff des Drogenkonsums, der durch verschiedene Stoffe inhaltlich gefüllt sein kann. Wesentlich ist, daß es sich bei allen Stoffen um Drogen handelt und dadurch eine Gleichbehandlung gerechtfertigt erscheint. Unter diesem Aspekt wird in der Analyse z.B. der Haschischerfahrene dem Amphetaminerfahrenen unter dem Überbegriff "Drogenerfahrener" gleichgesetzt.

Die Mehrzahl der Forscher unterschied zwischen Probierern und Usern. Vergleiche zwischen den einzelnen Untersuchungen sind dadurch erschwert, weil die von den einzelnen Autoren entwickelten Typologien nicht deckungsgleich sind. So mag bei dem einen Forscher ein bestimmter Proband noch als Drogenprobierer gelten, während er bei dem anderen bereits als "User" eingestuft wird. Diese Schwierigkeit, die im übrigen durch eine Neuklassifikation überwunden werden kann, umgeht man, wenn man sich auf den weitesten Begriff des Drogenerfahrenen zurückzieht, der auch den anfangs erwähnten Schätzungen zugrunde liegt. In diesem Begriff werden alle Pbn erfaßt, die zu irgendeinem Zeitpunkt Drogen genommen haben und reicht damit vom einen Ende nur flüchtigen Versuchens bis zum anderen Ende des überzeugten, andauernden Konsums.

Betrachtet man zunächst einmal den Prozentsatz der Drogenerfahrenen ohne Berücksichtigung von Jahr und Land, so imponiert die große Heterogenität der Aussagen: sie schwankt von 10,2 Prozent für Hessen bis zu 34 Prozent für Baden-Württemberg 1973. Ähnlich groß ist die Schwankung bei den Usern, die den engeren Kern der Drogenerfahrenen darstellen: von 1,3 Prozent für Hessen bis 13,3 Prozent für Hamburg 1971. Aber auch die Relation Drogenerfahrene : User schwankt erheblich. Während z.B. mehr als die Hälfte der Drogenerfahrenen in Speyer und Hamburg 1971 User sind, ist in Baden-Württemberg 1971 ca. jeder dritte Drogenkonsument User, in Nordrhein-Westfalen ca. jeder vierte, in Hessen gar nur jeder achte.

Diese enormen Schwankungen könnten vielleicht dadurch erklärt werden, daß der Drogenkonsum sich sehr schnell im Verlauf der Jahre sowohl nach Umfang wie nach Struktur verändert hat. Eine Analyse gesondert für die einzelnen Jahre, ändert jedoch an der großen Heterogenität der Ergebnisse nichts (SCHENK 1974 b). Hält man bei dem Vergleich auch noch ungefähr die Schulbildung konstant, so ergibt sich für Oberschüler im Jahr 1971 ein Prozentsatz von Drogenerfahrenen von 13,6 Prozent in Essen, 17,1 Prozent in Dortmund, aber 22,7 Prozent in Schleswig-Holstein. Für das Jahr 1972 weist Hessen mit seiner Großstadt Frankfurt 10,2 Prozent Drogenerfahrene aus, während der saarländische Bericht 25 Prozent nennt. Bayern hat 1973 12 Prozent Drogenerfahrene, während Hamburg 18 Prozent hat; Hamburg hat zusätzlich doppelt soviel User wie Bayern.

Man wird davon ausgehen müssen, daß Untersuchungen innerhalb eines vergleichbaren Zeitraumes an ähnlichen bzw. gleichen Personengruppen zu recht unterschiedlichen Ergebnissen führen. Es kann nicht ausgeschlossen werden, daß hier regionale Unterschiede sichtbar werden. Sicher ist jedoch, daß man aufgrund solcher regionaler Untersuchungen keine Schätzung über die Drogenbelastung des Jugendlichen in der BRD machen kann, zumindest keine punktuell festgelegte. Beschränkt man sich auf die Angabe einer Spannbreite, so müßte man nach den bisher referierten Untersuchungen einen Prozentsatz Drogenerfahrener zwischen 10 und 30 Prozent, einen Prozentsatz der User zwischen 1 und 13 Prozent vermuten. Damit liegen jedoch die anfangs erwähnten Schätzungen z.T. deutlich über den gefundenen Werten.

Die Schwankungsbreite von 10 bis 30 Prozent für die Kategorie des Drogenerfahrenen mag ob ihrer großen Spanne nicht befriedigen. Eine Einengung könnte durch die 1973 erfolgte Befragung eines bundesrepublikanisch repräsentativen samples 12 - 25jähriger Jugendlicher durch das Institut für Jugendforschung erfolgen. Danach haben 16,3 Prozent der Befragten

Erfahrung mit Drogen, wobei allerdings die jüngsten nur minimale Drogenerfahrung besaßen (1 Prozent). Aber selbst in der Altersgruppe der 18 - 20jährigen, die über die meiste Erfahrung verfügte, lag der Wert nur bei 26 Prozent, also deutlich unter den Schätzungen (Institut f.Jugendforschung 1973b). Von Bedeutung sind noch die zwei Befragungen des Allensbacher Instituts zum Gebrauch von Haschisch oder LSD, die im Jahr 71 bzw. 72 erfolgten. Für die entscheidende Altersgruppe der 16 bis 29jährigen lag der Wert der Haschisch- bzw. LSD-Erfahrenen 1971 bei 14, 1972 bei 10 Prozent (Institut für Demoskopie, Allensbach, 1972). Eine repräsentative Befragung frisch eingerückter Bundeswehr-Rekruten im Jahr 1973 ergab einen Prozentsatz von 20,2 für Haschisch-Erfahrung (SCHENK 1974 c). Damit sind auch für den Bereich einzelner Drogen die Ergebnisse diskrepant, insgesamt jedoch deutlich niedriger als die Schätzungen.

2. Die verwendeten Drogen

Die wichtigsten verwendeten Drogen sind Cannabis (Haschisch und Marihuana), Halluzinogene (LSD, Meskalin), Amphetamine und wirkungsgleiche Präparate, Beruhigungsmittel, Schlafmittel, Opiate. Von diesen Stoffen liegt Cannabis im Konsum mit deutlichem Abstand an der Spitze und bewahrte sich diese Position auch über die Jahre hinweg, wie die zweifache Befragung von JASINSKY in Hamburg zeigt. 1971 nahmen 93,8 Prozent der Konsumenten Haschisch, 1973 91 Prozent. An zweiter Stelle folgt hier mit jeweils ca. 33 Prozent der Konsum der Weckamine (JASINSKY 1973). Diese dominante Spitzenstellung von Cannabis zeigte sich bei allen Untersuchungen. Fraglich ist jedoch die zweite Position. Während bei den Hamburger Untersuchungen die Weckamine deutlich vor den Halluzinogenen lagen, rangiert in der hessischen Untersuchung die Gruppe der Halluzinogene an zweiter Stelle mit 22,6 Prozent der Nennungen (Hess.Kultusminister/Hess.Sozialminister o.D.). Insgesamt sprechen jedoch die Ergebnisse von HASSE u.a. (1972) an Bonner Studenten, die Resultate von PETERSON/WETZ (1973) in Nordrhein-Westfalen oder die Ergebnisse der ersten Befragung von SCHWARZ u.a. (1971 b) in Schleswig-Holstein für die größere Verbreitung der Amphetamine. Für die Verhältnisse im Saarland geben KRÄMER u.a. (o.D.) folgende Gewichtszahlen an:

Haschisch : Captagon : AN 1 : LSD : Meskalin : Libr./Valium : Opiate = 20 : 10 : 6 : 6 : 3 : 3 : 1

Auch hier also liegen Amphetamine bzw. wirkungsähnliche Stoffe im Gebrauch vor den Halluzinogenen; unangefochten bleibt die Stellung von Cannabis. PETERSON/WETZ (1973) vertreten die Ansicht, daß die Aufputschmittel die Halluzinogene an Beliebtheit verdrängt haben. Dies setzt voraus, daß zu irgendeinem Zeitpunkt die Halluzinogene häufiger benutzt wurden als die Weckmittel. Überprüft man diese These anhand der durchgeführten Untersuchungen, so bestätigt sie sich nicht. Bereits die ersten größeren Studien von SCHWARZ u.a. (1971b) und von JASINSKY (1971) zeigen, daß die Weckamine häufiger benutzt werden. Man wird also in diesem Punkt kaum von einem Wandel der Drogenszene sprechen dürfen. Neben diesen Drogen spielen die Opiate bis jetzt umfangmäßig eine untergeordnete Rolle.

3. Die Stärke des Konsums

Bereits die beiden ersten repräsentativen Untersuchungen aus dem Jahre 1970 zeigten, daß die Mehrzahl der Drogenkonsumenten sich durch einen geringen Drogenkonsum auszeichnet.

Die erste Untersuchung 1970 in Schleswig-Holstein ergab, daß 61,8 Prozent der Konsumenten als leichte Haschischkonsumenten (bis zu 10mal) einzustufen waren, weitere 18,1 Prozent als mittelstarke Haschischkonsumenten (= 11 bis 50mal Konsum). 80 Prozent sind also nach der Einschätzung durch SCHWARZ u.a. (1971 b) als höchstens mittelstarke Haschischkonsumenten zu bezeichnen. In Speyer hatten 8,6 Prozent der Befragten einmaligen Haschischkonsum, weitere 6 Prozent gelegentlichen und 0,25 Prozent regelmäßigen Konsum (Stadtjugendamt Speyer 1971).

Greifen wir eine andere Untersuchung heraus, die auch andere
Drogen in die Analyse einbezieht, so ändert sich wenig an
dem Sachverhalt, daß Haschischkonsum in der Mehrzahl der Fälle kurzfristiger Konsum ist (Tabelle 5, Drogenkonsum in Baden-Württemberg, Quelle: Innenministerium Baden-Württemberg 1972).

Tabelle 5. Drogenkonsum in Baden-Württemberg 1971 - Alter der Befragten: 14 - 21 Jahre

Benützte Droge	Konsumenten in % d. Gesamtheit und absolut	Konsum 1-3 mal absolut	Konsum öfter absolut
Cannabis	31,62 (268 770)	163 950	104 820
LSD/Meskalin	10,54 (89 590)	48 379	41 211
AN 1	6,12 (52 020)	26 531	25 489
Opium/Morph./Heroin	3,74 (31 790)	23 206	8 584
Beruhigungsmittel	3,06 (26 010)	11 445	14 565
Schmerzmittel	2,72 (23 120)	7 628	15 492
Rosimon-Neu	2,38 (20 230)	8 901	11 329
Schlafmittel	1,36 (11 560)	6 358	5 202

Vergleichen wir zunächst nur die Ergebnisse für Cannabis, Halluzinogene und Opiate, so zeigt sich, daß bei den Halluzinogenen der kurzfristige Konsum einigermaßen, bei den Cannabis-Produkten stark und bei den Opiaten sehr stark überwiegt. Will man dieses Ergebnis in seiner Bedeutung richtig verstehen, so muß man es mit den Konsumgewohnheiten bei den legalen Drogen konfrontieren. Gleichgültig, worum es sich handelt, ob um Beruhigungsmittel, Schmerzmittel, Schlafmittel oder weckaminartige Präparate, es überwiegt immer der häufigere Konsum im Vergleich zum geringeren Konsum. Mehr als dreimaligen Konsum haben bei Cannabis 39 Prozent der Konsumenten, bei den Halluzinogenen 46 Prozent der Halluzinogen-Konsumenten, bei den Opiaten 27 Prozent der Opiat-Konsumenten. Vergleichsweise haben jedoch bei den Beruhigungsmitteln 56 Prozent der Konsumenten mehr als dreimaligen Konsum, bei den Schmerzmitteln 67 Prozent. Die unterschiedliche Konsumstruktur ist deutlich. Entschließt sich ein Jugendlicher zum Konsum von Drogen, so ist die Wahrscheinlichkeit bei illegalen Drogen ziemlich groß, daß es bei geringfügigem Konsum bleibt, während umgekehrt bei legalen Drogen die Wahrscheinlichkeit größer ist, daß es zu etwas häufigerem Konsum kommt.

Neben der Intensität des Konsums einer einzelnen Droge ist die Zahl der konsumierten Drogen für die Beurteilung der Drogenbelastung des einzelnen Menschen von Bedeutung. Die erste Untersuchung in Schleswig-Holstein ergab, daß 67 Prozent der Konsumenten nur eine Droge nahmen, weitere 23 Prozent zwei und 10 Prozent mehr als zwei Drogen nahmen (SCHWARZ u.a. 1971 b). Dieses Bild ändert sich jedoch bei der Untersuchung in Hessen 1973. Hier reduzierte sich der Anteil der Konsumenten, die nur eine Droge nahmen, auf 16 Prozent, zwei Drogen nahmen 47 Prozent, mehr als zwei Drogen nahmen jedoch 37 Prozent (Hess.Kultusminister/Hess.Sozialminister 1972). Dies kann auf regionale Unterschiede, kann jedoch auch auf den unterschiedlichen Zeitpunkt zurückgeführt werden (1970 zu 1973). Die Wiederholungsstudie in Hamburg zeigt deutlich, daß ein Trend zur Polytoxikomanie wohl auszuschließen ist. Während 1971 48,7 Prozent der Konsumenten nur eine Droge nahmen, waren es 1973 52,3 Prozent (JASINSKY 1973).

Intensität und Zahl der konsumierten Drogen müssen jedoch in Beziehung gesehen werden zur Typologie des Drogenkonsumenten. In der Regel konsumieren User mehr Drogenarten und in stärkerem Ausmaß als dies Probierer tun. So zeigte die hessische Untersuchung, daß Probierer zu 65 Prozent Cannabis konsumieren, User dies aber nur zu 47 Prozent tun. Entsprechend ist der Anteil der Halluzinogen-Konsumenten bei den Usern höher (31 Prozent) als bei den Probierern (21 Prozent). Die Untersuchung in Bayern ergab, daß Probierer in der Regel zwei Drogen, User hingegen drei Drogen nehmen (Bayer. Staatsministerium d.Innern 1973).

Der Begriff des Drogenerfahrenen ist ein sehr weit gefaßter Begriff. Die Mehrzahl der Drogenerfahrenen hat nur Kontakt mit einer Droge gehabt, in der Regel Cannabis, und hat diese nur einige Male probiert. In diesen Bereich der Drogenerfahrenen gehören jedoch auch die exzessiven Drogenkonsumenten, die vielleicht bereits "ausgeflippt" sind und von großen repräsentativen Studien nicht mehr erfaßt werden. Eine Analyse eines solchen Extrem-samples legte K.WANKE (1971) vor. Dieses sample rekrutierte sich überwiegend aus klinischem Krankengut und zeichnete sich durch intensiven Drogenkonsum aus. Unter diesem ausgesuchten Personenkreis hatten nur 9 Prozent im letzten Halbjahr eine einzige Droge konsumiert, 20 Prozent zwei Drogen, weitere 36 Prozent drei und vier Drogen, mehr als fünf Drogen 35 Prozent. Über 70 Prozent haben somit drei und mehr Drogen genommen. Dies gehört auch in die Spielbreite der Drogenerfahrenen mit hinein, stellt aber offensichtlich nur eine Randerscheinung dar. Wie groß allerdings diese Extremgruppe ist, kann man bislang nicht angeben. Man wird sich in diesem Zusammenhang daran erinnern müssen, daß alle großen Untersuchungen in der Regel solche Extremfälle schlecht erfassen können und insofern im wesentlichen nur zur Erforschung des Drogenkonsums der Normalperson einen Beitrag leisten.

4. Die Drogenwelle

Im folgenden soll nun versucht werden, die Entwicklung des Drogenkonsums der Jugendlichen unter dem Modell einer Wellenbewegung zu sehen. Dies impliziert einen Anstieg des Drogenkonsums, der irgendwann seinen Höhepunkt erreicht, um dann wieder abzusinken. Es impliziert weiter, daß die Welle im Dahinrollen immer neue Elemente in Bewegung versetzt und andere - in Bewegung befindliche - wieder zur Ruhe kommen läßt. Es soll mit diesem Modell der Versuch unternommen werden, die gegenwärtige Entwicklung zu beschreiben und Hypothesen über die zukünftige Entwicklung aufzustellen. Man wird die Entwicklung weiter beobachten müssen, um zu sehen, ob die Hypothesen mit der Wirklichkeit übereinstimmen.

Das Modell der Wellenbewegung setzt einen steilen Anstieg

voraus. Diesen Anstieg kann man mit den vorliegenden Untersuchungen nicht mehr nachweisen. Dies liegt einmal daran, daß in vielen Untersuchungen zu viele Variablen auf einmal variiert wurden, so daß daraus die Variable "zeitliche Entwicklung" nicht mehr exakt extrahiert werden kann, andererseits aber daran, daß möglicherweise alle Befragungen zu einem recht späten Zeitpunkt durchgeführt wurden. Man darf voraussetzen, daß in den fünfziger Jahren unter den Jugendlichen Haschisch-Konsum kaum bekannt war. Nimmt man einmal die sicherlich nicht eindeutigen amtlichen Statistiken, so scheint es doch so zu sein, daß vor 1960 der Konsum von Cannabis, LSD oder Heroin in Deutschland kein Aufsehen erregte - kein Aufsehen erregte, weil er wahrscheinlich selten war. Die Quoten der Beschlagnahmungen deuten darauf hin, daß erst ab 1966 die Öffentlichkeit stärker mit diesem Phänomen konfrontiert wurde. Zweifellos zeigt die Statistik der Beschlagnahmungen und der polizeilich festgestellten Täter einen steilen Anstieg; ob man jedoch aufgrund der Beschlagnahmungsstatistik bereits für das Jahr 1966 von dem Beginn einer Drogenwelle sprechen soll (im Vergleich zum Jahr 1960 hat sich die beschlagnahmte Menge Haschisch um 135 Prozent erhöht) oder ob man erst im Jahr 1969 von einer solchen sprechen soll (im Vergleich zum Jahr 1966 eine Steigerung um das 18-fache), ist eine Frage der eigenen Normen.

Läßt sich die zweideutige Kriminalstatistik ergänzen durch Daten aus Befragungen? Es ist die herrschende Meinung, daß der Drogenkonsum der Jugend zunächst eine Angelegenheit der Studenten war. Die einzige Untersuchung an Studenten stammt aus dem Jahr 1971 (HASSE u.a. 1972) und ist leider-entgegen der Ansicht der Autoren-aufgrund der geringen Antwortquote (33,7 Prozent der Fragebögen kamen zurück, 22,7 Prozent enthielten Angaben zum Drogenkonsum) nicht als repräsentativ anzusehen.

NORDALM (1971) gelang es, aufgrund der Altersangaben der Dortmunder Konsumenten sowie der Angabe des Alters bei Erstkonsum das Jahr des Beginns des Drogenkonsums für diese Pbn zu errechnen. Bis 1968 begannen danach 3,8 Prozent der Kon-

sumenten mit Drogenkonsum, 1969 begannen 22,7 Prozent, 1970
waren es 51 Prozent und 1971 schließlich 22,4 Prozent. In
nennenswertem Umfang haben somit die Schüler in Dortmund
1969 mit dem Drogenkonsum begonnen. Die Studie in Baden-
Württemberg aus dem Jahr 1971 ergab, daß 17 Prozent der Cannabis-Konsumenten 1969 oder früher den Konsum dieser Droge
begonnen haben, 53 Prozent im Jahr 1970 und der Rest von
30 Prozent bis zum 31.7.1971 (Innenministerium Baden-Württemberg 1972). Dies würde ebenfalls für das Datum 1969 sprechen. Die vorliegenden Befragungen deuten somit darauf hin,
daß die Drogenwelle spätestens 1969 in der Bundesrepublik
Deutschland begann.

Man muß jedoch bedenken, daß der Versuch der Rückrechnung
sample-abhängig ist. Nimmt man z.B. an, daß am Beginn der
Drogenwelle vor allem Studenten und Schüler der Gymnasiums-
abschlußklassen standen, so werden diese Jahre in einer Befragung von Schülern sicher nicht mehr erfaßt, da verläßliche Untersuchungen bei Studenten nicht vorliegen und Befragungen bei Schülern die ausgeschiedenen Altersgruppen
und deren Drogenkonsumbeginn nicht mehr erfassen. Der Beginn
der Drogenwelle würde somit falsch bestimmt, nämlich auf einen zu späten Zeitpunkt gelegt. Man wird daher nur sagen
können, daß aufgrund der Befragungen spätestens seit 1969
in der BRD von einer Drogenwelle gesprochen werden muß.
BARTH kommt aufgrund ihrer klinischen Erfahrung an der Bon-
hoeffer-Klinik in Berlin zu der Feststellung, daß 1968 bereits eine Zunahme zu verzeichnen war, nachdem es 1967 begann, daß es aber erst 1969 "horrend zugenommen" hat (sh.
JOITE 1972). Dies entspricht im wesentlichen den anderen
zeitlichen Eingrenzungen.

Zum Konzept der Drogenwelle gehört es, daß immer neue Elemente in Bewegung geraten, bewegte aber wieder zur Ruhe gelangen. Die Bewegungsdauer des einzelnen Elements muß sodann begrenzt sein. Untersuchungen in Hessen (Hess.Kultus-
minister/Hess.Sozialminister o.D.) und Rheinland-Pfalz
(GOSTOMZYK u.a. 1973) zeigen, daß die Mehrzahl der Konsumenten nur einen Monat lang Drogen konsumierte, länger als ein

Jahr taten dies nur ca. 10 Prozent. Diesem Ergebnis widersprechen allerdings die Daten aus der Untersuchung in Nordrhein-Westfalen; hier währte der Drogenkonsum nur bei 27 Prozent einen Monat, während er für 33 Prozent länger als ein Jahr dauerte. Aber auch dort war für 67 Prozent der Konsumenten der Drogenkonsum nach einem Jahr beendet (PETERSON/ WETZ 1973). Die Mehrzahl der Drogenkonsumenten beendet nach allen vorliegenden Daten somit ihren Konsum innerhalb eines Jahres.

Das Alter der Konsumenten ist für das Phänomen der Drogenwelle von besonderer Bedeutung. Es war von Anfang an die Befürchtung der Öffentlichkeit, daß es sich dabei um eine Generationsangelegenheit handeln könne, was bedeutet, daß man nicht ein Übergreifen auf ältere, sondern auf jüngere Jahrgänge zu befürchten hätte. Die hessische Untersuchung zeigte, daß auch schon 12 - 13jährige Rauschmittelerfahrung haben. NORDALM konnte 1971 in Dortmund 6 Prozent Probierer ermitteln, die 14 Jahre alt waren.

JASINSKY benutzte die Gelegenheit einer Wiederholungsstudie, um die Konsumentenzuwachsraten für sich jeweils entsprechende Altersgruppen zu ermitteln. So verglich er die 13jährigen der 71er Untersuchung mit den 15jährigen der 73er Untersuchung und konnte auf diese Weise feststellen, um wieviel Prozent der Drogenkonsum der 1971 13jährigen bis 1973 zugenommen hat. Es zeigte sich, daß die Zuwachsrate sich mit zunehmendem Alter verkleinert. Während die 1971 13jährigen eine Zuwachsrate von 4,3 Prozent haben, weisen die 14jährigen eine Zuwachsrate von 4 Prozent, die 15jährigen eine von 3,6 Prozent und die 16jährigen keine Zuwachsrate mehr auf (JASINSKY 1973). Man kann aufgrund dieser Analyse sagen, daß Drogenkonsum vor allem in den jüngeren Jahrgängen einen Aufwärtstrend hat, der in der ältesten Gruppe der 1971 16jährigen, die 1973 18 Jahre alt sind, nicht mehr zu erkennen ist. Vergleicht man den Anteil der verschiedenen Altersgruppen am Drogenkonsum in den Jahren 1971 und 1973 für Hamburg, so ist deutlich, daß eine Verschiebung zu den jüngeren Jahrgängen hin erfolgte (Tabelle 6).

Tabelle 6. Alter beim ersten Kontakt mit Rauschmitteln;
Hamburg 1971 und 1973 (in Prozent der Konsumenten) Quelle:
JASINSKY 1973

Jahr	Alter							
	13	14	15	16	17	18	19	20 und älter
1971	3,5	8,7	15,1	23,4	25,2	15,5	5,5	3,1
1973	7,1	16,0	23,9	22,7	15,8	4,8	4,7	5,0

Die Drogenwelle wandert somit zu den jüngeren Jahrgängen
weiter, während sich die älteren in zunehmendem Maße distanzieren. Damit dürfte den jüngeren jedoch auch die ideologische Basis entzogen sein. Versteht man den Drogenkonsum der
jüngeren als ein Nachahmungslernen dessen, was die älteren
tun, so ist auch bei den jüngeren ein Abschwellen des Drogenkonsums zu erwarten, da ja die älteren sich in zunehmendem Maße vom Drogenkonsum distanzieren.

Es war uns nicht möglich, den Beginn der Drogenwelle und den
Anstieg des Konsums exakt zu erfassen. Ist es möglich, den
Kamm der Drogenwelle exakt zu bestimmen und vielleicht bereits den Abstieg der Welle? In der BRD wurden mehrere Wiederholungsstudien durchgeführt: Von JASINSKY in Hamburg
1971 und 1973, in Baden-Württemberg 1971 und 1973 und vom
Institut für Demoskopie, Allensbach, 1971 und 1972, sowie
in Schleswig-Holstein 1970 und 1971. Die Ergebnisse dieser
Wiederholungsstudien gibt Tabelle 7 wieder.

Die einzige Untersuchung, die auch den Zeitraum von 1970
einbezieht, zeigt allein einen, allerdings minimalen, Anstieg der Zahl der Drogenerfahrenen. Alle anderen Untersuchungen weisen einen deutlichen Rückgang des Prozentsatzes
der Drogenerfahrenen auf. Die Zahl der User ist konstant
geblieben (Baden-Württemberg) oder sinkt deutlich ab. Diese Erfahrungen sprächen somit dafür, daß vielleicht 1971
der Kamm der Welle erreicht war und nun die Wellenbewegung

Tabelle 7. Wiederholungsstudien Drogenkonsum

Jahr	Hamburg	Schleswig-Holstein	Baden-Württemb.	BRD (Allensbach) nur Hasch. u.LSD
1970		21,7 11		
1971	22,9 13,3	22,7 7,4	34 10,8	14
1972	17,9 9,6			10
1973			28 10,0	

Obere Zahl gibt den Prozentsatz der Drogenerfahrenen, untere Prozentsatz der User an.

abklingt. Dieses einheitliche Bild wird jedoch durch zwei kontrastierende Fakten gestört. Im Jahre 1973 führte das Institut für Jugendforschung eine repräsentative Befragung an Jugendlichen durch und ermittelte 16,3 Prozent Drogenerfahrene. Von diesen hatten 94 Prozent Haschisch genommen, so daß 15 Prozent aller Befragten als Haschisch-Erfahrene gelten können. Bereits für das Jahr 1972 aber ermittelte das Institut für Demoskopie, Allensbach, nur noch einen Wert von 10 Prozent. Zwar war in den beiden Fällen die Altersverteilung etwas verschieden, jedoch hob sich das gegenseitig auf, so daß ein direkter Vergleich möglich erscheint (SCHENK 1974 b). Es ist ein Faktum, daß das Institut für Jugendforschung im Jahr 1973 einen Wert ermittelte, der sogar noch über dem ersten Ergebnis der Allensbacher Befragung aus dem Jahr 1971 lag. Eine im Jahr 1973 durchgeführte Untersuchung an frisch eingezogenen Rekruten ergab ebenfalls einen deutlich höheren Prozentsatz an Haschischerfahrenen (20,2 Prozent). Wiederholungsstudien zeigen ein deutliches Zurückgehen des Drogenkonsums auf, vergleichbare Einzeluntersuchungen kommen jedoch zu Prozentsätzen, die weit über denen der Wiederholungsstudien liegen und die These vom Abschwel-

len der Wellenbewegung nicht rechtfertigen. Eine Erklärung
dieser Diskrepanz ist im Augenblick schwer möglich, man wird
jedoch den Unterschied festhalten müssen.

Die Zeitschrift "Der Sozialberater" vertritt 1974 die These,
daß die Drogenwelle offenbar ihren Höhepunkt überschritten
habe und begründet dies durch den Vergleich einer Schätzung
zum Drogenkonsum hessischer Schüler für das Jahr 1970 und
einer Befragung für das Jahr 1972. Bereits im Jahr 1971 vertraten Experten des Deutschen Caritasverbandes die Meinung,
daß die Haschwelle abflaue (sh. Deutsches Ärzteblatt 1971a).
Im Gegensatz dazu äußert BECKER noch 1974 in Kenntnis der
Wiederholungsstudie von JASINSKY in Hamburg, daß "die Ansicht, daß die Drogenwelle abgeebt sei... keineswegs richtig" ist (BECKER 1974, S.1232). Berücksichtigt man nicht nur
die Wiederholungsbefragungen, sondern auch die übrigen großen Untersuchungen, so erscheint die These der Experten des
Caritasverbandes erstaunlich. Man mag zwar das Interesse
der Öffentlichkeit an Orientierungsdaten verstehen, jedoch
sollten solche Angaben methodisch hinreichend abgesichert
sein. Der Vergleich, den die Zeitschrift "Der Sozialberater"
vornimmt, läßt dieses methodische Bewußtsein leider vermissen. Nichtsdestoweniger beeinflussen solche waghalsigen Aussagen die öffentliche Bewußtseinsbildung.

Insgesamt kann man sagen, daß die vorliegenden Daten recht
gut durch das Modell der Wellenbewegung erklärt werden können. In einem Punkt soll jedoch das Modell verlassen werden:
es wird nicht vermutet, daß die Welle das gleiche Ausgangsniveau wieder erreicht und somit alle Konsumenten durch das
Wellenmodell adäquat beschrieben werden. Dieses Modell soll
den großen Verlauf darstellen. Daneben wird es jedoch auch
Individuen geben, die aus Überzeugung beim Drogenkonsum
bleiben. Diese Individuen sind jedoch nicht typisch für die
Entwicklung. Jugendlicher Drogenkonsum, insbesondere von
Haschisch, ist für das einzelne Individuum eine zeitlich
begrenzte Episode. Die bisher vorliegenden Untersuchungen
lassen nicht abschätzen, wann die Welle ihr Tal erreicht
haben wird, sicher ist jedoch, daß sie es im Augenblick

noch nicht erreicht hat und noch weit davon entfernt ist.
Somit dauert der Drogenboom unter Jugendlichen bereits ungefähr sechs Jahre.

5. Kritik bisheriger Untersuchungen

Die Zunahme der Rauschgiftdelikte in den letzten Jahren sowie Berichte aus anderen Bundesländern veranlaßten die Landesregierung von Baden-Württemberg zu einer eigenen Drogenuntersuchung im Jahr 1971. Es war daher auch naheliegend, daß bei der Darstellung der Ergebnisse auch auf die Resultate in Schleswig-Holstein, Hamburg und Köln Bezug genommen wurde (sh. Innenministerium Baden-Württemberg 1972). Die hessische Kommission vergleicht ihre Ergebnisse mit denen aus Hamburg, Schleswig-Holstein, Dortmund, Speyer, Baden-Württemberg, Rheinland-Pfalz (Hess.Kultusministerium und Hess.Sozialministerium o.D.). In ähnlicher Weise vergleichen JUNGJOHANN u.a. (1972), GOSTOMZYK u.a. (1973) die Ergebnisse ihrer eigenen Untersuchungen mit denen anderer Untersuchungen. Aber auch Autoren, die Übersichtsreferate vorlegen, vergleichen ohne Bezug auf die Details der Untersuchungen die Ergebnisse pauschal miteinander (BEST o.D.; TÄSCHNER/WANKE 1972; HASSE/LUNGERSHAUSEN/WEBER 1972). Die Autoren nehmen somit an, daß die Ergebnisse direkt miteinander vergleichbar sind; einschränkende Äußerungen sind mir nicht bekannt.

Wenden wir uns zunächst dem Begriff des Users zu, der zwar von mir schon öfter erwähnt, jedoch niemals klar definiert wurde. Eine Analyse dieses Begriffes zeigt, daß er von verschiedenen Autoren sehr verschiedenartig definiert wird (SCHENK 1974 a). Es können drei verschiedene Definitionsarten unterschieden werden:

a) die Regelmäßigkeit des Konsums
b) die Häufigkeit des Konsums
c) die Aktualität des Konsums

Für JASINSKY war wohl das Kriterium der Regelmäßigkeit ausschlaggebend (JASINSKY 1971 und 1973), ein Kriterium, das er jedoch in kein klares Verhältnis zu den Antwortmöglichkeiten seines Fragebogens zu bringen vermag. Für GOSTOMZYK u.a. (1973) ist hingegen die Häufigkeit des Konsums das entscheidende Kriterium für die Bestimmung des Users. Bei PETERSON/WETZ (1973), der hessischen Untersuchung und der bayerischen Untersuchung ist hingegen das Kriterium der Aktualität ausschlaggebend; dieses Kriterium fordert nur Konsum z.Zt. der Befragung. Die Forderung des jetzt stattfindenden Konsums setzt jedoch andere Perspektiven, als die absolute Häufigkeit oder die Regelmäßigkeit des Konsums es tun. Die Definitionen sind nicht deckungsgleich.

Dies gilt jedoch auch, wenn man verschiedene konkrete Definitionen innerhalb eines Bestimmungsansatzes vergleicht. Während JASINSKY in seinem Fragebogen konkrete Bezeichnungen wie "jeden Tag" oder "nur an Wochenenden" aufführt, um von daher - auf nicht weiter beschriebene Weise - den Begriff der Regelmäßigkeit inhaltlich zu füllen, überläßt es NORDALM dem subjektiven Verständnis des Befragten, ob er seinen Drogenkonsum als regelmäßig bezeichnen will. Man wird daher sagen müssen, daß der Begriff des Users sehr schillernd ist und direkte Vergleiche bezüglich dieses Personenkreises zwischen den einzelnen Untersuchungen nicht ohne weiteres möglich sind.

Von grundsätzlicher Bedeutung ist der Drogenbegriff, der den einzelnen Untersuchungen zugrunde liegt. Ausdrücklich definiertes Ziel vieler Untersuchungen war es, eine Bestandsaufnahme des Drogenkonsums, des Rauschmittelmißbrauchs oder des Rauschmittelverhaltens des Jugendlichen zu erhalten. So heißt es z.B. im vorläufigen Untersuchungsbericht von KRÄMER u.a. (1973): "Es war erklärtes Ziel der Untersuchung, an einer repräsentativen Auswahl von Schülern des Saarlandes Aufschluß über den Bekanntsheitsgrad verschiedener Drogen, über die Häufigkeit des Drogenkonsums, über die Art der verwendeten Drogen und ihre Anwendungsweise zu erhalten" (KRÄMER u.a. 1973, S. 2f). In ähnlicher Weise äußern sich z.B. JUNG-

JOHANN u.a. (1972); SCHWARZ (1972); JASINSKY (1971 u. 1973);
GOSTOMZYK u.a. (1973); SCHMITT u.a. (1972); der Hess.Kultus-
minister u. der Hess.Sozialminister (1972) und das Bayer.
Staatsministerium des Innern (1973). Der Anspruch geht also
auf eine Totalerhebung des Drogenkonsums oder des Rausch-
mittelgebrauchs oder -mißbrauchs der Jugendlichen. Man wird
daher die Zeitschrift "Der Sozialberater" kaum kritisieren
können, wenn sie wie viele andere auch, schlichtweg von
Rauschgiftkonsumenten spricht, wo eindeutig nur die Konsumenten nicht legalisierter Drogen gemeint sind ("Der Sozialberater" 1974, Heft 3, S.34).

Vergleicht man nun die einzelnen Untersuchungen mit diesem
generellen Ziel, so fällt auf, daß der Begriff "Droge" von
Untersuchung zu Untersuchung verschieden definiert wurde.
Einen Minimal-Katalog enthält der Fragebogen von JASINSKY,
der in seinen Untersuchungen den Konsum von Haschisch, Halluzinogenen, Weckaminen und Opiaten erfragt. Einen recht um-
fangreichen Katalog enthält die Studie in Baden-Württemberg,
hier werden unter Drogen erfaßt: Cannabis, Halluzinogene,
Opiate, Beruhigungsmittel, Schmerzmittel, Schlafmittel, Weckmittel, Schnüffelstoffe, Rest. Zwischen diesen beiden Extre-
men schwankt die Mehrzahl der anderen Untersuchungen. Bedenkt man, daß Baden-Württemberg den höchsten Prozentsatz
an Drogenkonsumenten aufzuweisen hat, so ist dies auf dem
Hintergrund zu sehen, daß hier auch die umfangreichste Drogendefinition vorlag. Auch die Bestimmung der von einem Probanden konsumierten Zahl von Drogen muß man auf dem Hintergrund der Drogendefinition sehen. Während die erste Untersuchung in Schleswig-Holstein aufgrund einer relativ engen
Drogendefinition (Haschisch, Weckmittel, Halluzinogene, Opiate und Schnüffeln) zu dem Schluß kam, daß 67 Prozent der
Konsumenten nur eine Droge nahmen, kommt die hessische Untersuchung mit einer umfangreicheren Liste (Cannabis, Halluzinogene, Barbiturate, Amphetamine, Opiate) zu der Feststellung, daß nur 16 Prozent der Konsumenten sich mit einer
Droge begnügten. Im Vergleich zur schleswig-holstein'schen
Untersuchung wurde hier die bedeutsame Gruppe der Barbiturate aufgenommen. Dies besagt sicherlich nicht, daß sich

der Unterschied der Ergebnisse allein darauf zurückführen
läßt, aber es dürfte sicher von Einfluß gewesen sein.

Bedeutsamer jedoch ist, daß sich hier bei den einzelnen Forschern ein unterschiedliches Verständnis des Drogenbegriffes offenbart. Der Begriff der Droge scheint danach keineswegs festzustehen und wird von verschiedenen Autoren verschieden interpretiert. Damit wird jedoch der Drogenbegriff selbst fragwürdig. Fragwürdig auch vor allem deswegen, weil die verschiedenen Untersuchungen in einem Punkt übereinstimmen: im Ausschluß von Tabak und Alkohol. Konsum von alkoholischen Getränken oder von Tabakwaren wird nicht mit in den Drogen- oder Rauschmittelkonsum-Begriff einbezogen. Drogenerfahrene sind somit per definitionem niemals Menschen, die Tabak geraucht oder alkoholische Getränke getrunken haben. Nur von daher ist es auch erklärlich, warum sich selbst die gewagtesten Schätzungen nicht über die 50-Prozent-Marke hinausbewegen. Selbst Autoren, die sich durchaus der Tatsache bewußt sind, daß auch Alkohol und Tabak unter den Drogenbegriff fallen, lassen "aus methodischen Gründen" (JASINSKY 1973) oder aus "Zweckmäßigkeitsgründen" (WETZ 1972 a) sie bei der Definition des Drogenkonsumenten außer acht. Im ersten Untersuchungsbericht der baden-württembergischen Untersuchung (Innenministerium Baden-Württemberg 1972, S. 8ff) wird daher auch auf feine Weise zwischen Genußmitteln und Rauschmitteln unterschieden, eine geläufige Unterscheidung, auf die ich später noch zurückkommen werde. Zu den Genußmitteln gehören danach: Kaffee, Tee, Tabak und Alkohol. Diese Stoffe finden keinen Eingang in die Definition des Drogenkonsumenten.

Man wird aufgrund dieser einerseits sehr unterschiedlichen Definitionsweise, andererseits aber im Ausschluß der kulturintegrierten Drogen sehr einheitlichen Haltung nachdrücklich fragen müssen, ob es überhaupt eine in sich geschlossene Auffassung des Drogen- oder Rauschmittelbegriffes gibt und von welchen Faktoren dieses Verständnis abhängig ist. Wollte man die bisherigen bundesrepublikanischen Untersuchungen zusammenfassen, so müßte man als das wesentlichste

Ergebnis die ungeklärte Definition des Drogenbegriffes herausstellen. Von daher gesehen sind selbst übereinstimmende Ergebnisse verschiedener Untersuchungen belanglos, es sei denn, sie beruhten nachgewiesenermaßen auf dem gleichen Drogenbegriff. Der Ausschluß der traditionellen Drogen aus der Definition des Drogenkonsumenten verdeutlicht jedoch, daß das Ziel offensichtlich doch nicht eine Bestandsaufnahme und Analyse des Drogenkonsums der Jugendlichen war, sondern nur eine Bestandsaufnahme des als illegal erachteten Drogenkonsums. Der Widerspruch zwischen den eigenen, offiziellen Zielsetzungen und der konkreten Ausführung ist offensichtlich. Damit haben einige Autoren zu einer Begriffsverwirrung beigetragen, die jedoch gerade dadurch unterstreicht, daß die Analyse sozialer Probleme zunächst einmal eine Analyse der Definitionsumstände dieser sogenannten sozialen Probleme sein muß. Es ist eben doch nicht selbstverständlich, was Drogen- und Rauschmittelgebrauch ist. Selbst wenn man sich auf die gleichen Drogen einigen würde, die unter diesen Begriff zu subsumieren wären, zeigt doch ein Vergleich der Untersuchungen von PETERSON/WETZ (1973) und der baden-württembergischen Untersuchung (Innenministerium Baden-Württemberg 1972) für das Beispiel der Schlafmittel, daß in der baden-württembergischen Untersuchung die Schlafmittel uneingeschränkt in die Drogendefinition eingehen, während PETERSON/WETZ Schlaftablettengebrauch nur dann registrierten, wenn dieser vom Arzt nicht legitimiert worden war. Sie folgten damit der WHO-Definition, die später noch eingehender dargestellt werden soll. Auf die Definition der WHO griff ebenfalls ein Schweizer Forscher-Team zurück (ANGST u.a. 1973 a). Allerdings kam dieses Team dann zu der Auffassung, daß es bei bestimmten Drogen schwer sei, zwischen Abusus und medikamentöser Indikation zu trennen und nahm daher zweifelhafte Stoffe wie die Tranquilizer erst gar nicht in den Fragenkatalog auf. Bei PETERSON/WETZ wurden die Schlafmittel im übrigen für die Definition des Drogenkonsumenten nicht berücksichtigt.

Aufgrund der bisherigen Untersuchungen ist es nicht möglich, die Drogenbelastung der Jugendlichen zu bestimmen. Dies liegt z.T. daran, daß die traditionellen Drogen Tabak und Alkohol, aber natürlich auch Kaffee und Tee nicht bei der Definition des Drogenkonsumenten berücksichtigt werden und die tatsächliche Drogenbelastung dadurch zu verzerrt gesehen wird. Dies liegt weiterhin daran, daß man sich jenseits der traditionellen Drogen nicht auf eine eindeutige Definition einigen kann und der Kreis der einbezogenen Drogen einmal sehr eng (nur von der Kultur klar abgelehnte Drogen), ein andermal weiter gezogen wird (auch Drogen, denen die Kultur ambivalent gegenübersteht). Eine Gesamtschau aller Untersuchungen vermag somit mehr zum Verständnis des Drogenbegriffes beim Forscher und der ihn tragenden Kultur beizusteuern als zur exakten Erfassung des Drogenkonsums der Bevölkerung. Bei der Konzentration auf einzelne Drogen wird diese Problematik nicht so sichtbar, ist aber ebenso existent, da es ja letztlich darum geht, Einzelergebnisse in einen theoretischen Gesamtzusammenhang zu stellen und hier das Eigentümliche einer Droge nur im Vergleich mit anderen Drogen gesehen werden kann.

Kapitel IV. Die Bedeutung der traditionellen Drogen Alkohol und Tabak

Um die Stellung der bisher behandelten Drogen im Rahmen einer Gesamtperspektive des Drogenkonsums besser beurteilen zu können, sollen zur Ergänzung beispielhaft Alkohol und Tabak berücksichtigt werden. Man wird jedoch dabei nicht vergessen dürfen, daß auch Kaffee und Tee Drogencharakter haben und diese vielleicht noch mehr in unsere Kultur integriert sind als Alkohol und Tabak. Alkohol und Tabak spielen aber bei dem Streit um die Legalisierung von Cannabis eine große Rolle, weshalb es sinnvoll erscheint, ihre Bedeutung hier darzustellen.

1. Der Umsatz von alkoholischen Getränken und Tabakerzeugnissen

Im Gegensatz zu den illegalen Drogen darf man die amtlichen Angaben zum Verbrauch von Alkohol und Tabak als verläßlich ansehen. Zwar gibt es auch hier z.b. Schmuggel, jedoch dürfte er angesichts des gewaltigen Umsatzes unerheblich sein. Die folgende Darstellung bezieht sich im wesentlichen auf die Angaben im Jahrbuch 1975 zur Frage der Suchtgefahren (BIEL 1975).

Umfangmäßig ist Konsum alkoholischer Getränke im wesentlichen Konsum von Bier. Im Jahr 1973 wurden in der Bundesrepublik 90 985 000 Hektoliter Bier getrunken, im gleichen Zeitraum jedoch nur 14 800 000 hl Wein. Pro Kopf der Bevölkerung sind dies 146,8 l Bier und 23,9 l Wein. Der Verbrauch von Trinkbranntwein mit einer Durchschnittsstärke von 38 Vol. Prozent beträgt dagegen nur 11,35 Flaschen mit je 0,7 l Inhalt. Die Berechnung pro Kopf der Bevölkerung ist jedoch irreführend, da hier auch Kinder berücksichtigt werden, die in der Regel keinen Alkohol trinken. Für das Jahr 1972 gab das Jahrbuch 1974 (BIEL 1974) zusätzlich die Zahlen für jede Vollperson über 15 Jahren an; in Klammern stehen die Zahlen für Umsatz pro Kopf der Bevölkerung, also aller Personen. Bier wurde 1972 191 l pro Vollperson getrunken (145,5 l), Wein 30,5 l (23,1 l) und Branntwein 14,5 Flaschen à 0,7 l (11,0 Flaschen). Der Vergleich zeigt, daß der rein rechnerisch gewonnene Verbrauch pro Kopf der Bevölkerung zu weit niedrigeren Werten führt, als der zwar immer noch nur rechnerische aber realitätsadäquatere Wert des Konsums pro Vollperson. Bedenkt man, daß in diesen Berechnungen immer noch viele Abstinenzler oder Beinah-Abstinenzler enthalten sind, so muß der Durchschnittswert von 191 l Bier pro Jahr für jede Vollperson als Hinweis auf einen ausgeprägten und regelmäßigen Konsums vieler Bürger genommen werden.

Berechnet man den reinen Alkohol in den verschiedenen alkoholischen Getränken, so verbrauchten die Bundesrepublikaner im Jahr 1973 12,22 l reinen Alkohol pro Kopf der Bevölke-

rung. Noch 1968 lag der Pro-Kopf-Verbrauch an reinem Alkohol
bei 10,29 l, ein Wert, den das Deutsche Reich im Jahr 1900
ebenfalls erzielte (10,1 l). Daß es sich dabei um recht hohe
Werte handelt, zeigt sich, wenn man die Werte aus der Nachkriegszeit heranzieht: 1951/52 wurden 3,84 l, 1955/56 5,2 l
reiner Alkohol getrunken. Diese Entwicklung muß für die verschiedenen alkoholischen Getränke getrennt gesehen werden.
Von 1956/57 zu 1965 hat sich der Trinkbranntweinverbrauch in
Litern reinen Weingeistes zwar beinahe verdoppelt (von 1,5 l
auf 2,75 l), aber von da an stieg der Umsatz deutlich langsamer (bis 1973 auf 3,02 l). 1964 betrug der Bierkonsum der
Bevölkerung 122,5 l pro Kopf, 1973 stieg er auf 146,8 l an.
Bedenkt man die große Menge Bier, die bereits 1964 getrunken wurde, so ist die Steigerung um ca. 20 Prozent äußerst
beachtlich. Den entscheidenden Anstieg verzeichnet jedoch
der Konsum von Schaumweinen: 1952 11 Millionen Flaschen à
0,7 Liter, 1964 125 Millionen Flaschen und 1973 228,0 Millionen Flaschen.

Ob man angesichts dieser Daten von einer Alkoholwelle sprechen will, ist abhängig von den eigenen Wertmaßstäben. Sicherlich kann man die Entwicklung des Alkoholkonsums nicht
mit den gleichen Maßstäben messen wie den Konsum der Modedrogen, insbesondere Haschisch. Man muß berücksichtigen, daß
z.B. 1960 der Alkoholkonsum in der Bundesrepublik bereits
eine beachtliche Höhe erreichte und daß daher jede weitere
Steigerung ungleich schwieriger zu erreichen war; man wird
also die Steigerungsrate in Beziehung zum Ausgangswert sehen müssen und dann auch eine kleine Steigerungsrate als bedeutsam ansehen. Allerdings wurde für das Jahr 1972 im Vergleich zum Jahr 1971 keine Steigerung des Umsatzes erreicht,
sondern sogar ein Rückgang; 1971 betrug der Verbrauch an
reinem Alkohol pro Kopf 12,19 l, 1972 11,97 l. Im Jahre
1973 wurde jedoch wieder ein Anstieg auf 12,2 l verzeichnet, so daß man den Rückgang im Jahr 1972 nicht sonderlich
bewerten darf: Wie immer man das zeitweilige Abrutschen im
Jahr 1972 deuten will, es ändert nichts an der Tatsache, daß
der Alkoholkonsum in der Bundesrepublik sehr hoch ist. Ein
internationaler Vergleich für 1966/70 zeigt, daß die Bun-

desrepublik nach den Weinländern Frankreich und Italien zusammen mit der Schweiz den dritten Platz in einer Statistik des Alkoholverbrauchs hält (Eidgenössische Alkoholverwaltung der Schweiz, zit. in BIEL 1975, S.64).

Im Jahr 1973 wurden 125,5 Milliarden Zigaretten geraucht. Geht man von dem Jahr 1956/57 aus, wo der Pro-Kopf-Verbrauch an Zigaretten bei 991 Stück lag, so wurde der Verbrauch bis zum Jahr 1973 verdoppelt (2026 Stück). Bezieht man sich wieder auf die Vollperson über 15 Jahren, so liegt der Verbrauch 1972 (BIEL 1974) bei 2670 Stück pro Vollperson im Vergleich zu 2052 Stück pro Kopf der Bevölkerung. Zu diesen Zahlen muß man noch den Zigarrenverbrauch mit 2,80 Milliarden Stück für 1973 und den Verbrauch von Pfeifentabak mit 2046 Tonnen sowie den Feinschnitt mit 5928 Tonnen hinzurechnen, um den Gesamtkonsum an Tabak zu erhalten. Insgesamt wurden im Jahr 73 für alle Arten von Tabak ca. 15 Milliarden Mark ausgegeben.

2. Der Umfang des Konsums von Alkohol und Tabak bei jungen Menschen

Betrachten wir zunächst den Konsum alkoholischer Getränke, so muß vorerst festgestellt werden, daß niemand "Alkohol" trinkt, sondern immer ganz konkrete alkoholische Getränke, die sich nicht nur durch einen verschiedenen Prozentsatz reinen Alkohols auszeichnen, sondern auch durch unterschiedlichen Geschmack und verschiedene kulturelle Einbettung. Es ist daher sinnvoll, hier sofort zu differenzieren.

Nach der Untersuchung von PETERSON/WETZ (1973) hatten in Nordrhein-Westfalen 76,9 Prozent der befragten Jugendlichen Erfahrung mit Bier oder Wein und 54 Prozent mit Schnaps. Die Untersuchung in Baden-Württemberg, die von der gleichen Unterscheidung nach Alkoholgehalt ausging, zeigte einen unterschiedlichen Konsum nach Alter. Danach hatten 74 Prozent der 14-15jährigen Erfahrung mit Bier/Wein, während 41 Prozent Erfahrung mit Schnaps hatten. Dieser Prozentsatz stieg für Schnaps auf 60 Prozent bei den 20-21jährigen, für Bier/Wein auf 89 Prozent der gleichen Altersgruppe. Getränke mit weniger Alkoholprozenten wurden somit bevorzugt, Erfahrungen mit diesen Getränken wurden sehr frühzeitig gemacht.

Diese Unterscheidung nach Prozentgehalt ist jedoch für die Beschreibung des Konsums nicht ausreichend. Es wird dabei übersehen, daß zwischen Bier und Wein sehr große Unterschiede der verschiedensten Art bestehen. Dies zeigte z.B. die Untersuchung in Bayern, wo getrennt nach Bier, Wein/Sekt und hochprozentigen Getränken gefragt wurde. Gefragt wurde nach mehrfachem Konsum in einer Woche. 46 Prozent der Befragten gaben diesen für Bier an, jedoch nur 11 Prozent für Wein/Sekt und 15 Prozent für andere alkoholische Getränke. Eine Befragung frisch eingezogener Rekruten (SCHENK 1974 c) ergab, daß nur 27,4 Prozent der Rekruten Bier niemals oder höchstens an einem Tag in der Woche tranken, für Wein sind es jedoch bereits 90,6 Prozent und für hochprozentige alkoholische Getränke 86,8 Prozent. Konsum alkoholischer Getränke war also im wesentlichen Konsum von Bier und nur in geringem Ausmaß von Wein oder hochprozentigen alkoholischen Getränken. Dieses Bild bestätigte auch die Untersuchung des Instituts für Jugendforschung (IJF) aus dem Jahr 1973. Unterteilt man die Befragten nach Alter, so liegt der Anteil der Selten-Konsumenten für Bier (= einmal im Monat oder seltener) bei den 12-13jährigen noch bei 74 Prozent, sank aber bereits bei den 14-17jährigen auf 41 Prozent ab. Die Zahlen für Wein: 82 Prozent bei den 12-13jährigen, 65 Prozent bei den 14-17jährigen; die Zahlen für Schnaps: 94 Prozent für die jüngste, 75 Prozent für die folgende Altersgruppe. Bier ist somit das integrierteste alkoholische Getränk unter den Jugendlichen. Es wird am häufigsten getrunken und es wird sehr frühzeitig getrunken. Die Zurückhaltung ist unter beiden Gesichtspunkten gegenüber Wein und hochprozentigen alkoholischen Getränken deutlich größer - allerdings aus unterschiedlichen Gründen, wie später dargelegt werden wird.

Befragt man junge Männer nach ihren Konsumabsichten, so will die Mehrzahl ihren jetzigen Konsum beibehalten, was bei Wein oder hochprozentigen alkoholischen Getränken bedeutet, weiterhin gar nicht oder wenig zu trinken. Darüberhinaus besteht bei Bier und hochprozentigen alkoholischen Getränken eine leichte Tendenz, den Konsum zu drosseln, während umgekehrt bei Wein eine leichte Tendenz zu erhöhtem Konsum besteht (SCHENK 1974 c). Insgesamt kann man sagen, daß beinahe alle jungen Männer im Alter von 18 - 20 Jahren mehr oder weniger häufig Bier trinken, während Mädchen Bier im Vergleich zu anderen alkoholischen Getränken, wie vor allem Wein, etwas weniger schätzen (sh. Institut für Jugendforschung 1973 b). Trinken von Alkohol in der Form von Bier ist zumindest für junge Männer ein alltägliches Verhalten.

Während sich der Konsum von Bier bei den jungen Männern beinahe uneingeschränkter Wertschätzung erfreut, ist die Haltung gegenüber Tabak nicht so einheitlich. Die bayerische Untersuchung ergab, daß 44 Prozent der Befragten zur Zeit der Untersuchung rauchten, 41 Prozent jedoch noch nie geraucht hatten. Die bereits erwähnte Befragung des Instituts für Jugendforschung ergab im Jahr 1973, daß 80 Prozent der Befragten schon einmal geraucht hatten, 20 Prozent noch nie. Die 80 Prozent der Tabakerfahrenen gliedern sich auf in 30 Prozent ständige Raucher, 21 Prozent Gelegenheitsraucher und 29 Prozent Nichtraucher - bezogen auf den jetzigen Zeitpunkt. Rund 40 Prozent der Befragten waren somit als aktuelle Raucher anzusehen, bezogen auf die Gesamtzahl der Befragten.

Wesentlich höhere Werte ergab die baden-württembergische Untersuchung. Unterteilt man nach Altersstufen, so rauchten 67 Prozent der 14-15jährigen gelegentlich oder täglich, 75 Prozent der 15-17jährigen, ebenso der 18-20jährigen und wiederum 69 Prozent der 20-21jährigen. Der Prozentsatz der Raucher sank also nie unter 65 Prozent ab und blieb über die Jahrgänge hinweg einigermaßen konstant. Der Entschluß zum Rauchen fiele somit zu einem sehr frühen Zeitpunkt der Persönlichkeitsentwicklung, in der Regel im 14. und 15. Lebensjahr. In diesem Alter ist allerdings der Anteil der Täglich-Raucher noch gering (28 Prozent), steigt dann aber bei den 15-18jährigen sofort auf 50 Prozent, um dann für die nächsten Altersstufen nur noch relativ wenig anzusteigen. Rauchen wird danach sehr bald zu einem festen Verhaltensbestandteil. Eine Befragung von RITTER u.a. (1971) an Bundeswehrsoldaten bestätigte, daß die Mehrzahl zumindest der männlichen Jugend als Raucher einzustufen ist. 74 Prozent der Befragten gaben an, zur Zeit zu rauchen, wobei nur rund 13 Prozent der Befragten gelegentlich, aber 61 Prozent regelmäßig rauchen. Diese Zahlen erhöhen sich noch, wenn man bedenkt, daß nur rund 40 Prozent der aktuellen Nichtraucher nie geraucht haben. Rund 90 Prozent der Befragten haben somit Erfahrung mit Tabak. Bestätigt werden diese Ergebnisse in ihrer groben Tendenz durch eine weitere Befragung an Rekruten (SCHENK 1974 c). Danach haben nur 12,5 Prozent der Befragten niemals geraucht. Etwas unterschiedlich ist dagegen der Anteil der jetzt Rauchenden, dieser betrug nur 58,5 Prozent, also deutlich weniger als bei RITTER u.a. Dies erklärt sich z.T. durch die besondere Bundeswehrsituation. Während bei der Befragung von SCHENK Rekruten befragt wurden, die erst einige Tage bei der Bundeswehr waren und somit eigentlich noch Zivilisten darstellten, befragten RITTER u.a. zu einem späteren Zeitpunkt. Viele Befragte gaben dabei an, daß sie erst bei der Bundeswehr das Rauchen begonnen (5 Prozent) oder erheblich verstärkt hätten (31,5 Prozent).

Insgesamt kann man sagen, daß auch das Rauchen bei jungen Menschen sehr weit verbreitet ist. Es scheint jedoch so zu sein, daß ein nicht unbeträchtlicher Teil der Jugendlichen es entweder gar nicht probiert (12,5 Prozent), nur einmal informationshalber versucht (18,5 Prozent) oder nach einer Episode doch wieder aufgibt (9,2 Prozent) (sh. hierzu SCHENK 1974 c). Fragt man nach den Zukunftsabsichten, so wird die ambivalente Haltung gegenüber dem Rauchen um so deutlicher. Wollten bei den verschiedenen alkoholischen Getränken die meisten Befragten bei ihrem jetzigen Verhalten bleiben, so gilt dies bezüglich Tabak eigentlich nur für die Nichtraucher, während die Raucher eine ausgesprochene Tendenz haben, ganz aufzuhören oder weniger zu rauchen (SCHENK 1974 c).

3. Die Intensität des Konsums

Ein Vergleich der verschiedenen alkoholischen Getränke zeigt, daß Bier im Vergleich zu den anderen Getränken sehr häufig getrunken wird (Institut für Jugendforschung 1973 b). Tabelle 8 zeigt einen Vergleich für den Altersbereich von 12 - 25 Jahren.

Tabelle 8. Konsum verschiedener alkoholischer Getränke nach Getränkeart; Quelle: Institut für Jugendforschung 1973b (in Prozent)

Häufigkeit	Getränk		
	Bier	Wein	hochproz. Alkohol
mehrmals in der Woche	33	8	7
einmal in der Woche	11	13	10
mehrmals im Monat	14	20	14
einmal im Monat	9	16	13
seltener	32	41	55

Die Tabelle verdeutlicht, daß eigentlich nur Bier sehr häufig getrunken wird, wenn überhaupt, dann oftmals mehrfach in der Woche, während Wein- und Schnapskonsum auch dann, wenn er vorkommt, eigentlich selten ist. Die Tabelle schließt jedoch große Unterschiede ein, da sie sowohl auf den Werten der 12jährigen wie der 25jährigen beruht. 12-13jährige trinken nur zu 9 Prozent mehrmals in der Woche Bier, stattdessen tun dies 46 Prozent der 21-25jährigen. Von der letzteren Altersgruppe muß man sagen, daß, wenn überhaupt Bier getrunken wird, dann zu mehr als 50 Prozent der Fälle mehrmals in der Woche, eine Tendenz, die auch bereits bei den 18-20 jährigen vorhanden ist. Bierkonsum ist bei den befragten Jugendlichen nicht nur ein weit verbreitetes Verhalten, es wird darüberhinaus, wenn es erst einmal geübt wird, sehr intensiv getan.

Vergleichsweise bleibt der Weinkonsum selbst bei den 21-25jährigen eine begrenzte Angelegenheit: Nur 14 Prozent der Befragten trinken Wein mehrmals in der Woche und die Mehrzahl der Weintrinker tut dies seltener als einmal in der Woche. Konsum hochprozentiger alkoholischer Getränke tendiert hingegen bei den 21-25jährigen zu einem gestreuten Verhalten über alle Kategorien hinweg; es gibt hier also ebensoviele, die zu geringem Konsum neigen wie solche, die zu häufigem Konsum neigen. Bei den 18-20jährigen besteht dagegen noch die eindeutige Tendenz, falls überhaupt, dann zu geringem Konsum.

Geht man einmal auf die konsumierte Menge über, so zeigt sich, daß ca. 30 Prozent der frisch eingezogenen Rekruten in der Woche mehr als sechs Flaschen Bier trinken und weitere 25 Prozent vier bis sechs Flaschen Bier. Mehr als drei Gläser Wein trinken pro Woche nur 6 Prozent der Rekruten und 19 Prozent trinken zwei bis drei Gläser; mehr als drei Gläschen hochprozentige alkoholische Getränke trinken 12,5 Prozent, zwei bis drei Gläschen weitere 22,5 Prozent (SCHENK 1974 c). Diese Daten dokumentieren wiederum die Vormachtstellung von Bier. Bier wird in weit größeren Mengen getrunken als Wein, bei hochprozentigen alkoholischen Getränken besteht im Vergleich zum Wein eine leichte Tendenz zu etwas ausgiebigerem Konsum.

Wenden wir uns nun dem Zigarettenkonsum der aktuellen Raucher zu. Nach der Untersuchung von RITTER u.a. (1971) rauchten weniger als 10 Zigaretten pro Tag 15 Prozent, zwischen 10 und 20 Zigaretten 43 Prozent, mehr als 20 Zigaretten rd. 40 Prozent. Die Befragung an frisch eingezogenen Rekruten (SCHENK 1974 c) ergab wiederum etwas niedrigere Werte: 28 Prozent rauchten bis zu 10 Zigaretten, 49 Prozent 11 bis 20 Zigaretten, 23 Prozent mehr als 20 Zigaretten. Diese Daten finden ihre Bestätigung durch die Untersuchung des In-

stituts für Jugendforschung (1973b), wobei allerdings hier
noch eine zusätzliche Antwortkategorie vorgegeben war. Mehr
als 20 Zigaretten rauchten danach 21 Prozent der befragten
Raucher, 40 Prozent rauchten zwischen 7 und 20 Zigaretten,
24 Prozent eine bis 6 Zigaretten und 10 Prozent rauchten
weniger als eine Zigarette pro Tag.

Die Daten sind nicht direkt vergleichbar, jedoch liegt der
Prozentsatz der starken Raucher übereinstimmend zur Untersuchung an Rekruten bei der Befragung des Instituts für Jugendforschung bei ca. 20 Prozent. Dieser Tageskonsum ist
altersabhängig. Die 14-17jährigen rauchen durchschnittlich
5 Zigaretten pro Tag, die 18-20jährigen 11 Zigaretten und
die 21-25jährigen durchschnittlich 14 Zigaretten. Männliche
Jugendliche rauchen mehr (12 Zigaretten pro Tag) als weibliche Jugendliche (7 Zigaretten pro Tag). Rechnen wir einmal
den durchschnittlichen Monatsbedarf eines 14-17jährigen Jugendlichen aus, so kommt mit 150 Zigaretten bereits eine beachtliche Menge zusammen, die in einem Jahr auf 1800 Zigaretten anwächst - dies also bereits für das Alter der 14-
17jährigen. Bei den 18-20jährigen steigt der Jahreskonsum
auf rd. 4000 Zigaretten. Geht man von dem durchschnittlichen
Verbrauch nach der amtlichen Statistik für 1972 pro Vollperson aus (2700 Stück), so scheinen die 18-20jährigen deutlich
über dem durchschnittlichen Konsum zu liegen. Klar übertroffen werden sie von den 21-25jährigen, die es auf einen Jahresbedarf von 5000 Stück bringen! Dies sind Durchschnittswerte, die auch die weniger rauchenden weiblichen Jugendlichen einschließen. 13,5 Prozent der frisch eingezogenen Rekruten rauchen mindestens 20 Zigaretten pro Tag, das ergibt
einen Mindestkonsum im Jahr von 7200 Zigaretten. Nach eigenen
Angaben rauchen 3 Prozent der männlichen Raucher jedoch mehr
als 30 Zigaretten pro Tag, was einem Jahresbedarf von mehr
als 9000 Zigaretten entspricht. Nach RITTER u.a. (1971) gilt
dies für ca. 9 Prozent ihrer befragten Raucher!

4. Eine Gesamtperspektive des Drogenkonsums

Vergleicht man die Ergebnisse der verschiedenen Befragungen zum Drogenkonsum miteinander, so muß man sagen, daß Drogenkonsum der Jugendlichen im wesentlichen der Konsum der traditionell üblichen Drogen Alkohol und Tabak ist, allerdings sofort in der Spezifizierung von Bier für Alkohol und Zigaretten für Tabak. Daneben spielen die Modedrogen (Haschisch, LSD, Opiate) eine geringe Rolle. Vergleichen wir: Höchstens ein Viertel der Jugendlichen hat Erfahrung mit "Drogen", aber mindestens drei Viertel haben Erfahrung mit Alkohol und Tabak. Die Mehrzahl der Drogenkonsumenten hat die "Drogen" nur wenige Male probiert. Die Befragung frisch eingezogener Rekruten (SCHENK 1974 c) ergab, daß zwei Drittel Haschisch höchstens dreimal probiert hatten, weitere 5,6 Prozent zwischen vier- und dreißigmal und 3 Prozent über dreißigmal. Über welchen Zeitraum sich dieser Konsum erstreckte, war nicht definiert. "Drogenkonsum" scheint jedoch für die meisten eine Vergangenheitssache zu sein. Fragt man nach dem Konsum in den letzten drei Monaten, so steigt der Prozentsatz der Nichtkonsumenten von 78,4 Prozent bei unbegrenzter Zeit, auf 93,3 Prozent bei der Begrenzung auf die letzten drei Monate; 3,1 Prozent haben Haschisch in dem erwähnten Zeitraum ein- bis dreimal probiert, die anderen Kategorien sind mit weniger als einem Prozent besetzt. Bei einem repräsentativen sample von Bundeswehr-Rekruten ist somit die häufigste "Droge" rein quantitativ gesehen von geringer Bedeutung. Daneben steht jedoch ein intensiver Konsum von Bier und Zigaretten. Soweit in anderen Untersuchungen Daten zu den verschiedenen Drogen erhoben wurden, bot sich immer das gleiche Bild: die häufigste Modedroge Haschisch trat quantitativ gesehen weit hinter den Drogen Alkohol und Tabak an Bedeutung zurück. Zum Vergleich: Das Senate Select Committee des australischen Parlaments (1971) gab eine Rangfolge der benutzten Drogen und setzte an die erste Stelle ebenfalls Alkohol und Tabak, gefolgt von Barbituraten und anderen Sedativa, Schmerzmitteln und erst an vierter Stelle Cannabis (Senate Select Committee 1971, S.34).

Falsch ist es daher, den Drogenkonsum der Jugendlichen bestimmt zu sehen durch den Konsum von Modedrogen; richtig ist es jedoch, daß die Modedrogen nach den traditionellen Drogen auch von den Jugendlichen genommen werden und Modedrogenkonsum sich im wesentlichen auf die Jugendlichen beschränkt wie u.a. die Befragungen des Allensbacher Instituts in den Jahren 1971 und 72 zeigten. Haschisch und LSD wurden im wesentlichen nur von der Gruppe der 16-29jährigen konsumiert, die Ablehnung dieser Drogen stieg mit zunehmendem Alter.

Drogenkonsum der Jugendlichen ist dominant Konsum von tradittionellen Rauschmitteln oder Genußmitteln, aber erhält durch die Einbeziehung von Modedrogen einen Akzent, der dem Konsum der Erwachsenen fehlt. Konzentriert man sich nun auf diesen Akzent, so macht man sicherlich keine Untersuchung zum Drogenkonsum der Jugendlichen schlechthin, sondern beschäftigt sich nur mit deren illegalem Drogenkonsum, dem gesellschaftlich nicht akzeptierten. Man muß jedoch auch sehen, daß junge Menschen einen Konsum an Tabak und Alkohol haben, der weit über dem Durchschnitt liegt. Ungeklärt ist die Bedeutung der von mir sogenannten halbmedizinischen Drogen Beruhigungsmittel, Schlafmittel und Schmerzmittel, aber auch der Weckmittel. Diese scheinen nach der Mehrzahl der Untersuchungen - abgesehen von den Weckmitteln - in geringerem Maße konsumiert zu werden als Haschisch. Daneben stehen aber Untersuchungen wie die des Instituts für Jugendforschung (IfJ 1973 b), wonach Erfahrung mit Schlafmitteln 24 Prozent der Befragten, Erfahrung mit Schmerzmitteln 75 Prozent und Erfahrung mit Beruhigungsmitteln 27 Prozent der Befragten haben; zum Vergleich: Erfahrung mit Cannabis haben nach der gleichen Untersuchung 15 Prozent der Befragten. Eine Untersuchung von WEIDMANN/LADEWIG u.a. (1973) an Basler Schülern ergab, daß zwar 296 Kontakt mit Cannabis, jedoch 385 Erfahrung mit Schlaftabletten und 1269 mit Kopfwehtabletten hatten.

Viele Untersuchungen berücksichtigen die Rolle der traditionellen Drogen überhaupt nicht, die Bedeutung der halbmedizinischen Drogen nur teilweise. Eine These wie die, wonach 40 Prozent der Jugendlichen Erfahrung mit Drogen haben, ist nur

verstehbar, wenn man den Begriff der Droge sofort in einem
enger gefaßten Sinne (unter Ausschluß von Alkohol und Tabak
und unter ungeklärter Berücksichtigung der halbmedizinischen
Drogen) definiert. Nimmt man den Begriff der Droge oder des
Rauschmittels in seiner weitesten und exaktesten Bedeutung,
so haben mindestens 90 Prozent der 20jährigen Drogenerfahrung. Nicht jedoch diese steht in der gegenwärtigen Diskussion zur Debatte, sondern der Konsum der gesellschaftlich
nicht akzeptierten Drogen. Die weitere Analyse soll sich auf
die Rolle dieser Modedrogen konzentrieren, dies kann aber
nur dann geschehen, wenn deren Stellung im gesamten Drogenphänomen lokalisiert ist. Das wird nicht zuletzt auch deshalb
geschehen müssen, da von Verteidigern der Modedrogen die Beziehung zu den traditionellen Drogen selbst hergestellt wird
und insofern eine Gesamtperspektive zwingend notwendig ist.

Die Analyse wird davon ausgehen müssen, daß Drogenkonsum unter Jugendlichen weit verbreitet ist und Modedrogenkonsum nur
einen relativ bescheidenen Anteil am Gesamtdrogenkonsum der
Jugendlichen hat. Wer Haschisch nimmt, dokumentiert auf diese Weise nicht ein besonderes Bedürfnis nach Drogen, das andere, die kein Haschisch nehmen, nicht haben -er dokumentiert
damit nur das Bedürfnis nach einer bestimmten Droge. Worin
sich diese Droge oder genauer: der Griff nach dieser Droge
von dem Griff nach anderen Drogen unterscheidet, bedarf der
Klärung.

Kapitel V. Drogenkonsum in den USA

1. Die Bedeutung der USA für die Entwicklung des Problembewußtseins

Drogenkonsum erweist sich in zunehmendem Maße als ein internationales Problem, das auch zu Kenntnissen über die Entwicklung in anderen Ländern zwingt. Einen Grund nennt KUSEVIC

(1972), wenn er darauf verweist, daß die Bildung eines Drogenherdes in einem Lande die Produktion und den Handel mit Drogen generell forcieren könne, was nicht ohne Auswirkungen auch auf zunächst unbeteiligte Länder bleibe. Daneben ist es jedoch die Wanderungsbewegung des Drogenkonsums, die für dessen Internationalität spricht. Nach CHRISTIANI (1972) begann der Konsum von Modedrogen, insbesondere Cannabis, in größerem Ausmaß Ende der fünfziger Jahre in den USA, griff 1964/65 auf Skandinavien über, dann auf England und schließlich auf die Bundesrepublik. Eine ähnliche Ansicht vertrat dpa in einem Hintergrundartikel (1970). Nach KIELHOLZ griff die Drogenbewegung zunächst auf England über, um dann von dort sich auf Schweden, Dänemark und Holland auszudehnen (KIELHOLZ 1971a).

Angesichts dieser Wanderbewegung sind für uns die Entwicklung in Schweden (STRUNK 1969) oder den skandinavischen Ländern ganz allgemein (BUSSEWITZ 1969) von Interesse. Von besonderer Bedeutung ist die Entwicklung in den USA. Die USA sind ein westliches Land mit längerer Erfahrung bezüglich des Drogenproblems. Diese Erfahrung gilt es zu nutzen (Bundesministerium d. Innern 1971). Aber mehr noch als die Erfahrung eines Landes mit verwandter Gesellschaftsstruktur dominiert die Furcht, die Bundesrepublik könne den USA in der Entwicklung nachfolgen (BECKER 1971). BACHMANN (1972) zitiert das Sprichwort "Wenn Amerika den Schnupfen hat, bekommt Europa die Lungenentzündung" und fragt, was uns denn gerade im Fall des Drogenkonsums vor einer solchen Entwicklung schützen sollte.

Für LEUNER (1971) und GOSTOMZYK u.a. (1973) gehen die USA den anderen Ländern in der Entwicklung voraus. KEUP meint, daß die amerikanischen Verhältnisse in Europa mit einer Phasenverschiebung von fünf bis acht Jahren nachgeholt würden (TÄSCHNER 1972). GRUENWALDT (1973) sieht es daher als berechtigt an, von einer drohenden Heroinwelle in der Bundesrepublik zu sprechen, weil in den USA eine ähnliche Entwicklung zu beobachten gewesen sei (ähnlich HIPPIUS 1972b).Die USA sind somit für viele Autoren das Land, das vorexerziert, was später im eigenen Land geschehen wird. Den Verlauf in den USA zu kennen, heißt der Entwicklung im eigenen Land voraus zu sein.

2. Der Umfang des Drogenkonsums

1969 vertrat SCHURZ die Ansicht, daß 25 - 30 Prozent der amerikanischen Studenten Erfahrung mit Rauschmitteln haben; 1971 bezifferte KIELHOLZ (1971 a) den Prozentsatz bei Schülern und Studenten auf 20 - 30 Prozent und FEDERN schätzte 1971 den Prozentsatz der Studenten, die Erfahrung mit Marihuana haben, auf 75 Prozent, während Schüler unter 16 Jahren zu 25 Prozent entsprechende Erfahrung hätten. SCHUBERT (1970 b) nannte im Gegensatz zu FEDERN einen Anteil von 20 - 30 Prozent der Studenten, die Erfahrung mit Marihuana haben. In einer offiziellen Erklärung war die American Psychiatric Association 1969 vorsichtiger; danach können in einer typischen städtischen high school bis zu 50 Prozent der Schüler Experimentierer und 25 Prozent User von Drogen sein. Allerdings, so fügte die APA hinzu, seien diese Schätzungen nicht hinreichend abgesichert.

In den USA wurde eine Vielzahl von Untersuchungen zum Ausmaß des Drogenkonsums durchgeführt. Kennzeichnend für den Stand der Forschung ist jedoch, daß diese Befragungen in der Regel nur für bestimmte Gruppen (z.B. Studenten oder Oberschüler) oder für bestimmte Regionen (z.B. San Francisco) Geltung haben; gleichzeitig wurde die Methodik oftmals erheblich variiert. Aus diesen begrenzten Studien ist es daher nicht möglich, eine exakte Angabe über den Drogenkonsum in den USA abzuleiten. BERG (1970), die sich um einen kritischen Vergleich der Untersuchungen bis 1969 bemühte, kam zu dem Schluß, daß es schwierig sei, die Ergebnisse der meisten Studien zu verallgemeinern, da viele nicht repräsentativ für die angezielte Population seien und erheblich in ihrer Reliabilität und Validität variieren. Wie groß die Schwankungen der Ergebnisse zwischen den einzelnen Untersuchungen sind, zeigte sie für das Jahr 1969. Unter College Studenten war der Marihuana-Konsum an der University of Michigan am weitesten verbreitet, am Sacramento State College am wenigsten verbreitet

(23,3 Prozent Erfahrene). Unter Oberschülern war Marihuana-Konsum im San Mateo County in Kalifornien am weitesten verbreitet (39,6 Prozent Erfahrene), am wenigsten in den Utah public high schools (12,2 Prozent Erfahrene). Diese Unterschiede sind sehr beachtlich.

McGLOTHLIN (1972) versuchte auf der Grundlage der ihm zugänglichen Informationen eine Schätzung des Konsums von Marihuana für Mitte 1971. Nach seiner Ansicht hatten danach 42 Prozent der Studenten Erfahrung mit Marihuana, von den Schülern der Klassen 9 bis 12 ca. 22 Prozent und ebenfalls den gleichen Prozentsatz nahm er für die Jugendlichen im Alter von 18 bis 24 Jahren an, die nicht Studenten sind.

Den Versuch, wenigstens im Bereich der Universitäten eine repräsentative Erhebung für die USA durchzuführen, unternahmen GERGEN/GERGEN/MORSE (1972). Sie zogen ein repräsentatives sample aus den 38 Colleges und Universitäten mit Studentenzahlen über 200. Erfahrung mit Marihuana hatten nach dieser Befragung 36,7 Prozent, Erfahrung mit Halluzinogenen 11,7 Prozent und mit Stimulantien und Sedativa (Amphetamine und Barbiturate u.ä.) 8,2 Prozent. Heroin-Erfahrung hatten nur 1,9 Prozent der Befragten.

Man wird solche Ergebnisse aber in deutlicher Abhängigkeit vom Zeitpunkt der Befragung sehen müssen. Eine Befragung des Gallup-Instituts bei College-Studenten in den Jahren 1969 und 1970 ergab für diesen Zeitraum eine Zunahme des Kontaktes mit Marihuana um 22 Prozent, von 20 Prozent auf 42 Prozent (zit. nach GERGEN/GERGEN/MORSE 1972). Eine zweimalige Befragung der Medizin-Studenten der Universität von Pennsylvania in den Jahren 1970 und 1972 zeigte, daß 1970 53 Prozent der Studenten Erfahrung mit Cannabis hatten, 1972 jedoch bereits ca. 70 Prozent (MECHANICK/MINTZ u.a. 1973). GREDEN/MORGAN/FRENKEL (1974) verglichen für die Jahre 1970, 1971 und 1972 den Drogenkonsum vergleichbarer sample von Armeeangehörigen der USA in Fort Lee. Sie stellten dabei fest, daß der Anteil der Nichtkonsumenten von 53 Prozent im Jahr 1970 auf 38 Prozent im Jahr 1971 sank, um für das Jahr 1972 auf diesem Niveau zu verharren. Während der Prozentsatz der ausschließlich Marihuana-Konsumierenden nahezu konstant blieb, stieg der Anteil der multiplen Drogenkonsumenten von 20 Prozent im Jahre 1970 auf 29 Prozent im Jahr 1971, um dann wieder auf 25 Prozent für das Jahr 1972 zu sinken. Wesentlicher dürfte noch die beinahe lineare Steigerung für Heroin von 7 Prozent im Jahr 1970 über 10 Prozent auf 15 Prozent für das Jahr 1972 sein. Drogenkonsum scheint sich in dem erwähnten Zeitraum in den USA weiter ausgebreitet zu haben. Eine Untersuchung in dem abgelegenen Alaska an 15 634 Schülern der Klasse 6 bis 12 im Jahr 1971 ergab daher Werte, die in nichts denen aus Texas oder Kalifornien, einer der Hochburgen des Drogenkonsums, aus den Jahren 69 und 70 nachstanden (PORTER/VIEIRA u.a. 1973). Als ein Beispiel sei der Konsum von Marihuana und THC erwähnt, wobei die Autoren Haschisch nochmals getrennt aufführten. Beschränken wir uns auf die Gruppe der ältesten Schüler (Klasse 12), so hatten 1969 in Dallas 17 Prozent Erfahrung mit Marihuana oder THC, 1970 in San Mateo, Kalifornien, 46 Prozent und 1971 in Anchorage, Alaska, ebenfalls 46 Prozent.

Die Schätzung, daß mindestens 50 Prozent der College Studenten Erfahrung mit Marihuana haben, scheint daher für das Jahr 1970 wohl als gesichert zu gelten. Diese Zahl ist als Durchschnittswert zu betrachten, d.h. es gibt Colleges mit deutlich weniger, und Colleges mit deutlich mehr Konsum. Insbesondere die Westküste (Kalifornien) und die Nordostküste heben sich durch größeren Konsum hervor, während zum Beispiel der Mittelwesten vergleichsweise abfällt.

3. Die benutzten Drogen

In den USA wird vor allem Marihuana geraucht. Legt man Wert auf die Unterscheidung zwischen dem schwächeren Marihuana und dem stärkeren Haschisch, so muß man betonen, daß in der Regel in den USA Marihuana geraucht wird. Von Interesse ist die zweite Position nach der unumstrittenen Führungsrolle von Cannabis. Eine Studie von MIZNER/BARTER/WERME (1970) an College-Studenten des Denver-Boulder Bereiches ergab, daß

Marihuana von 26 Prozent, Amphetamine von 14,4 Prozent, LSD
von 5,4 Prozent der Studenten konsumiert wurden. Der Konsum
von Amphetaminen lag somit eindeutig vor dem der Halluzinogene.
Zu einer ähnlichen Vorrangigkeit von Amphetaminen und
vergleichbaren Präparaten kamen LOMBILLO/HAIN (1972), GOSSETT/LEWIS/PHILLIPS
(1971), JOHNSON/DONNELLY u.a. (1971),
ROBBINS/ROBBINS/FROSCH/STERN (1967), das Gallup-Institut
(1969 zit. in BERG 1970), MARRA u.a. (1967 zit. in BERG
1970). In der Regel scheinen somit die Amphetamine und in
ihrer Wirkung vergleichbare Präparate eindeutig häufiger benutzt
zu werden als Halluzinogene. Nach der Untersuchung von
GOSSETT/LEWIS/PHILLIPS (1971) an 56 745 Schülern des Dallas-
District hatten 33,7 Prozent Erfahrung mit Marihuana, 21,5
Prozent mit Amphetaminen, 15,7 Prozent mit Barbituraten,
15,4 Prozent mit LSD und 4,7 Prozent mit Opiaten. Der Konsum
von Opiaten spielt somit - wie auch andere Untersuchungen
einstimmig ausweisen - eine deutlich untergeordnete Rolle.

Ungeklärt erscheint jedoch die Rolle der halbmedizinischen
Drogen. Eine Untersuchung von JOHNSON/DONNELLY u.a. (1971)
ergab, daß Marihuana-Konsum mit dem Alter ansteigt, er lag
z.B. bei den jüngsten befragten Schülern bei 7,6 Prozent,
um bis zu den ältesten auf 24,9 Prozent anzusteigen. Hingegen
war die Erfahrung mit Kopfschmerzmitteln konstant
gleich hoch und schwankte nur leicht um die 90-Prozent-Grenze.
Eine Untersuchung von ROBBINS/ROBBINS u.a. (1970) an
Studenten in New York zeigte, daß zwar 21 Prozent Erfahrung
mit Marihuana hatten, jedoch 34 Prozent mit Tranquilizern
und 90 Prozent mit Aspirin. Beschränkt man sich auf die Modedrogen
im engeren Sinne (Cannabis, Halluzinogene, Opiate
und vielleicht Amphetamine), so ist die Reihenfolge in den
USA klar: Cannabis führt unangefochten, danach folgen die
Amphetamine und wirkungsgleiche Präparate, dann die Halluzinogene
und weit abgeschlagen die Opiate. Schwieriger wird
es, wenn man die Beruhigungsmittel, die Schmerzmittel und
die Schlafmittel dazu nimmt. Deren Rolle scheint in vielen
Untersuchungen nicht berücksichtigt oder nicht adäquat erfaßt
zu sein. Welche Rolle gerade Sedativa, Tranquilizer

und Stimulantien in den USA spielen, haben unabhängig voneinander zwei Untersuchungen nachgewiesen: die Opinion Research Corporation und die Social Research Group befragten 1967 jeweils ein repräsentatives nationales sample. Danach nahmen 25 Prozent (Social Research Group) bzw. 24 Prozent (Opinion Research Corporation) der Bevölkerung eines der erwähnten Mittel, wobei die Tranquilizer etwas vor den Sedativa lagen und die Stimulantia deutlich abgesetzt dahinter folgten (sh. PARRY 1968). Beruhigungsmittel und Aufputschmittel sind somit in der Gesamtbevölkerung der USA sehr weit verbreitet.

4. Die Stärke des Konsums

Der Begriff der Drogenerfahrung läßt die Intensität des Konsums unberücksichtigt. Bisherige Untersuchungen in den USA ergaben, daß der Konsum von Drogen für viele Personen auf wenige Versuche beschränkt war. Die bereits erwähnte Untersuchung von GOSSETT/LEWIS/PHILLIPS (1971) an Oberschülern ergab, daß z.B. in der zwölften Klasse zwar 17 Prozent Erfahrung mit Marihuana hatten, jedoch mehr als zehnmal nur 8 Prozent diese Droge probierten. Noch deutlicher war der Unterschied bei den anderen Drogen: bei LSD sank der Prozentsatz von 7 auf 2, bei Heroin von 4 auf weniger als 1 Prozent. Ähnlich sind die Ergebnisse bei Studenten. Eine Total-Erhebung an der Carnegie-Mellon Universität 1968 ergab, daß zwar 23,8 Prozent der Studenten Erfahrung mit Marihuana hatten, jedoch nur 10,8 Prozent mehr als zehnmal Marihuana rauchten. Eine Untersuchung an Studenten des Denver-Boulder Bezirks im Jahr 1969 ergab, daß 26 Prozent Erfahrung mit Marihuana hatten, jedoch nur 11 Prozent mehr als zehnmal rauchten (zit. nach BERG 1970).

Dieser drastische Rückgang der Prozentzahlen bei Setzung eines Mindestmaßes des Konsums scheint bei neueren Untersuchungen nicht mehr nachweisbar. Die Untersuchung von PORTER u.a. (1973) zeigte, daß in der zwölften Klasse die Schüler in Anchorage, Alaska, 45,7 Prozent Erfahrung mit Marihuana hatten, dieser Prozentsatz bei Definition eines Mindestkonsums von 10mal aber nur auf 31,2 Prozent absank. Ähnlich verhielt es sich für andere Schulklassen und andere Drogen: der Prozentsatz sank nicht mehr wie früher unter 50 Prozent des ursprünglichen Wertes ab. Dies zeigte auch deutlich die Wiederholungsbefragung von MECHANICK u.a. (1973) an Medizinstudenten. 1970 rauchten bis zu zehnmal Marihuana 63 Prozent bezogen auf die Marihuana-Raucher, 1972 betrug dieser Prozentsatz jedoch nur noch 31 Prozent. Konsequenterweise stieg der Anteil derjenigen, die Marihuana mehr als 20mal rauchten von 34 Prozent für 1970 auf 56 Prozent für 1972. Bezogen auf die häufigste Droge, Cannabis, scheint in den USA der Trend von einigen wenigen Versuchen zu häufigerem Konsum hinzuneigen. Man darf allerdings nicht vergessen, daß hier nach der absoluten Häufigkeit gefragt und keine zeitliche Einschränkung gemacht wurde. Für den Konsum von Heroin zeigte eine Analyse von GREENE/DUPONT (1974) für die Stadt Washington allerdings einen Rückgang der Steigerungsrate. Basierend vor allem auf Angaben der Patienten der Narcotics Treatment Administration konnten sie zeigen, daß bis zum Jahr 1969 die Zahl der Erstkonsumenten von Heroin stark zunahm, danach jedoch bis zum Jahr 1973 ein ebenso starker Abstieg einsetzte. Ergänzt wird dieses Ergebnis durch die Statistik der Todesfälle, die auf eine Überdosis von Opiaten zurückgeführt werden können: sie erreichte ihre Spitze im Jahr 1971 mit 82 Toten, um für das Jahr 1972 71 Tote und für das Jahr 1973 schließlich nur noch 19 Tote auszuweisen. Man wird diese Daten sicher nicht ohne weiteres verallgemeinern dürfen, aber sie sind ein Hinweis dafür, daß man die Entwicklung des Drogenkonsums wird getrennt für jede Drogen beschreiben müssen und daß nicht notgedrungenermaßen mit einer Ausweitung des Konsums von Cannabis sich auch der Konsum von Heroin weiter ausbreiten und vertiefen muß. In einem Interview im Jahr 1973 vertrat JAFFE die Meinung, daß bezüglich Heroin das schlimmste in den USA überstanden sei (sh. HARRIS 1973).

5. Die Bedeutung der traditionellen Drogen

Die Untersuchung 1971 in Anchorage ergab vergleichsweise zu früheren Untersuchungen eine deutliche Ausweitung und Vertiefung des Konsums, insbesondere von Cannabis. Trotzdem bleibt dadurch die Spitzenposition von Tabak und Alkohol unangefochten. Bezogen auf alle untersuchten Klassen 6 bis 12 hatten 24 Prozent der Schüler Erfahrung mit Cannabis, jedoch 52,2 Prozent mit Tabak und 67,3 Prozent mit Alkohol. Setzt man als Kriterium mehr als zehnmaligen Konsum bzw. für Tabak mehr als eine Packung Zigaretten, so sank der Wert für Marihuana auf 14,1 Prozent, für Tabak auf 28,7 Prozent und für Alkohol auf 41,7 Prozent. Der Abstand zwischen Marihuana-Konsum und Alkohol-Konsum hatte sich auf diese Weise noch vergrößert (PORTER u.a. 1973). Bedeutsamer ist wohl noch der Konsum in den verschiedenen Altersstufen. Marihuana-Konsum lag bei Schülern der sechsten Klasse noch unter 5 Prozent und stieg erst bei Schülern der achten Klasse auf ca. 20 Prozent, um dann bei Schülern der Klasse 10 die 40-Prozent-Marke zu erreichen. Im Gegensatz dazu war der Konsum von alkoholischen Getränken bei Schülern der sechsten Klasse schon recht verbreitet (39,0 Prozent), überschritt bereits bei den Schülern der siebten Klasse die 50-Prozent-Marke, um bei den Schülern der zwölften Klasse die 90-Prozent-Marke zu erreichen. Alkohol-Konsum setzt somit zu einem deutlich früheren Alter ein. Ähnlich ist die Entwicklung bei Tabak. Auch hier wird die Erfahrung sehr frühzeitig gewonnen, wenn auch nicht in dem Umfang wie bei Alkohol. Die Haltung gegenüber dem Tabak scheint auch in den USA deutlich reservierter zu sein als z.B. gegenüber Alkohol. Dies zeigte sich im Vergleich zweier Befragungen, die vom Public Health Service an einem repräsentativen US-sample in den Jahren 1966 und 1970 durchgeführt wurden. 1966 waren 42,2 Prozent der erwachsenen Amerikaner Raucher, 1970 nur noch 36,2 Prozent. Am deutlichsten ist der Rückgang bei den Männern von 51,9 auf 42,3 Prozent, während bei den Frauen der Prozentsatz nur von 33,7 auf 30,5 Prozent fiel (sh. GREEN/NEMZER 1973).

Ein Vergleich zwischen den Altersgruppen zeigt, daß der Rückgang im stärkeren Maße bei jüngeren Menschen erfolgte, wie Tabelle 9 zeigt.

Tabelle 9. Zigaretten-Konsum amerikanischer Erwachsener in den Jahren 1966 und 1970, getrennt für die Geschlechter

Altersgruppe	Männer (in Prozent)		Frauen (in Prozent)	
	1966	1970	1966	1970
21 - 34 J.	60,5	48,0	46,3	37,5
35 - 54 J.	56,3	45,9	41,3	37,4
55 u. älter	37,3	30,3	13,3	16,7
insgesamt	51,9	42,3	33,7	30,5

In dieser Untersuchung wurden jedoch die Jugendlichen unter 21 Jahren nicht erfaßt, so daß man aus diesen Zahlen nicht schließen kann, daß auch bei den 15jährigen ein ähnlicher Rückgang erfolgte. Vergleicht man die Untersuchungen von Dallas aus dem Jahre 1969 mit der von Anchorage aus dem Jahr 1971, so gleichen sich die Prozentzahlen der Tabakkonsum-Erfahrenen in den einzelnen Klassenstufen bzw. übertreffen sogar die Daten aus dem Jahr 1971 die des Jahres 1969. Eine Schlußfolgerung aus diesem Vergleich ist jedoch schwierig, da zu viele Variablen auf einmal variiert wurden. Man muß jedoch auch an die Möglichkeit denken, daß viele Jugendliche, die zunächst Tabak rauchen, sich frühzeitig wieder davon distanzieren. Eine solche Erklärung wird von GREEN/NEMZER (1973) nahegelegt, wenn sie darauf verweisen, daß Tabakrauchen bei Frauen offensichtlich mit der Schulbildung zusammenhängt. Zunächst steigt der Tabakkonsum mit zunehmender Schulbildung bis hin zum Oberschulabschluß, sinkt dann mit weiterer Bildung (College-Besuch und College-Abschluß) wieder ab. Zigarettenrauchen mag so zunächst ein Zeichen der Emanzipation sein, verliert dann jedoch bei zunehmend erfolgter Emanzipation diese Funktion.

Die Erfahrung mit traditionellen Drogen wird vor den Modedrogen gewonnen. Drogenkonsum der amerikanischen Jugendlichen ist zunächst Konsum der traditionellen Drogen, denen dann die Modedrogen hinzugefügt werden. Die dominante Stellung der traditionellen Drogen wird durch die Modedrogen alles in allem nicht gefährdet. Für einzelne Jugendliche mag gelten, daß sie nur Modedrogen konsumieren oder daß sie den Konsum der traditionellen Drogen aufgaben, als sie Marihuana zu rauchen oder LSD zu schlucken begannen. Für das Gros der Jugendlichen gilt dies nicht (PORTER u.a. 1973). Modedrogenkonsum kommt zum Konsum der traditionellen Drogen hinzu. Nach den bisher verfügbaren Resultaten muß man davon ausgehen, daß in den USA von einem Abklingen der (Mode-)Drogen-Welle nicht gesprochen werden kann, vielmehr scheint sich der Konsum bestimmter Drogen, insbesondere von Marihuana, weiter auszudehnen.

Kapitel VI. Zur Validität der Eigenangaben

1. Konventionelle methodische Kontrollen

In vielen Untersuchungen wird das Problem der methodischen Kontrolle nicht aufgegriffen, für die Autoren stellen ihre Ergebnisse die Wirklichkeit dar. Einige Forscher bemühen sich jedoch darum, die Validität ihrer Ergebnisse abzusichern. Gewählt wird hierzu eine Argumentation wie sie in dem Bereich der psychologischen Forschung üblich ist. Als Beispiel sei JASINSKY (1971) herausgegriffen; nach ihm sind seine Daten deshalb einigermaßen verläßlich, weil:

a) die Befragung anonym erfolgte,
b) die Teilnahme freiwillig war,
c) Kontrollfragen eingebaut waren, um "Renommierer" zu entdecken,

d) die Versuchsleiter versuchten, die Probanden von der Notwendigkeit der Untersuchung zu überzeugen,
e) die Befragten von sich aus Interesse an der Abklärung strittiger Fragen zeigten.

Die Beweisführung von JASINSKY konzentrierte sich auf die freiwillige, motivierte und anonyme Teilnahme des Individuums, das, da ja eigenmotiviert und nicht durch äußere Faktoren unter Druck gesetzt, auch nach bestem Wissen und Gewissen an dieser Befragung teilnehmen könnte. Da es durch seine Antworten keine persönlichen Konsequenzen zu befürchten hatte, kann es auch Angaben machen, die es sonst vielleicht nicht machen würde. Es handelt sich dabei um Bedingungen, wie sie z.B. in der Einstellungsforschung üblich sind. Für die Drogenforschung hatten RUPPEN u.a. (1973) nachgewiesen, daß Unterschiede in der Beantwortung von Drogenfragen zwischen anonymen Probanden und nicht-anonymen Probanden bestehen. Über diesen Komplex des engagierten und anonymen Probanden hinaus versuchte nun JASINSKY eine objektive Kontrolle mittels Lügenfragen einzuführen, die auch bei psychologischen Persönlichkeitstests weit verbreitet ist (sh. z. B. Offenheitsskala beim FPI, Lügenskala beim MMPI). Dieses Verfahren verwandten neben JASINSKY viele andere Autoren. Es besteht darin, eine fiktive Droge in den Fragenkatalog einzuschmuggeln und die Konsumenten dieser Droge dann als "Renommierer" zu entlarven. JASINSKY erfand die Drogen "Synvitan" und "Nemtan", SCHWARZ die Drogen "Morgaptan", "Halluzinon" und "Nirvanon", JUNGJOHANN u.a. "Mirsilon", das Institut für Jugendforschung "Rotundin" und PETZEL u.a. "Bindro".

Die Ergebnisse bezüglich dieser Kontrollfragen müssen insgesamt als positiv angesehen werden. Von den jeweils 5000 Schülern in den beiden Hamburger Befragungen gaben nur zwei Befragte pro Untersuchung den Konsum der nichtexistenten Drogen an (JASINSKY 1971, S.10 und 1973, S.12). Von den ca. 2500 Befragten der Essener Studie gab keiner den Konsum der fiktiven Droge "Mirsilon" an (JUNGJOHANN u.a. 1972, S.4).und schließlich identifizierte SCHWARZ (1972) unter seinen ca. 4500 Befragten nur 29 vermutliche Renommierer. Bezogen auf die große Zahl der Befragten konsumierten also verschwindend wenig Probanden nicht-existente Drogen. Auch die amerikanische Untersuchung von PETZEL u.a. (1973) ergab nur 3,8 Prozent Konsumenten der fiktiven Droge "Bindro". Vergleicht man jedoch die Antworten der Bindro-Konsumenten mit den Antworten der Nicht-Bindro-Konsumenten bezüglich anderer Drogenfragen, so hatten die Bindro-Konsumenten überall einen weit höheren Anteil an Drogenkonsumenten. Ein Beispiel: 39,1 Prozent der Nicht-Bindro-Konsumenten gaben an, Marihuana konsumiert zu haben, dagegen jedoch 72,7 Prozent der Bindro-Konsumenten, ein Unterschied, der hoch signifikant ist. Da jedoch der Anteil der Bindro-Konsumenten an der Gesamt-Stichprobe recht gering war, fällt diese Verfälschung nicht nennenswert ins Gewicht. Bezogen auf Marihuana-Konsum lag der Prozentsatz für die gesamte Stichprobe bei 39,5 Prozent, unter Ausschluß der Bindro-Konsumenten bei 39,1 Prozent. Diese höheren Werte der Bindro-Konsumenten beziehen sich nicht nur auf den Konsum illegaler Drogen, sondern ebenso auf den Konsum von Tabak und Alkohol. Es bestand bei diesen Probanden also eine generelle Tendenz, höheren Drogenkonsum anzugeben.

Fragt man nicht nur nach dem Konsum der fiktiven Droge, sondern auch nach der Kenntnis dieser Droge, so ändert sich das Bild. Während bei der Essener Studie von JUNGJOHANN u.a. kein Befragter die fiktive Droge genommen haben wollte, war sie doch immerhin 3,8 Prozent bekannt. Die Droge "Rotundin" des Instituts für Jugendforschung wollten ca. 7 Prozent kennen und bei einer eigenen Voruntersuchung gaben 31 Prozent der Befragten an, eine Droge aus der fiktiven Gruppe der Hylozata zu kennen (SCHENK 1974 b). Ist es gerechtfertigt, diesen Kennern einer nicht-existenten Droge reserviert gegenüber zu stehen, sie als "Renommierer" zu entlarven und aus der weiteren Untersuchung als Fehler auszuschließen? Eine sehr gründliche amerikanische Validierungsstudie zeigte, daß das Problem mehrschichtig ist.

2. Der Vergleich zwischen angegebenem Konsum und tatsächlichem Konsum

Eine Untersuchung von PARRY/BALTER/CISIN (1970) in einer amerikanischen Mittelstadt konnte den tatsächlichen Konsum der Bürger dieser Stadt an Hand der Verschreibungen bestimmen und stellte auf Grund dieser Verschreibungen verschiedene Stichproben von Konsumenten zusammen. Insbesondere interessierte, ob der Konsum von Sedativa, Stimulantien und Tranquilizern in einer Befragung korrekt angegeben würde. Die Autoren unterschieden drei Stufen: korrekte Angaben, teilweise korrekte Angaben und falsche Angaben. Korrekt war die Angabe dann, wenn statt der konsumierten Drogengruppe eine andere genannt wurde und falsch, wenn kein Drogenkonsum angegeben wurde. Die Studie ergab, daß die Tranquilizer am ehesten korrekt angegeben wurden und umgekehrt die Stimulantien am wenigsten korrekt. Gab es bei den Tranquilizern kaum teilweise korrekte Angaben, so ging bei den Stimulantien zu einem nicht geringen Teil der niedrigere Prozentsatz korrekter Angaben zu Lasten der Kategorie der teilweise korrekten Angaben. Die Autoren erklärten dieses Ergebnis durch die Vermutung, daß in unserer Kultur der Konsum von beruhigenden Mitteln leichter zugegeben werden könne als der Konsum von aufputschenden Mitteln, die ja auch im Verdacht stehen, genommen zu werden, um sich auf illegitime Weise einen Lustgewinn zu verschaffen. Es scheint somit so zu sein, daß Drogenkonsum um so leichter zugegeben wird, je mehr die entsprechende Droge kulturell akzeptiert ist.

Ein anderer Aspekt ist der des Wiedererkennens. Für das Beispiel der Tranquilizer entwickelten die Autoren zwei verschiedene Formen der Befragung. Im einen Fall beschränkte sich die Befragung auf die Standardfrage, ob der Betreffende die Droge schon einmal probiert habe, im anderen Fall wurde ein intensives Interview geführt, zu dessen Unterstützung auch noch Farbphotos der Tranquilizer vorgelegt wurden. Im zweiten Fall wurden also alle Mittel genutzt, um dem Befragten die Erinnerung zu erleichtern, während der erste Fall mehr der normalen Befragungssituation entspricht. Das Ergebnis zeigte, daß die

Unterstützung des Gedächtnisses die Zahl der korrekten Angaben deutlich steigerte. Man wird so die Angabe zum Drogenkonsum z.T. auch als eine Funktion der Erinnerung ansehen müssen. In diese Richtung verwies auch ein anderes Ergebnis der Untersuchung. Befragt wurden wiederum Probanden zum Konsum von Tranquilizern mit der intensiven Befragungsmethode. Unterschieden wurde zwischen Probanden, die als gegenwärtige Konsumenten zu bezeichnen sind und solchen, die früher Tranquilizer nahmen (= Drogenkonsum länger als ein Jahr zurückliegend). Erwartungsgemäß war die Zahl der korrekten Antworten bei den gegenwärtigen Konsumenten deutlich höher.

Diese Ergebnisse verdeutlichen, daß die Angabe eigenen Drogenkonsums eine komplexe Angelegenheit ist, wo neben der Erinnerung auch soziale Faktoren wie Erwünschtheit eine Rolle spielen. Die erwähnte Untersuchung bezog sich auf legal erworbene Medikamente, zu deren Unterscheidung die pharmazeutischen Firmen eine entsprechende Aufmachung gewählt haben, die aber andererseits vielleicht im Rahmen einer allgemeinen ärztlichen Behandlung für den Patienten keinen besonderen Aufmerksamkeitswert haben. Man kann daher von der vorliegenden Untersuchung nicht auf Untersuchungen schließen, die sich mit illegalem Drogenkonsum beschäftigen. Richtig ist jedoch, daß im Rahmen der Drogenforschung der Faktor der sozialen Erwünschtheit und die Erinnerung des Probanden eine Rolle spielen können.

Bedenklich ist es unter diesem Aspekt, daß viele Forscher, wenn sie überhaupt sich mit methodischen Problemen befaßten, ihr Augenmerk vor allem auf die Identifikation von Renommierern richteten, also die Validitätskontrolle nur nach einer Richtung betrieben. In einem Überblick über europäische Untersuchungen vermerkte MAY (1972) kritisch, ob es sinnvoll sei, auf Eigenangaben von Drogenkonsumenten zu vertrauen, die ja damit eine illegale Handlung eingestehen müßten. Aus diesem Grunde glaubte das Institut für Jugendforschung ja auch zunächst, keine Befragung zum Drogenkonsum durchführen zu können. Die naheliegendere Sorge ist daher, daß Probanden tatsächlichen Drogenkonsum verschweigen. Gegen diese Bedenken führen nun Befürworter von Befragungen zum Drogenkonsum ins Feld, daß der Proband ja seine persönliche Anonymität garantiert bekomme, er also ohne Gefährdung seiner Person an einer solchen Untersuchung teilnehmen könne.

3. Befragungen zum Drogenkonsum als soziales Phänomen

Die Logik psychologischer Befragungen läßt sich von dem Gedanken leiten, daß die vorgelegten Fragen nur für die Person des Befragten von Relevanz sind und es daher nur gilt, dessen Person zu schützen. Untersuchungen, die sich mit sozialen Problemen beschäftigen, greifen jedoch über den einzelnen Befragten hinaus und beziehen soziale Gruppen und kulturelle Verhaltensgewohnheiten in die Diskussion ein. Sie haben somit von vornherein eine politische Dimension, die das Individuum transzendiert. Durch die Zusicherung der persönlichen Anonymität kann dieser politische Rahmen nicht verlassen werden. BERG (1970) berichtete so von der Sorge von Oberschülern, daß Maßnahmen gegen ihre Schule eingeleitet werden könten, wenn sie wahrheitsgemäß über ihren Konsum illegaler Drogen berichten würden.

Diesen Zusammenhang zeigte, wie bereits kurz erwähnt, auch die eigene Untersuchung an 4500 Bundeswehr-Rekruten (SCHENK 1974c). Kaum einer der Befragten meinte, daß diese Untersuchung für ihn persönlich Auswirkungen haben werde. Die Meinungen über die Wirkungen von solchen Untersuchungen waren jedoch sehr verschieden, wobei unterschieden werden kann zwischen mehr sachlichen Aspekten ("Wissen vertiefen"), Befürchtungen von Repressionen ("Vorurteile bestärken", "Gründe für das Weiterbestehen des Verbotes liefern") und vielleicht Hoffnungen auf eine Lockerung der repressiven Haltung ("Diskussion anregen"). Wer der Ansicht war, daß diese Untersuchung das Wissen vertiefen könnte, gab weniger Drogenkonsum an als derjenige, der der Meinung war, daß damit die Diskussion angeregt werden könnte. Dieses Ergebnis zeigte nur einen Zusammenhang und keine Abhängigkeit. Die Antworten auf

Fragen zum Drogenkonsum stehen in einem Zusammenhang mit der Vermutung, was eine solche Untersuchung bewirken könne. Diese Wirkung wird nicht auf die eigene Person als vereinzeltes Individuum bezogen gesehen - hier befürchten nur wenige Probanden Konsequenzen -, sondern sie wird im sozialen Raum gesehen, als eine Veränderung des sozialen Klimas, der Normen in diesem System und damit langfristig der Verhaltensgewohnheiten der einzelnen Individuen.

Welche Antwort nun die "richtige" ist, kann von den vorliegenden Daten her nicht entschieden werden. Es mag sein, daß ein Proband mehr Drogenkonsum zugibt, als er tatsächlich hatte, nur um damit zu dokumentieren, daß Drogenkonsum etwas alltägliches ist und damit keiner besonderen Beachtung mehr bedarf, es könnte genauso sein, daß die mehr sachliche Haltung des Wissenvertiefens manche Probanden zu einem weniger engagierten Ausfüllen des Fragebogens veranlaßt hat und damit die Erinnerungsleistung vielleicht schlechter ist. Es wird weiterer Untersuchungen bedürfen, um hier ein differenzierteres Verständnis zu ermöglichen. Man wird in Zukunft Probanden bei Untersuchungen zu sozialen Problemen nicht weiter als Versuchspersonen ansehen dürfen, die eben nur die gestellten Fragen beantworten, sondern wird sie als Personen betrachten müssen, die mit einer gewissen Einstellung diesen Befragungen gegenübertreten, die sich Hypothesen über den Sinn dieser Untersuchung bilden und die auch am Ausgang und der Verwertung dieser Studien interessiert sind. In diesem Zusammenhang sollte man sich an eine Erfahrung der Allgemeinen Psychologie erinnern. Auch sie glaubte in ihren Anfängen, das konkrete Individuum ignorieren zu können, um dann aber festzutellen, daß das Individuum mit seinen Einstellungen eine wichtige Variable ist. Dieser Lernprozeß führte dann zu einer ersten vagen Fassung des Einstellungsbegriffes.

Befragungen zum Drogenkonsum geben nicht die Realität wieder, sondern sind der Versuch, unter bestimmten methodischen Voraussetzungen die Realität zu beschreiben. Diese Beschreibung muß methodenabhängig bleiben und als solche gekennzeichnet werden. Die vorliegenden Ergebnisse sind willentliche Angaben der Probanden zu eigenem Drogenkonsum, wobei über die Haltungen der Versuchspersonen zu solchen Untersuchungen gerade in bezug auf die sozialen Auswirkungen wenig bekannt ist. Man wird diesen Unsicherheitsfaktor bei allen weiteren Überlegungen berücksichtigen müssen. Fragen nach fiktiven Drogen bieten hier keine Lösung: die Kontrolle wird nur nach der Seite des Renommierers versucht, übersieht aber dabei die Möglichkeit von Erinnerungsfehlern gerade bei Konsumenten vieler Drogen und setzt voraus, daß ein Renommierer gleichzeitig ein ungeschickter Renommierer ist.

Da die amtlichen Statistiken unbrauchbar sind, wird man trotz der bestehenden Unsicherheit auf die Befragungen zurückgreifen müssen. Es ist jedoch notwendig, bei späteren Untersuchungen den sozialen Rahmen solcher Untersuchungen stärker zu berücksichtigen.

C. DIE DEFINITION DER DROGENABHÄNGIGKEIT UND DES DROGENMISSBRAUCHS

Kapitel VII. Drogenabhängigkeit

1. Der Suchtbegriff

In der Psychiatrie war es lange Zeit üblich, von Sucht (addiction) als der allgemeinen pathologischen Form des Drogengebrauchs zu sprechen. Als Modellfälle dienten hierzu die Morphinsucht und der Alkoholismus. Eine Expertenkommission der WHO definierte 1950 die Charakteristika der Sucht folgendermaßen: "Drogensucht ist ein Zustand periodischer oder chronischer Intoxikation, die für das Individuum und für die Gesellschaft schädlich ist, und hervorgerufen wird durch den wiederholten Gebrauch einer natürlichen oder synthetischen Droge. Als ihre Charakteristika gelten:

a) ein unbezwingbares Verlangen oder Bedürfnis (Zwang), den Drogengebrauch fortzusetzen und die Droge unter allen Mitteln zu beschaffen;
b) eine Tendenz, die Dosis zu erhöhen;
c) eine psychische und manchmal auch eine physische Abhängigkeit von den Wirkungen der Droge." (WHO 1950, S. 6-7).

Diese Definition geht von der Parallelität der psychischen und physischen Abhängigkeit aus. Die Sucht wirkt sich sowohl im psychischen wie im physischen Bereich aus. Die gesamte Person mit ihren beiden Aspekten des Körpers und der Seele gewöhnt sich an die Droge.

Im Jahr 1957 bestätigte eine Expertenkommission der WHO nochmals diese Auffassung und präzisierte sie. Es wurden nochmals die wesentlichen Elemente der Definition aufgeführt: a) Verlangen nach der Droge; b) Dosissteigerung; c) psychische und gewöhnliche physische Abhängigkeit; d) schädliche Auswirkungen für das Individuum und die Gesellschaft (sh. WHO 1957, S. 9-10).

2. Gewöhnung

Der Begriff der Gewöhnung wird verschieden gebraucht. In diesem Zusammenhang soll darunter die psychische Gewöhnung (habituation) verstanden werden. Diesen Begriff führte die WHO-Expertenkommission 1950 ein (WHO 1950, S.7). Zu der Einführung dieses Begriffes sah sich die Expertengruppe veranlaßt, weil der Begriff der Sucht offensichtlich nur einen Teil des Drogenverhaltens deckt. Im Gegensatz etwa zu Drogen des Morphin-Typs, die nach Ansicht der Expertengruppe immer ein zwanghaftes Verlangen und eine Abhängigkeit zur Folge haben, wobei die pharmakologische Wirkung im Vordergrund steht, gibt es Drogen, die zwar niemals ein zwanghaftes Verlangen erzeugen, deren Wirkung für das Individuum jedoch so angenehm ist, daß sich schnell eine Gewohnheit entwickelt. Der Konsum dieser Drogen kann abgebrochen werden, ohne daß sich schwerwiegende Störungen ergeben (WHO 1952). Die Charakteristika dieser gewohnheitsbildenden Drogen wurden 1957 nochmals zusammengefaßt. Danach besteht zwar ein Wunsch, jedoch kein Zwang zum Drogenkonsum, keine oder nur geringe Tendenz zur Steigerung der Dosis, zwar psychische aber keine physische Abhängigkeit von der Droge, keine schädlichen Effekte (WHO 1957). Der entscheidende Gegensatz zwischen suchtbildenden und gewohnheitsbildenden Drogen liegt im Fehlen der physischen Abhängigkeit, des zwanghaften Charakters des Verlangens und der Schädlichkeit auf seiten der gewohnheitsbildenden Drogen. Die WHO-Expertenkommission wollte damit dem Umstand Rechnung tragen, daß immer mehr Drogen bekannt wurden, bei denen eine physische Abhängigkeit nicht nachgewiesen werden konnte. Diese Unterscheidung zwischen suchtbildenden Drogen und gewohnheitsbildenden Drogen erwies sich jedoch als wenig praktika-

bel und führte schließlich dazu, daß die Expertengruppe der
WHO sich zu einem gänzlich neuen Terminus entschloß, der beide Begriffe (addicition wie habituation) ablösen sollte, dem
Begriff der Drogenabhängigkeit (drug dependence).

3. Drogenabhängigkeit

Nachdem die WHO-Expertenkommission im Jahr 1957 noch einmal
durch eine Gegenüberstellung der wesentlichen Elemente der
beiden Begriffe Addicition und Habituation versucht hatte,
eine Klärung herbeizuführen, gab sie im Jahr 1964 zu, daß die
Heterogenität der Drogen keinen einheitlichen Suchtbegriff
mehr zulasse und entschloß sich, stattdessen den Begriff der
Drogenabhängigkeit als Rahmenbegriff zu empfehlen, der sodann die beiden älteren Begriffe ablösen sollte. Drogenabhängigkeit (drug dependence) ist danach ein Zustand, der die
Folge eines wiederholten Konsums einer Droge ist. "'Drogenabhängigkeit' wird definiert als ein Zustand, der sich aus
der wiederholten Einnahme einer Droge ergibt, wobei die Einnahme periodisch oder kontinuierlich erfolgen kann. Ihre Charakteristika variieren in Abhängigkeit von der benutzten Droge..." (WHO 1964, S.9). Im gleichen Jahr bestätigte eine andere wissenschaftliche WHO-Gruppe diese Definition und fügte
hinzu, daß es ein allgemeiner Begriff sei, der für die Anwendung auf alle Formen des Drogenmißbrauchs ausgewählt wurde
(sh. WHO, Techn.Rep.Serie No. 287, 1964). EDDY, der der Vorsitzende beider Arbeitsgruppen war, hat allein und mit anderen Mitarbeitern der Arbeitsgruppen diese Definition weiter
interpretiert. EDDY u.a. (1965) stellten fest, daß der Begriff der Drogenabhängigkeit in jedem Fall eine Abhängigkeit
meine, ohne sich jedoch darauf festzulegen, um welche Form
der Abhängigkeit es sich handle. Diese Abhängigkeit sei die
Folge periodischen oder kontinuierlichen Drogenkonsums (EDDY
u.a. 1965, S.722)

In einer Diskussion über den Drogenbegriff stellte EDDY
(1965) fest, daß dieser nur mehr das eine gemeinsame Element

jeglicher Form von Drogenabhängigkeit definiere: "Ein gemeinsames Element jeglichen Mißbrauchs ist Abhängigkeit von der Droge, die mißbräuchlich verwendet wird. Diese Abhängigkeit muß nicht physischer Natur sein; sie kann psychischer oder physischer Natur sein oder beides. Wenn wir den allgemeinen Begriff 'Abhängigkeit' als das gemeinsame Element aller Formen von Drogenmißbrauch benutzen und dem die besondere Art der Droge oder der Gruppe von Drogen hinzufügen, die in dem jeweiligen Fall benutzt wird, halten wir ein gemeinsames Element, eine Beziehung zwischen den verschiedenen Formen des Drogenmißbrauchs fest, und behalten trotzdem die Möglichkeit, jeden einzelnen Fall individuell zu charakterisieren..." (EDDY 1965, S.67). Der Begriff der Drogenabhängigkeit soll keine neue Definition sein, sondern nur ein allgemeiner Begriff, der unter Berücksichtigung der Besonderheiten jedes Einzelfalles die Beschreibung der vielfältigen Formen von Drogenabhängigkeit ermöglichen soll. Ein Merkmal soll jedoch trotz aller Individualität allen Formen der Drogenabhängigkeit gemeinsam sein und das ist nicht mehr die physische, sondern die psychische Abhängigkeit. "Sie führt zum charakteristischen Merkmal jeder Drogenabhängigkeit, zum 'nicht-mehr-aufhören-können'. Jede Sucht stellt demnach in erster Linie ein psychologisches Problem dar" (KIELHOLZ 1971 c, S.8). Die Charakteristika dieses Zustandes können nicht mehr allgemein beschrieben, sondern müssen für jeden Drogentyp gesondert bestimmt werden. Es gibt somit keine generelle Drogenabhängigkeit mehr, sondern es gibt nur noch eine Drogenabhängigkeit vom Morphin-Typ, vom Cannabis-Typ etc. Beschrieben wird diese Drogenabhängigkeit für die psychische wie für die physische Komponente. Die Expertenkommission gab sodann eine Beschreibung des Morphin-Typs, des Barbiturat-Typs, des Cocain-Typs, des Amphetamin-Typs und des Cannabis-Typs, die folgende Aspekte berücksichtigte: a) Stärke des Bedürfnisses nach der Droge; b) Tendenz zur Dosissteigerung; c) Psychische Abhängigkeit; d) Physische Abhängigkeit.

Im Jahr 1969 griff eine Expertenkommission diese Definition der Drogenabhängigkeit wieder auf, formulierte nun jedoch, daß das einzige gemeinsame Element aller Drogenabhängigkeiten in dem Zwang zur regelmäßigen Einnahme der Droge bestehe. Frühere Expertenkommissionen unterschieden zwischen Zwang und Wunsch. Sieht man einmal von dieser Einschränkung ab, so wiederholte die Expertenkommission im Jahr 1969 die Auffassung, daß es einige wesentliche Elemente gäbe, deren Zusammensetzung von Drogentyp zu Drogentyp variiere. Man kann also nur mehr die Elemente angeben und muß die Definition sofort für den einzelnen Drogentyp durchführen.

4. Kritik an der WHO-Definition

Diese Definition der Drogenabhängigkeit durch Expertenkommissionen der WHO fand international weitgehend Anerkennung (WILSON 1968).In Deutschland würdigten viele Autoren diese Definition der Drogenabhängigkeit als wesentliche Vertiefung des Wissens..Stellvertretend für viele seien einige Autoren erwähnt, die auf die WHO-Definition zurückgriffen (SCHUBERT 1970 b; ANGST/DITTRICH/WOGGON 1971; EHRHARDT 1971; HOFFMEISTER 1971; KRYSPIN-EXNER 1971; LÖSCH/MATTKE u.a. 1971; PETZOLD 1971; CHRISTIANI 1972; SCHÖNHÖFER/RÖMER 1972; KEUP 1973). Demgegenüber wird man jedoch festhalten müssen, daß die bestehende Definition der Drogenabhängigkeit, wie sie die WHO-Expertengruppe formulierte und wie sie z.B. durch das damalige Mitglied der Expertengruppe, KIELHOLZ, in das bedeutende Handbuch "Psychiatrie der Gegenwart" eingegangen ist, keine Definition im strengen Sinne mehr darstellt, sondern nur noch einen Fragenkatalog, eine Liste der Dimensionen, die bei der Beschreibung jeder einzelnen Droge zu berücksichtigen ist. Wenn NOWLIS (1969) darauf verweist, wie wichtig die Terminologie der WHO-Expertengruppe auch für die Beschreibung neuer Drogen sei, hat sie damit nur nachdrücklich bestätigt, daß hier keine Definition gegeben, sondern eigentlich nur der Verzicht auf eine einheitliche Definition der Abhängigkeit von Drogen formuliert wurde. Einig ist man sich über die Variablen, die man bei der Beschreibung jedes einzelnen Drogentyps berücksichtigen muß. Das Mischungsverhältnis variiert jedoch von Droge zu Droge und muß daher konsequenterweise auch die Möglichkeit einer fehlenden Drogenabhängigkeit einschließen, also eines wiederholten Gebrauches einer Droge, ohne daß das Individuum sich zu einem wiederholten Gebrauch gezwungen fühlt.

Man muß jedoch fragen, wieweit die Interpretation von NOWLIS den Intentionen der WHO-Expertengruppen und insbesondere denen des Vorsitzenden dieser Gruppen entspricht. Nimmt man den Begriff der Drogenabhängigkeit wörtlich, so meint er in jedem Fall Abhängigkeit, psychische Abhängigkeit. Bestimmt man ihn von der Ambition seiner Erfinder her, so sollte er den Rahmenbegriff für alle Formen der Beziehung zu den verschiedenen Drogen abgeben. Er müßte also für neue Forschungsergebnisse und für neu auftauchende Drogen offen sein. Tatsächlich jedoch scheint der Rahmen doch wohl enger interpretiert zu werden: vorausgesetzt wird der Drogenmißbrauch und der Begriff der Drogenabhängigkeit meint tatsächlich per definitionem zunächst einmal Abhängigkeit von der Droge. Wiederholter Konsum scheint danach wohl immer der Beweis für Drogenabhängigkeit zu sein. Eine solche implizite Gleichsetzung entspricht nicht den Erkenntnissen der modernen Forschung. Der Begriff der Drogenabhängigkeit setzt somit einen Rahmen, der dem Thema nicht gerecht wird. Es geht nicht nur darum, den Grad der Drogenabhängigkeit zu bestimmen, sondern auch, ob überhaupt von einer Drogenabhängigkeit gesprochen werden müsse.

Die Definition der WHO-Expertengruppe geht weiterhin davon aus, daß man die Wirkung der Droge als wesentliche Eigenschaft dieser Droge beschreiben könne. Sie entspricht damit der Tendenz vieler psychopharmakologischer Untersuchungen (SANFORD 1964). Dieser eindimensionale Ansatz - es zählt nur die Eigenschaft der Droge - erfuhr zunehmende Kritik. Der mehrdimensionale Ansatz geht davon aus, daß die Wirkung einer Droge eine Funktion der Droge, des beteiligten Individuums und der jeweiligen Umstände ist (WEIL 1972, CHEIN 1969). Diese Auffassung bestätigte auch LEARY (1970), wenn er forderte, daß der LSD-Aspirant sich zunächst auf sein Vorhaben vorbereiten, daß er sich geistig einstimmen und eine geeignete soziale Umwelt suchen solle. "Ein zutreffenderes Bild der Drogenwirkung vermittelt dagegen die Betrachtung einer ganz normalen amerikanischen Cocktailparty oder einer ähnlichen Gesellschaft, bei der Alkohol konsumiert wird. Bei einer solchen Zusammenkunft nehmen Leute ungefähr gleichen Alters und Körpergewichts in etwa der gleichen Zeit annähernd die gleiche Menge der Droge Alkohol zu sich, und doch verhalten sie sich höchst unterschiedlich. Manche werden laut oder sogar aggressiv, andere verhalten sich passiv, zurückhaltend oder schläfrig; einige zeigen sich von der amourösen Seite, flirten oder werden lasziv, und wieder anderen ist kaum ein oder kein Unterschied zu ihrem nüchternen Verhalten anzumerken" (FORT 1970a,S. 16-17). FORT meinte, daß neben der pharmakologischen Eigenschaft der Droge, der sozialen und kulturellen Situation, die Persönlichkeitsstruktur des Drogenkonsumenten die wichtigste Eigenschaft für die Wirkung der Droge sei.

Verfolgt man diesen Ansatz weiter, so läuft er darauf hinaus, die Droge nur als eine Art Herausforderung an den einzelnen Menschen anzusehen. Nicht die Droge, sondern der Mensch und wie er sich der Droge bedient, steht hier im Zentrum der Analyse. Es ist daher auch nur teilweise richtig, die Wirkungen von Drogen losgelöst von den jeweiligen Bedingungen der Einnahme zu beschreiben. Wichtiger als die Eigenschaften der Drogen wären dann die Umstände, unter denen ein Mensch nach der Droge greift, seine Persönlichkeit, seine Motivation, seine Erwartungen, die Umgebung, in der er es tut. BIRDWOOD (1970a) sagte daher vollkommen zurecht, daß das sogenannte Drogenproblem eigentlich ein Problem der Menschen sei. Trotzdem aber konzentrierte sich die WHO-Expertengruppe in ihrer Klassifikation auf die Drogen und erzeugte so "eine Traumwelt, die von pharmakologischen Bürokraten bevölkert ist" (BIRDWOOD 1970a,S.384). Wie wenig diese Klassifikation eigentlich leistet, wie sehr sie an den wesentlichen Problemen vorbeizielt, verdeutlichte BIRDWOOD an einem Beispiel: Das Studium des Motors eines Autos sagt uns recht wenig darüber aus, warum Menschen gefährlich fahren. Dies bedeutet jedoch sicherlich nicht, daß die Technik eines Autos für die Behandlung dieses Themas uninteressant ist, da ja erst eine bestimmte technische Ausstattung ein bestimmtes Verhalten möglich macht, aber diese Ausstattung führt nicht automatisch zu einem bestimmten Verhalten. "Es ist aber immer der Mensch, der zum Mißbrauch und zur Sucht neigt und nicht das Medikament, das dazu verführt" (HOFF/HOFMANN 1965, S.36). In der Analyse des Umgangs mit einer Droge spielen die Eigenschaften der Droge nicht mehr die herausragende Rolle, sondern stellen einen Faktor neben anderen Faktoren dar, die es insgesamt zu erfassen gilt. Das Angebot der Droge mag verschiedenartig sein, es mag auch verschieden klar abgehoben sein, aber in jedem Fall ist es ein Angebot, das vom Drogenkonsumenten aufgegriffen und in seinen Lebensplan eingebaut wird. Eine Droge hat nicht die Eigenschaft, psychisch abhängig zu machen, sondern dies ist eine mögliche Reaktion des Individuums auf die unmittelbare Wirkung der Droge hin, die spezifisch für dieses Individuum ist. Wesentliche Teile des Fragenkataloges der WHO-Expertengruppe meinen somit eigentlich nicht die Droge selbst, sondern die Antwort des Individuums auf die Wirkung der Droge. Das Verlangen oder die Gier nach der Droge mag sich bei einem Individuum herausbilden, beim anderen nicht. Der Begriff der Drogenabhängigkeit aber leistet der falschen Vorstellung Vorschub, als ob die Droge selbst die Abhängigkeit erzwinge. "Die Vorstellung, daß Drogen zu einem bestimmten Verhalten zwingen, ist ebenso allzusehr vereinfacht und falsch wie die allgemeine Ansicht, daß Drogenabhängigkeit notwendigerweise mit lasterhaftem und depraviertem Verhalten verbunden ist" (FREEDMAN 1970a, S.111). Drogenabhängigkeit, so stellt FREEDMAN lapidar fest, hat viel weniger mit bestimmten Wirkungen von Drogen als mit menschlicher Schwäche, Dummheit und Elend zu tun. Wenn die WHO-Expertenkommission daher eine Beschreibung der einzelnen Formen der Drogenabhängigkeit vorlegt und z.B. die Drogenabhängigkeit vom Cannabis-Typ durch den Wunsch nach wiederholtem Genuß, geringe Tendenz zur Dosissteigerung, psychische Abhängigkeit und fehlende physische Abhängigkeit kennzeichnet, so wird damit vielleicht die Reaktion einer Mehrzahl der Konsumenten von Cannabis beschrieben. Unterläßt man es, die Voraussetzungen für eine solche Antwort auf die Wirkung der Droge zu erläutern und erwähnt man nicht die anderen vorhandenen Antworten, so wird damit das Mißverständnis erleichtert, es handle sich bei diesen Angaben eben doch um allgemeingültige Eigenschaften der Droge. Die Eigenschaften der Drogen haben - beschränkt man sich einmal auf den psychologischen Bereich - immer nur Auswirkungen auf die gegenwärtige Befindlichkeit des Individuums: auf seine Gefühlslage, seine Wahrnehmungen, seine psychische Dynamik. Komplexe und langfristige Wirkungen wie das Entstehen einer psychischen Abhängigkeit oder einer Persönlichkeitsveränderung im Sinne der Persönlichkeitsdepravation sind Antworten der Person auf diese unmittelbaren Wirkungen der Droge. Die unmittelbaren Wirkungen der Droge sind wiederum stark vom Zutun des Drogenkonsumenten abhängig, wie man z.B. bei den Angstreaktionen unter LSD-Einfluß zeigen kann. Analysen, die diesen Einfluß der Persönlichkeit nicht berücksichtigen, müssen zu falschen Ergebnissen führten.

5. Die Definition von BEJEROT

Der Fortschritt des neuen Begriffes der Drogenabhängigkeit bestand in dem Verzicht, alle Formen des Drogenkonsums in eine zu enge, gemeinsame Definition zu zwängen. Insbesondere wandte man sich mit dem neuen Begriff etwas von der Bedeutung der physischen Faktoren ab und erkannte, daß allein die psychische Komponente in allen Formen des Drogenkonsums vorhanden ist und daß schließlich diese psychische Komponente die entscheidende Variable ist (LADEWIG 1971; BLOOMQUIST 1968; EDDY u.a. 1965; CAMERON 1968). "... physische Abhängigkeit ist in keinem Fall der wichtigste oder gefährlichste Aspekt der Drogensucht. Wenn sie vorkommt, garantiert sie nur das Auftreten einer Gruppe von relativ schweren und konstanten Entzugserscheinungen. Die tatsächliche Prognose bei einem Fall von Drogensucht ist jedoch primär eine Funktion von psychologischen und Persönlichkeitsfaktoren" (AUSUBEL 1958, S.10f). In einer Analyse der WHO-Definition kam BEJEROT (1970) zu der Auffassung, daß die psychische Abhängigkeit der zentrale Begriff ist und daß andere Definitionselemente wie die physische Abhängigkeit aus der Definition ausgeschlossen werden sollten, da physische Abhängigkeit nur dort auftrete, wo bereits psychische Abhängigkeit existiere. Insgesamt meinte BEJEROT, daß die alten von der WHO vertretenen Definitionen bereits Mißverständnisse hervorgerufen hätten und die neue nun ebenfalls sehr vage bleibe.

BEJEROT verwies darauf, daß ein Diabetiker oder ein Herzkranker sehr von bestimmten Drogen abhängig sein kann, daß dies aber kaum unter den Begriff der Drogenabhängigkeit falle. Auf die gleichen Probleme verwies LEWIS (1969), als er daran erinnerte, daß ein Hypochonder ein sehr starkes Bedürfnis nach bestimmten Drogen entwickeln könne, von diesen abhängig werde und sie ob deren subjektiv erlebter Wirkung nehme. Wenn man dies jedoch als ein zutreffendes Beispiel akzeptiere, so meinte LEWIS, müßte man dann jede Droge berücksichtigen, die ein Hypochonder verwende und schließlich müßte man bei Fällen von psychogena polydipsia auch Wasser als eine Droge ansehen, die Abhängigkeit hervorrufen könne. Aber, so fügte LEWIS hinzu, beim gegenwärtigen Stand der Dinge sei nicht eine präzise Definition, sondern das Studium der Details das wesentliche.

BEJEROT legte nun jedoch eine Definition vor, mit der er sich um eine klare logische Formulierung bemüht und den Akzent auf die Absicht des Individuums legt. Seine Definition ist ähnlich der von LINDESMITH vorgelegten, die sich am Verlangen des Individuums orientiert: "Toxikomania ist ein Zustand, gekennzeichnet durch 1) wiederholtes oder kontinuierliches 2) medizinisch unmotiviertes oder inadäquates 3) Vergiften des Zentralnervensystems 4) das vom Individuum gesucht wird (BEJEROT 1970, S.15).

Wesentlich an dieser Definition ist, daß es sich um einen Vergiftungszustand des Zentralnervensystems handelt, der von dem Konsumenten absichtlich herbeigeführt wird. Die Wirkung der Vergiftung kann dabei nicht mehr beschränkt gesehen werden auf den Zustand der Euphorie. In der bereits erwähnten Ciba Foundation study group (1965) verwies KIELHOLZ darauf, daß es dem Drogensüchtigen nicht primär um die Euphorie gehe, sondern vor allem darum zu vergessen, was ist und was sein wird. Der gewünschte Effekt sei die Flucht vor der Wirklichkeit (KIELHOLZ 1965, S.68). Der Akzent liegt allein auf der wiederholten absichtlichen Herbeiführung von Erlebnissen, die durch eine Vergiftung des ZNS bedingt sind. Über die Konsequenzen dieser wiederholten Vergiftung macht die Definition keine Aussage. Sie ist somit wesentlich inhaltsärmer als die Definition der WHO, während die WHO-Definition in dem Bemühen um mehr Inhalt nur noch zu einer Definition der zu berücksichtigenden Aspekte gelangt. Der wesentliche Vorzug der Definition von BEJEROT vor der WHO scheint zu sein, daß BEJEROT mehr den teleologisch bestimmten Handlungsablauf zu erfassen versucht, während die WHO-Expertengruppe in statischer Weise nur einen Endzustand beschreibt. Aber genau wie die WHO gelangt BEJEROT zu keiner exakten Definition, weil er letzlich doch auf die Zuständigkeit der Mediziner verweist oder in ungeklärter Weise von inadäquatem Verhalten (Punkt 2) spricht. BEJEROT hat damit im übrigen zwei Aspekte kombiniert, die die WHO-Expertengruppe zumindest terminologisch trennen wollte: den des Mißbrauchs und den der Drogenabhängigkeit. Auf diese Beziehung wird in Kapitel IX eingegangen werden.

BEJEROT hat sicherlich, ähnlich wie LINDESMITH, einen wichtigen Beitrag geleistet durch den Hinweis auf die Absicht des Individuums. Berücksichtigt man jedoch die Beispiele, die von BEJEROT selbst und von LEWIS aufgeführt werden, so wird deutlich, daß es sich im wesentlichen um eine Mißbrauchsdefinition handelt. Dies verdeutlicht die Sprachverwirrung, die innerhalb der Drogenforschung herrscht und die im wesentlichen auf die ungelösten Fragen der weltanschaulichen Bewertung zurückzuführen ist.

Kapitel VIII. Der Begriff der Droge

1. Die Liste der WHO

Es war die Absicht der Experten-Gruppe der WHO (1952), einen Begriff der Drogensucht zu definieren, der auf die Drogen anwendbar ist, die unter internationaler Kontrolle stehen (WHO 1964, S.9). Die Blickrichtung der Kommission war somit durch bereits vorhandene politische Entscheidungen eingegrenzt. In der Erläuterung zum neuen Begriff der drug dependence erwähnte die Expertengruppe daher auch nur folgende Drogengruppen: Morphin-Gruppe, Barbiturate, Cocain, Amphetamine, Cannabis (WHO 1964). Diese Liste erweiterten später EDDY u.a. (1965) und KIELHOLZ/BATTEGAY/LADEWIG (1972) übernahmen sie in ihrem Artikel über Drogenabhängigkeit. Danach kann man folgende Formen der Drogenabhängigkeit unterscheiden:

>Morphin-Typ
>Barbiturat/Alkohol-Typ
>Cocain-Typ
>Cannabis-Typ
>Amphetamin-Typ
>Khat-Typ
>Halluzinogen-Typ

Bei dieser Unterteilung handelt es sich um einen Kategorisierungsversuch der Autoren, der der wissenschaftlichen Überprüfung bedarf. Die Diskussion dieses Buches soll sich auf die Drogen vom Morphin-Typ, Alkohol-Typ, Cannabis-Typ und Halluzinogen-Typ beschränken. Hier stellt sich dann insbesondere die Frage, ob die Trennung zwischen Cannabis einerseits und Halluzinogenen andererseits (LSD als wesentliches Beispiel) aufrechtzuerhalten ist. Die vorliegende Unterteilung und die Drogenabhängigkeitsdefinition der WHO-Gruppe sind jedoch im wissenschaftlichen Gebrauch derart populär, daß sie nicht unerwähnt bleiben können. Das Bedürfnis nach Ordnung scheint so stark gewesen zu sein, daß dieser Ordnungsversuch der Expertengruppe, die weder im Namen der WHO sprach noch ihre

Unterteilung differenziert rechtfertigte, dankbar aufgegriffen wurde.

Will man das Phänomen des Drogenkonsums und der Reaktionen auf diesen Konsum richtig verstehen, so interessiert nicht nur, was erwähnt wird und damit Gegenstand der Aufmerksamkeit ist, sondern auch, was unerwähnt, was unberücksichtigt bleibt.

2. Der Begriff der Droge

Was die WHO-Expertengruppe tat, kann man am besten beurteilen, wenn man von dem Begriff der Droge ausgeht. Eine WHO-Expertengruppe definierte: Eine Droge "ist jede Substanz die im lebenden Organismus eine oder mehrere Funktionen zu ändern vermag" (WHO 1969, S.6). Ähnlich definierte es BEWLEY: "Unter dem Begriff Droge versteht man einen Stoff, der nach seinem Eintritt in den menschlichen Organismus eine oder mehrere seiner Funktionen mehr oder weniger deutlich beeinflußt. Das Wort ist dabei nahezu synonym mit Medizin oder Arzneimittel" (BEWLEY in: Rauschdrogen, S.63). Diese Eingrenzung auf Medikamente liegt jedoch nicht im ursprünglichen Sinn der Definition von Droge. Daher sagte HOLZGREVE (1973) vollkommen zurecht: "Unter 'Droge' verstehe ich trotz aller terminologischen Schwierigkeiten sowohl Alkohol und Arzneimittel als auch die uns hier beschäftigenden modernen Rauschmittel und Rauschgifte" (HOLZGREVE 1973, S.1). Die gleiche Auffassung vertrat das Bundesministerium für Jugend, Familie und Gesundheit in einer Aufklärungsschrift für Eltern und Erzieher (Bundesminister für Jugend, Familie und Gesundheit o.D.). sowie die amerikanische Regierung in einer Aufklärungsbroschüre (National Clearinghouse for Drug Abuse Information 1971), ebenso die australische Regierung (National Standing Control Committee on Drugs of Dependence 1971) und der australischen National Drug Information Service (Broschüre: Drugs and their Effects o.D.). Man kann also sagen, daß der Begriff der Droge ziemlich einheitlich verstanden wird. Abgegrenzt wird davon der Begriff der Nahrung, der Substanzen beinhaltet, die eingenommen werden, um den physiologischen Zellenabbau zu ersetzen, um für Energie und Wärme zu sorgen und Gewebe aufzubauen (sh. Standing Joint Committee on the Classification of Proprietary Preparations; zit. in Brit.Med.J. 1967).

Im Zusammenhang mit der gegenwärtigen sozialen Problematik interessiert jedoch nur ein Teil der Drogen, nämlich derjenige, der eine bewußtseinsverändernde Fähigkeit (National Clearinghouse for Drug Abuse Information 1971, S.1), der eine "psychoaktive Wirkung" (HOLZGREVE 1973, S.1) hat. Diese Drogen wirken auf das Zentralnervensystem ein (National Standing Control Committee on Drugs of Dependence 1971, S.2; WHO 1965, S.7; WHO 1969, S.7). Die Art der Bewußtseinsveränderung ist nicht festgelegt, es mag sich dabei nur um Veränderungen des Antriebes oder der Stimmungen handeln, es kann jedoch auch die Veränderung von Wahrnehmungen und Denkprozessen einschließen.

3. Die übersehene Droge Nikotin

Die Liste der WHO enthielt anfänglich nicht den Alkohol und in dem entscheidenden Artikel von EDDY u.a. (1965) den Tabak mit seinem Wirkstoff Nikotin nicht. Damit blieb eine der wichtigsten und problematischsten Drogen unerwähnt und unberücksichtigt. Eine Begründung wurde von den Autoren für ihre Auswahl nicht gegeben. Man könnte nun vermuten, daß Nikotin vielleicht außer Betracht blieb, weil dessen pharmakologische Wirkung unbekannt war, insbesondere, ob Nikotin auf das Zentralnervensystem wirkt. Noch im Jahr 1974 wagten zwei Vertreter des bayerischen Ministeriums für Arbeit und Sozialordnung, Nikotin als nicht süchtig machend einzustufen. Nach ihrer Ansicht rufe Nikotin keine Abhängigkeit hervor. Sie klassifizieren es als ein Gefäßgift, das in der Liste der psychoaktiven Drogen nicht berücksichtigt werden müsse (sh. "Das Forum" 1974). Es scheint mittlerweilen jedoch festzustehen, daß Nikotin direkt und indirekt auf das ZNS einwirkt (VOLLE/

KOELLE 1970; HERZ 1968; GEBHARDT 1964). Nach FORT (1970) stimuliert Nikotin das zentrale Nervensystem stark. BADELT (1974) kam nach einer Analyse wichtiger Untersuchungen zu der Schlußfolgerung, daß die zentral stimulierende Wirkung von Nikotin als gesichert angesehen werden kann, obwohl die Übertragung von Tierexperimenten auf den Menschen noch Probleme bietet.

Das Senate Select Committee des australischen Parlaments war daher nur konsequent, wenn es, ausgehend von der Drogendefinition, wonach eine Droge eine Substanz ist, die im lebenden Organismus eine oder mehrere Funktionen zu ändern vermag, ganz selbstverständlich den Tabak mit in die Analyse einbezog (Senate Select Committee 1971). Ebenso betonte FORT (1970 a) ausdrücklich, daß auch Nikotin eine psychoaktive, eine bewußtseinsverändernde Droge sei. In der gleichen Deutlichkeit stellte eine Informationsschrift des DGB fest, daß Nikotin eine Droge sei, die die Gehirnfunktionen beeinflusse (DGB-Info, o.D.). Nach RUSSELL (1971) wirkt Nikotin innerhalb von wenigen Minuten auf die Rezeptoren des Gehirns und es bestehen für ihn wenig Zweifel, daß bei Tabakkonsum neben einer psychischen Abhängigkeit auch die beiden Kriterien der physischen Abhängigkeit erfüllt sind, nämlich Toleranzsteigerung und körperliche Entzugserscheinungen.

Unzweifelhaft ist, daß Tabak ob seiner psychoaktiven Eigenschaften geraucht wird und daß die Abhängigkeit von Tabak stark ausgeprägt sein kann. "Tabak bzw. Nikotin ist als ein Psychopharmakon anzusehen, auch wenn die Wirkung des Rauchens wahrscheinlich nicht allein auf die pharmakologischen Eigenschaften der Tabakwirkstoffe zurückzuführen sind, sondern auch - wie bei vielen Psychopharmaka - suggestive Faktoren beteiligt sind" (TÖLLE 1974, S.61). TÖLLE kam aufgrund seiner eigenen Forschung zu der Ansicht, daß Tabak nicht nur im Sinne der WHO Abhängigkeit erzeugen könne, sondern daß man hier durchaus den engeren Begriff der Sucht anwenden dürfe. Nach BIRDWOOD (1971) ist das Zigarettenrauchen die am weitesten verbreitete "Gesellschaftssucht". Bereits im Jahre 1962 finden sich in der Ärztezeitung "Selecta" folgende kritische Sätze: "Es gibt einige Leute, die mit der Beharrlichkeit von

Monomanen wiederholten, von 'Nikotinsucht' dürfe man nicht
reden, denn es fehlen die suchttypischen Merkmale, vor allem
die unaufhaltsame Selbstzerstörung des 'wirklich' Süchtigen
bei Nikotinabusus. Die Unterscheidung ist willkürlich. Es
gibt Raucher, die sich nicht von ihrem Zwang lösen können,
obgleich sie wissen, daß er ihnen schwer schadet, etwa weil
sie eine Endangiitis obliterans haben" (Selecta 1962, S.22).
Es ist für die vorliegende Analyse nicht wesentlich, ob man
Nikotin nur als abhängigkeitserzeugende Substanz einstufen
will, oder ob man den engeren Begriff der Sucht anwenden
soll: in jedem Fall müßte man die Droge im Katalog der WHO
berücksichtigen. RUCH/ZIMBARDO (1974) stellten unter dem Aspekt der psychischen Abhängigkeit daher Nikotin und Alkohol
neben Haschisch und die Amphetamine und meinten, daß alle erwähnten Drogen eine solche psychische Abhängigkeit auslösen
könnten.

Um so erstaunlicher ist es, daß sowohl die WHO-Expertengruppe wie viele andere Fachwissenschaftler in Arbeiten über Drogenabhängigkeit Nikotin nicht erwähnen. ISBELL (1972) nannte
einen Grund: "Tabak, Kaffee und Tee: obwohl es Drogen sind,
die Abhängigkeit erzeugen, bewirken sie dennoch keine Störungen des Verhaltens und sind im allgemeinen in allen Kulturen akzeptiert" (ISBELL 1972, S.42). Jens MATHIESEN verwies in einer Broschüre, die in der BRD vom Stadtjugendamt
München verbreitet wurde, darauf, daß Kakao, Tee, Kaffee,
Nikotin und Alkohol Genußmittel seien, von denen Alkohol unzweifelhaft zu den Rauschdrogen gehöre, Tabak mit seinem
Wirkstoff Nikotin aber auf der Grenze stehe (MATHIESEN 1970,
S.5). Weil somit der Genuß von Tabak sich nicht so im Verhalten manifestiere, daß man nur aufgrund des Verhaltens sagen
kann, daß der Betreffende unter Drogeneinfluß steht, deshalb
scheint Nikotin aus der Betrachtung der abhängigkeitserzeugenden Drogen ausgeschlossen zu sein. Die niemals rational
definierte Auswahl der behandelten Drogen scheint somit unter zwei verschiedenen Aspekten zu erfolgen: einmal nach der
Auffälligkeit der Verhaltensänderungen, die durch den Genuß
der Droge provoziert werden, sodann nach dem Ausmaß der durch
wiederholten Genuß erzeugten Abhängigkeit. Nikotin ist das

Paradebeispiel für das Auseinanderklaffen dieser beiden Ordnungsgesichtspunkte: die verhaltensmäßige Veränderung unter Nikotineinfluß ist gering, bleibt unauffällig, die erzeugte Abhängigkeit kann sehr groß sein.

Bemüht man sich um eine Gesamtperspektive des Drogenkonsums, so darf die wichtige Droge Nikotin nicht fehlen, so wenig wie der Alkohol fehlen darf. Die Analyse der bisherigen repräsentativen Untersuchungen zum Ausmaß des Drogenkonsums zeigt, daß diese Gesamtperspektive bei vielen Autoren nicht vorhanden ist und daß selbst dort, wo ein adäquates Verständnis des Begriffes Droge vorlag, diese Erkenntnis in der konkreten Arbeit oftmals venachlässigt wurde. Den Autoren des hessischen Untersuchungsberichtes war es durchaus bewußt, daß Alkohol und Nikotin ebenfalls Drogen sind, jedoch suggerierten sie in ihrem eigenen Fragebogen einen eingeschränkten Begriff. GOSTOMZYK legte eine Drogenliste vor, die sich auf die herkömmlichen Modedrogen beschränkte, sagte jedoch selbst, daß die Unterscheidung zwischen Alkohol und Modedrogen falsch sei.

Diese Unsicherheit im Umgang mit dem Drogenbegriff hat sich nicht nur bei den empirischen Untersuchungen verheerend ausgewirkt, sondern hat auch bei der theoretischen Analyse des Gesamtproblems zu Schwierigkeiten geführt. Die Gesamtproblematik des Drogenkonsums wird man nur dann in den Griff bekommen können, wenn man neben Alkohol auch Nikotin in die Liste der Drogen einbezieht.

4. Der Begriff der Rauschdroge

Nikotin in normalen Mengen geraucht, bewirkt keine spektakulären Verhaltensänderungen. Dies wird jedoch von einem Teil der psychoaktiven Drogen, die man als Rauschdrogen im engeren Sinne bezeichnen kann, oftmals angenommen. Nach SCHMID-BAUER/v.SCHEIDT (1971) stören Rauschdrogen den Bezug zur Umwelt und die Reaktion auf sie. "Subjektiv gesehen äußert sich das so, daß die Außenwelt zunehmend unwirklicher, der

Kontakt zu ihr labiler wird, während die Innenwelt (Phantasie, Erinnerungen) stärker in Erscheinung treten" (SCHMID-BAUER/v.SCHEIDT 1971, S.192).

Das normale Bewußtsein hat Konstanz und Ordnung in die Beziehung zwischen Mensch und Welt gebracht. Diese Konstanz wird von vielen psychoaktiven Stoffen nicht aufgehoben: "Anregung und Beruhigung können diese fixen Bezüge in meinem Bewußtsein nicht verändern; auch wenn ich nach zehn Tassen Kaffee durchgedreht bin, bleiben die Verhältnisse unverändert. Wird das Bewußtsein betäubt, so schwinden seine Leistungen, aber gewissermaßen gleichmäßig: Solange das Bewußtsein noch arbeitet, gibt es ein ziemlich 'maßstabgetreues' Bild von der Umwelt; sind wir bewußt'los', so sind keine Eindrücke mehr vorhanden" (SCHURZ 1969, S.16). SCHURZ gibt später eine anschauliche Schilderung des Rauschzustandes: "Beim Rausch nun sind eben diese Bezüge verschoben. Offenbar hat eine Störung des Zusammenwirkens der verschiedenen Partien unseres Gehirns stattgefunden, oder verschiedene Teile werden ungleichmäßig betäubt, oder Verbindungswege, Assoziationen werden falsch geschaltet. Nun kann ein Ton farbig erscheinen, nun kann uns eine gerade Linie Quelle höchster Heiterkeit sein, nun kann ein Sekundenklang wie eine Symphonie wirken und unser vertrautes Zimmer unendlich werden: Das Bewußtsein spiegelt zwar noch immer die Umwelt wider, aber in einer merkwürdigen, oft grotesk verzerrten Weise. Dabei können wir noch denken, ja uns über diese Verzerrungen selbst Gedanken machen, wir wissen noch, wer wir sind und meistens auch, wo wir sind; häufig aber nicht, warum plötzlich die Welt so sonderbar ist. Das veränderte, aber noch funktionstüchtige Bewußtsein ist das Wesentliche beim Rausch" (SCHURZ 1969, S.19).

Ein solches Rauscherlebnis hat man beim Trinken von Kaffee oder Tee und beim Rauchen von Tabak sicher nicht. Trotzdem aber sind auch diese Drogen psychoaktiv, indem sie z.B. die Wachsamkeit erhöhen können oder beruhigend wirken. Man wird daher als den entscheidenden Überbegriff das psychoaktive Geschehen bezeichnen, wovon der Rauschzustand ein Spezial-

fall ist. Nicht bei jeder Droge,und bei den Rauschdrogen
nicht bei allen Drogen bei jedweder Dosierung stellt sich
ein Rauschzustand ein.

Kapitel IX. Der Begriff des Drogenmißbrauchs

1. Die Definition des Mißbrauchs

BEWLEY stellte mit einer Drogendefinition den Begriff der
Droge in einen medizinischen Kontext, wenn er Droge gleichsetzte mit Medikament und Arzneimittel. Meint man mit Droge
jedoch jedwede Substanz, die eine Veränderung von einer oder
mehreren Funktionen des Körpers herbeiführen kann, so ist damit der medizinische Bezugsrahmen nicht notwendigerweise mitgesetzt. Richtig ist, daß die Medizin die Wirkungen von Drogen für die Heilung von Krankheiten nutzen möchte und sie daher auf die Drogen zurückgreift. Drogen mögen so von der Medizin bewußt für bestimmte Aufgaben entwickelt werden, aber
unabhängig davon bestehen Drogen und gab es Drogengebrauch.

Die WHO-Expertengruppe setzte nun diesen medizinischen Kontext als den entscheidenden Maßstab für die Bestimmung des
Drogenmißbrauchs: "Andauernder oder sporadischer exzessiver
Drogenkonsum im Widerspruch zu oder ohne Bezug zu einer akzeptablen medizinischen Praxis" (WHO 1969, S.6). GOLDBERG
(1968) nannte als die zwei wesentlichen Elemente des Drogenmißbrauchs Konsum ohne medizinischen Zweck und Konsum in
einer Dosis, die durch ethische medizinische Überlegungen
nicht gerechtfertigt ist. LUDWIG/LEVINE (1965) nahmen daher
konsequenterweise die Selbstanwendung, die sich der Kontrolle der Arztes entzieht, als wesentlichen Bestandteil in ihre Definition von Mißbrauch mit auf. Drogenmißbrauch ist Gebrauch von Drogen, der nicht den Normen der ärztlichen Verordnung entspricht. Verständlich wird dies am Beispiel des
Morphium-Süchtigen, der zunächst Morphium bekam, um Schmer-

zen besser ertragen zu können. Diese Gabe von Opiaten beruht
nach FREEDMAN (1972 a) auf einer stillschweigenden Überein-
kunft zwischen Arzt und Patient. Das Medikament solle nur für
eine bestimmte Gelegenheit eingesetzt werden und hat nur den
Zweck, Schmerzen zu stillen. Mißbrauch ist es, wenn der (ehemalige) Patient das Mittel über die Dauer der Krankheit, bzw.
enger: des Schmerzerlebnisses hinweg benutzt. Hier wird eine
Droge, die zu einem bestimmten medizinischen Zweck entwickelt
wurde und zur Anwendung gelangte, vom Patienten zweckentfrem-
det weiter verwendet. Der Begriff des Drogenmißbrauchs schließt
jedoch die Kontrolle des Arztes über alle Drogen ein, also
auch über diejenigen, die nicht in einem klinischen Kontext
entwickelt wurden. Dies gilt z.B. für Cannabis. Drogenkonsum,
der nicht ärztlich legitimiert ist, gilt als Drogenmißbrauch.
Diese strenge Auslegung trifft jedoch nur die illegalen Drogen. Nach FORT(1970a, S.13) wird bei diesen zwischen Anwendung und Mißbrauch nicht mehr unterschieden, während bei Alkohol und Tabak fast jedwede Form des Konsums als normal
gilt, also nicht als Mißbrauch betrachtet wird. SONNENREICH
(1973) zufolge werden in den letzten zwei Jahren in den USA
die Begriffe Drogengebrauch und Drogenmißbrauch oftmals aus-
getauscht und dies geschieht offensichtlich mit Blick auf die
Modedrogen.

FEUERLEIN (1971) gibt im Unterschied dazu eine Definition des
Mißbrauchs, die nicht den medizinischen Rahmen artikuliert.
"Unter Mißbrauch versteht man den Gebrauch einer Sache in einer Weise, die vom üblichen Gebrauch bzw. von dem ursprünglich dafür gesetzten Zweck abweicht, und zwar in qualitati-
ver wie in quantitativer Hinsicht" (FEUERLEIN 1971a,S.573).
FEUERLEIN erwähnt als Beispiel die nicht medizinisch ge-
rechtfertigte Erhöhung der Tablettendosis oder das Schnüffeln an chemischen Substanzen. Interessant wird diese Definition besonders dort, wo Substanzen ursprünglich oder im
Verständnis der herrschenden Kultur zum Zwecke der psychischen Beeinflussung genommen wurden. Den Unterschied wird
man in der Gegenüberstellung von Heroin und Tabak verdeutlichen können. Heroin wurde als Schmerzbekämpfungsmittel entwickelt und sollte den Patienten nicht in einen high-Zustand

versetzen, sondern ihn die Schmerzen besser ertragen lassen.
Der Gebrauch von Heroin jenseits dieses Zieles wäre danach
Mißbrauch. Tabak wurde jedoch nach Europa als "Genußmittel"
eingeführt und das Rauchen zum Zwecke der Anregung oder der
Beruhigung wäre danach kein Mißbrauch. Von einem solchen würde man wahrscheinlich erst bei einem exzessiven Konsum sprechen, ohne daß die Grenze klar bestimmt wäre. Mißbrauch würde sich damit in erster Linie vom Erstverwendungszweck her
definieren, wobei viele Substanzen von Medizinern entwickelt
wurden und dadurch sich eine Brücke zu den ersten erwähnten
Definitionen schlagen läßt. Gerade die Definition von FEUERLEIN macht aber die weltanschauliche Problematik des Mißbrauch-Begriffes deutlich. Es ist eine äußerst konservative,
restriktive Haltung, die für gesellschaftlichen Wandel und
neue Lebensziele keinen Raum läßt. Der Gebrauch etablierter,
kulturintegrierter Drogen ist danach kein Mißbrauch, während
der Gebrauch neuer Drogen, da nicht üblich, immer Mißbrauch
wäre. De facto versieht der Arzt die Rolle des Kontrolleurs
über den legalen Drogenmarkt und entscheidet darüber, welche
Drogen dem freien Zugriff des einzelnen Bürgers verfügbar gemacht sein sollen. Dieses Verständnis wirkt sich auch auf die
Praxis der Forschung aus. ANGST/BAUMANN u.a. (1973a) orientierten sich in ihrer Befragung zum Drogenkonsum im Kanton Zürich
an der Mißbrauchsdefinition der WHO und schließen daher aus
der Befragung die Gruppe der Tranquilizer aus, da hier der
Mißbrauchscharakter nicht immer gegeben sei. Ohne weitere Erwähnung nicht berücksichtigt werden Alkohol und Tabak, bei
denen wohl gar kein Mißbrauch vorliegt, besonders wenn man
von der Definition von FEUERLEIN ausgeht.

Nach FORT (1970a, S.14) bedeutet Drogenmißbrauch den Konsum
dieser Droge in einem Ausmaß, "der zu einer Herabsetzung der
sozialen und beruflichen Anpassung oder zur Beeinträchtigung
der Gesundheit führt". Wie die Diskussion zeigt, hat sich der
Zuständigkeitsbereich des Arztes auf alle diese Bereiche ausgedehnt.

Daneben gibt es den Versuch, Drogenmißbrauch deckungsgleich
mit dem Begriff der Drogenabhängigkeit zu benutzen. "Charak-

teristikum des Mißbrauchs ist, daß das Individuum wegen einer psychischen oder physischen Abhängigkeit oder wegen beider ohne die Droge nicht mehr auskommen kann" (RUCH/ZIMBARDO 1974, S.507 f). Dieser enge Gebrauch des Mißbrauchsbegriffes ist nicht üblich. Vergleicht man ihn einerseits mit dem WHO-Begriff, so setzt der Begriff der WHO nicht unbedingt eine Drogenabhängigkeit voraus, konzentriert sich vielmehr auf den nicht legitimierten Gebrauch, der freilich auch zu einer Drogenabhängigkeit führen kann. Vergleicht man ihn andererseits mit der Bestimmung von FORT, so kann eine Beeinträchtigung der Gesundheit im Prinzip auch schon gegeben sein, bevor eine Abhängigkeit auftritt. RUCH/ZIMBARDO konzentrieren sich somit bei ihrer Mißbrauchsdefinition nur auf einen Aspekt - und lassen dabei z.B. das Problem der körperlichen Schädigung beiseite. Sie reservieren diesen Begriff für einen Entwicklungsstand im Drogenkonsumverhalten, bei dem bereits eine Verfestigung des Verhaltens eingetreten ist. Dadurch wird der Mißbrauchsbegriff als Voraussetzung für eine - rechtzeitige - soziale Intervention jedoch höchst problematisch. Im Gegensatz dazu ist es gerade das Bestreben staatlicher Instanzen, möglichst frühzeitig den Drogenmißbrauch zu diagnostizieren und dem Arzt, als dem maßgeblichen Sachverständigen, de facto ein weitgehendes Definitionsrecht einzuräumen.

2. Die Verunsicherung der Rolle des Arztes

Dieses Definitionsrecht des Arztes wurde bisher von der Gesellschaft und vom Patienten akzeptiert. Der Süchtige bejahte seine Rolle des Kranken, versuchte sein Verhalten zu entschuldigen. Mit der Ausbreitung neuer Drogenarten in der westlichen Welt hat sich jedoch ein entscheidender Wandel vollzogen. Der Konsum von Cannabis und LSD, selbst in großen Mengen, wird von den Konsumenten nicht mehr ohne weiteres als Zeichen einer Krankheit gesehen oder auch als krankmachend erkannt. Das Bedürfnis, geheilt zu werden oder den Drogenkonsum aufzugeben, besteht daher nicht. Die Heilungschancen sind gering, da der Konsument sich nicht in die Rolle des Patienten drängen lassen will und den Arzt konsequenterweise als Therapeuten ablehnt. Der Arzt findet sich in der ungewohnten Situation, mit dem Patienten über den Sinn seines ärztlichen Tuns diskutieren, ihn von der Richtigkeit seines Standpunktes überzeugen zu müssen.

EBERMANN beklagte in einem Artikel zur aktuellen Drogensituation, daß "das gewohnte Patient-Arzt-Verhältnis... hier häufig nicht gegeben (sei), und während sonst der Leidende Hilfe sucht, weicht er in diesem Bereich oft aus, ja er lügt und täuscht, um seinen Drogenhunger zu stillen. Für jeden Helfenden bedarf es infolgedessen einerseits hohen Engagements und verständnisvoller Zuwendung, andererseits muß auch die gebotene Skepsis und Erfahrung bewahrt bleiben, und kaum sonst irgendwo offenbart sich so die Ohnmacht, nicht nur des Arztes, sondern auch des Erziehers, der Eltern und der älteren Generation überhaupt" (EBERMANN 1973, S.1004). Der überzeugte Drogenkonsument weicht jedoch dem ärztlichen Bemühen nicht aus, er widersetzt sich ihm offen. Es fehlt ihm die Krankheitseinsicht (BUSSEWITZ 1969), es ist keine Krankheit im klassischen Sinne, die man so schnell wie möglich hinter sich bringen möchte (GÜNTHER 1974). Der "Patient" fühlt sich nicht in der Rolle des Unterlegenen, der die Konfrontation vermeiden muß. "Es war besonders schwierig für die Ärzte, die dankbare und respektvolle Patienten gewohnt waren, mit diesen sarkastischen, sie auf die Probe stellenden jungen Menschen zu arbeiten, die sich in der Drogenliteratur oftmals besser auskannten als die Ärzte selbst. Anstatt zu sagen 'Oh gelehrter Arzt nenne mir die Nebeneffekte von Marihuana' sagen diese Teenager sarkastisch 'Alkohol ist schlimmer als Pot'" (UNGERLEIDER 1970, S.114). Während seiner Ausbildung hat der angehende Arzt von Cannabis nichts erfahren und CHRISTIANI (1970) stellte nüchtern fest, daß die Ärzte über Cannabis zu wenig Wissen haben. "Haschisch und LSD aber haben keine therapeutische Bedeutung. Daher lernte der Arzt sie während seines Studiums auch nicht kennen. Selbst erfahrene Psychiater hatten in Deutschland praktisch nie Haschisch-Gebrauch beobachtet" (ODENBACH 1971, S.789). Die Ärzte sind in ihrer Rolle als vermeintliche Fachleute überfordert. Mit dem Rückgriff auf ungeprüfte, traditionelle Argumente gegen Cannabis wird der Arzt bei dem besser informierten jugendlichen Konsumenten unglaubwürdig (CHUN 1971).

Ausdruck des Wissensrückstandes des Arztes und seiner Verunsicherung als Fachmann für Drogenkonsum ist die Tatsache, daß viele Bücher und Artikel sich stark mit den Argumenten der Drogenbenutzer auseinandersetzen. Das Kompendium von CHRISTIANI/STÜBING (1972) hat so ausdrücklich ein Kapitel mit der Überschrift "Argumentationshilfen", die Bücher von BLOOMQUIST (1968) und von THOMAS (1970) enthalten Kapitel, in denen die hauptsächlichen Streitpunkte in Pro und Contra abgehandelt werden. MEYER/MEYER (1971) stellten einen Artikel mit ähnlichem Inhalt unter den Titel "Gesprächsführung mit Jugendlichen".

SZASZ (1971) vertrat die Ansicht, daß der Arzt heute eine Stellung habe wie sie der Priester im Mittelalter innehatte. Stand dort der Priester zwischen dem Menschen und Gott, so steht heute der Arzt zwischen dem Menschen und der Droge. SZASZ, selbst Psychiater, empfiehlt daher auch für den Bereich der Drogen eine protestantische Haltung, die dem mündigen Menschen den freien Zugang zu den Drogen ermögliche. Er verwies in der Diskussion über die Gefahren und die Legalisierung bestimmter Drogen darauf, daß hier Aspekte mit ins Spiel kommen, die eindeutig die Rolle des Arztes transzendieren und politischen Charakter haben. Der Arzt ist somit letztlich für die Zulassung von Drogen nicht mehr zuständig, weil es nicht mehr um die absolute Gefährlichkeit von Drogen gehe, sondern um deren Einordnung in den Gesamtlebensbereich mit all den dort bereits vorhandenen und geduldeten Gefährdungen.

KUSEVIC (1973) wandte sich gegen die Monopol-Stellung, die die Medizin im Augenblick immer noch bei der Erforschung des Drogenkonsums hat. Er verwies darauf, daß zwar im Jahr 1968 das "WHO Expert Committee on Dependence-Producing Drugs" (WHO Experten-Gruppe für abhängigkeitserzeugende Drogen) umbenannt worden sei in "Expert Committee on Drug Dependence" (Expertengruppe für Drogenabhängigkeit), daß dies aber keinen Einfluß auf die Zusammensetzung der Expertengruppe gehabt habe, die nur aus Medizinern bestehe. "Es steht außer Zweifel, daß alle Mitglieder dieses Gremiums hervorragende Experten auf ihrem Gebiet sind, aber dieses Gremium ist nun keine Expertengruppe mehr, die ihre Ansicht zu den Drogen und den durch sie bewirkten Effekten äußert, sondern ebenso eine, die sich zum Problem der Drogenabhängigkeit äußert, einem Phänomen, das soziale, ökonomische, juristische, kriminologische, pädagogische und andere Aspekte hat. Die Spitzenexperten waren somit mit der unangenehmen Aufgabe konfrontiert, Expertenurteile über Wissensbereiche abzugeben, auf denen sie selbst nur Amateure waren" (KUSEVIC 1973, S. 50). KUSEVIC will sicher die Medizin aus der Erforschung des Drogenkonsumverhaltens nicht ausschalten, aber er verwies doch darauf, daß die bisherige dominante Stellung der Medizin auf dem Gebiet der Drogenforschung dieser nicht nur (in manchen Bereichen) genützt, sondern auch geschadet hat. Er forderte nachdrücklich einen interdisziplinären Ansatz, was in der Konsequenz bedeutet, daß die Medizin sich als eine von vielen Disziplinen verstehen muß, die mit der Erforschung des Drogenkonsums beschäftigt sind. Dies müßte dann auch seinen Ausdruck bei der personellen Besetzung von nationalen und internationalen Gremien finden.

3. Die Beziehung zwischen Drogenabhängigkeit und Drogenmißbrauch

Für die WHO-Expertengruppe ist der Begriff des Drogenmißbrauchs der übergreifende Begriff, der sich in zwei Aspekte ausgliedert: Die Beziehung des Menschen zur Droge und die Beziehung zwischen Drogenmißbrauch und Gesellschaft. Die Beziehung zwischen der Droge und dem Einzelindividuum wird unter dem Stichwort Drogenabhängigkeit abgehandelt und beinhaltet die pharmakodynamischen Wirkungen der Droge sowie den physiologischen und psychologischen Zustand des Individuums (sh. WHO 1965, S.7). Drogenabhängigkeit wird somit sofort unter dem Aspekt des Drogenmißbrauchs gesehen. Damit ist bereits eine Vorentscheidung für die Analyse der einzelnen Drogen gefallen, die von erheblicher Tragweite ist. Beeinflußt wird die Auswahl der zu behandelnden Drogen wie die Form der Analyse.

In Kapitel VIII, 1. wurde bereits darauf verwiesen, daß die Liste der Drogen durch die gewünschten legalen Konsequenzen bestimmt war. Die WHO-Expertengruppe sollte die internationale Kontrolle bestimmter Drogen unterstützen, Drogen, die aus westlicher Perspektive ausgewählt wurden. Deshalb fehlten in dieser Liste zunächst auch die traditionellen westlichen Drogen Alkohol und Tabak bzw. Nikotin, und Tabak fehlt auch heute noch in dieser Liste. HALBACH, ein Mitglied der Expertengruppe, wies, in einer Diskussion auf das Fehlen von Nikotin in der Liste angesprochen, auf den kulturellen Hintergrund dieser Auswahl hin. Er sprach von einem Schock, den die Mitglieder der Narcotics Commission der Vereinten Nationen erlebten, als sie darauf hingewiesen wurden, daß auch Alkohol Abhängigkeit erzeuge. Dies auszusprechen,und damit entsprechende gesetzliche Kontrollen zu fordern, bezeichnete HALBACH als einen mutigen Schritt. Auch die Kennzeichnung des Tabaks als einer Abhängigkeit erzeugenden Substanz würde nach HALBACH einen Schock provozieren. HALBACH bestätigte somit indirekt die Kritik von FORT, wonach verschiedene Drogen mit zweierlei Maß gemessen werden (HALBACH 1973, S.22). Die Analyse des Drogenkonsums leidet unter der mangelnden Präzision und den vielen Hintergründen der beiden Begriffe Drogenmißbrauch und Drogenabhängigkeit. Ist Drogenmißbrauch der dominierende Begriff, so muß man fragen, ob es Drogengebrauch gibt, der nicht Mißbrauch ist und wer diesen nichtmißbräuchlichen Konsum erforscht. Führt Drogenmißbrauch immer zur Drogenabhängigkeit oder schließt der Fragenkatalog, der für den Begriff der Drogenabhängigkeit erarbeitet wurde und bei weiterer Forschung oder für neue Drogen die Möglichkeit eines Fehlens jedweder Form der Drogenabhängigkeit zuläßt, auch die Möglichkeit ein, daß dann umgekehrt der Begriff des Mißbrauchs aufgegeben wird? SEEVERS (1973) verwies darauf, daß viele Menschen drogenabhängig seien, ohne daß dies für sie selbst schädlich (harmful) sei oder für das soziale Wohlergehen (social welfare) zu Problemen führe (SEEVERS 1973, S.31). Er schlug vor, diesen "amorphen" Begriff aus der wissenschaftlichen Literatur ganz zu entfernen.

Man wird bezweifeln müssen, daß die vagen und weltanschaulich übersättigten Begriffe "Drogenmißbrauch" und "Drogenabhängigkeit" die Grundlage für eine wissenschaftliche Analyse des Drogenkonsums sein können. Es ist überdies augenfällig, daß hier eine Konzentration auf die negativen oder als negativ bewerteten Seiten des Drogenkonsums erfolgt, ohne daß eine Integration in eine übergreifende Theorie des Drogenkonsums erfolgen würde. Die Gefahr ist groß, daß die Drogenforschung bei ihrer Konzentration auf negative Folgen zu einer emotionalen Verzerrung des Forschungsgegenstandes beiträgt.

SONNENREICH (1973) sagte in bezug auf die Haltung der Amerikaner gegenüber dem Drogenproblem: "Die amerikanische Drogenpolitik ist nunmehr beinahe sieben Jahrzehnte alt und kein einziges Mal in dieser Zeit wurden die zugrundeliegenden Annahmen systematisch analysiert und eine breite, konsistente Grundlage für politische Entscheidungen geschaffen. Jede neue Entwicklung einer Droge und jedes neue Drogenkonsumverhalten wurde als fremd angesehen und diese Fremdartigkeit rief eine Krisenstimmung hervor, die zu ganz auf diesen Fall ausgerichteten politischen Antworten trieb" (SONNENREICH 1973, S.43). Eine solche von Angst dem fremden, unbekannten Phänomen gegenüber bestimmte Haltung der Öffentlichkeit kann sicherlich keine sachliche Analyse ermöglichen und will sich insbesondere ja nicht mit dem Drogenphänomen schlichtweg, sondern nur mit dem abgelehnten Drogenverhalten auseinandersetzen. Dies schafft nicht die Voraussetzung für die Erarbeitung einer grundsätzlichen, rationalen Einstellung gegenüber dem Drogenkonsum, die die Voraussetzung für eine in sich geschlossene Drogenpolitik wäre. In selbstironischer Weise wies LINGEMAN im Vorwort zu seinem Drogenwörterbuch auf die Begrenzung der Perspektive hin: "Meine erste Begegnung mit der neuen Drogenszene hatte ich vor einigen Jahren, als ich einen Artikel über die damals noch jugendliche Subkultur der Konsumenten von halluzinogenen Drogen im New York Sunday Magazine schrieb. Für einen unschuldigen Konsumenten von Nikotin, Koffein und Alkohol war das ein Fall, den die Anthropologen als 'Kultur-Schock' bezeichnen" (LINGEMAN 1969, S.9). Jede zukünftige Drogenforschung wird daher einerseits den Blick auf alle Drogen richten müssen und andererseits den Drogenkonsum nicht von vornherein im Bereich des Pathologischen ansiedeln dürfen. Eine solche Haltung, nur besondere Phänomene herauszugreifen, muß als eine Verzerrung gewertet werden. BELL (1970) forderte nachdrücklich, daß die Drogenabhängigkeit im größeren Zusammenhang des normalen Drogenkonsums gesehen werden müsse. "Die Struktur des Konsums bei weitgehend verschiedenartigen Kulturen und pharmakologisch unterschiedlichen Drogen ist hinreichend konsistent und verbreitet, um darauf zu verweisen, daß Drogen eine wesentliche soziale Funktion erfüllen" (BELL 1970, S.21).

Es besteht die Gefahr, daß eine Gesamtanalyse des Drogenkonsums versäumt wird, indem einerseits zwar die Gefahren bestimmter Formen des Drogenkonsums erarbeitet werden, daneben aber der "normale" Drogenkonsum mit den von der Gesellschaft geschätzten Vorzügen nicht in der gleichen Weise methodisch und systematisch untersucht wird. Die Folge ist ein ungehinderter "normaler" Konsum mit einigen unverbunden im Raum stehenden und möglicherweise übertriebenen Warnungen. Die Erforschung des Drogenkonsumverhaltens darf nicht eine Analyse pathologischer Phänomene sein, sondern muß die Gesamtbreite des Drogenkonsums von vornherein systematisch im Auge haben, an dem dann auch pathologische Erscheinungen studiert werden können.

Solange es keine Forschung über den normalen Drogenkonsum gibt, solange bleibt der Analyse des abnormen Drogenkonsums der Boden entzogen, denn die Abweichung ist nur von einer bestehenden Norm her möglich, die es zunächst zu definieren gilt. Je mehr wir von diesem normalen Drogenkonsumverhalten verstehen, um so schärfer werden wir die Probleme abweichenden Drogenkonsumverhaltens fassen können. Ein solcher Ansatz

geht davon aus, daß es normalen Drogenkonsum gibt und man
diesen auch als solchen zur Kenntnis nehmen muß. Die bisherige wissenschaftliche Praxis mit ihrer starken Konzentration auf die negativen Folgen des Drogenkonsums leistet der Meinung Vorschub, als ob Drogenkonsum an sich schlecht sei. Man wird über eine solche Ansicht diskutieren können, aber sie eignet sich nicht als Basis für eine sozialwissenschaftliche Analyse. Es ist ein Faktum, daß Drogenkonsum in unserer Gesellschaft sehr weit verbreitet ist und sich großer Wertschätzung erfreut - was nicht bedeutet, daß jede Droge in jeder Kultur akzeptiert ist. Die Unterscheidung zwischen Drogengebrauch und Drogenmißbrauch ist trotz aller Bemühungen, sie zu einem medizinischen Spezialproblem zu machen, eine gesellschaftliche Entscheidung, auf die zwar der Mediziner einen wesentlichen Einfluß hat, aber die der Mediziner vor allem als Mitglied der Gesellschaft beeinflußt. Am treffendsten verdeutlicht dies die Definition von FEUERLEIN, wenn er dabei von dem "üblichen Gebrauch" ausgeht. Der Appell der Mediziner, Drogenmißbrauch nicht nur als ein Problem der Medizin zu sehen, wird daher so verstanden werden müssen, daß die Gesellschaft insgesamt sich um ein grundsätzliches Verhältnis zu den Drogen bemühen muß und dies nicht den dann hoffnungslos überforderten Ärzten überlassen darf. Drogenforschung ist die Erforschung des Drogenkonsums, nicht aber nur die Erforschung des Spezialproblems Drogenmißbrauch. Aber man wird innerhalb des breiten Spektrums des Drogengebrauchs unter Angabe der Kriterien auch Drogenmißbrauch bestimmen können - sicherlich nicht ohne daß weltanschauliche Gesichtspunkte hereinspielen werden, die es deutlich zu machen gilt. Drogenmißbrauch wird auf diese Weise integriert in eine Erforschung des gesamten Drogenkonsums und erhält so einen präzisen Stellenwert. Neben die Reflexion über den "falschen" Gebrauch tritt dann eine Analyse des "richtigen" Gebrauches. Der bisherige Begriff des Drogenmißbrauches leidet unter dem Mangel eines übergreifenden theoretischen Ansatzes, er ist ein Aspekt, ohne in seiner Aspektivität bestimmt zu sein - ein Widerspruch in sich selbst. Die zukünftige Forschung wird sich von diesem vagen

Rahmen befreien und Drogenkonsum als ein soziales Phänomen
begreifen müssen - ein Phänomen, das sowohl positive wie negative Seiten hat. Sowohl die positiven wie die negativen
Aspekte gilt es in der Forschung zu bestimmen und sie gemäß
ihres Stellenwertes darzustellen. Die Kriterien für diesen
Stellenwert müssen explizit formuliert werden. Begriffe wie
"Gesundheit" oder "soziale Anpassung" bedürfen der operalen
Definition, die sicherlich schwierig zu finden sein wird.

Aus der sozialwissenschaftlichen Betrachtungsweise gesehen,
geht es nicht darum, nun selbst eine objektive Definition von
Gesundheit, Drogenmißbrauch u.ä. Begriffen zu geben, sondern
es geht vielmehr darum, den Gebrauch dieser Begriffe in einem sozialen System zu analysieren. Diese Analyse muß die
Konsequenzen bestimmter Definitionsweisen und auch mögliche
Widersprüche aufzeigen. Im Rahmen der jetzigen Drogenforschung wird man sagen können, daß die gebrauchten Begriffe
nicht sehr exakt sind und dem Arzt ein Definitionsrecht einräumen, das inhaltlich nicht präzisiert ist und das der Arzt
offensichtlich auch keineswegs konsequent vom ärztlichen
Standpunkt her praktiziert, sondern wo er sich stark von gesellschaftlichen Wertvorstellungen leiten läßt. Die zahlreichen Widersprüche sind der Ausdruck einer nicht hinreichend
reflektierten, emotionalen Haltung und provozieren ihrerseits wieder nur emotionale Reaktionen, die nur auf den Einzelfall bezogen sind und keine durchgängige Grundhaltung erkennen lassen. Man wird daher sagen müssen, daß der Begriff
des Drogenmißbrauchs zwar für die Drogenforschung wichtig
ist, zum gegenwärtigen Zeitpunkt jedoch vor allem als Gegenstand der Forschung und nicht als eine bedeutsame Kategorie,
die die wissenschaftliche Forschung strukturiert.

D. DIE WIRKUNG DER MODEDROGEN

Kapitel X. Die Wirkung von Cannabis

<u>1. Die Gewinnung der Droge</u>

Die Droge wird gewonnen aus der Hanfpflanze (Cannabis sativa). Die Pflanze wächst nahezu überall in der Welt, stammt jedoch ursprünglich aus Zentralasien. Sie kann sich allen klimatischen Bedingungen und Bodenverhältnissen anpassen, entwickelt ihre Drogenwirkung jedoch vor allem in Gegenden mit heißem und trokkenem Klima. In Deutschland entfaltet sie in der Regel keine Drogenwirkung. Die Pflanze ist zweihäusig und nur die weibliche Pflanze entwickelt die Stoffe, die die Drogenwirkung hervorrufen.

Die berauschend wirkende Substanz ist ein Harz, das nach CHOPRA (1969) bei einigen Pflanzen vor allem in den Blättern, bei anderen in den Sproßspitzen oder den Fruchtständen zu finden ist. Ungeklärt ist die Modifikation der Physiologie der Pflanze. Als wesentlicher Wirkstoff des Haschisch-Harzes gilt Tetrahydrocannabinol (THC), das auch synthetisch gewonnen werden kann (JAFFE 1970); zur chemischen Struktur sh. MECHOULAM (1970). Es gibt verschiedene Gewinnungsarten der Droge mit unterschiedlichen Qualitäten. In Indien unterscheidet man zwischen Bhang, Ganja und Charas. Bhang ist die billigste und am wenigsten wirksame Droge mit geringem Harz-Gehalt, oftmals gewonnen aus den Blättern unkultivierter Pflanzen. Ganja wird von kultivierten Pflanzen gewonnen, wobei nur die blühenden Spitzen geerntet werden. Ist die Hanfpflanze reif, so sondert sie an den Spitzen ein Harz ab und dieses reine Harz wird als Charas bezeichnet (GRINSPOON 1970). Der Name Haschisch, obwohl oftmals für alle Sorten von Cannabis-Produkten benutzt, sollte nur auf dieses aus den blühenden Spitzen gewonnene,Harz beschränkt bleiben (Home Office, Advisory Committee on Drug Dependence 1968). Der Begriff Marihuana bezieht sich auf die verschiedenen Zubereitungsarten der Spitzen und Blätter (Council on Mental Health and Committee on Alcoholism and Drug Dependence 1967), die also dem indischen Ganja und mehr noch dem indischen Bhang gleichgesetzt werden können. Zwischen den verschiedenen Arten der Cannabis-Drogen bestehen erhebliche qualitative Unterschiede, die GRINSPOON (1970) zu dem Vergleich veranlassen Bhang verhalte sich zu Ganja wie Bier zu feinem schottischen Whisky. Tatsächlich wird man bei allen Überlegungen berücksichtigen müssen, daß es ebenso falsch ist, schlichtweg von der Wirkung von Alkohol zu sprechen und wesentliche Unterschiede zwischen Bier, Wein und z.B. Whisky zu übersehen, wie es falsch ist, von der Wirkung von Cannabis zu sprechen und die erheblichen Unterschiede z.B. zwischen billigem Bhang und hochwirksamem Charas zu übersehen.

In der westlichen Welt sind exakte Angaben über den THC-Gehalt in der Regel nicht vorhanden. Für die USA gilt, daß hier im wesentlichen Marihuana aus den südamerikanischen Staaten geraucht wird, insbesondere aus Mexiko. Wollte man die Wirkung von Cannabis-Konsum in Europa, den USA und Indien oder den arabischen Staaten vergleichen, müßte man dies neben anderen Faktoren in Rechnung stellen (McGLOTHLIN 1965). Cannabis-Produkte können getrunken, gegessen oder geraucht werden; in der westlichen Welt werden sie in der Regel geraucht.

Neben den bereits erwähnten Namen gibt es noch andere Bezeichnungen für einzelne Cannabis-Produkte: Kif (Nordafrika), Dagga (Südafrika), Machona (Brasilien), um nur einige zu nennen.

2. Die Abhängigkeit der Wirkung von spezifischen und nichtspezifischen Faktoren

In Kapitel VII war bereits angedeutet worden, daß ein eindimensionaler Ansatz bei der Beschreibung der Wirkung von Drogen den gegenwärtigen Erfahrungen der Pharmakopsychologie nicht mehr entspricht. Die Droge schafft keine neuen, autonomen Beziehungen des Menschen zur Welt, sondern sie verändert nur die bestehenden Beziehungen des Menschen zur Welt. "Für die inhaltliche Bestimmung der Erlebnisse im Rausch sind in der Regel die augenblicklichen Interessen und Probleme der Versuchsperson maßgebend, ganz besonders aber unbewußte Konflikte... Leben heißt immer in einer Welt leben. Auch das menschliche In-der-Welt-sein vollzieht sich in einer ständigen Auseinandersetzung mit seiner Welt. Es ist daher zu erwarten, daß die Umwelt und die 'Mitwelt' auf die Gestaltung des psychischen Wirkungsbildes eines Pharmakons Einfluß nehmen" (LIPPERT 1972, S.165). FISHER (1970) hat nach einer Analyse der bisherigen Drogenforschungsergebnisse mehrere Prinzipien aufgestellt, die den Einfluß der nichtspezifischen Faktoren bei der Drogenwirkung umreißen (nicht spezifisch sind diejenigen Faktoren, die nicht an die Drogen selbst gebunden sind wie Persönlichkeitsmerkmale, Gesundheitszustand, äußere Umgebung):

Prinzip Nr. 1: Je mehr das gemessene Antwortsystem kortikale Prozesse wie Wachheit, Bewußtsein oder subjektives Fühlen einbezieht, um so größer ist der Einfluß nichtspezifischer Faktoren auf die Drogenwirkung.

Prinzip Nr. 2: Viele augenscheinig nichtspezifischen Einflüsse können auf einfache physiologische und pharmakologische Faktoren zurückgeführt werden.

Prinzip Nr. 3: Je 'wirksamer' eine Droge ist, desto weniger wird ihre Wirkung durch nichtspezifische Faktoren beeinflußt.

Prinzip Nr. 4: Die Mehrzahl der klinischen Erfahrungen legt die Erkenntnis nahe, daß die stärkste Drogenwirkung erreicht werden kann, wenn man die Droge in einer Situation anwendet, deren nichtspezifische Faktoren von sich aus eine Drogenwirkung suggerieren.

Diese Prinzipien entwickelte FISHER ganz allgemein für psychotrope Drogen. Sie gelten auch für die in diesem Buch behandelten Drogen. Die Beurteilung der Wirkung der nicht-spezifischen, also nicht an die Droge selbst gebundenen Faktoren, ist jedoch gerade bei Cannabis und LSD etwas schwierig, da die Dosierung in der Regel nicht bekannt ist. Es handelt sich um illegale Produkte, die nicht in dem gleichen Maße etikettiert sind wie legale, handelsübliche "Genußmittel". Der Verdacht mancher Haschischkonsumenten, sie hätten mit Opium versetztes Haschisch vom Händler bekommen, mag vielleicht nur der Ausdruck für die schwankende Qualität der Ware sein. In jedem Fall wird man jedoch bei der Analyse der nicht-spezifischen Faktoren das Prinzip Nr. 2 von FISHER nicht unberücksichtigt lassen dürfen, daß nämlich manches, was auf den ersten Blick als nicht-spezifisch erscheinen mag, bei genauer Analyse der physiologischen Bedingungen des einzelnen Konsumenten und exakter pharmakologischer Bestimmung durchaus spezifisch ist.

Im Rahmen der Erforschung von Cannabis werden in der Regel drei Faktoren genannt, die die Wirkung der Droge beeinflussen:

a) die Dosis,
b) die Persönlichkeit des Konsumenten,
c) die Situation der Drogeneinnahme.

Die Frage der Klassifikation von Cannabis scheint abhängig von der Stärke der Dosis zu sein. In geringerer Stärke wirkt Cannabis vor allem auf die Stimmung, während es in stärkeren Dosierungen sich als eine halluzinogene Droge erweist (FREEDMAN 1970a; FORT 1970 a; ANGST 1970; HOLLISTER 1970; ANGST u.a. 1972; COHEN/SHEPHARD 1972; RUBIN 1969). BENFORADO (1969) schätzte, daß die Dosis, die zu Illusionen führt, viermal stärker sein müsse als die, die nur einen Zustand der Euphorie bewirkt. Die Wirkung von Cannabis kann daher in der niedrigeren Dosierung eher mit der von Alkohol verglichen werden, in seiner stärkeren Dosierung mit der von LSD (McGLOTHLIN/WEST 1968). Diese Ähnlichkeiten sind jedoch nur partieller Natur, denen erhebliche Unterschiede zu den beiden Drogen gegenüberstehen. Wesentlich ist, daß Cannabis ein recht breites Spektrum an Wirkungen zu entfalten vermag und daß die Zusammenfassung von LSD und Cannabis unter dem Überbegriff der halluzinogenen Drogen die Tatsache übersieht, daß Cannabis in seinen leichteren Formen nur stimmungsverändernd, nicht jedoch halluzinogen wirkt. Nach PILLARD (1970) ist Cannabis weder ein Stimulant, noch ein Sedativ, Halluzinogen oder Narkotikum, sondern eine Klasse für sich selbst. Man wird in diesem Punkt der Klassifikation der WHO-Expertengruppe folgen können, die klar zwischen den Halluzinogenen und Cannabis trennte. In einem Experiment war es KIPLINGER u.a. (1971) möglich nachzuweisen, daß die Herzschlagfrequenz, die Pulsfrequenz, die Rötung der Augen und motorisches Verhalten dosisabhängig sind. Diese Dosisabhängigkeit konnte bereits bei recht kleinen Dosierungen festgestellt werden. DOMINO/RENNICK/HEARL (1974) konnten für die Herzfrequenz ebenfalls eine Dosisabhängigkeit nachweisen, nicht jedoch z.B. für den Patellarsehnenreflex. Die Dosisabhängigkeit der Wirkung scheint sich nicht gleichermaßen auf allen Gebieten auszuwirken. Für starke Dosierungen nahmen KIELHOLZ/LADEWIG (1970) und LADEWIG (1969) Angstreaktionen und paranoide Reaktionen an. "Sind bereits unter dem Einfluß niedriger Dosen bei einer labilen Persönlichkeit Mißtrauen und Entfremdungsgefühle zu beobachten, treten in experimentell nachgewiesener Weise unter hohen Dosen Angstreaktionen und sogar psychotische Manifestationen auf" (KIELHOLZ/LADEWIG 1970, Sonderdruck S.5). Über diesen Komplex wird in dem Abschnitt "negative Wirkungen" noch gehandelt werden; es ist hier insbesondere umstritten, ob die von KIELHOLZ/LADEWIG behaupteten Stimmungsveränderungen eine direkte Wirkung der Droge sind oder eine indirekte Wirkung, eine Reaktion auf die erlebte Umweltsveränderung. Insgesamt kann man jedoch sagen, daß bei Cannabis die Stärke der Dosis wichtig ist und daß in niedriger Dosierung Cannabis vor allem auf die Stimmung wirkt, in höherer Dosierung auch auf die kognitiven Funktionen. KIELHOLZ (1970) meinte, daß der Inhalt der Rauschwirkung bei niedriger Dosierung ganz durch die Persönlichkeit bestimmt sei. Ähnlich wie bei Alkohol ist es nicht erlaubt, schlichtweg von Cannabis zu sprechen, sondern man wird hier wie dort die entsprechenden Spezifizierungen sofort berücksichtigen müssen. So wenig jemand "Alkohol" trinkt, sondern Bier, Wein, Wodka etc., so wenig raucht, trinkt oder ißt jemand Cannabis, sondern raucht Marihuana oder Haschisch und wählt damit unter verschiedenen Wirkuhgsmöglichkeiten.

Dies ist um so bedeutsamer, als die Wirkung insgesamt steuerbar ist (GRINSPOON 1970). "In dem Maße wie der Raucher es lernt "to maintain", das heißt, ein bestimmtes Niveau zu erreichen und es zu halten, ist er fähig, den Grad, in dem er phantasieren will, ein Depersonalisationserlebnis haben oder sich seiner veränderten Wahrnehmung erfreuen will, selbst zu steuern" (COHEN 1969, S.54). SCHUSTER (1973) bestätigte die Steuerbarkeit der Wirkung, indem er auf das unterschiedliche Testverhalten der Vpn bei verschiedener Belohnung hinwies. Zeitschätzungen mit geringer Belohnung bei korrekter Schätzung seien deutlich schlechter als solche mit großer Belohnung. Eine experimentelle Untersuchung von CAPPELL/PLINER (1973) bestätigte, daß zumindest in dem Teilbereich der Zeitschätzung, nicht jedoch in dem Teilbereich der kurzfristigen Erinnerung eine willentliche Kontrolle der Cannabiswirkung möglich ist. Diese Steuerbarkeit bezieht sich nach LEUNER (1962) nicht nur auf die Unterdrückung von Rauscherscheinungen, sondern auch auf deren Steigerbarkeit. Manche Konsumenten können "eine große Spanne verschiedenster Bewußtseinsgrade willensmäßig... durchlaufen" (LEUNER 1962, S.32).

Auf einen besonderen Aspekt bei der Dosisabhängigkeit der Wirkung sei noch hingewiesen. Es ist bei Cannabis recht schwierig, den Gehalt an Wirkstoffen, insbesondere THC festzustellen. Nicht nur, weil die übliche Handelsware nicht etikettiert ist und der Käufer seiner Erfahrung, dem Augenschein und dem Händler vertrauen muß, sondern weil das natürliche Marihuana an Wirkung verliert, wenn es nicht auf besondere Weise aufbewahrt wird. HOLLISTER (1973) konnte bei Stichproben mit verschiedenem Alter daher einen recht unterschiedlichen THC-Gehalt ermitteln. Man wird nicht ausschließen können, daß in der Regel die Dosis niedriger ist als angenommen.

Für diesen Umgang mit der Droge ist nun die Persönlichkeit

des Konsumenten von großer Bedeutung (BLOOMQUIST 1967; NOWLIS 1969; SCHURZ 1969). TAYLOR (1971) hielt sogar die Bedeutung der Persönlichkeit für wichtiger als die Droge selbst. In gleicher Weise äußerte sich FORT (1970 a): "Doch die wichtigste Determinante für die Wirkung einer Droge sind die Persönlichkeits- und Charakterstruktur der Person, die sie einnimmt; hierzu gehören deren Stimmung, Einstellung und Erwartungen" (FORT 1970 a, S.17). In einem Artikel über Cannabis bestätigte FORT noch einmal explizit, daß nach seiner Auffassung die Person den wichtigsten Anteil an der Drogenwirkung hat (FORT 1970 c). Diese Auffassung ist nicht neu, denn bereits im Jahr 1944 wies BOUQUET in einem Artikel über Marihuana darauf hin, daß es keine einheitliche Wirkung von Cannabis gibt: "Die Wirkung variiert... mit der Kultur, der Sensitivität und der Intelligenz des Subjekts: eine apathische Person wird ein ruhiges und mildes Delirium haben; eine phantasievolle Person herrliche und verschiedenartige Halluzinationen; ein Rohling wird wilde Reaktionen zeigen, Ausbrüche rasender Wut" (BOUQUET 1944, S.1011). BOUQUET zitierte BLONDEL, der gesagt hat, daß jeder Haschisch-Konsument die Träume habe, die er verdient.

Neben der Persönlichkeit mit ihrem gesamten sozio-kulturellen Hintergrund spielt jedoch auch die aktuelle Situation noch eine bedeutsame Rolle (BLOOMQUIST 1967; CHOPRA 1969; FORT 1970 a;PET/BALL 1968). Der Konsument muß sich in einer sozial entspannten, vertrauten, freundlichen Atmosphäre befinden, die überdies durch die Erwartung auf eine Drogenwirkung bestimmt sein sollte. NEUMANN (1970)hielt die Erwartung bezüglich einer bestimmten Wirkung für die Erzielung dieser Wirkung für wichtig. Eine Untersuchung von JONES (1972) zeigte, daß die Erwartung einer Drogenwirkung für das Zustandekommen eines High-Zustandes bei manchen Probanden wichtig sein kann. Er ließ sowohl Probanden, die Marihuana-Zigaretten rauchten, wie solche, die ein Placebo bekamen, ihren High-Zustand auf einer Skala von 0 bis 100 einstufen. Verglichen mit den Placebo-Probanden stuften die Marihuana-Raucher ihren High-Zustand zwar deutlich höher ein, bedeutsam ist jedoch, daß auch einige Placebo-Probanden eine recht

ausgeprägte Drogenwirkung angaben. Eine Untersuchung von
WASKOW/OLSSON/SALZMAN/KATZ (1970) ergab, daß zwar die Pbn
in einem Doppel-blind-Drogenversuch mit THC deutlich Anzeichen einer Drogenwirkung zeigten, daß aber im Unterschied zu
herkömmlichen Angaben nicht alle Pbn einen euphorischen Zustand beschrieben. Die Autoren vermuten, daß dies teilweise
eine Frage der Erwartung sei. Befragungen vor dem Experiment
ergaben, daß die Pbn, die über die spezifische Droge im unklaren gelassen wurden, keine besonderen Erwartungen hatten.
Viele Pbn erlebten traumähnliche Zustände, Entspannung,Schläfrigkeit, Schwindelgefühle, ohne aber notwendigerweise sich
euphorisch zu fühlen. Man könnte dies so interpretieren, daß
zwar Elemente für einen euphorischen Zustand vorhanden waren, daß jedoch bei einigen Pbn der übergreifende Rahmen für
eine entsprechende Verarbeitung der einzelnen Empfindungen
fehlte. Auf eine einfache Formel gebracht: weil sie keinen
euphorischen Zustand erwarteten, erlebten sie auch keinen.
Ein anderes Experiment von CARLIN u.a. (1972) zeigte, daß das
aktuelle Verhalten des Drogenkonsumenten bei manchen gemessenen Aufgaben eine Funktion der Atmosphäre ist. Die Forscher
manipulierten diese Atmosphäre dadurch, daß sie der eigentlichen Versuchsperson eine instruierte Versuchsperson beigaben, die im einen Fall Verhalten unter Drogeneinfluß zeigte, im andern Fall normales Verhalten zeigte. Im ersten Fall
wurde somit eine Art Drogenatmosphäre erzeugt, im letzteren
Fall nicht. Bei gleicher Dosis THC war z.B. das Testverhalten beim Wiedererkennen von verborgenen Figuren in einem
komplexen Muster je nach der sozialen Atmosphäre signifikant
unterschiedlich.

Man kann also davon ausgehen, daß nicht nur die Erwartungen,
mit denen die Versuchsperson in die Situation eintritt, sondern auch die dort vorfindbare aktuelle Atmosphäre mitentscheidend dafür sind, ob und in welcher Weise eine Drogenwirkung eintritt. Die Wirkung der Droge hängt davon ab, wer
sie nimmt, wie und wo (BLAU 1967). Es mag sich dabei durchaus auch ein Zusammenhang zwischen den drei Variablen ergeben. Die Vorbereitung des Rauscherlebnisses, die Wahl einer
günstigen Umgebung mag manchen Personen leichter gelingen,

während andere vielleicht aufgrund von Persönlichkeitsschwierigkeiten nicht oder nicht mehr in der Lage sind, eine entsprechende Umwelt auszusuchen und zusätzlich vielleicht durch eine stärkere Dosis dann den Mangel an atmosphärischer Vorbereitung auffangen wollen. Man wird die möglichen Wirkungen unter dem Aspekt des Zusammenspiels dieser drei Faktoren sehen müssen. Der Anfänger mag aus Mangel an Kontrolle der Umweltfaktoren, der richtigen Erwartung, aber auch beim Rauchen von Cannabis mangels richtiger Rauchtechnik gar keine Wirkung erleben. So ergab die Studie von WEIL/ZINBERG/NELSEN (1968), daß Nichtkonsumenten von Cannabis in der Experimentalsituation wenig psychische Veränderungen bemerkten.

3. Stimmungs- und Wahrnehmungsveränderungen

Will man das Phänomen des Drogenkonsums verstehen, so muß man notwendigerweise sich mit den Wirkungen der konsumierten Drogen auseinandersetzen, da es wohl z.T. diese Wirkungen sind, um derentwillen die Drogen genommen werden. Im folgenden sollen daher die erwünschten, die gesuchten Wirkungen von Cannabis beschrieben werden. Berücksichtigt man jedoch das Ergebnis des vorangegangenen Abschnitts, so wird man sich dabei bewußt sein müssen, daß eine solche Beschreibung typisierend ist und den besonderen Umständen keine Rechnung trägt.

KIELHOLZ/LADEWIG (1970) gaben eine Beschreibung der Wirkung: "Die psychotoxische Wirkung äußert sich in einem Lachdrang mit heiterer Stimmungslage. Es entsteht ein Gefühl der Leichtigkeit, unter Umständen stellen sich Elevationsgefühle ein. Ein Entrücktsein führt zu einer wohligen Gleichgültigkeit und Distanzierung gegenüber Unlustgefühlen. Das Denken wird beschleunigt, ein Assoziationsreichtum mit erhöhter Phantasietätigkeit kann zu Selbstüberschätzung und Größenideen führen. Gehobene Stimmung und gefühlsbetontes Denken können eine psychomotorische Enthemmung mit erhöhtem Bewegungsdrang bewirken. Andere Cannabis-Intoxikierte verharren in stillem Vorsich-hin-Träumen. Die verschärften und gesteigerten Sinneswahrnehmungen und die erhöhte Phantasiebereitschaft üben auf

den einzelnen eine Faszination aus, die bei Erlebnisbereiten
künstlerische und religiöse Impulse provozieren können...
Der Rauschzustand dauert je nach Dosierung ein bis sechs Stunden, ihm folgen Hungergefühl, Müdigkeit und Schlaf" (KIELHOLZ/LADEWIG 1970, Sonderdruck S.5).

Zentral bei der Wirkung von Cannabis scheint der Zustand des
Wohlbefindens und der Euphorie zu sein, den viele Autoren hervorheben (COHEN 1969; LEUNER 1971; NOWLIS 1969; REMSCHMIDT
1972; GALANTER/STILLMAN u.a.1974). In diesem Zusammenhang
wird oftmals auf das Auftreten von Lachen hingewiesen, das
einerseits Ausdruck dieser Euphorie ist, andererseits aber
auch die Lösung des Individuums von konventionellem Verhalten dokumentiert (MAURER/VOGEL 1967; KOOYMAN 1970; COHEN
1969; KIELHOLZ 1971). Es kann unter der Drogenwirkung einerseits zu erhöhter Aktivität und gesteigerten Bedürfnissen
kommen (IRWIN 1970), andererseits entspannt sich jedoch das
Individuum unter der Drogenwirkung (COHEN 1969), bis hin zu
einem lethargischen Verhalten (BIENER 1969). Erklärbar ist
dieser scheinbare Widerspruch einmal durch den Einfluß von
Persönlichkeitsvariablen, andererseits aber durch den Verlauf der Drogenwirkung selbst. Es scheint so zu sein, daß
Cannabis zunächst stimulierend wirkt und in einer zweiten
Phase dann sedierend. Viele Autoren betonen daher, daß Cannabis sowohl erregend wie hemmend wirkt (LEUNER 1971; SCHMIDBAUER/v.SCHEIDT 1971; COPER/HIPPIUS 1970; BLOOMQUIST 1967;
FORT 1970 ; HOLLISTER 1973). Unter Cannabis-Einfluß kann der
Konsument eine Steigerung seines Selbstgefühls erleben (MAURER/VOGEL 1967; RUTHE 1969; BOUQUET 1944; KOOYMAN 1970), die
Fähigkeit zur Selbstkritik kann eingeschränkt sein (BOUQUET
1944; KOOYMAN 1970),die Urteilsfähigkeit kann gemindert sein
(WILLARD in Weltgesundheit; GRUENWALDT 1973) und es kann zu
sogenannten Evidenzerlebnissen kommen (KLEINER 1971; CHRISTIANI/STÜBING 1972). Bei diesen Evidenzerlebnissen handelt
es sich um spontan auftretende, unmittelbar gegebene Einsichten, zu denen der Konsument im nüchternen Zustand nicht mit
der gleichen Spontaneität und Gewißheit gelangt wäre.

Neben diesen Gefühlsmomenten stehen nun die Wahrnehmungsveränderungen, die nach ANGST (1970) und OHNESORGE (1971) jedoch erst bei mittleren und starken Dosen auftreten. Bei schwachen Dosierungen scheint es überwiegend nur zu Stimmungsveränderungen zu kommen. Zu diesen Wahrnehmungsveränderungen gehört die Verzerrung des Raumes (COHEN 1969; LEUNER 1971) wie der Zeit (COHEN 1969; LEUNER 1971; NOWLIS 1969). Insgesamt scheint sich die Zeit zu dehnen, die einzelnen Bewußtseinsinhalte sind länger präsent und werden intensiver erlebt. Der Streit, ob Cannabis bewußtseinserweiternd wirke, verweist auf diesen Umstand. Unter Cannabis-Einfluß scheinen weniger Dinge wahrgenommen zu werden, diese jedoch in einer derartigen Konzentration und Abschirmung gegen andere störende Reize, daß daran neue, bis dahin kaum beachtete Elemente sichtbar werden. Die Aussage, daß von außen eindringende Reize ungehinderter aufgenommen werden (NEUMANN 1970), ist nur teilweise richtig. Ein Teil der Reize scheint stärker abgeblendet zu werden, während die Reize, auf die sich die Aufmerksamkeit konzentriert, allerdings viel differenzierter wahrgenommen werden. Die Sinneseindrücke scheinen insgesamt verstärkt zu sein (CHRISTIANI/ STÜBING 1972; KOOYMAN 1970, STUCKI 1971). Dies gilt nicht nur für die Wahrnehmung der Außenwelt, es gilt genauso für die Wahrnehmung der eigenen Körperfunktionen. So mag der Konsument überaus deutlich sein Blut in den Adern fließen fühlen oder spüren, wie ein Bissen in seiner Kehle hinunterrutscht. Im Zusammenhang mit der erhöhten Sinneswahrnehmung, der Lösung des normalen rationalen Denkens kann es dann auch zu Halluzinationen kommen (NOWLIS 1967; LEECH/JORDAN 1967), die aber häufiger doch wohl Illusionen sein dürften (COHEN 1969; KIELHOLZ 1971b; LEUNER 1971). Bei den Illusionen handelt es sich um Verkennungen, um Umdeutungen von wahrgenommenen Gegenständen und Verhaltensweisen. Diese Illusionen und Halluzinationen sollen jedoch nur bei starken Dosierungen auftreten und dann mit denen unter LSD-Einfluß vergleichbar sein.

Zur Illustration sei auf die Beschreibung eines Trips zurückgegriffen, den ANGST/DITTRICH/WOGGON (1972) wiedergaben. Zunächst bemerkte der unter Cannabis-Einfluß stehende Student Parästhesien in Händen und Füßen und fühlte sich von seiner Umwelt distanziert, von ihr ausgeschlossen. Eine leicht eupho-

rische Stimmung setzte ein, mit einem starken Bedürfnis nach
Kommunikation. Er fuhr zu seiner Freundin, aß dort größere
Mengen Süßigkeiten und Fleisch. Da ihm sein Körper sehr
schwer wurde, hatte er das Bedürfnis, sich flach hinzulegen.

"Ich legte mich auf den wollenen Hirtenteppich, dessen Haare
ich angenehm auf der Haut spürte. Die Freundin legte sich zu
mir. Indem ich sie berührte, merkte ich, daß mein Tastempfinden massiv gesteigert war. Die Konturen ihres Körpers wurden
für mich ein intensives visuelles Erlebnis bei geschlossenen
Augen, ohne mich sexuell zu erregen. Immer mehr wurde ich von
der Musik eingefangen. Ich hatte das Bedürfnis , einen nackten
Körper zu fühlen und selbst nackt zu sein. Wir legten uns etwa
um 21 Uhr ins Bett. Nach und nach kamen bei mir sexuelle Gefühle auf. Ich erlebte den Körper der Freundin sehr intensiv,
doch eine starke Libido hatte ich nicht...
Der Koitus wurde zu einem einmaligen Erlebnis, sowohl in bezug auf Intensität wie auch zeitliche Dauer. Gefühlsmäßig war
die Situation eigenartig, da ich einerseits den Körper der
Freundin unwahrscheinlich stark erlebte, andererseits ein Objektbezug gar nicht möglich war, ich entschwebte in unbestimmte Räume und erlebte auch meinen eigenen Körper aus halber
Distanz...
Schließlich wurde das Wogen intensiver und ich erlebte einen
unendlich langen Orgasmus. Dabei empfand ich, wie Kügelchen
von mir wegliefen, regelmäßig, eines nach dem anderen, ich
sah sie wegperlen und wußte, daß sie kompaktes Gefühl waren.
Danach war ich ganz leer, fühlte wie mein Körper zu schweben
begann, sah ihn ohne Geschlechtsorgane sich abheben und wußte, daß ich kastriert war. Dieser Zustand war nicht beängstigend, vielmehr fühlte ich mich sehr leicht und rein und begann wie ein Adler über eine gebirgige Landschaft zu schweben...
Aus einem grünen Tal wurde ich in die Höhe gehoben, kam den
Gletschern näher, empfand eine windstille angenehme Kühle und
eine absolute Stille und Reglosigkeit. Der Schnee wurde rosa,
die Sonne ging auf und ich strebte in raschem Flug gegen ihr
Licht, wurde gleichsam von ihr aufgesogen. Diese Szene wiederholte sich immer wieder, die Farben waren unbeschreiblich

intensiv, die Szenerie erfaßte mich wie keine je real gesehene. Ich empfand eine riesige, tolerante Liebe - ich möchte fast sagen eine göttliche, das Universum umspannende Liebe" (ANGST/DITTRICH/WOGGON 1972, S.96).

Die Beschreibung der Wirkung von Cannabis erfolgte oftmals in Aphorismen, eine experimentelle Erforschung liegt bisher nur in Ansätzen vor und hat zwar keine prinzipiellen, jedoch vielleicht praktische Grenzen an der Abhängigkeit der Ergebnisse von der Umgebung und der Atmosphäre, in der die Droge genommen wird. Man wird daher von experimentellen Untersuchungen keine derart differenzierten Erlebnisse erwarten dürfen wie sie etwa der Student im Bericht von ANGST u.a. schilderte. In diesem Bereich wird wohl sehr viel vom Einfühlungsvermögen und der Erfindungsgabe des Experimentators abhängen.

HOLLISTER u.a. (1968) haben den Erlebnisverlauf von Personen unter dem Einfluß von THC, der Wirksubstanz von Cannabis, protokolliert. Das Protokoll begann 30 Minuten nach Einnahme und endete sieben Stunden danach. Die Autoren unterschieden somatische, psychische und Wahrnehmungseffekte. 60 Minuten nach Drogeneinnahme notierten die Autoren für den Wahrnehmungsbereich: schärferes Hören, Farben, geometrische Figuren, Augen geschlossen, verschwommene Wahrnehmungen: Nach zwei Stunden notierten sie zusätzlich: Zeitgefühl verlangsamt, Vibrationen, Verzerrungen von Objekten. Nach drei Stunden Versuch fügten sie den bereits erwähnten Phänomenen hinzu: Bilder, Visionen an der Decke, strukturierte Visionen, Augen geschlossen, Zeit steht still. Für den psychischen Bereich notierten sie nach 60 Minuten: Große Angst, erhöhte Suggestibilität, angenehm. Nach 90 Minuten: zusätzlich Euphorie, Lachen, schlechte Konzentration und verminderte Denkleistung, zeitweilig unansprechbar, Träume, unwirklicher Zustand, Geist und Körper getrennt. Nach zwei Stunden: zusätzlich Verlust der Selbstkontrolle, zufrieden, betrunken. Nach drei Stunden: zusätzlich Träume in rascher Folge, angenehmer Zustand, Höhepunkt.

Für eine exakte Beschreibung der Wirkung einer Droge ist jedoch nicht nur wichtig zu wissen, was überhaupt in der Reichweite dieser Droge liegt, sondern man muß darüberhinaus zu einer Analyse vordringen. So wichtig der Verweis auf die Existenz bestimmter Phänomene ist, die sprachlich in Formulierungen gekleidet werden wie "es gibt..." oder "es kann...", es kann und darf doch nur die erste Stufe der wissenschaftlichen Analyse bleiben, der die Vertiefung folgen muß. Hierzu gehört dann z.B. eine Statistik über die Häufigkeit der einzelnen Wirkungen, die Analyse der Abhängigkeit dieser Wirkungen von den verschiedenen beeinflussenden Variablen wie Drogenstärke, antizipierte Wirkung, Umwelt und sozialer Hintergrund sowie Persönlichkeit. CHOPRA/CHOPRA haben für 100 Cannabis-Raucher die Wirkungen zusammengestellt: danach erlebten 74 Prozent ein Gefühl der Euphorie und der Erheiterung, 60 Prozent erlebten sich gesprächiger, 40 Prozent verspürten mehr Energie (zit. nach MURPHY 1963, S.15). Diese in Indien gewonnenen Daten werden ergänzt durch Befragungen amerikanischer Konsumenten durch KEELER/EWING/ROUSE (1971), ROUSE/EWING (1972) und KRIPPNER/LENZ/GOLDSMITH/WASHBURN (1971).

Die Untersuchung von KEELER u.a. (1971) ergab, daß die überwiegende Mehrzahl der Konsumenten geringere Wahrnehmungsveränderungen wie klarere Wahrnehmung von Dingen oder intensivere Farbwahrnehmung erlebte, ein Drittel stärkere Wahrnehmungsveränderungen wie Formveränderungen, ebenso erlebte ein Drittel geistige Effekte wie etwa religiöse Gefühle etc. Die Untersuchung von ROUSE/EWING (1972) bestätigte, daß die Mehrzahl der Konsumenten erhöhte sinnliche Wahrnehmung erlebte, stärkere Wahrnehmungsverzerrungen oder das Sehen von Farben bzw. Strukturen jedoch seltener waren. Zwei Drittel erlebten einen traumähnlichen Zustand und ungewöhnliche Gedanken und den Zustand der Euphorie. KRIPPNER u.a. (1971) stellten für eine nach Zufall gewonnene Stichprobe die fünf Ereignisse zusammen, auf die sich die meisten Befragten einigen konnten. Die größte Übereinstimmung erzielten die Befragten beim Verlust des Zeitsinnes und bei dem Gefühl, daß die Zeit langsamer verging, bei dem Glückserlebnis, einem Gefühl von Müdigkeit und bei der Erkenntnis, daß Dinge die Aufmerksamkeit in einer außergewöhnlichen Weise auf sich zogen.

Für deutsche Verhältnisse zeigte HERHA (1973), allerdings an

einem nach dem Schneeballprinzip gewonnenen sample, daß für
den Bereich der Stimmungsveränderungen die Mehrzahl derjenigen, die eine Affektveränderung bemerkte, diese im Sinne von
Euphorie, Ausgelassenheit, Entspannung erlebte. Weniger Konsumenten, aber ein vergleichsweise nicht unerheblicher Anteil, registrierten auch Unruhe, Angst, Einsamkeit und depressive Stimmung. Im Bereich der Wahrnehmungsveränderung erlebten viele Konsumenten eine Intensivierung der akustischen
Wahrnehmungen.

In einer Befragung von zwei großen repräsentativen samples
von Oberschülern konnten ANNIS/SMART (1973) zeigen, daß immerhin ein nicht unerheblicher Anteil der Konsumenten auch Angst-
und Verwirrungszustände erlebt hatte (jeder fünfte Konsument
verfügte über entsprechende Erfahrung). Dies zeigt, daß Cannabis-Konsum nicht nur angenehme Erfahrungen bewirkt, was in
einem Kapitel über negative Wirkungen weiter behandelt werden wird.

Befragungen dieser Art differenzieren bisher nicht nach dem
Ausmaß dieser Erlebnisse, sie ermitteln nur, ob überhaupt der
Konsument schon einmal ein solches Erlebnis hatte. Immerhin
kann man jedoch aufgrund dieser Untersuchungen sagen, daß eine Vielzahl von Konsumenten ein Gefühl von Euphorie erlebte
und gleichzeitig auch kleinere Wahrnehmungsveränderungen von
vielen Konsumenten wahrgenommen wurden. Cannabis scheint somit für viele Konsumenten zumindest zeitweilig die Möglichlichkeit zu bieten, die Umwelt und sich selbst mit neuen Augen zu sehen, neue Aspekte zu entdecken, deren Neuartigkeit
vielleicht nur darin besteht, daß der Mensch sich diesen Dingen mit einer größeren Ausschließlichkeit zuwendet als dies
in der alltäglichen, reizüberladenen Situation üblich ist.
Gleichzeitig kann jedoch Cannabis bei vielen Konsumenten zumindest zeitweilig einen Zustand des Wohlbefindens, der Zufriedenheit, ja sogar des Glücks erzeugen. Cannabis könnte
somit eine Droge sein, die ein neues Lebensgefühl zu erzeugen vermag und die Erwartungen von Konsumenten und Nichtkonsumenten richten sich sowohl auf die Wahrnehmungsveränderungen wie auf die Veränderungen des Lebensgefühls. ROUSE/EWING

(1972) fragten nach den erwünschten Effekten und die Konsumenten nannten: gesteigerte sinnliche Erfahrung (sensory awareness), schnelles logisches Denken, Wahrnehmung der Innenbefindlichkeit, ungewöhnliche Gedanken, Erheiterung, Halluzinationen, geringere sexuelle Hemmungen, soziale Erleichterungen, Sorgenfreiheit, frei von Depressionen, weniger sich selbst gewahr werdend, religiöse Erfahrungen. Die Liste der Nichtkonsumenten, die bereit wären, die Droge zu nehmen, vorausgesetzt, sie wäre sicher, ist ähnlich: schnelles, logisches Denken, gesteigerte sinnliche Erfahrung, Wahrnehmung der Innenbefindlichkeit, Sorgenfreiheit, ungewöhnliche Gedanken, soziale Erleichterungen, frei von Depressionen, weniger sich selbst gewahr werdend, Erheiterung, weniger besorgt um die Zukunft. In einer weiteren Befragung von ROUSE/EWING (1973) an weiblichen College-Studenten ergab sich kein nennenswerter Unterschied in der Erwartung der Drogenwirkung. Die Erwartung gegenüber Cannabis entspricht somit in weitem Maße den Wirkungen der Droge, wobei sich im Einzelfall Erwartung und genaue Wirkung der Droge nicht mehr trennen lassen. Die Droge wirkt sich besonders neben der gefühlsmäßigen Veränderung auf die Wahrnehmungsleistung aus, was in dem Zeitalter des Autos besonders für die Fähigkeit, ein Auto zu steuern, von Einfluß sein kann. Die Gesellschaft ist insbesondere durch die Erfahrung mit Alkohol in diesem Bereich sensitiviert.

4. Fahrverhalten

Wenn es möglich ist, daß Cannabis in starkem Maße die Stimmung und die kognitive Orientierung zu verändern vermag, so ist es naheliegend, eine erhebliche Beeinträchtigung des Fahrverhaltens zu vermuten. JAMES (1970) wies besonders auf das veränderte Zeitempfinden und das beeinträchtigte Einschätzen von Entfernungen, sowie auf die von ihm behauptete Freisetzung von Aggressivität hin, die zu einer wesentlichen Beeinträchtigung des Verkehrsverhaltens führen sollen. LEUNER (1970) gab eine anschauliche Schilderung der Erlebnisse des Fahrers unter Haschischeinfluß:

"Autofahren wird wie ein Film empfunden:
Selbst scheint man zu stehen, die Straße fliegt auf einen zu, alles geht automatisch, Gefahren werden nicht bedacht, das Geschwindigkeitserlebnis ist erloschen. Andere Fahrzeuge, Fußgänger, Signale werden nicht erfaßt, die wechselnden Distanzen werden nicht begriffen. In der Nacht kommt noch eine ausgesprochene Blendungsüberempfindlichkeit hinzu..." (LEUNER, referiert in Ärztl. Praxis 1970, S.2229).

Sowohl die Vermutung von JAMES wie die Schilderung von LEUNER gehen von den möglichen Wirkungen von Cannabis aus. Gleichzeitig aber muß man bedenken, daß bei entsprechender Willensanstrengung einige bisher nicht exakt bestimmte Wirkungen der Cannabis-Droge kontrollierbar sind. Man wird es daher der empirischen Überprüfung überlassen müssen, ob die durch Cannabis-Konsum mögliche Beeinträchtigung des Verkehrsverhaltens auch tatsächlich auftritt.

Eine der ersten experimentellen Arbeiten von CRANCER u.a. (1969) zeigte bereits die Schwierigkeiten der Forschung auf diesem Gebiet. Sie verglichen die Beeinträchtigung des Verkehrsverhaltens in simulierten Bedingungen für Vpn unter Cannabis-Einfluß, unter Alkohol-Einfluß und unter Placebo-Bedingung. Sieht man einmal davon ab, daß nicht tatsächliches Verkehrsverhalten überprüft wurde, sondern nur einzelne, möglicherweise wichtige Funktionen, so grenzt es die Aussagekraft dieser Untersuchung doch erheblich ein, wenn die Vpn nicht die gleiche Einstellung zu Alkohol und Marihuana haben, sondern eindeutig positiver gegenüber Marihuana eingestellt sind und wenn die Dosierung der beiden Stoffe zu einem wahrscheinlich recht unterschiedlichen Rauschzustand führt (sh. die Kritik von KALANT 1969). Die These der Autoren, daß Cannabis im Vergleich zu Alkohol harmloser sei, kann daher als nicht gesichert gelten. Eine später von MANNO u.a. (1971) durchgeführte Untersuchung hatte ebenfalls den Einfluß von THC und Alkohol auf verschiedene motorische und geistige Funktionen zum Gegenstand. Auch hier zeigte sich eine verminderte Leistung z.B. beim pursuit meter, aber diese Ergebnisse müssen mit größter Vorsicht behandelt werden: Eine Untersuchung an 12 Vpn, die

entweder erfahrene Zigarettenraucher waren oder Erfahrung mit
Marihuana hatten, also keineswegs vergleichbar waren, dürfte
ob der geringen Zahl und dem damit gegebenen Einfluß unkontrollierbarer Variablen nicht aussagekräftig sein. Auch die
Untersuchung von RAFAELSEN u.a. (1973), die sowohl für Cannabis wie Alkohol eine Erhöhung der Zeitspanne für Bremsen
und Starten ergab, sowie eine Verringerung des Schaltens unter Cannabis-Einfluß im Vergleich zu dem Alkoholeinfluß, kann
ob der geringen Zahl von acht Vpn nicht überzeugen. Das gleiche gilt für die Untersuchung von BECH (1972), der nachwies,
daß Cannabis in kleinen Dosen die Bremszeit und in großen
Dosen die Startzeit vergrößerte, der aber ebenfalls nur acht
Vpn ohne nähere Kennzeichnung ("ohne exzessiven Konsum von
Cannabis oder Alkohol") verwendete.

HELMER u.a. (1972) kamen in einer Analyse von 33 haschischerfahrenen Vpn zu der Schlußfolgerung, daß die Fähigkeiten der
zeitlichen und räumlichen Orientierung beeinträchtigt seien,
ataktische Störungen aufträten, und eine Beeinträchtigung des
situationsangemessenen, umsichtigen Reaktionsverhaltens auf
unerwartete Ereignisse und Leistungsanforderungen erfolge.
Allerdings mußten sie von ihrem ursprünglichen design eines
Doppel-Blind-Versuchs Abstand nehmen, weil die Vpn die Placebo-Anordnung durchschauten.

KIELHOLZ/GOLDBERG u.a. 1972 b ; KIELHOLZ/HOBI u.a. 1973; KIELHOLZ/HOBI 1974) glaubten auf Grund eigener Untersuchungen zu
der Feststellung berechtigt zu sein, daß Cannabis das Adaptationsvermögen verschlechtert sowie die untersuchten Parameter des Fahrverhaltens, besonders unter gleichzeitigen
Stressanforderungen. Die Art der Darstellung läßt jedoch eine Bestätigung der Interpretation nicht zu: weder wird für
die Interpretation der Ergebnisse am tracking-Gerät der empirische Nachweis geliefert, noch wird für die Ergebnisse am
Kompensationsgerät berücksichtigt, daß die Kurven zwischen
THC- und Placebo-Gruppen sich über den zeitlichen Verlauf erheblich überlappen.

In einer anderen Untersuchung von LUFF u.a. (1972) wurde das
aktuelle Fahrverhalten untersucht. Die Autoren stellten fest,

daß unter Haschisch-Einfluß eine mangelnde Beachtung der Gebotsschilder zu beobachten sei. "Die meisten Fehler unter Haschisch ergaben sich bei Aufgaben, die ein gutes räumliches Erkennungs- und Schätzungsvermögen erforderten, z.B. beim Rückwärtsrangieren in Parklücken oder beim Durchfahren von Spurgassen... Bemerkenswert war auch die Tendenz, die Teststrecke mit erhöhter Geschwindigkeit zu durchfahren". (LUFF 1972, S.6). Detaillierte Angaben sind in dieser Arbeit nicht enthalten. Die im "Stern" vom 14.11.71 abgedruckten Resultate drastischen Fehlverhaltens unter Haschisch-Einfluß können daher nicht als berechtigt angesehen werden. Die Äußerung der Autoren, daß "die in den verschiedenen Bereichen meßtechnisch ermittelten Befunde zumeist statistisch gesichert werden konnten" (S. 7) sollte zur Vorsicht anhalten.

Im Rahmen einer Befragung zum Marihuana-Konsum stellten HOCHMAN/BRILL (1973) einem repräsentativen sample von Studenten der kalifornischen UCLA auch Fragen zum Fahrverhalten. Die Autoren verließen dabei die Laboratoriumssituation und wandten sich dem tatsächlichen komplexen Fahrverhalten zu. Sie konnten dabei auf erheblich größere Pbn-Zahlen zurückgreifen, mußten sich allerdings auf subjektive Aussagen beschränken. Nach den Ergebnissen dieser Untersuchung fuhren ca. ein Drittel aller User Auto, wenn sie unter Drogeneinfluß standen. Alle Konsumenten vertraten die Meinung, daß im high-Zustand das Fahrverhalten verändert ist, aber diesen Effekt glaubten die User durch vorsichtigeres, langsameres und konzentrierteres Fahrverhalten ausgleichen zu können. Ließe man sich von diesen Ergebnissen leiten, so wird man möglicherweise auch hier wieder an eine spezifische Interaktion Droge/Persönlichkeit denken müssen, denn immerhin sagten 26 Prozent der gelegentlichen User, daß sie nie im high-Zustand Auto fahren. Bedenkenswert bleibt, daß nach den subjektiven Aussagen sehr viele User unter Drogeneinfluß Auto fahren und daß die Zahl der auf Drogeneinfluß zurückgeführten Unfälle nicht dem Ausmaß dieser Aktivität zu entsprechen scheint. Eine einfache Beziehung zwischen Fahrtüchtigkeit und Cannabis-Konsum scheint danach wohl nicht zu bestehen.

Insgesamt kann man sagen, daß die empirische Erforschung des
Fahrverhaltens unter Cannabis-Einfluß unter den Schwierigkeiten leidet, unter denen die Cannabis-Forschung generell leidet. Forschung unter Einsatz von Cannabis ist selten und eine methodisch adäquate Kontrolle in der Drogenforschung ist
ebenso selten. So mögen die vorliegenden Forschungsergebnisse
mehr als die Aufforderung für intensiviertere, systematischere, methodischere Forschung zu betrachten sein denn als Ergebnisse, die gesicherte Aussagen darstellen. Bedenkt man die
vielen wichtigen Variablen, die den Drogenkonsum beeinflussen, so können diese mit bescheidenen Vpn-Zahlen zwischen
fünf und fünfzig für experimentelle Studien nicht ausreichend
kontrolliert werden; betroffen von diesem Manko sind dann
auch notwendige komplexere statistische Auswertungen, die
oftmals unterbleiben.

Man mag zwar auf Grund der möglichen Wirkungen von Cannabis
eine Beeinträchtigung des Verkehrsverhaltens postulieren,
kann dazu auch die Resümees der Forscher auf diesem Gebiet
anführen, muß jedoch bei einer gewissenhaften Prüfung der
vorliegenden Befunde Zweifel an der Validität der Ergebnisse
anmelden. Dies heißt sicherlich nicht, daß keine Beeinträchtigung vorliegt, dies heißt nur, daß sie in den bisherigen
wissenschaftlichen Untersuchungen nicht hinreichend nachgewiesen wurde. Hierbei wird man insbesondere den Versuch, mit
Versuchspersonenzahlen zwischen fünf und zehn wesentliche Ergebnisse ermitteln zu wollen und dabei elementare Prinzipien
der empirischen Forschung ignorieren zu können, kritisieren
müssen.

5. Sexualität und Aggressivität

Die Meinung über die Wirkung von Cannabis auf die Sexualität
des Menschen ist nicht einheitlich. Könnte man das Beispiel
von ANGST/DITTRICH/WOGGON aus Kapitel X, 3 als Illustration
der sexuell-stimulierenden Wirkung von Haschisch ansehen, so
meinte BOUQUET (1944), daß Cannabis zwar sexuelle psychische
Erregungen hervorrufen könne, schließt jedoch entsprechende

körperliche Begleitprozesse aus. Cannabis würde nach ihm zwar
den Wunsch nach sexueller Betätigung hervorrufen, jedoch fehle es an dem körperlichen Vermögen, diesen Wunsch in die Tat
umzusetzen. In einem gleichen Sinne äußerte sich EVANS (1971).
Bei längerem Konsum, meinte BOUQUET, erlösche sogar das sexuelle Interesse und diese Meinung teilten auch MAURER/VOGEL
(1967) und MODELL/LANSING (1971). FEUERLEIN (1971 nahm an,
daß bei chronischem Drogenabusus jeglicher Art die sexuelle
Aktivität vermindert sei. EHRHARDT (1970) bezweifelte eine
stimulierende Wirkung von Cannabis, während LUDWIG/LEVINE
(1966) der Ansicht waren, daß über die Beziehung der halluzinogenen Drogen zur Sexualität wenig bekannt sei.

Eine Befragung von HAINES/GREEN (1970) unter Haschischkonsumenten ergab keine ganz einheitliche Wirkung von Cannabis,
allerdings überwog die stimulierende Wirkung eindeutig. Von
109 Befragten waren bei vier Probanden sexuelle Aktivitäten
unter Cannabis-Einfluß reduziert, bei 60 unverändert, bei 45
jedoch erhöht. 80 der Befragten bezeichneten die sexuellen
Erlebnisse unter Drogeneinfluß als lustvoller, verglichen zum
nüchternen Zustand. Eine andere Untersuchung von GOODE (1969a)
ergab, daß das sexuelle Interesse bei 38 Prozent der Befragten nicht stimuliert wurde, bei 44 Prozent es jedoch gesteigert war. 68 Prozent gaben an, daß die sexuelle Empfindung
unter Cannabis-Einfluß gesteigert sei (zit. in GRINSPOON
1971).

In Deutschland beschäftigten sich SIGUSCH/SCHMIDT (1973) mit
dem Einfluß des Haschisch auf das Sexualverhalten der Jugendlichen und kamen auf Grund ihrer Befragungen zu der Feststellung, daß Haschisch das sexuelle Bedürfnis steigere, die Erregung erhöhe, die Sensibilität verfeinere und lustvollere
Empfindungen begünstige. Allerdings fanden sie auch Jugendliche, bei denen Haschisch einen hemmenden Effekt ausübte.
Auch AMENDT (1974) kam in einer empirischen Untersuchung zu
der Schlußfolgerung, daß Haschisch offensichtlich recht verschiedenartig wirken kann: einerseits mag Haschisch zu einer
Intensivierung des sexuellen Verhaltens beitragen, kann aber
andererseits ebenso zu einer ausgesprochenen Unlust auf die-

sem Gebiet führen oder zu einer Verlagerung der Bedürfnisse auf andere Bereiche.

Im Rahmen des eigenen Drogenforschungsprojektes führten wir zur Vorbereitung eines Fragebogens auch Interviews mit jugendlichen Drogenkonsumenten durch und konnten dabei die Ergebnisse der anderen Forscher bestätigen. Es scheint so zu sein, daß sowohl das sexuelle Interesse wie die körperliche Realisierbarkeit eines unter Umständen vorhandenen sexuellen Interesses fehlen können. Hierfür zwei Aussagen:

"Bei Haschisch habe ich ziemlich wenig sexuelle Regungen, ich hatte überhaupt keine Lust zu Geschlechtsverkehr" (Student, 29 Jahre).
"Bei Haschisch war ich körperlich zu schwach, um noch etwas unternehmen zu können, ich war praktisch bewegungsunfähig, allerdings kommt es auf die Dosis an" (Student, 24 Jahre).

Andererseits berichten aber auch Cannabis-Erfahrene über deutlich positivere Erlebnisse unter Haschisch-Einfluß.

"Also bei mir hat sich das sexuelle Bedürfnis gesteigert. Der sexuelle Kontakt mit einem Mädchen hat mir viel mehr Spaß gemacht. Ich habe ja die Vergleiche gehabt, oft, wenn ich unter Drogen stand und war mit einem Mädchen im Bett, das war viel anders, viel besser" (Schlosserlehrling, 15 Jahre).
"Es wirkt anregend, man ist irgendwie zärtlicher. Man sucht irgendwie mehr Wärme und Zärtlichkeit, überhaupt nicht sexuell auf Verkehr, sondern nur allgemeine Zärtlichkeit" (Buchhändler, 39 Jahre).

Das intensivere Erlebnis des sexuellen Aktes muß dabei nicht notwendigerweise auf eine direkte Wirkung der Droge auf die Sexualität zurückgeführt werden. Gehen wir für einen Moment einmal von der Annahme aus, daß Cannabis das sexuelle Bedürfnis nicht beeinflußt, so kommt es also auch unter Cannabis-Einfluß zu sexuellen Regungen. Der Unterschied zum nüchternen Verhalten bestünde dann darin, daß die normale sexuelle Energie sich mit einer durch den Cannabis-Konsum außergewöhnlichen Sensitivierung der Sinnesorgane verbindet, was dem sexuellen Geschehen neue, bisher nicht wahrgenommene Erlebnisqualitäten abgewinnen würde. Es wäre somit nicht der Sexualtrieb verändert, sondern wiederum nur die Wahrnehmungswelt. Die Abblendung anderer Reize, die Konzentration auf die unmittelbaren sinnlichen Qualitäten kann zu einer wesentlichen Veränderung des sexuellen Geschehens führen, ohne daß man deshalb der Droge aphrodisische Qualitäten zuschreiben muß (CHUN 1971).

Wenn nach einer Befragung des Instituts für Jugendforschung (1971) eine Minderheit von 14 Prozent der befragten Jugendlichen in der BRD eine sexuelle Anregung von Cannabis erwartet, so mag temporär dadurch tatsächlich eine Stimulation erfolgen, aber diese beruht nach MAURER/VOGEL (1967) vor allem auf den starken Erwartungen mancher Konsumenten und legt sich nach einigem Gebrauch. Gerade diese Erwartungshaltung gegenüber der Droge sollte in Erinnerung bringen, daß die Wirkung einer Droge nicht unabhängig von der Persönlichkeit des Konsumenten zu definieren ist. Im großen und ganzen sind die Konsumenten von Haschisch sexueller, wie die Untersuchungen von GOODE (1972) und JANUS/BESS (1973) zeigten. Nach HOCHMAN/BRILL (1973) bezeichneten sich Marihuana-Konsumenten als sexuell erfahrener, begannen ihre sexuellen Erfahrungen zu einem früheren Zeitpunkt und hatten eine liberalere Einstellung gegenüber sexuellem Verhalten im Vergleich zu Nicht-Konsumenten. Man wird daher nicht ausschließen können, daß die Marihuana zugeschriebene sexuell-stimulierende Wirkung mehr eine Funktion der Persönlichkeit denn der Droge ist.

Ein solcher Ansatz könnte auch die unterschiedliche Wirkungsweise von Cannabis erklären. Cannabis verstärkt möglicherweise nur die bereits vorhandenen Tendenzen (NEUMANN 1970), schafft also keine neuen und kehrt vor allem auch die bereits bestehenden nicht in ihr Gegenteil um. "Es werden durch den Gebrauch oder Mißbrauch von Marihuana keine Gedanken, Gefühle oder Handlungen ausgelöst, die der Natur des Individuums völlig wesensfremd sind" (TAYLOR 1971, S.52). Wer unter sexuellen Störungen leidet, wird daher von Cannabis nicht die Behebung dieser Störungen erwarten dürfen, sondern weit eher eine zusätzliche Problematisierung. Voraussetzung eines positiven sexuellen Erlebnisses unter Cannabiseinfluß dürfte ein ungebrochenes Verhältnis zur Sexualität sein. Nach AMENDT beeinflussen Drogen "die Sexualität gemäß der vorangegangenen Sexualentwicklung, d.h. diejenigen, die eine 'unverklemmte' bejahende Einstellung zur Sexualität haben und über entsprechende Sexualerfahrung verfügen, werden in ihren sinnlichen sexuellen Erfahrungen eine Erweiterung der Lust erfahren und umgekehrt, bei denjenigen, deren Sexualerfahrungen 'problematisch' ist, wo Unlust und mangelnde Sexualerfahrung kennzeichnend sind, wird diese Unlust durch Drogen verstärkt" (AMENDT 1974, S.107).

GOODE (1969) wies darauf hin, daß die sexuelle Stimulation möglicherweise durch die Situation selbst erklärbar sei. Wenn ein Mann und eine Frau alleine sind, mag Sex auch ohne Cannabis, aber eben auch mit Cannabis ein naheliegendes Thema sein; dies wohl umso eher bei jungen Menschen. Man wird daher auch die gesamte Situation einer sorgfältigeren Analyse unterziehen müssen.

Es erweist sich als verhängnisvoll, wenn man der Droge selbst bestimmte, starr fixierte Wirkungen zuschreibt. Sie macht ein Angebot, das von verschiedenen Menschen in verschiedenen sozialen Bezügen verschieden genutzt wird. Cannabis scheint so die sexuelle Erlebnisfähigkeit steigern zu können, aber dies gelingt wohl nur dort, wo die Droge von Individuen genommen wird, die auch ohne die Droge auf sexuellem Gebiet genußfähig sind.

Das Thema Sexualität kann jedoch auch einen Inhalt in sich bergen, der über diesen hinaus verweist. Sexualität und Aggressivität sind die beiden Bereiche, in denen sich die Sozialisation des Menschen zu bewähren hat und wo die Ziele der Sozialisation am meisten umstritten sind. Versteht man Sozialisation als Zurückdrängen, als Formung der urwüchsigen Triebe Sexualität und Aggressivität, so mag man besorgt fragen, ob Cannabis, das offensichtlich die steuernde Funktion des Großhirns zeitweilig außer Kraft zu setzen vermag und den Menschen in eine Welt versetzt, wie sie vergleichbar die Psychoanalyse für die Traumwelt beschreibt, ob diese Droge damit die Sozialisation des Menschen zumindest für eine bestimmte Zeit einzuschränken vermag. COHEN (1969) befürchtete, daß unter Marihuana-Einfluß Persönlichkeitszüge offen zutage treten könnten, die unter normalen Bedingungen von der Persönlichkeit kontrolliert werden. Cannabis bewirkt nach seiner Meinung eine Schwächung der moralischen Haltung.

Nach BROMBERG (1934) hebt Marihuana die Hemmungen auf, die die Gesellschaft bewirkt hat und erlaubt das Ausagieren der Bedürfnisse (ähnlich ALLENTUCK/BOWMAN 1942). MAYER-GROSS/SLATER/ROTH (1970) vertraten die Ansicht, daß Cannabis die moralische Widerstandskraft mindere. BLOOMQUIST (1968) glaubte, daß Cannabis zwar nicht die grundlegenden Persönlichkeitszüge verändere, aber doch eine Veränderung des Verhaltens bewirke, weil die Droge Hemmungen aufhebe. Problematisch wird es dann insbesondere bei Menschen mit einer antisozialen Haltung. Dies würde wiederum darauf verweisen, daß es dabei im wesentlichen auch um persönlichkeitsspezifische Auswirkungen geht. Bestehende moralische Barrieren bleiben erhalten (CHUN 1971).

Das Thema Sexualität weist damit über sich hinaus. Es verweist auf die Problematik, daß viele Menschen mit ihren Trieben nicht fertig werden, sie nicht in ihre Persönlichkeit zu integrieren vermögen, in ständiger Abwehr mit diesen leben und eine Schwächung dieser Abwehr zu einem Zusammenbruch der mühsam geschaffenen sozial akzeptablen Persönlichkeit führt. Denken wir einen Augenblick daran, daß die Bestandsaufnahme der Phänomene nicht unabhängig von den Konsequenzen gesehen werden kann und fragen wir uns: selbst wenn es richtig wäre, daß die Droge Cannabis zu einem Zusammenbruch der rationalen Kontrolle führt, wäre dies als ein Fehler der Droge zu bezeichnen oder müßte man nicht eher darüber nachdenken, warum der Mensch so wenig Zutrauen zu sich selbst hat? Sollte die Kultivierung der Triebe doch noch nicht gelungen sein und ist vielleicht dies das entscheidende Problem, ein Problem, das durch die Droge Cannabis nur offengelegt wird, aber ansonsten unabhängig von ihr besteht?

Von besonderer Bedeutung ist hier die Stellung der Aggressivität. WOLFF (1949) griff den Gedanken der Befreiung unbewußter Kräfte auf und meinte, daß dadurch aggressive Tendenzen freigesetzt werden könnten (sh. LANCET 1949), ebenso LEONARD (1969). BAUER (1970) war der Ansicht, daß es allen Giften und damit auch Haschisch eigen sei, aggressiv und gewalttätig zu machen. Der Cannabis-Konsument sei zu Gewalttaten fähig, die er nachträglich im nüchternen Zustand nicht für möglich halte. ANGST (1970) meinte, daß im Haschischrausch die Aggressivität gesteigert sei; allerdings sei sie beim chronischen Haschischkonsumenten vermindert. Ganz im Gegensatz dazu vertrat die Zeitschrift "Ärztliche Praxis" die Meinung, daß bei längerem Gebrauch - man kann das vielleicht gleichsetzen mit chronischem Konsum - Zustände rasender Wut erscheinen können, die gelegentlich auch Verbrechen wie Mord und Totschlag zur Folge haben. Der gleichen Ansicht sei nach Darstellung der Zeitschrift auch die WHO (sh. Ärztliche Praxis 1971). LEUNER (1971) vertrat die Meinung, daß durch Haschischkonsum die Delinquenz gesteigert werde und griff zur Verteidigung seiner These selbst auf die Arbeit von SCHRENCK-NOTZING aus dem Jahr 1891 zurück! MERRILL zufolge erzeugt Cannabis eine unkontrollierbare Erregung und heftige Wut, die in manchen Fällen zu Morden führe (sh. LINDESMITH 1968a). In ähnlicher Weise äußerte sich MØLLERS (1951). Der damalige Innenminister GENSCHER steckte in der Bundesrepublik Deutschland den Rahmen ab, als er ohne differenzierende Erläuterung feststellte, daß 75 Prozent der Verbrechen in den USA unter Rauschgifteinfluß geschehen (GENSCHER 1971).

Die Diskussion um die Steigerung der Aggressivität wird in der Regel nicht auf das Konzept Aggressivität beschränkt, sondern oftmals bereits in seinen Auswirkungen gesehen, nämlich in dem Erscheinen von Gewaltdelikten. Bei diesen Gewaltdelikten handelt es sich jedoch nicht nur um die direkten Konsequenzen einer gesteigerten Aggressivität, sondern nach Meinung mancher Autoren auch um einen Zusammenbruch der moralischen Instanzen. So stellten CHRISTIANI/STÜBING (1972) lapidar fest, daß beim Haschisch-Konsum die sittlich-ethischen Werte schnell aufgegeben werden.

Vor dem Jahr 1937 vertrat das amerikanische Bureau of Narcotics und sein Chef ANSLINGER ebenfalls die Ansicht, daß Cannabis für viele Gewaltverbrechen verantwortlich zu machen sei, wollte im Jahr 1955 dieser Droge jedoch keinen entscheidenden Einfluß mehr bei der Entstehung von Gewaltverbrechen einräumen (sh. LINDESMITH 1968). Überblickt man die Literatur, so kann man sagen, daß mehrheitlich die heutigen Autoren keinen Zusammenhang zwischen Cannabis-Konsum und Gewaltdelikten feststellen konnten (z.B. BROMBERG/RODGERS 1946; CHAPMAN 1967; LEECH/JORDAN 1968; GRINSPOON 1969; FREEDMAN 1970a;IRWIN 1970; KÜHNERT 1971; LOEB 1971). Cannabis scheint dominant euphorisierend, entspannend, beruhigend, introvertierend zu wirken, was gegen die Freisetzung aggressiver Tendenzen und die Begehung von Gewaltdelikten spricht. McGLOTHLIN/WEST (1968) nahmen daher eher eine gegenteilige, aggressionsmildernde Wirkung von Cannabis an. HOLLISTER (1972 b) konnte übereinstimmend damit bei seinen Untersuchungen eine Verminderung der Aggressivität registrieren.

Die These von der aggressionsfreisetzenden Wirkung beruht nach BLUM (1967) auf einem schweren methodischen Fehler. Mittels einzelner Falldarstellungen ist eine wissenschaftliche Überprüfung der Hypothese kaum möglich. Insbesondere müßte eine solche wissenschaftliche Analyse die Vorgeschichte des Drogenkonsumenten berücksichtigen, die persönlichen Schwierigkeiten und Schwächen des Konsumenten, wie sie bereits vor dem Drogenkonsum bestanden. Bei einem normalen, gut angepaßten Menschen seien keine Gewaltakte unter Drogeneinfluß zu erwarten. Die Kritik von BLUM wird untermauert durch eine Untersuchung von ANDRADE (1964) an hospitalisierten Gefangenen, die beschuldigt wurden, ihre Verbrechen unter Cannabis-Einfluß begangen zu haben. Unter diesen Gefangenen fand er viele mit unangepaßter Persönlichkeit, die ihre Verbrechen als Folge ihrer gestörten Charakterstruktur begingen. "Durch das Studium der Dynamik des Verbrechens kamen wir zu der Schlußfolgerung, daß das Verbrechen Ausdruck des morbiden Zustandes des Patienten und unabhängig von der Abhängigkeit von Marihuana war" (ANDRADE 1964, S.23). ANDRADE fand keinen Fall, wo er eine kriminogene Potenz von Cannabis nachweisen konnte.

Es wäre vielleicht jedoch etwas zu einfach, die Behauptung der kriminogenen Wirkung von Cannabis mit dem Verweis auf methodische Fehler beiseite zu schieben. Im Jahr 1937 vertrat ANSLINGER mit Entschiedenheit die These von der Mörderdroge im Rahmen seiner Kampagne gegen Cannabis, ohne daß gesichertes Wissen vorlag. Bedenkt man das politische Interesse an einem Verbot von Cannabis, wie es MUSTO schilderte, so mag gerade die Methode der Falldarstellung das geeignete Hilfsmittel sein, um einen Zusammenhang zu "beweisen". Von besonderem Interesse muß dabei sein, daß zur Stützung der These von der kriminogenen Wirkung von Cannabis selbst auf geschichtliche Daten zurückgegriffen wird.

Im Mittelalter existierte im vorderen Orient eine Sekte, die in ihrem Krieg sowohl gegen Kreuzritter wie feindselige Moslems sich durch besondere Grausamkeit ausgezeichnet und insbesondere die Kunst des Meuchelmordes beherrscht haben soll. Geführt wurde sie von Imam Hasan-Ibn-Sabba. In dieser Sekte soll Cannabis benutzt worden sein. ANSLINGER trug 1937 die Version vor, daß die Mitglieder dieser Sekte chronische Konsumenten von Haschisch gewesen seien und daß von daher das Wort assassin abgeleitet sei, das Meuchelmörder bedeute. Im Jahr 1967 sagte ein leitender Rauschgiftagent in San Francisco u.a.: "Bereits während der Kreuzzüge nahmen mohammedanische Truppen die Droge, um eine gewalttätige Aggressivität hervorzurufen, die sie als amokhafte Mörder gefürchtet machte" (zit. nach FORT 1970a, S.134). Die gleiche Auffassung vertrat in der Bundesrepublik Deutschland der Kriminaldirektor BAUER, als er schrieb: "Das französische Wort für Mörder - assassin - stammt von der arabischen Bezeichnung für Haschisch-Esser - Haschischijuni. So jedoch wurden im 11. Jahrhundert Personen genannt, die ihre politischen Gegner durch Meuchelmord beseitigten und sich zu diesem Zweck durch Haschisch-Genuß in die entsprechende seelische Verfassung versetzten" (BAUER 1970, S.1569).

Es sind jedoch nicht nur Polizisten, die dieses blutrünstige Märchen verbreiteten, sondern auch Ärzte wie BERNER/HOFF/KRYSPIN-EXNER (1963), THOMAS (1970) und Journalisten wie ZEHM

(1969). In der Regel wissen diese Autoren mehr als die dürftigen Quellen herzugeben vermögen. Marco Polo war der erste gewesen, der den wunderbaren Garten des "Alten vom Berge" beschrieben hat und die überlieferten Daten lassen es möglich erscheinen, daß der Führer der Sekte in seinem streng abgeschirmten herrlichen Garten mit ausgewählten Jünglingen Feste feierte, wobei auch Drogen verwendet wurden. Unsicher ist jedoch nicht nur, ob es sich bei der verwendeten Droge wirklich um Cannabis handelte oder vielleicht um Opium, sondern ebenso, ob die meuchelnden Boten des "Alten vom Berge" identisch waren mit den zum Fest geladenen Jünglingen (MANDEL 1966). Eine weit verbreitete Version geht im übrigen davon aus, daß Haschisch nur einen indirekten Zusammenhang mit den Verbrechen hatte. Das Gelage sollte danach den Jünglingen zeigen, welcher Freuden sie zukünftig teilhaftig würden, wenn sie sich im Dienste des Scheichs bewährten (SCHURZ 1969; SCHMIDBAUER/ v.SCHEIDT 1971; ANDRADE 1964).

Die Legende läßt nach BLUM (1970a) mehrere Interpretationen zu:

- Die Fanatiker töteten, weil sie unter dem Einfluß von Cannabis standen,
- sie töteten, weil ihnen mit Hilfe von Haschisch ein Paradies versprochen wurde,
- sie töteten, weil sie eine gewalttätige Sekte waren und diese Gewalttätigkeit von ihren Gegnern durch den durchaus möglichen Gebrauch von Drogen erklärt wurde,
- sie waren eine revolutionäre Gruppe und bekamen von ihren konservativen Rivalen das Etikett von Haschischkonsumenten umgehängt.

GELPKE (1966) kam nach einer Schilderung der Geschichte der Assassinen zu der Vermutung, daß es sich dabei um den Versuch der Gegner der Nezâris handelte, deren radikales, den eigenen Tod nicht scheuendes Verhalten auf eine banale Ursache, nämlich Drogenkonsum, zurückzuführen, um so sich einer tiefergehenden Auseinandersetzung mit dieser Sekte zu entziehen. Von besonderer Bedeutung ist in diesem Zusammenhang, daß das

Wissen über diese Sekte im wesentlichen von Gegnern dieser Sekte stammt, da deren eigene reichhaltige Bibliothek in der Burg Alamut ein Raub der Flammen wurde. Faktum ist jedoch, daß "in keiner orientalischen und keiner abendländischen Quelle ... auch nur angedeutet (wird), es habe jemals ein gefangener Assassine etwas über den Gebrauch von Haschisch oder sonstigen Drogen verlauten lassen" (GELPKE 1966, S.101). Nach einem sorgfältigen Studium aller Interpretationen kommt Don Casto III (1970) zu der Feststellung, daß Haschisch in der damaligen orientalischen Welt wohl zu weit verbreitet war, um zum wichtigsten Bestandteil eines geheimen sakralen Festes zu werden. Nach seiner Ansicht war der in Syrien gebräuchliche Dialektausdruck "hashishiyyin" ein Kommentar zum Verhalten der Assassinen, nicht jedoch eine Beschreibung deren Verhalten, ähnlich wie das Wort mondsüchtig im englischen oder deutschen Sprachbereich. Er teilt damit die von GELPKE angeführte Version, daß die orthodoxen Moslems gegenüber der Minderheit der radikalen Ismailis vor allem darum bemüht waren, diese kleine, aber gefährliche Sekte abzuwerten, was durch diesen analogen Wortgebrauch erreicht werden sollte. "Es ist daher offensichtlich, daß die Legende, Haschisch erzeugte Gewalttätigkeit bei den Assassinen, nicht länger als ein Argument für die These benutzt werden kann, es bestünde eine kausale Beziehung zwischen Marihuana und Gewalttätigkeit. Es scheint deutlich zu sein, daß die Assassinen ihren Namen ohne bezug auf deren Haschischkonsum zugeschrieben bekommen haben" (Don Casto III 1970, S.224).

Gleichgültig, welche Interpretation richtig ist, es bleiben Spekulationen, die zur Klärung der Frage, ob Cannabis kriminogen wirke, nichts beizutragen haben. Der autoritative Rückgriff auf völlig ungesichertes historisches Wissen erweckt daher den Verdacht, daß eine Aussage als bereits durch die Geschichte hinreichend belegt gekennzeichnet werden soll und damit keiner weiteren gründlichen Prüfung mehr bedarf. GRINSPOON (1971) warnte nach einer gründlichen Analyse davor, Folklore des elften Jahrhunderts zur Grundlage für eine Prohibition im zwanzigsten Jahrhundert zu machen. Angesichts dieser Tendenzen wird man betonen müssen, daß über eine aggressionssteigern-

de Wirkung von Cannabis kein gesichertes Wissen vorliegt und
man in jedem Fall die Persönlichkeit des Konsumenten nicht
außer acht lassen darf. TINKLENBERG/STILLMAN (1970) verwiesen
darauf, daß Personen, die im Begriffe sind, aggressive Handlungen zu begehen, durch Cannabis-Konsum davon nicht abgehalten werden.

Verneint man die These von der aggressionssteigernden Wirkung
von Cannabis, so ist damit jedoch keineswegs ausgeschlossen,
daß es auf Grund des Konsums dieser Droge zu aggressiven Akten kommen kann. Der Grund dafür liegt jedoch nicht in der
direkten Steigerung einer aggressiven Energie durch die Droge, sondern in deren Wesen, bei stärkerer Dosierung als halluzinogene Droge zu wirken. Das Individuum kann unter Drogeneinfluß bedrohliche Situationen erleben, die es dann vielleicht abzuwehren versucht. Die aggressive Reaktion wäre daher nur zu verstehen unter Berücksichtigung der Wahrnehmungsveränderungen und nur diese wären als genuine Drogenwirkung
zu betrachten.

6. Die Persönlichkeitsdepravation

Wenden wir uns nun der überdauernden Wirkung von Cannabis zu,
so wird man besonders das Phänomen der Persönlichkeitsdepravation diskutieren müssen. In seinem zweiten Bericht an den
Kongreß kommt der amerikanische Secretary of Health, Education
and Welfare (1972) zu dem Schluß, daß körperliche Schäden nicht
nachgewiesen seien, das Wissen in diesem Bereich aber noch unvollkommen sei. Es ist daher berechtigt, sich auf die psychischen Komplikationen zu konzentrieren. Die Beschreibung weiterer unerwünschter Nebenwirkungen wird in dem Kapitel über LSD
erfolgen, da hier eine weitgehende Parallelität zwischen den
beiden Drogenarten besteht. Das Problem der Persönlichkeitsdepravation ist zwar seinerseits nicht spezifisch für Cannabis, wird jedoch als die entscheidende negative Folge des Cannabis-Konsums angesehen, weshalb es hier besonders herausgehoben werden soll.

Das Konzept der Persönlichkeitsdepravation wurde von Psychiatern u.a. beim Studium des Alkoholismus entwickelt, hat aber für die Beschreibung der Cannabis-Konsumenten eine besondere Bedeutung, da sie als die entscheidende Persönlichkeitsgefährdung angesehen wird. Im wesentlichen beinhaltet dieses Konzept die Folgen der ausschließlichen Konzentration des Cannabis-Konsumenten auf die Droge. Die Bedürfnisbefriedigung erfolgt in zunehmendem Maße durch die Droge selbst und das Individuum löst sich zusehends aus den normalen sozialen Bezügen heraus. Es findet an sich selbst Genüge und erfüllte nur noch in eingeschränktem Maße seine sozialen Verpflichtungen. Dadurch bedingte Konflikte können den Rückzug auf die eigene Person verstärken, der Rückzug selbst zu einer Lockerung der Bindung an soziale Normen führen, was wiederum die sozialen Konflikte verschärft. Der Leistungsaspekt wird vernachlässigt und führt zu Schwierigkeiten in Schule und Beruf, die aber letztlich für den Konsumenten von geringer Bedeutung sind. Frühere Fertigkeiten werden verlernt, Interessen nicht mehr gepflegt. Dieses Konzept wurde von vielen Autoren vertreten (ANGST 1970; LADEWIG 1971; FEUERLEIN 1971 b;BRICKENSTEIN 1971, KIELHOLZ 1971b;STUCKI 1971; IRWIN 1970; BAUER 1972b).Die Zeitschrift "Das Parlament" sah sogar eine Verbindung zur Kriminalität: "Das Interesse an der Ausbildung und am Beruf geht meistens zurück; Sorgen und Not selbst nahestehender Mitmenschen vermögen keine auf Abhilfe gerichtete dauerhafte Aktivität auszulösen. Es entsteht eine Tendenz zu asozialem Verhalten. Zur Beschaffung des jeweiligen Mittels sind Gewaltanwendungen recht häufig" (Das Parlament, 25.9.1971 b, S.2).

Interessant ist dabei die Angabe der Wahrscheinlichkeit eines Auftretens dieses Depravationssyndroms. Während noch ANGST (1970) formulierte: "Chronischer Mißbrauch von Cannabis sativa führt zu einer Sucht mit psychischer Abhängigkeit und toxischer Wesensveränderung im Sinne von Antriebs- und Interessenverlust..." (ANGST 1970, S.710), sprach die Zeitschrift "Das Parlament" nur mehr von "meistens", während BEST in "Weltgesundheit" angab, daß Cannabis-Konsum in einem Drittel der Fälle zu sozialer Desintegration führt, in zwei

Dritteln jedoch nicht. Alle diese Angaben beruhen trotz des autoritativen Tons der Äußerungen auf unverbindlichen Schätzungen. Wie groß auch immer der Prozentsatz sein mag, für LADEWIG/HOBI/DUBACHER/FAUST (1971) stand es unzweifelhaft fest, daß langjähriger Haschischmißbrauch zu einer Persönlichkeitsveränderung im Sinne des Depravationssyndroms führt. Im Gegensatz zu diesen Autoren vertrat GRINSPOON (1969) die Ansicht, daß eine Persönlichkeitsveränderung nicht nachgewiesen sei.

Es gilt hier zwei Probleme klar zu trennen:
a) Ist eine Persönlichkeitsveränderung empirisch nachgewiesen?
b) Ist die Persönlichkeitsveränderung auf die Droge selbst zurückzuführen?

Die erste Frage muß verneint werden. Nicht nur die Beschränkung auf Falldarstellungen, sondern auch die nachträgliche Rekonstruktion der prämorbiden Persönlichkeit machen es unmöglich, von einer systematischen, methodisch kontrollierten Beobachtung der Persönlichkeitsveränderung zu sprechen. Will man eine Persönlichkeitsveränderung exakt nachweisen, so wird man eine hinreichende Erfassung der Persönlichkeit vor dem Drogenkonsum voraussetzen müssen, was in der Regel aufwendige Follow-up-Studien zur Konsequenz hat. Ein Kliniker mit seiner Beschränkung auf die jeweilige Erfahrung in seiner Klinik oder Praxis kann eine solche Auflage nicht erfüllen. ANGST/DITTRICH/WOGGON verwiesen darauf, daß "die überwiegende Mehrzahl der Cannabis-Konsumenten auch andere Drogen wie LSD, Meskalin, Opiate, Amphetamine usw. einnimmt und so eventuell nachzuweisende Wesensveränderungen dieser Personen nicht unbedingt auf Cannabis allein zurückzuführen waren" (ANGST/DITTRICH/WOGGON 1971, S.47). Zwar kann man der These, daß Cannabis-Konsumenten in der überwiegenden Zahl auch andere Modedrogen nehmen, nicht zustimmen, jedoch dürfte das nicht zu leugnende Phänomen der Polytoxikomanie das Studium der langfristigen Wirkung von Cannabis erschweren. Wissenschaftliche Forschung will jedoch nicht nur nachweisen, daß es ein Phänomen gibt, sondern auch, in welchem Ausmaß und

unter welchen Umständen es auftritt. Studien an besonders
ausgelesenen Personen wie z.B. Patienten sind daher immer
von besonderer Problematik, da sie ja eine negative Auswahl
darstellen. Nach RHI (1971) sind solche Resultate irreführend und wissenschaftlich wertlos. Man wird zwar solche Ergebnisse - vorausgesetzt sie sind methodisch sauber gewonnen, was oft auch leider nicht zutrifft - nicht als wertlos
bezeichnen können, da sie ja doch Erkenntnisse darstellen,
aber sie können höchst irreführend sein, wenn sie nicht ganz
explizit als Ergebnisse gekennzeichnet werden, die an Extremgruppen gewonnen wurden und daher keine Aussagen über Normalpersonen bzw. über alle Konsumenten der Droge machen. Man
wird daher die von Klinikern geäußerte Ansicht einer Persönlichkeitsdepravation durch Cannabis-Konsum als Hypothese bezeichnen müssen, die erst noch durch die Forschung überprüft
werden muß.

Aber selbst wenn man einmal eine wesentliche Veränderung der
Persönlichkeit akzeptieren wollte, stellt sich die Frage, ob
diese primär durch die Droge verursacht wurde. "Was Enthemmung und psychischen Verfall betrifft, so wissen wir, daß
viele seelisch labile oder neurotisch kranke Menschen nach
Hilfsmitteln Ausschau halten, die ihnen einen Ausgleich für
ihr Versagen oder ihre Beschränkungen bringen sollen. Wenn
sie nach Marihuana greifen und schließlich doch stranden,
dann ist dies nicht einfach der Droge zuzuschreiben"(MITSCHERLICH 1970, S.202). Etwas allgemeiner formulierte es FORT:
"In der Hauptsache ist es so, daß diejenigen, deren Lebensweise sich im Zusammenhang mit der Anwendung von LSD und anderen psychedelischen Drogen drastisch geändert hat, nicht -
wie allgemein vermutet - völlig zufriedene, produktive und
glückliche Menschen sind, die plötzlich auf Einnahme der Droge hin eine unmittelbare und profunde 'Umwandlung' ihres
Selbst erfahren und sich außerhalb der bestehenden Verhältnisse stellen. Vielmehr handelt es sich bei den drop outs um
Leute, die bereits zu etwas anderem oder besserem als dem,
was sie um sich herum erleben, neigten oder neigen, so daß
LSD oder andere psychedelische Drogen für sie nur den Prozess beschleunigen, der in eine 'bessere Zukunft' führt"

(FORT 1970a, S.66). Es bleibt die Möglichkeit, daß diese Leute sich für einen anderen Lebensstil entscheiden, zu dem zwar der Konsum von Cannabis gehört, der aber nicht durch den Drogenkonsum allein bestimmt ist. Denkt man daran, daß die Hippies sich durch einen besonderen Umgang mit psychedelischen Drogen auszeichneten, so wird man zurückhaltend sein, wenn man eine bestimmte Lebensform allein auf den Konsum von Drogen zurückführen will. Der Umgang mit dem Begriff der Assassinen sollte zumindest auf die Möglichkeit des Ausweichens vor Weltanschauungskonflikten verweisen, indem man sich statt auf die Menschen und ihre Überzeugungen auf eine Droge konzentriert. Damit soll nicht ausgeschlossen werden, daß Cannabis-Konsum zu einer Persönlichkeitsdepravation führen kann, es soll nur mit aller Entschiedenheit verneint werden, daß dies ein wissenschaftlich gesicherter Tatbestand ist, der in nennenswerter Häufigkeit zu Lasten der Droge sich ereignet.

Das Problem der Persönlichkeitsdepravation verweist zusätzlich auf die weltanschauliche Perspektive des Forschers. Setzt man einmal eine Veränderung der Persönlichkeit des Konsumenten voraus, so stellt sich die Frage, wann man von einer Schädigung der Persönlichkeit sprechen soll. Überblickt man die Beschreibungen dieses Syndroms, so fällt auf, daß darin viele Bereiche angesprochen werden, die besonders sensitiv für ein Werturteil sind: Interesse, Gleichgültigkeit, Leistung. Ersetzt man den Begriff des Depravationssyndroms durch den in der englischen Sprachwelt geläufigen Begriff des "amotivalen Syndroms", so wird deutlich, daß hier im Zentrum der Leistungsaspekt steht, der von dem Drogenkonsumenten vernachlässigt wird. Die Droge wirkt passivierend (STUCKI 1971; SEISS 1971; CHRISTIANI/STÜBING 1972). Führt dies nicht im wesentlichen zu einer Auseinandersetzung zwischen Okzident und Orient, zu einer Auseinandersetzung zweier unterschiedlicher Lebensstile, wie manche Autoren meinen, und ist dann nicht besonders das Bezugssystem klarzustellen, von dem her von einem "Versanden der Persönlichkeit" gesprochen werden kann?

Jenseits dieser weltanschaulichen Fragen, auf die später noch eingegangen werden soll, stellt sich die Frage, ob die vorliegenden Persönlichkeitsuntersuchungen eine Klärung der Frage ermöglichen. Alle vorliegenden Studien sind Untersuchungen an Drogenkonsumenten, implizieren also eine möglicherweise erfolgte Persönlichkeitsveränderung durch den Drogenkonsum. Wenn diese tatsächlich erfolgt sein sollte, so muß die Schilderung des Drogenkonsumenten durch negative Elemente im Sinne des Depravationssyndroms gekennzeichnet sein. Fehlen solche Merkmale, so wird man nachhaltig an dem empirischen Gehalt dieser Aussage zweifeln müssen. Die vorliegenden Untersuchungen sind gleichzeitig die einzigen Aussagen zur Persönlichkeitsstruktur von Drogenkonsumenten schlechthin, jenseits aller Fragen einer Persönlichkeitsveränderung. Aus diesen Gründen wird die Darstellung der Persönlichkeit des Drogenkonsumenten im Abschnitt E, Kapitel XV erfolgen. Unabhängig von diesen Ergebnissen wird man jedoch betonen müssen, daß diese Ergebnisse nur als Hinweise zur Klärung der Frage benutzt werden können und die entscheidende Information nur von Follow-up-Studien zu erwarten ist.

Kapitel XI. Die Wirkung von LSD

1. Halluzinogene Wirkung

Die Wirkung von LSD (Lysergsäurediäthylamid) soll hier stellvertretend stehen für die halluzinogenen Drogen, zu denen besonders auch Meskalin und Psilocybin zu rechnen sind, deren Wirkungen jedoch wenig unterschiedlich zu LSD sind (HOLLISTER 1972 a; UNGER 1963). Bei allen drei Drogenarten handelt es sich um Alkaloide. Man wird allerdings bei dem Vergleich von LSD und Psilocybin nicht übersehen dürfen, daß LSD offensichtlich deutlich länger wirkt als Psilocybin (LUDWIG/LEVINE 1966) Es ist strittig, ob man zwischen Cannabis und den Halluzinogenen unterscheiden soll. LSD wurde zwar zunächst synthetisch gewonnen, kommt jedoch ebenso wie Cannabis in einer Pflanze vor, Claviceps Purpurea, eine blaublühende Winde, die jedoch bei uns kein LSD enthält, dieses nur unter bestimmten klimatischen Bedingungen entwickelt (TAUBMANN 1971); umgekehrt ist es für Cannabis mittlerweilen gelungen, den wahrscheinlich wesentlichen Wirkstoff THC synthetisch herzustellen. Beide Drogenarten können halluzinogene Wirkung hervorrufen, weshalb LEUNER (1962) und WAY (1969) sie auch in eine gemeinsame Gruppe einordnen. HOLLISTER (1972 b) kommt in einer Beurteilung der psychischen Wirkungen von Marihuana zu der Feststellung, daß diese Symptome ähnlich denen sind, die auch von halluzinogenen Drogen wie LSD erzeugt werden.

Cannabis ruft jedoch nicht immer eine halluzinogene Wirkung hervor; aber auch LSD provoziert nicht jedesmal eine ausgeprägte halluzinogene Reaktion. Die These, LSD sei eine halluzinogene Droge, wird man in Beziehung sehen müssen zu den extrem niedrigen Dosierungen, die zur Provokation von Bewußtseinsveränderungen notwendig sind. In der Regel handelt es sich um Werte im Bereich von μ g. KURAMOCHI/TAKAHASHI (1964) konnten zeigen, daß Dosierungen von 50 - 70 μ (das entspricht 1 μ g pro Körpergewicht in kg) kaum halluzinogene Wirkungen hervorrufen. Die Pbn fühlten sich benommen und beschrieben wellenförmig verlaufende Veränderungen der optischen Wahrnehmung. So erwähnten die Pbn, daß die Decke oder die Wände des Zimmers in Bewegung gerieten, ein anderer Pb verglich seinen Zustand mit dem der Trunkenheit nach Biergenuß. Viel mehr ereignete sich nicht. Erst bei einer Dosis von 100 μ g berichteten die Pbn über größere psychische Veränderungen wie Euphorie, Halluzinationen, Veränderungen des Zeiterlebens, der optischen Wahrnehmung, des Körpergefühls.

ROBBINS u.a. (1967) verwiesen auf Berichte, wonach Pbn, die sich nicht bewußt waren, LSD erhalten zu haben, keine psychedelischen Erfahrungen machten; auch TERRILL (1964) verwies auf die Möglichkeit, daß keine psychedelische Wirkung erfolgen könne. LSD scheint insofern eine starke Droge zu sein, als äußerst geringe Mengen genügen, um deutliche Wirkungen hervorzurufen. Aber dieser Umstand sollte nicht darüber hinwegtäuschen, daß auch LSD in seiner Wirkung von der Dosierung abhängig ist und man sich zur Beurteilung von LSD an der Größe der Wirkeinhei-

ten von LSD orientieren muß (RUBIN 1969). Tut man dies, so
ist es wahrscheinlich, daß geringe Mengen von LSD - bezogen
auf den für LSD gültigen Maßstab - wenig halluzinogene Wirkungen hervorrufen.

Auch bei LSD scheint dies abhängig von der Erwartungshaltung.
Eine Erwartung halluzinogener Wirkungen unterstützt diese
wohl bei geringeren Dosierungen, während eine nicht gewußte
Gabe von LSD statt einer halluzinogenen Wirkung weit eher nur
Angst hervorruft (ROBBINS u.a. 1967). Gerade letzterer Tatbestand ist besonders wichtig, weil er zeigt, daß die Wirkung
der Droge auch eine Funktion der Verarbeitung zu sein scheint,
die unvorbereitete Pbn nicht zu leisten vermögen. WATTS (1964)
verwies darauf, daß die Wirkung der Droge schwer vorhersagbar
sei, weil diese in wesentlichem Maße von der Umgebung und den
Einstellungen und Erwartungen sowohl des Konsumenten wie seines erfahrenen Begleiters abhängt (ebenso das Advisory Committee on Drug Dependence, Home Office 1970). Auch hier ergibt
sich eine Übereinstimmung mit Cannabis, wo die Wirkung ebenfalls durch mehrere Faktoren definiert wird. Im Unterschied
zur herkömmlichen Auffassung für Cannabis (sh. z.B. CHUN 1971)
zeigen sich bei LSD eindeutige Toleranzerscheinungen (LEUNER
1962), insbesondere wenn die Intoxikationen relativ kurzzeitig z.B. in Tagesabstand aufeinander folgen (HOFFER/OSMOND
1968; COHEN 1965). Allerdings äußerte HEINEMANN (1973) den
Verdacht, daß auch Cannabis zu Toleranzerscheinungen führe.
PEREZ-REYES u.a. (1974) kamen auf Grund eines experimentellen Vergleichs von gelegentlichen zu exzessiven Konsumenten
zu der Schlußfolgerung, daß Toleranzerscheinungen nicht auftreten.

ROTHLIN/CERLETTI (1956) erwähnten für die psychischen Funktionen folgende Veränderungen: Erregung, Stimmungswechsel, Depression, Euphorie, Störung der Wahrnehmungen, Halluzinationen, Depersonalisationen, psychotische Zustände. Man wird diese Liste jedoch ergänzen müssen und erwähnen, daß die Beziehungen zu anderen Menschen verändert, daß bisher fixierte Verhaltensmuster aufgelöst werden können, Interessen sich ändern
und das eigene Selbstverständnis sowie die Selbsterkenntnis

sich wandeln können (SANFORD 1964). Aber diese Veränderungen
scheinen ebenfalls unter Cannabiseinfluß möglich zu sein. Man
kann daher wohl davon ausgehen, daß die Wirkung von LSD sich
nicht wesentlich von Cannabis unterscheidet, LSD vielleicht
ausgeprägter Halluzinationen zu erzeugen vermag, insofern also
keine substantiell anderen, sondern nur stärkere Reaktionen
hervorzurufen vermag. Nach WAY (1969) unterscheidet sich Marihuana von LSD neben einigen physiologischen Aspekten vor allem
dadurch, daß Marihuana milder ist. HERHA (1973) kam allerdings
nach einer Befragung an einem nicht nach Zufall ausgewählten
sample zu der Schlußfolgerung, daß Cannabis mehr akustische
Veränderungen, LSD mehr optische Veränderungen hervorrufe,
Cannabis mehr stimmungsverändernd, LSD mehr bewußtseinsverändernd wirke. Die problematische sample-Gewinnung und der
völlige Verzicht auf statistische Analysen, die über Prozentberechnungen hinausgehen, lassen diese Angaben nicht als endgültig erscheinen.

Ein wesentlicher Unterschied zwischen den beiden Drogenarten
könnte im Umgang mit ihnen bestehen. Zumindest während einer
bestimmten Epoche war für den Umgang mit LSD der weltanschauliche Aspekt sehr entscheidend. Dies gilt zwar auch für Cannabis, aber im Unterschied dazu gab es für LSD eine regelrechte Schule, engagierten sich hier Wissenschaftler. Wissenschaftler wie LEARY, ALPERT, WATTS gründeten die "International Federation for Internal Freedom"; LEARY selbst hielt auf dem
14. Internationalen Kongreß für angewandte Psychologie in Kopenhagen einen Vortrag, in dem er die Ziele der psychedelischen Bewegung erläuterte. Es ging dabei nicht um eine kurzweilige Veränderung der Sinneserfahrung, um eine Art Heimkino, sondern in entscheidendem Maße um ein verändertes Selbst- und Weltverständnis. In seiner allgemeinsten Form ging es dabei um ein zumindest zeitweises Sich-Lösen von den gesellschaftlichen "Spielen" mit ihren vorgeschriebenen Mustern und
- positiv formuliert - um ein Öffnen des Gehirns für neue Impulse und neue Verbindungen; es ging darum, das Gehirn von
kulturell auferlegten Zensuren zu befreien (LEARY 1964). LEARY
(1970) präzisierte diesen allgemeinen Rahmen. Er definierte
als die drei unumgänglichen Ziele einer LSD-Sitzung: Gott zu

erkennen und zu lieben, sich selbst zu erkennen und zu lieben, eine Frau zu erkennen und zu lieben.

HOUSTON (1969) unterschied verschiedene Stufen der psychedelischen Erfahrung: die sensorische, die rekollektiv-analytische, die symbolische und die analytische Stufe. Auf der ersten, der "flachsten" (HOUSTON) Stufe nimmt das Individuum nur sensorische Veränderungen wahr, auf der zweiten Stufe wendet sich das Individuum von der Außenwelt ab und beginnt, die eigene Innenwelt zu explorieren. Die dritte Stufe wiederum ist tiefer als die zweite und setzt das Erlebnis der zweiten Stufe voraus. Hier vollzieht sich eine Abkehr von dem partikularistischen Erleben; das Individuum fühlt sich in die Historie eingebettet, es überwiegen mystische, ritualistische, archetypische Bilder. Die letzte Stufe geht wiederum darüber hinaus und kann am besten als religiöse Stufe gekennzeichnet werden, in der das Individuum ein "kosmisches Bewußtsein" entwickelt. Diese letzte Stufe wird jedoch nach Meinung von HOUSTON nur von einem sehr kleinen Prozentsatz der Konsumenten erreicht. Mehr in der Reichweite der meisten Konsumenten ist die Stufe zwei, in der nach Meinung von HOUSTON der Konsument ähnliche Erfahrungen macht wie in einer psychoanalytisch orientierten Therapie.

HOUSTON stellte sich damit in Opposition zu den Aussagen anderer Autoren. DITMAN/HAYMAN/WHITTLESEY (1962) fanden bei 40 Prozent ihrer Probanden religiöse Erfahrungen, SAVAGE u.a. (1963) konnten sogar bei 90 Prozent der Probanden religiöse Erlebnisse finden, wenn diese LSD in einer religiösen Atmosphäre nahmen. SMITH (1964) kam nach einer Analyse der vorliegenden Arbeiten zu der Schlußfolgerung, daß religiöse Erlebnisse unter LSD-Einfluß als gesichert gelten können. Die unterschiedliche Beurteilung der Häufigkeit religiöser Erfahrungen dürfte nicht zuletzt eine Frage der Definition dieses Gegenstandsbereiches sein. In einer Auseinandersetzung mit den Ergebnissen anderer Autoren kamen MASTERS/HOUSTON (1966) zu der Schlußfolgerung, daß viele Autoren als religiöses Erlebnis ansehen, was nach Meinung von MASTERS/HOUSTON oft nur eine oberflächliche Erregung, ein Sichgehenlassen oder der Verlust von Verantwortungsgefühl ist. Im Gegensatz dazu zeichne sich die echte religiöse Erfahrung durch ein direktes Erleben des Seinsgrundes aus, wobei die Person stirbt, sich aufgibt, um auf einer neuen, höheren Ebene wieder geboren zu werden. WATTS (1968) beschrieb auf Grund eigener Erfahrungen das religiöse Erlebnis als ein Bewußtsein ewiger Energie. Der Drogenkonsument erlebt sich in dem ewigen Kreislauf von sterben und leben, dem Pulsieren der Energie als untrennbarem Teil davon, erfährt sich selbst als Gott. Dies entspricht weniger der christlichen Religion, eher jedoch der der Chinesen und Hindus. CLARK (1968) meinte, daß möglicherweise die wichtigste Voraussetzung für ein mystisches Erlebnis eine "mystische Kapazität" des Individuums sei. Es ist schwierig in diesem Streit zu einer Klärung zu kommen, da TAYLOR (1967) zurecht darauf verwies, daß die Religionspsychologie generell noch nicht sehr weit entwickelt sei und daher zur Lösung dieses Problems wenig beizutragen vermöge. Unbestritten scheint jedoch zu sein, daß einige Personen religiöse Erfahrungen unter LSD-Einfluß haben; strittig ist der Prozentsatz.

Auch hier wird man sich daran orientieren müssen, daß die Wirkung der Droge abhängt von den näheren Umständen des Konsums: wann, wo, in der Gegenwart welcher Personen, in welcher Dosierung und von wem die Droge genommen wird (BARRON/JARVIK/BUNNELI 1964). Nach den Ergebnissen von MASTERS/HOUSTON (1966) hatten alle Individuen mit einer echten religiösen Erfahrung bereits ein langes Interesse an transzendentalen Erlebnissen. BARRON (1969) unterschied verschiedene Motive des LSD-Konsums, u.a. auch das Interesse an religiöser Erfahrung, und diese Motive bestimmen wesentlich mit, welche Erlebnisse der LSD-Konsument haben wird. DOWNING/WYGANT (1964) vertraten nach Auswertung einer empirischen Studie die Ansicht, daß Veränderungen des religiösen Empfindens nur im Sinne einer Klärung und Präzisierung bereits bestehender religiöser Empfindungen erfolgen: "Kein Agnostiker wird zum Gläubigen oder vice versa" (DOWNING/ WYGANT 1964, S.188). Ähnlich wie Cannabis scheint LSD den Menschen nicht radikal zu verändern, sondern nur Tendenzen deutlicher zu machen.

Das Beispiel religiöser Erlebnisse soll zeigen, daß LSD-Konsum offensichtlich nicht nur oberflächliche Sensationen bewirkt. Diese Erkenntnis scheint jedoch nicht überall vorhanden; nach SCHEUCH (1970) erzeugt LSD nur Halluzinationen. "Eine glatte, weiße Decke wird plötzlich wellig und schillert in kaleidoskopartigen Farben, Geräusche werden überdeutlich wahrgenommen, man vermeint zu fliegen, nimmt Gegenstände geringer Größe als riesig wahr - und was der Halluzinationen mehr sein können. In der Sprache der 'Progressiven' heißt das dann 'bewußtseinserweiternd' " (SCHEUCH 1970 in FAZ). Damit nimmt SCHEUCH nur einen Teil der möglichen Erlebnisse zur Kenntnis und läßt gerade die besonderen weltanschaulichen Ziele und die damit verbundenen Erlebnisse außer acht. Will man das besondere des LSD-Konsums verstehen, so wird man sehen müssen, daß damit ein Anspruch auf eine tiefgreifende Veränderung des menschlichen Lebens verbunden war, die weit über die von SCHEUCH geschilderten Phänomene hinausgeht.

SANFORD (1970) wies darauf hin, daß die LSD-Wirkung abhängig sei von den Personen, die die Droge benutzen und den Umständen, unter denen sie eingenommen wird. Nach seiner Meinung führt illegaler Gebrauch durch junge Leute eher nur zu einem orgiastischen, euphorischen Erlebnis, während der Gebrauch in einer medizinischen Umgebung zu wesentlichen Erkenntnissen führen könne. Die gleiche Meinung wird auch vertreten von einem Kommittee des Department of Health and Social Security, Großbritannien (1970). JOITE und Mitarbeiter (1972) kamen zu einer ziemlich abwertenden Beurteilung des Konsums von Halluzinogenen in der Drogen-"scene". Ihr Kommentar zu einigen Erlebnisbeschreibungen von Drogenkonsumenten: "Die Geschichten von der 'großen Bewußtseinserweiterung' werden erfunden, um sich und die anderen davon abzuhalten, über die eigene passive Haltung zu reflektieren. Da sitzt einer apathisch in der Ecke und stiert die Wand an - eigentlich findet das jeder blöd. Wenn er dann aber loslegt, von der großen Bewußtseinserweiterung, die er hätte, dann sind alle beeindruckt. Man stopft sich voll mit Chemie und die Weltveränderung rollt von selbst ab, da braucht man selbst gar nichts mehr zu tun" (JOITE u. Mitarbeiter 1972, S.26).

LSD-Konsumenten hingegen, die die Droge in einem halbmedizinischen Rahmen nahmen, berichteten u.a. über verbesserte zwischenmenschliche Beziehungen, erwünschte Veränderungen von Interessen, Verringerung des Leistungszieles, Vertiefung von bereits vorhandenen Werten u.a. auch des religiösen Empfindens (BLUM/BLUM/FUNKHOUSER 1970, S.24). DITMAN/HAYMAN/WHITTLESEY (1962) und JANINGER (1962, zit. in McGLOTHLIN/COHEN/McGLOTHLIN 1964) wiesen ebenfalls nach, daß bei einem erheblichen Prozentsatz von LSD-Konsumenten ein verbessertes Verständnis der eigenen Person und anderer Menschen erfolgte und sich die Beziehungen zu anderen Menschen verbesserten. Es kann daher als wahrscheinlich gelten, daß LSD bei bestimmten Personen unter bestimmten Bedingungen eine Vertiefung des Lebens bewirkt, die sich auch auf die Werthaltungen und den Lebensstil der Person auswirken. Man wird jedoch hier wie bei Cannabis sagen müssen, daß es sich um eine Möglichkeit handelt, und mit dieser "Möglichkeit" nicht nur die Spielbreite der Droge gemeint ist, sondern im gleichen Atemzug auch die des Konsumenten und seiner Umgebung. Die Popularisierung des Konsums bestimmter Drogen mag daher durch die Einbeziehung sehr heterogener Personen mit höchst unterschiedlichen Interessen, verschiedenem Persönlichkeitsniveau und psychischer Gesundheit zu einer größeren Variabilität der Wirkung führen, wobei wohl die oberflächlichen Effekte dominieren dürften. Jenseits aller möglichen positiven Aspekte der Droge wird man wohl sagen müssen, daß die rasche Expansion des Konsums bestimmter Drogen Schwierigkeiten bei deren Kultivierung erzeugen muß und man die Beschreibung eines Normal-Verbrauchers unter diesem Aspekt betrachten muß.

2. Negative Erlebnisse

Cannabis und LSD erzeugen nicht nur positiv eingeschätzte Erlebnisse, sondern auch solche, die vom Konsumenten und/oder Ärzten als negativ beurteilt werden. Im englischsprachigen Bereich werden diese mit Begriffen umschrieben wie "untoward" oder "adverse reactions". Die Zahl der Publikationen, die diese negativen Erlebnisse zum Gegenstand hat, ist hoch (z.B.

ANSLINGER 1943; ROSENTHAL 1964; DALLY 1967; BEWLEY 1967a; KEELER/REIFLER/LIPTZIN 1968; TALBOTT/TEAGUE 1969; GEORGE 1970; GLASS/BOWERS 1970; KAPLAN 1971; KOLANSKY/MOORE 1972; HALIKAS/GOODWIN/GUZE 1972; BOWERS 1972; DAVISON/WILSON 1972; FROSCH 1971). Es ist verständlich, daß gerade Mediziner den negativen Folgen des Drogengebrauchs besondere Aufmerksamkeit schenkten und sie publizierten eine Fülle von Falldarstellungen, die zeigen, daß es unter dem Einfluß von Cannabis oder von LSD durchaus zu negativen Erlebnisverläufen kommen kann. WEIL (1970) versuchte eine Typologie der "adverse reactions" unter Cannabis-Einfluß; er untersch det depressive Reaktionen, panikartige Zustände, toxische Psychosen, verzögerte psychotische Reaktionen, flash-backs. SMART/BATEMAN (1967) gaben für LSD folgende Übersicht: Längerdauernde nicht-psychotische Reaktionen (Depressionen und panikartige Zustände), toxische Reaktionen, längerdauernde psychotische Reaktionen, flash-backs, Selbstmord, Mord und Gewalttätigkeit.

Der Vergleich dieser beiden Typologien zeigt teilweise Übereinstimmung, aber auch die Problematik der Klassifikation der Phänomene. Für die folgende Betrachtung soll nun nicht versucht werden, eine erschöpfende Klassifikation der negativen Erlebnisse zu geben, sondern es soll die schwerpunktartige Darstellung einiger wichtiger Erscheinungen unternommen werden. Von besonderer Bedeutung erscheinen die depressiven Reaktionen und die Angstzustände, die flash-backs und länger anhaltenden psychotischen Erlebnisse. Nach den publizierten Fallbeispielen ist es nicht möglich, zwischen den negativen Wirkungen von LSD und Cannabis zu unterscheiden, weshalb in der folgenden Auswahl der Beispiele die Droge selbst von untergeordneter Bedeutung ist.

Depressive Verstimmung: BEWLEY (1967 a) berichtete von einem jungen Mann mit einer ausführlichen Erfahrung im Drogenkonsum, der während eines LSD-trips plötzlich depressiv wurde und Selbstmord-Neigungen zeigte.

Panikartige Zustände: TYLDEN (1967) berichtete von einem jungen Mädchen, das gelegentlich Amphetamine schluckte und Haschisch rauchte. Bei dem letzten Rauchen hatte sie das Gefühl "als ob sie von einem Pferd getreten worden sei"; sie hatte schreckliche Alpträume und war den nächsten Tag wie in Trance. Daraufhin entwickelte sie eine starke Abneigung gegen die Droge.

Psychotische Erlebnisse: REMSCHMIDT (1973) berichtete von einem 18jährigen Gymnasiasten, der nach LSD-Konsum aus Fernsehsendungen an ihn gerichtete Aufforderungen vernahm, wonach er sich u.a. töten sollte. Der Schüler unternahm einen Selbstmordversuch. Nach kurzer Behandlung klang das Zustandsbild ab.

Längerdauernde psychotische Zustände: SCHNEIDER (1972) berichtete von einem Jugendlichen, der nach einer starken Dosis LSD offensichtlich starke Halluzinationen erlebte, Personen verkannte, sich für Jesus hielt. Die psychotischen Störungen hielten längere Zeit an. Nach dem Klinikaufenthalt enthielt sich der Patient des Drogenkonsums, zeigte jedoch bei einer späteren erneuten Vorführung in der Klinik wiederum deutliche klinische Symptome, die zwar abklangen; aber es blieb "ein eindeutiger Defektzustand mit affektiver Nivellierung, oberflächlicher Ziellosigkeit, sprunghaftem Gedankengang, allgemeiner ratloser Unruhe und z.T. stereotypen Bewegungsabläufen" (SCHNEIDER 1972, S.694).

Flash-backs: ROSENTHAL (1964) berichtete von einer Patientin, die bis fünf Monate nach dem letzten Drogenkonsum optische Effekte wahrnahm und illusionäre Wahrnehmungen von Leuten hatte, die sich auf der Straße zerlegten.

Diese Falldarstellungen zeigen, daß negative Erfahrungen möglich sind, sie sagen jedoch nichts über die Häufigkeit solcher Erlebnisse aus. Eine Untersuchung von LOURIA (1968) an 100 Klinik-Patienten, die mit einer LSD-Intoxikation eingeliefert wurden, zeigte bei 15 Prozent einen panikartigen Zustand, bei 20 Prozent aggressive Reaktionen einschließlich Mord- und Selbstmordversuchen, bei 32 Prozent Persönlichkeitsstörungen vornehmlich schizoider Art. Einen großangelegten Versuch zur Eingrenzung der Wahrscheinlichkeit von adverse reactions unternahmen UNGERLEIDER u.a. (1968) in Kalifornien, einer der amerikanischen Hochburgen des Drogenkonsums. Sie versandten an ein repräsentatives sample von Ärzten in Los Angeles County einen Fragebogen und fragten nach deren Bekanntschaft mit adverse reactions in den letzten Jahren. Der Versuch einer Definition von adverse reactions wurde von den Autoren nicht unternommen, sondern den befragten Ärzten selbst überlassen. Durch dieses Vorgehen schien jedoch den Autoren die Minimaldefinition gewährleistet, daß es sich dabei um einen Zustand handle, der das drogenkonsumierende Individuum veranlasse, die Hilfe eines Arztes in Anspruch zu nehmen. Rund 60 Prozent der Ärzte antworteten und berichteten für einen Zeitraum von 18 Monaten über ca. 9 000 Fälle. Die Autoren hatten hier die Angaben der befragten Ärzte für bestimmte Zeitabschnitte - angegeben in Monatsschritten - summiert; in einer Nachbefragung an den Ärzten mit Erfahrung in "bad trips" - wobei nun allerdings eine Schätzung für die einzelnen Zeitabschnitte (Halbjahresschritte) gewünscht wurde, ergab sich jedoch nur noch ein Wert von ca. 4 000 Fällen (extrapoliert auf die Gesamtzahl der ursprünglich antwortenden Ärzte). Obwohl hier über die genaueren Definitionen dieser "adverse reactions" wenig bekannt ist, muß man sagen, daß die Zahl nicht unerheblich ist. Insgesamt wurde damit der Zeitraum von Juli 1966 bis Dezember 1967 erfaßt, also 1 1/2 Jahre. Will man diese Zahlen richtig würdigen, so stellt sich zunächst die Frage, welche Angabe valider ist; immerhin liegt die erste Information ca. 100 Prozent über der zweiten Information. Zusätzlich muß man jedoch die vorliegenden Zahlen in Relation setzen zu dem Ausmaß des Konsums von (psychedelischen) Drogen, was in diesem Fall schwer ist, da die Bezugsdaten fehlen. Die Daten von UNGERLEIDER u.a. (1968) sind nicht ohne weiteres mit epidemiologischen Studien zu vergleichen, da in diesen Daten nichts darüber ausgesagt wird, ob es sich um verschiedene Patienten handelt, man also eine Art Rate Unfälle pro Patient erstellen kann. In der überwiegenden Mehrzahl der Fälle handelt es sich um adverse reactions zu halluzinogenen Drogen. Unabhängig von der Relation Ausmaß des Konsums : Anzahl der Unfälle wird man sagen müssen, daß die Zahl beachtlich ist. TENNANT/GROESBECK (1972) berichteten auf Grund ihrer dreijährigen Tätigkeit ihres militärärztlichen Dienstes in der US-Armee in Deutschland über anderslautende Erfahrung. In einem sample von 720

Patienten, die Haschisch konsumiert hatten, konnten nur 18
Fälle identifiziert werden, wo eine Panikreaktion oder eine
toxische Psychose allein auf den Genuß von Cannabis zurückgeführt werden konnte. Wesentlich mehr toxische oder schizo-
phrene Reaktionen ereigneten sich bei multiplem Drogengebrauch. Zusammenfassend sagten die Autoren, daß gemäßigter
Haschischkonsum höchstens zu Atmungsschwierigkeiten führe,
ohne auffällige psychische Störungen. Ist nicht nur die Zahl
der negativen Fälle, die auf alleinigen Konsum von Cannabis
zurückgeführt werden könnten, an sich schon äußerst gering,
so relativiert sich diese Aussage nochmals erheblich, wenn
man berücksichtigt, daß nach einer Befragung von TENNANT ca.
46 Prozent der Soldaten Erfahrung mit Haschisch haben. Gültig ist diese Aussage für die 36 000 Soldaten, die vom US-
Hospital Würzburg betreut wurden. Auf ca. 17 000 Drogenerfahrene kommen somit 720 bekanntgewordene negativ verlaufene
Drogenerlebnisse. Damit dürften die Angaben von UNGERLEIDER
u.a. (1968) erheblich relativiert sein.

Insbesondere die Angaben von UNGERLEIDER u.a. (1968) stehen
in klarem Widerspruch zu den Aussagen von LEARY (1970), GELPKE
(1971) und HOUSTON (1969), die für ihren Erfahrungsbereich,
der sich insgesamt auf mehrere tausend trips bezieht, kaum
von Unfällen zu berichten wußten. Eine Erklärung für diesen
Widerspruch mag man möglicherweise in der unterschiedlichen
Gebrauchsweise sehen. LEARY, GELPKE und HOUSTON sind überzeugte Anhänger des Konsums psychedelischer Drogen, die damit
einen weltanschaulichen Ansatz verbinden und den Trip sorgfältig vorbereiten, was möglicherweise bei dem unkontrollier-
ten Massengebrauch der halluzinogenen Drogen nicht mehr vorhanden ist. Wäre es danach nicht ungerechtfertigt, mögliche
Unfälle der Droge selbst anzulasten und müßte man stattdessen nicht nach weiteren Variablen suchen, die in der Person
und der Umwelt des Konsumenten liegen, die für einen negativen Ausgang eines trips verantwortlich sind?

Das Phänomen der flash-backs sollte man getrennt behandeln,
da es ja dabei nicht um Störungen der Drogenwirkung geht,
sondern um das unerwartete Wiederauftreten der Wirkung. Man

wird darüber streiten können, ob es sich um ein "negatives Erlebnis" handelt, obwohl der störende Einfluß z.B. auf das Fahrverhalten deutlich ist. Für ein begrenztes sample von Studenten haben BLUMENFIELD u.a. (1972) das Ausmaß dieser Erscheinung registriert. Danach erlebten 53 Prozent der Marihuana-Konsumenten flash-backs. Unterteilt man nach regelmäßigen und gelegentlichen Konsumenten, so hatten die gelegentlichen Konsumenten dominant höchstens bis zu drei flash-backs, die regelmäßigen Konsumenten jedoch dominant mehr als zehn. Flash-backs dürften somit insgesamt nicht selten sein.

3. Interpretation der adverse reactions

Nimmt man die Wirkung von Drogen als ein unverständliches Geschehen, so mag es gerechtfertigt sein, einer bestimmten Droge vollkommen kontroverse Wirkungen zuzuschreiben, wie es für LSD COLE/KATZ (1964) und LEUNER (1962) taten. Nach ihnen kann die Droge sowohl Euphorie wie Dysphorie bewirken. Versteht man jedoch die Drogenwirkung nicht nur als Effekt der Droge selbst, sondern als die Resultante aus einer Vielzahl von Kräften, zu denen neben der Droge die Persönlichkeitsstruktur des Konsumenten, seine Erwartungshaltung und die Umstände des Drogenkonsums gehören, so wäre es sicherlich falsch, von einer außerordentlichen Variabilität der Auswirkung der Droge selbst zu sprechen, wenn man nicht die entscheidenden zusätzlichen Variablen einer sorgfältigen Analyse unterzogen hätte. Nach LEARY (1964) bewirkt LSD im wesentlichen das Abgehen von geformten Verhaltensmustern, eine Öffnung für neue Erfahrungen; wie dies konkret ausgestaltet wird, hängt im wesentlichen von zusätzlichen Faktoren ab, die unter den Schlagwörtern set und setting zusammengefaßt werden. "Set" meint damit die Erwartungen und Eigenschaften der Person, ihre Erfahrungen; "setting" meint alle Umweltbedingungen, angefangen bei den räumlichen Bedingungen bis hin zur emotionalen Atmosphäre.

Viele Falldarstellungen berücksichtigen leider nicht in der notwendigen Weise alle wichtigen Variablen. Ein Beispiel mag das Gesagte verdeutlichen: Eine typische Falldarstellung von KEELER (1967) hat folgende Form:

"Eine 19-Jahre alte Frau gab an, daß sie während einer Marihuana-Intoxikation sehr ängstlich wurde, ohne zu wissen, worüber sie sich Sorgen machte. Sie sagte, daß sie agitiert war und in einem Zustand panischer Angst" (KEELER 1967, S.675).

In diesem Beispiel versuchte der Autor in keiner Weise die näheren Umstände des panikartigen Zustandes zu erforschen, sondern beschreibt nur in kürzester Weise das entscheidende pathologische Element. Eine solche Darstellung läßt keine tiefergehende Interpretation zu. Ein anderes Beispiel, das in der Darstellung viel umfangreicher ist, im Aussagegehalt jedoch ähnlich unergiebig: "Ein 18jähriger Gymnasiast, der seit längerer Zeit durch eine zunehmend auftretende Kontaktarmut und Rückzugstendenz gegenüber seinen früheren Kameraden auffiel, wirkte am Tage des Auftretens der Psychose unruhig gespannt, verstört..." (REMSCHMIDT 1973, S.1227). Der Fall wird in seiner historischen Entwicklung kaum analysiert: es ist nicht klar, ob der Patient bereits vorher Drogenkonsum hatte und das psychotische Syndrom möglicherweise in eine Kette langandauernden Drogenkonsums eingebettet ist; es ist ebensowenig klar, ob der Patient als Folge seiner Schwierigkeiten zum ersten Mal eine Droge nahm und durch diesen ersten Kontakt mit LSD einen "bad trip" erlebt; zusätzlich wird über die Umstände des Drogenkonsums nichts berichtet. Schilderungen dieser Art, die auf die Hintergründe und Umstände des negativen Drogenerlebnisses nicht eingehen, forcieren eine Interpretation, die Wirkung auf die einzige, klar herausgehobene Variable zurückzuführen, nämlich die Droge selbst.

BIALOS (1970) zeigte, daß durch eine differenziertere Darstellung der Umstände der Eindruck einer willkürlichen, nicht vorhersagbaren Wirkung der Droge vermieden werden kann. Er bot zunächst eine orthodoxe Darstellung eines Falles. Ein 22-Jahre altes Mädchen nahm mit ihrem Freund zusammen zum ersten Mal Marihuana. Während des high-Zustandes überfiel sie die Vorstellung, daß sie ein Ungeheuer sei und daß ihr lange Fingernägel wüchsen. Sie befürchtete, ihren Freund verletzen zu können. Läßt man es bei dieser Schilderung, so ist der Umstand

unverständlich und man folgt damit der Darstellungsweise, die
REMSCHMIDT und KEELER wählen. Erforscht man jedoch die Hintergründe, so fällt auf, daß die Beziehung zwischen den beiden
jungen Menschen in einem kritischen Stadium war. Die beiden
jungen Menschen hatten zwar positive Beziehungen zueinander,
aber das Mädchen war sich bewußt, daß es einen ernsthaften
Heiratsantrag des Mannes zu erwarten hatte, ohne selbst entschieden zu sein. Die Verwandlung in ein Ungeheuer mit der
Gefahr der Verletzung ihres Freundes mag dann in zweierlei
Weise interpretiert werden: Sie könnte versucht sein, den Konflikt und damit den Auslöser des Konfliktes loszuwerden oder
aber sie könnte zwiespältig in bezug auf die Person des Bewerbers sein. Im einen Fall ging es um die Frage, ob sie sich
bereits jetzt binden solle, im zweiten Fall, ob sie sich an
diese besondere Person binden solle. Gleichgültig jedoch, welche Interpretation man wählt, es bleibt ein Faktum, daß die
Konsumentin in einem Zustand persönlicher Unentschiedenheit
in einer existentiellen Frage die Droge genommen hat, daß der
die Problemsituation auslösende Partner anwesend war und daß
die Aggression sich gegen ihn richtete. Es ist naheliegend,
diese "adverse reaction" nicht auf die Droge, sondern auf die
Gestimmtheit der Konsumentin zurückzuführen.

Auch das Problem der aggressiven Handlungen läßt sich durch
eine nähere Analyse des Verlaufes in den Griff bekommen. Im
Gegensatz zu der These, Cannabis bzw. LSD erzeugten nun einmal aggressive Stimmungen, steht die Interpretation, diese
Aggressivität als Folge eines veränderten und als unerträglich empfundenen Umwelterlebens zu verstehen. In einem Fall
erlebte ein junger Mann, der in Gegenwart seiner Freundin Meskalin nahm, daß sich deren Gesicht zu einer Fratze verzerrte,
deren Anblick er auf die Dauer nicht mehr ertragen konnte. Um
diesen unerträglichen Anblick loszuwerden, zerstörte er die
Fratze und tötete dabei das Mädchen. Die aggressive Handlung
war dabei nicht so sehr auf eine ohne jeden äußeren Grund gesteigerte aggressive Stimmung zurückzuführen, sondern war die
reaktive Abwehr von außen auf ihn eindringender Ereignisse.
Die Verkennung von Ereignissen mag dazu führen, daß der Drogenkonsument paranoide Ideen entwickelt, aggressiv reagiert,
aber auch, daß er nur Angst entwickelt.

Man wird für die enorme Variabilität der Drogenwirkung nicht
nur die Droge selbst verantwortlich machen müssen, um damit
dem Geschehen das Signum des Unerklärlichen zu lassen, sondern wird neben einer Grundwirkung der Droge, die vielleicht
doch eingrenzbar ist, in starkem Maße auch die Persönlichkeit
des Konsumenten und die Umstände des Drogenkonsums berücksichtigen müssen. Manche Autoren vertreten die Meinung, daß eine
bestimmte Persönlichkeitsstruktur besonders eine positive Wirkung der Droge begünstige. Sowohl unter Cannabis-Einfluß wie
unter LSD-Wirkung kann es zu mehr oder weniger starken Orien-
tierungsschwierigkeiten kommen. Die vertraute, konstante Aus-
senwelt wird neuartig, fremdartig, nicht mehr in die alten
Verarbeitungsschemata zu integrieren, variabel. Dieser Verlust an Beherrschbarkeit der Umwelt mag bei Menschen, die nur
durch eine starke rationale Kontrolle sich im Leben behaupten
können, Angst hervorrufen; das Gefühl, nicht mehr überblicken
und beherrschen zu können (COHEN 1964; COHEN 1965). Umgekehrt
mögen gerade Menschen, die durch ein vertrauensvolleres Verhältnis zu Um- und Mitwelt ausgezeichnet sind, die aus einer
tiefliegenden Ich-Stärke heraus auf Sicherungsmaßnahmen verzichten können, die Neuartigkeit und Unberechenbarkeit der Erlebnisse als wesentliche Bereicherung empfinden. CHOLST (1966)
bezeichnete es als das Wesentliche des Marihuana-trips, daß
man sich von dem kontrollierenden, planenden Verhalten des Erwachsenen löst und in die Welt des Kindes zurückkehrt, das
ganz in den Augenblick versunken ist, frei von gesellschaftlichen Zwängen seinen unmittelbaren Regungen folgt, ein Kind,
"das in seinem Glück wandelt" (CHOLST 1966, S.217). Manchen
Menschen mag es leichter gelingen, in diese Welt des Kindes
zurückzufinden und sich der gewohnten Sicherungen des Erwachsenen zu begeben, für andere mag dies eine Bedrohung ihrer Existenz sein. Der Unterschied zwischen diesen beiden Men-
schentypen läge nicht darin, daß sie verschiedene Primärerfah-
rungen unter Drogeneinfluß machen, sondern sie diese verschieden verarbeiten (CHEIN 1969). Die sofort einsetzende Verarbeitung wird zu einem Teil der Drogenwirkung, versteht man darunter nicht mehr das, was die Droge und nur sie alleine be-

wirkt, sondern das, was das Individuum im Anschluß an die Drogeneinnahme erlebt. TERRILL/SAVAGE/JACKSON (1962) äußerten auf Grund ihrer Erfahrung die Vermutung, daß die positiven Wirkungen des Drogenkonsums wesentlich von der Fähigkeit des Konsumenten abhängen, "sich den Wirkungen der Droge hinzugeben". Die Autoren sahen selbst wenige psychotische Reaktionen, sind jedoch der Meinung, solche relativ leicht erzeugen zu können, wenn man das Individuum in eine stress erzeugende Situation bringt und es unsicher macht.

Neben diesem wichtigen Persönlichkeitsaspekt wird man aber auch großen Wert auf die Umstände legen müssen, unter denen eine Drogensitzung abläuft. UNGER (1963) stellte in einer Dokumentation die sehr heterogenen Erfahrungen von Therapeuten zusammen, die zeitweilig sich der Hilfe von Halluzinogenen bedienten. Nach seiner Ansicht ist die Wirkung der eingenommenen Droge stark von der Erwartungshaltung des Therapeuten abhängig, nicht nur, was die allgemein emotionale Qualität (positiv oder negativ), sondern auch was die erlebten Inhalte anbelangt (FREUD'sche oder JUNG'sche Thematik). Er zitierte SAVAGE, der auf der Josiah Macy Conference für die bestehenden kontroversen Positionen folgende Erklärung hat:

"Diese Zusammenkunft ist sehr wertvoll, weil sie uns erlaubt, auf einen Blick Ergebnisse zu erfassen, die von nihilistischen Schlußfolgerungen bis zu evangelistischen hin reichen. Weil die Ergebnisse derart stark beeinflußt sind von der Persönlichkeit, den Zielen und den Erwartungen des Therapeuten, dem 'setting', konnte nur eine Zusammenkunft wie diese eine entsprechende Vielzahl von Persönlichkeiten und 'settings' garantieren. Zunächst scheint klar, daß dort, wo keine therapeutische Absicht besteht, auch kein therapeutisches Ergebnis resultiert... Wir können wohl auch sagen, daß dort, wo die Atmosphäre angstgeprägt und skeptisch ist, die Ergebnisse im allgemeinen nicht gut sind... Dies ist alles von ungeheurer Bedeutung, denn wenige Drogen sind so abhängig vom Milieu und erfordern so viel sorgsame Beachtung dieser Variable wie gerade LSD" (SAVAGE in UNGER 1963, S.117).

Dem eindimensionalen Ansatz, der die Wirkung der Droge als ausschließliche Folge der Droge selbst kennzeichnet, steht somit auch für die Erklärung negativer erlebnismäßiger Folgen ein mehrdimensionaler Ansatz gegenüber, der zunehmendes Gewicht auf die Persönlichkeit und die Umstände des Drogenkonsums legt mit allen dort wirksamen Erwartungshaltungen. Berücksichtigt man, daß viele Beobachtungen nur ersten informativen Charakter haben und daß hinreichend methodisch kontrollierte Studien angesichts des schwierigen Erforschungsobjektes fehlen, so scheinen die bisherigen Analysen doch darauf hinzudeuten, daß negative Erlebnisse das Ergebnis besonderer Verarbeitungen der teilweise bereits vor dem Drogenkonsum vorhandenen und teilweise erst unter Drogeneinfluß auftretenden Erlebnisse sind. Die halluzinogenen Drogen unter Einschluß von Cannabis scheinen unterschwellige Regungen offenzulegen, Nebentöne deutlich zu machen und damit Zwiespältigkeiten aufzudecken. Im Unterschied zur Alltagssituation, wo der normale Mensch auf seine rationale Kontrolle vertrauen kann und sich damit auf einen Teil seiner Persönlichkeit zurückzieht und andere unterdrückt, reagiert in der Drogensituation die ganze Person auf das Drogenerlebnis. Dabei wird auch offenkundig, daß der Mensch in viel stärkerem Maße auf seine Umgebung reagiert als dies unter verstandesmäßig kontrolliertem Verhalten bewußt wird. Negative Erlebnisse scheinen somit nur auf besondere Weise zu verdeutlichen, daß die Wirkung von Drogen im wesentlichen die Wirkung des Umgangs mit Drogen ist und daß ein solcher Umgang sorgfältig, gezielt, aber auch fahrlässig oder unüberlegt sein kann.

Kapitel XII. Die Wirkung der Opiate

1. Die Droge und ihre erlebnismäßige Wirkung

Opium ist im Milchsaft der Schlafmohn-Kapsel enthalten. Chemische Analysen zeigen, daß Alkaloide für die spezifische Opiat-

Wirkung verantwortlich sind und hier vor allem wieder das Morphin, das mengenmäßig am häufigsten vorkommt. Dieses Morphin läßt sich aus dem Opium extrahieren und wirkt deutlich stärker als das auch noch durch andere Alkaloide in seiner Wirkung bestimmte Opium (sh. WAGNER 1970). Durch Reaktion mit Essigsäure kann aus Morphin Heroin gewonnen werden, das wiederum stärker wirkt als Morphin. Bei der Diskussion über die Wirkung der Opiate wird man daher berücksichtigen müssen, daß innerhalb dieser Unterschiede bestehen, die man nicht vernachlässigen sollte. Neben den natürlichen Opiumabkömmlingen und den halbsynthetischen Verbindungen wie Heroin (Diacetylmorphin) gibt es synthetische Morphinersatzpräparate, die in ihrer chemischen Struktur zwar nicht mehr mit den natürlichen Opiumabkömmlingen vergleichbar sind, jedoch in ihrer Wirkung. Zu ihnen gehören z.B. Dolantin, Polamidon und Cliradon.

Eine der wesentlichen Eigenschaften der Opiate ist deren analgetische Wirkung; nicht nur wird die Schmerzschwelle erhöht,es wird darüber hinaus auch die Verarbeitung des Schmerzerlebnisses verändert. Es können Schmerzen wahrgenommen werden, ohne eine entsprechende subjektive Empfindung auszulösen; Schmerzen können gelassen ertragen werden (LINGEMAN 1969; BRENNER/ COLES/MEAGHER 1970). Ob dieser analgetischen Wirkung fanden die Opiate Eingang in die Medizin; die Mediziner erkannten jedoch sehr bald, daß die Opiate neben dieser erwünschten Wirkung auch noch euphorisierend und abhängigkeitsmachend wirken. Seit der Entdeckung der Opiate für medizinische Zwecke befinden sich die Mediziner deshalb auf der Suche nach Opiaten oder verwandten Stoffen, die zwar analgetisch, jedoch nicht euphorisierend wirken.

Die euphorisierende Wirkung tritt - auch jenseits des medizinischen Gebrauchs - nicht unbedingt gleich beim ersten Gebrauch auf. Wahrscheinlicher ist, daß dem erstmaligen Konsumenten schwindelig und übel wird (ISBELL/WHITE 1953), was der erfahrene User später als "gute Krankheit" bezeichnen und als einen Beweis für die Wirksamkeit der Droge interpretieren wird. Es scheint so zu sein, daß viele Konsumenten erst eine entsprechende Erlebnisverarbeitung der Droge erlernen müssen.

"Die positive Reaktion auf Heroin ereignet sich nicht immer sofort. Aber der abhängigkeitsgefährdete Jugendliche wird unter 'hilfreicher' Anleitung die Droge wieder probieren, um doch einen High-Zustand, verstärktes Selbstvertrauen, Ruhe und Entspannung zu erleben, so wie er es in dem Verhalten von regelmäßigen Konsumenten beobachten kann. Oftmals wird die Droge vor einem Tanzvergnügen genommen, um die Angst zu unterdrücken und die Droge bewirkt die unbeschwerte, selbstsichere Haltung, die der Drogenkonsument offensichtlich gegenüber Mädchen zeigt" (CHEIN/ROSENFELD 1957, S.63). Diese Aussage von CHEIN/ROSENFELD bezieht sich auf das Verhalten von jugendlichen Gang-Mitgliedern. Heroin scheint danach vor allem Ruhe und Selbstsicherheit in das Leben des Individuums zu bringen. In einer anderen Arbeit betonten CHEIN/GERARD u.a. (1964), daß Opiate ein Gefühl des Losgelöstseins und eine Verminderung unangenehmer Empfindungen bewirken. Zumindest bei manchen Menschen bewirkt eine Morphin-Injektion nach HESSE (1971) einen Zustand der seelischen Ruhe, ein Gefühl des Glücklichseins, der Unbeschwertheit, des Vergessens der Schwierigkeiten des Daseins und der eigenen psychischen Unrast.

Bei vielen Autoren beschränkt sich die Beschreibung der Erlebnisse unter Opiateinfluß auf einige wenige Bemerkungen, ganz im Gegenteil zu den sehr ausführlichen Schilderungen der Wirkungen von Cannabis oder der Halluzinogene. Dies gilt insbesondere für den "harten" Gebrauch von Morphin und Heroin, die, wenn sie direkt in die Blutbahn geschossen werden, zu einem augenblicklichen High-Zustand führen, einem "flash", der nach der Beschreibung mancher Autoren noch am ehesten mit einer Art Orgasmus verglichen werden kann. Heroin wird im Körper zu Monoacetylmorphin umgewandelt, das besonders schnell durch die Blut-Hirnschranke in das Gehirn eindringen kann (SCHÖNHÖFER 1973). NYSWANDER (1957) hielt es für möglich, daß die Intensität des Glücks (pleasure) alles das übertrifft, was ein Opiat-Abstinenzler zu erleben vermag. Von diesem Zustand sagte LINGEMAN: "Der User ist high - hoch über allem, über allen Sorgen und schmerzhaften Erfahrungen, über allen Bedürfnissen, die, als falsch und unrein empfunden, dazu verdammt sind, nicht befriedigt zu werden, über allen Ängsten, die namenlos sind; kurz, er ist in einem Zustand der Euphorie, losgelöst

von den objektiven Bedingungen und nicht in der Lage, sich
auf diese zu beziehen" (LINGEMAN 1969, S.119).

Man darf aber neben diesem herausgehobenen High-Zustand nicht
vergessen, daß danach eine allmähliche Rückkehr zu einem normalen Zustand erfolgt. In dieser Phase bleibt der User, wenn
auch in geringerem Maße als in dem Zustand der maximalen Wirkung, emotional gelöst, kann aber bereits wieder seinen normalen Aktivitäten nachgehen. Das oben erwähnte Beispiel von
CHEIN/ROSENFELD bezieht sich auf diese Phase.

Die Diskussion über die Wirkung von Drogen allgemein und Cannabis und LSD im besonderen zeigte, daß die Wirkung der Droge
auch abhängig von der Persönlichkeit des Konsumenten ist. Diese Persönlichkeitsabhängigkeit der Wirkung wird nun auch für
die Opiate behauptet. LAURIE (1967) wies auf mehrere Beobachtungen hin, wonach bei vielen Pbn sich kein entsprechendes Euphorie-Erlebnis einstellte. Er hielt es nicht für ausgeschlossen, daß der Grad der erlebten Euphorie eine Funktion der Psychopathie des Konsumenten ist. LAURIE illustrierte die Wirkung
der Opiate durch einen Vergleich: die Entspannung durch Opiate entspricht vielleicht der Entspannung, die eine Frau erlebt, wenn sie zu enge Schuhe auszieht. Entspannung könnte daher nur der erleben, der unter Spannung steht. HESSE (1971)
vertrat ebenfalls die Ansicht, daß ein normaler und psychisch
gesunder Mensch nach einer Morphininjektion keine besonderen
seelischen Sensationen erlebt. "Im Gegensatz dazu werden Menschen mit labiler seelischer Anlage, nervös überreizte, Personen mit einem unausgeglichenen Innenleben, psychopathische
Naturen schon durch wenige Injektionen in die Euphorie überführt. Ein Zustand seelischer Ruhe entwickelt sich" (HESSE
1971, S.45).

Eine Überprüfung dieser Aussage fällt schwer. Es wären dazu
nicht nur follow-up-Studien notwendig, die den späteren Konsumenten in seinem prämorbiden Zustand exakt beschreiben, sondern man müßte dazu wohl auch echte Experimente durchführen.
Es besteht die Gefahr, daß in einem bestimmten sozio-kulturellen Klima nur bestimmte Personen zu einer bestimmten Droge
greifen und die Wirkung der Droge immer in Abhängigkeit von

diesen Personen gesehen werden muß. Man müßte daher in einem
experimentellen Ansatz versuchen, bewußt den Kreis der Drogenkonsumenten über diesen ursprünglichen Rahmen auszudehnen.
Außerdem wird man gerade auch bei den von LAURIE erwähnten
Beobachtungen nicht vergessen dürfen, daß die euphorisierende Wirkung keineswegs gleich bei dem ersten oder bei den ersten Versuchen auftreten muß und die fehlende Wirkung beim
ersten Anlauf keineswegs unbedingt ein Hinweis auf entscheidende Persönlichkeitsvariablen ist. Immerhin aber sollten diese Bemerkungen Anlaß dazu sein, auch bei den Opiaten die Variable Persönlichkeit näher zu untersuchen.

Die erlebnismäßige Wirkung der Opiate kann sicher groß sein,
Heroin mag zu einem zeitweiligen Zustand führen, neben dem
das drogenfreie Leben nichts vergleichbares zu bieten vermag.
Trotzdem aber steht nicht diese erlebnismäßige Wirkung im Zentrum der wissenschaftlichen Diskussion, sondern das Problem
der Abhängigkeit und das der Persönlichkeitsdepravation.

2. Die Abhängigkeit

Viele Autoren glauben, daß ein Opiatabhängiger sich von seiner Gewohnheit nicht mehr zu lösen vermag. Nach BIRDWOOD (1971)
entwickelt sich eine seelische Abhängigkeit schnell bis hin
zu "völliger Besessenheit". KIELHOLZ/LADEWIG/BATTEGAY (1972)
umschrieben die zeitliche Spanne, in der sich die Abhängigkeit entwickelt, mit der Formel "innerhalb von Tagen". Diese
sich rapide ausbildende Abhängigkeit hält nach MATHIESEN (1970)
den Menschen "mit eisernem Griff fest", demzufolge ist eine
"Rettung des Heroinsüchtigen so gut wie ausgeschlossen" (SPANDL
1971, S.49), "für den gibt es praktisch keine Heilung mehr"
(STUCKI 1971, S.152), "gibt es trotz Entziehungskuren kaum
mehr ein Zurück in das normale Leben" (WAGNER 1970, S.28). Nur
geringfügig schränkten KUSCHINSKY/LÜLLMANN (1972) in ihrem
Pharmakologie-Lehrbuch diese Aussage ein, wenn sie sagten, daß
Entziehungskuren fast immer erfolglos sind.

Die Opiate erzeugen nicht nur eine psychische Abhängigkeit, sondern auch eine physische. Wird die regelmäßige Zufuhr eines Opiats unterbrochen, so reagiert der Körper mit deutlichen Entzugserscheinungen wie Übelkeit, Erbrechen, Schlaflosigkeit, krampfartigen Muskel- und Gliederschmerzen, Schweißausbrüchen Gähnen, Tränenfluß (sh. LADEWIG/HOBI u.a. 1971). Durch eine neuerliche Gabe eines Opiats können diese Entzugssymptome beseitigt werden. Diese Mangelerscheinungen spielen für die Theorie der Opiatabhängigkeit eine große Rolle. Nach einer gewissen Zeit führt das Spritzen von Heroin nicht mehr zu einem High-Zustand, sondern - bedingt durch die Toleranzentwicklung - nur noch zu einem Vermeiden der Entzugserscheinungen. Bei regelmäßiger Einnahme eines Opiats in kurzen Abständen entwickelt sich Toleranz gegen die Wirkung des Opiats und die Dosis muß von mal zu mal gesteigert werden, um die ersehnte Wirkung zu erzielen. Die Toleranzentwicklung verhindert letztlich, daß die erwünschte Euphorie eintritt, da der Körper gegen diese typische Opiatwirkung unempfindlich wird. Die These, daß ab einem bestimmten Stadium der Konsum von Opiaten nur noch erfolge, um die Entzugserscheinungen zu vermeiden, vertrat unter anderem LINDESMITH (1963), der sich damit gegen die Anschauung wandte, daß die Euphorie die Abhängigkeit bewirke.

Er führt für seine These folgende Argumente an:
a) Tatsache sei, daß einige Abhängige bestreiten, jemals durch die Droge euphorisiert worden zu sein;
b) Personen können von Opiaten abhängig werden, die sie nicht freiwillig nahmen;
c) Drogenabhängige können darüber getäuscht werden, ob sie unter dem Einfluß der Droge stehen;
d) Euphorie ist nur anfangs vorhanden, nicht aber später;
e) die Behauptung des Abhängigen, daß er sich durch einen Schuß nur normal fühle;
f) die gewohnheitsbildende Kraft einer Droge wird proportional gesehen zu ihrer Fähigkeit, Entzugssymptome zu erzeugen.

Diese Erklärung wurde auch von SCHMIDBAUER/v.SCHEIDT vertreten. "Unbeschwert schön und aufregend sind nur die ersten paar Spritzen. Was dann folgt, ist im Grunde genommen eine endlose Flucht vor der Zeit, in der die Wirkung der letzten fixe nachläßt, in der die Euphorie eine kurze Schnaufpause vor den erneuten Schrecknissen der Abstinenzschmerzen darstellt" (SCHMIDBAUER/v.SCHEIDT 1971, S.131). Ähnlich äußerten sich LÖSCH/MATTKE u.a. (1971) und SCHÖNHÖFER (1973).

Entschieden gegen diese Erklärung wandte sich AUSUBEL (1958). Er verwies zunächst auf die kaum umstrittene Tatsache, daß die körperliche Entziehung innerhalb einer Woche überstanden sein kann und es kaum vorstellbar ist, daß ob dieser geringen Zeitspanne, in der zugegebenermaßen recht schwere Entzugserscheinungen ertragen werden müssen, ein Drogenabhängiger ein möglicherweise sehr lang dauerndes Martyrium in Kauf nimmt. Darüber hinaus ist bekannt, daß viele Kranke, die von Opiaten abhängig wurden durch ihre Krankheit, nach Abklingen derselben relativ leicht wieder von ihrer Abhängigkeit befreit werden konnten. Die Dosis, die Entzugserscheinungen verhindert, ist nach AUSUBEL nur ein Zehntel der Dosis, die Drogenabhängige brauchen, um sich normal zu fühlen. Schließlich fragte AUSUBEL, warum der Süchtige z.B. das Risiko von Leberentzündungen durch intravenöse Injektionen eingehe, wenn Entzugserscheinungen auch durch Injektionen unter die Haut verhindert werden können. Nach seiner Ansicht hat dies allein seinen Grund in dem größeren "kick", der durch eine intravenöse Injektion erfolge. Nach einer Bemerkung zu Methadon kam er dann zu dem vielleicht wesentlichsten Argument. Eine körperliche Entziehung ist in einer Klinik leicht durchführbar und es bleibt somit die Frage, warum ein derart Entwöhnter trotzdem wieder rückfällig wird. Nachdem er ja die körperlichen Entzugserscheinungen überstanden hat, kann die Angst vor diesen wohl nicht mehr der Grund sein. AUSUBEL schloß, daß der Drogenkonsum positive, angenehme Erlebnisse bewirke und dies der Grund für den Drogenkonsum sei. Bedenkt man die hohen Rückfallraten bei normaler psychiatrischer Behandlung und die in der Regel erfolgreiche körperliche Entwöhnung während einer solchen Behandlung, so wird man die Furcht vor Entzugserscheinungen sicherlich nicht als die entscheidende Variable ansehen dürfen.

Man wird hier vielleicht zwei Aspekte unterscheiden müssen. Einmal die feste Kette des wiederholten und häufigen Fixens und zum anderen den Lebensstil eines Süchtigen. Dieser Lebensstil ist möglicherweise durch mehrere solche von einander zeitlich abgesetzte Ketten Drogenkonsum gekennzeichnet. Innerhalb einer solchen Kette wird die körperliche Abhängigkeit eine große Rolle spielen, für die Ausbildung eines süchtigen Lebensstils, der ja die einzelne Kette transzendiert, ist sie aber unbedeutend. Wesentlich ist hier allein die psychische Komponente. Ein Beispiel mag dies erläutern. JOITE stellte den 22jährigen Michael vor, der über seine Entziehungskur folgendes sagte: "und nachdem diese körperlichen Schmerzen ziemlich weg waren, da hat für mich so ne fürchterliche Langweile eingesetzt. Ich wußte nicht mehr mit der Zeit - wußte nicht, was ich anfangen sollte. Und darum hab ich mich nach'n paar Tagen entlassen lassen, auf meinen eigenen Wunsch. Zu Hause, den ersten Tag hab ich gleich weitergefixt und in solch irrsinnigen Mengen, daß ich gleich am nächsten Tag wieder zurückgegangen bin ins Krankenhaus. Und da hab ich dann nochmal 'n Entzug gemacht. War wieder bloß eine Woche drin, weil anschließend genau dasselbe wieder passierte mit der Langeweile. Und ich bin wieder rausgegangen auf eigenen Wunsch und hab dann wieder angefangen zu fixen" (JOITE 1972, S.73).

Nachdem der Entzug bereits gelungen ist, die körperlichen Entzugssymptome abgeklungen sind, greifen viele Konsumenten doch wieder zur Droge. Ingo, ein ehemaliger Drogenabhängiger, beschrieb dies so: "Ein Spritzer, der macht das immer so. Der spritzt ne Weile, und dann, aus irgendeinem Grund gehts dann nicht mehr, er muß das unterbrechen und wird clean für kurze Zeit; und dann fängt er wieder an zu spritzen. Zur Sucht gehört eigentlich die Entziehung und der Rückfall. Wenn man das ne Weile macht, dann gewöhnt man sich richtig daran. Dann weiß man eben, daß es ab und zu nicht klappt, und daß es einem ab und zu beschissen geht" (Ingo in JOITE 1972, S.114). LINDESMITH (1968 b) bezeichnete die Tendenz zum Rückfall als ein universelles Element der Sucht.

Auch wenn man den Akzent bei der Suchtbildung auf die euphorisierende Wirkung der Droge legt, heißt dies nicht, daß die Angst vor den Entzugssymptomen bei der Aufrechterhaltung des Suchtverhaltens keine Rolle spielt, aber diese Angst scheint nicht das Entscheidende zu sein. Auch bei dem Fixer steht nicht das Vermeiden einer negativen Folge, sondern das Suchen eines als positiv eingeschätzten Zustandes im Vordergrund. Auch LINDESMITH war sich durchaus der Tatsache bewußt, daß es Rückfälle nach erfolgreicher körperlicher Entwöhnung gibt, was im Prinzip seiner These widerspricht. Er versuchte dies als eine teilweise Wiederholung von Entzugssymptomen zu erklären, die den Ex-User dann doch wieder praktisch aus erinnerter Angst rückfällig werden lassen. Man wird eine solche Überlegung nicht ausschließen können, obwohl sie recht konstruiert klingt. Aber selbst LINDESMITH gibt damit zu, daß es wohl kein physisches, sondern ein psychisches Problem ist. Überzeugender aber erscheint es, die positive Wirkung der Droge als den entscheidenden Anreiz zum Rückfall anzusehen.

3. Das Depravationssyndrom

In engem Zusammenhang mit der starken Abhängigkeit kann man auch das Depravationssyndrom sehen, dessen wesentliches Merkmal die zunehmende Zentrierung des Konsumenten auf die Droge ist unter Vernachlässigung aller anderen Bedürfnisse und Verpflichtungen. Bereits für das schwächere Opium sagte GRANIER-DOYEUX: "Längerer Mißbrauch von Opium führt zu vollkommener Apathie, Abmagerung und sogar zum Tode. Die starken Opiumraucher sind nur beschränkt arbeitsfähig und ihre körperliche Gesundheit zerfällt sehr rasch. Um ihrem Laster zu frönen, geben die armen Opiumraucher alles her. So geraten sie immer tiefer ins Elend und sehen ihr einziges Heil darin, sich weiterhin ihrer unheilvollen Sucht hinzugeben" (GRANIER-DOYEUX 1968, S.9). SPANDL (1971) sprach von einem völligen geistigen Verfall und einer Verwahrlosung der ganzen Persönlichkeit. BAUER (1972 b) meinte, daß ein Fixer ein besonders verkommener

Mensch sei. "Es ist unsinnig, einem morphin- oder heroinsüchtigen Menschen irgendwie moralische Vorhalte zu machen, an seinen Anstand zu appellieren oder ein Mitgefühl der menschlichen Umwelt gegenüber vorauszusetzen. Derlei Dinge sind ihm völlig fremd geworden, und nur der Wunsch nach Befriedigung seiner Sucht beherrscht ihn. Alles andere verliert demgegenüber an Bedeutung" (BAUER 1972 b, S.60).

In ähnlicher Weise wie der Kriminalist BAUER sah auch das Team von Medizinern und Psychologen an der Universitätsklinik Basel die Persönlichkeit des Morphinabhängigen. Schwächung des Gewissens, Einengung höherer Interessen, Abstumpfung des Pflicht-, Takt- und Verantwortungsgefühls, Willenlosigkeit, Fehlen von Schuldgefühlen, asoziales und kriminelles Verhalten zeichnen danach die Persönlichkeit des Opiatkonsumenten im fortgeschrittenen Stadium aus (sh. LADEWIG/HOBI u.a. 1971). Nach THIEMANN (1970) kann es als gesichert gelten, daß sich der Verfall der Persönlichkeit rasch vollzieht. WIRTH/HECHT/ GLOXHUBER (1971) stellten in ihrer Toxikologie-Fibel lapidar fest, daß Heroinsüchtige schnell haltlos werden.

In dem bedeutenden Handbuch "Psychiatrie der Gegenwart" bestätigten KIELHOLZ/BATTEGAY/LADEWIG (1972) nochmals dieses Depravationssyndrom: "Mit dem Entstehen der Morphinabhängigkeit und zunehmender Intoxikation kommt es zu psychischen Wesensveränderungen. Sie bestehen in einer sich steigernden Entkernung und Aushöhlung der Persönlichkeit ... der Drogenabhängigen unter einer differenziert bleibenden Fassade. Die Wesensveränderung äußert sich in sehr starkem Überwiegen der egoistischen Grundeinstellung und in einem allmählichen Erlöschen altruistischer Regungen. ...Längere Abhängigkeit von Morphin- und Ersatzpräparaten führt zur Schwächung des Gewissens, Abstumpfung des Pflicht-, Takt- und Verantwortungsgefühls, Einengung der höheren Interessen und zunehmender Zentrierung auf die eigenen vitalen Bedürfnisse. Der Mangel an Verantwortungs- und Pflichtgefühl erzeugt familiäre und anderweitige soziale Komplikationen, die nicht nur die Abhängigen selbst, sondern die sie Umgebenden enttäuschen, erschüttern und in Mitleidenschaft ziehen. Die wesensveränderten Morphinabhängigen sind nicht mehr zu tiefen Gefühlsregungen imstande. Doch können die Betroffenen sich interessiert geben und sich beispielsweise in irgendeiner Art künstlerisch betätigen. Dabei weist allerdings ihr Tun geltungssüchtiges, unechtes Gepräge auf" (KIELHOLZ/BATTEGAY/LADEWIG 1972, S. 522).

Der Morphinsüchtige erscheint so als ein hemmungsloses, egoistisches Wesen, das nur noch seiner Sucht frönt und zur Sicherung des Nachschubs auch vor Verbrechen nicht zurückschreckt. Nach BELL (1971) wird der Süchtige alles tun, um sein Bedürfnis nach der Droge zu befriedigen. Bedenkt man, daß nach KIELHOLZ/BATTEGAY/LADEWIG die Morphinabhängigkeit sich innerhalb weniger Tage entwickelt und dann zu derartigen Folgen führt, so kann man verstehen, warum manche Autoren im Opium und seinen Derivaten eine Geisel der Menschheit sahen.

4. Kontrollierter Gebrauch der Opiate

Wenn nun im folgenden einige kritische Anmerkungen zu der Beschreibung der Abhängigkeit und der Depravation gemacht werden, so soll damit nicht bestritten werden, daß sich eine Abhängigkeit schnell entwickeln und diese äußerst verhängnisvolle Folgen haben kann. Aber es soll nun darauf verwiesen werden, daß dies nicht die einzige Verarbeitungsmöglichkeit der Opiatwirkung ist. Man wird es nachdrücklich bedauern müssen, daß gerade in dem wichtigen Handbuch "Psychiatrie der Gegenwart" eine Beschreibungsform gewählt wurde, die sich an Klischees orientiert und keinen Raum für eine differenziertere und damit wissenschaftlich adäquatere Beschreibung zuläßt. Der Grund mag zunächst einmal in dem mißglückten Aspektdenken gesucht werden, wonach Psychiater sich nur mit pathologischen Aspekten zu beschäftigen haben, ohne den Rahmen zu thematisieren, innerhalb dessen ein Phänomen als krank zu bezeichnen ist. Durch dieses Fehlen einer klaren, verbalisierten Abgrenzung zwischen normal und pathologisch und dem Verzicht auf eine Stellenwertbestimmung beider Bereiche wird der Eindruck erzeugt, als sei das gesamte Phänomen pathologischer

Natur. Es zählt eben nicht nur, was man sagt, sondern ebenso das, was man verschweigt. KIELHOLZ/BATTEGAY/LADEWIG verstärkten den Eindruck einer generellen Pathologie des Opiatkonsums noch dadurch, indem sie von einer überaus schnell sich entwickelnden Abhängigkeit sprachen und dann ohne Einschränkung für diese Opiatabhängigkeit das oben erwähnte Persönlichkeitsbild skizzierten. Dies mag vielleicht die klinische Erfahrung sein und es mag möglicherweise zurecht die Mehrzahl der Opiatkonsumenten beschreiben. Es muß aber mit aller Entschiedenheit bestritten werden, daß die Autoren eine zwangsläufige Entwicklung beschrieben haben. Gerade in Büchern, die ausschließlich einem Kreis wissenschaftlich Interessierter zugänglich sind, sollte die Schwarz-Weiß-Malerei der "Aufklärungsarbeit" von LADEWIG/HOBI u.a. (1971) vermieden werden und eine präzisere und damit differenziertere Beschreibung geboten werden, freilich eine, die damit notgedrungenermaßen den Einzugsbereich der Klinik verlassen muß. Es ist eine Tautologie, einen Kranken als krank zu bezeichnen, aber es ist eine höchst diskussionswürdige These, daß sich eine Drogenabhängigkeit vom Morphintyp innerhalb weniger Tage entwickelt und diese dann zu einer psychischen Wesensveränderung im Sinne einer asozialen Grundhaltung führt.

Man wird entgegen den Thesen von KIELHOLZ/BATTEGAY/LADEWIG betonen müssen, daß es längeren Opiatkonsum gibt, ohne daß sich eine Toleranz entwickelt, ohne daß sich eine deutliche Abhängigkeit ausbildet und diese dann zu einer psychischen Wesensveränderung im Sinne der Persönlichkeitsdepravation führt. Unbekannt ist, in welcher Anzahl es zu einer solchen relativ schadlosen Erlebnisverarbeitung der Opiatwirkung kommt und ob dies von bestimmten Persönlichkeitsvariablen abhängig ist. Beschreibungen einzelner Fälle lassen jedoch keinen Zweifel daran, daß es auch mehrfachen Opiatkonsum gibt, der nicht diese von KIELHOLZ/BATTEGAY/LADEWIG beschriebenen verhängnisvollen Konsequenzen hat.

Bereits KRYSPIN-EXNER verwies darauf, daß relativ viele Opiatkonsumenten Rohopium lange Zeit intermittierend mißbrauchen konnten, ohne abhängig zu werden. Später allerdings habe sich bei vielen dann doch eine Abhängigkeit entwickelt. Auf Grund seiner eigenen Erfahrung sagte KRYSPIN-EXNER: "Die Vorstellung, daß jeder, der einige Male oder durch längere Zeit eine psychoaktive Substanz des Morphintyps erhielt, auch davon abhängig wird, ist allerdings irreführend. Auch von Morphin werden nur Personen mit entsprechender Disposition abhängig" (KRYSPIN-EXNER 1971, S.29). BRILL (1963) stellte fest, daß nicht jeder, der Heroin probiert, auch abhängig wird, nach HOCH (1963) wird dies nur ein schmaler Prozentsatz der Konsumenten.

GERARD (1955) verwies darauf, daß es einige wenige regelmäßige Konsumenten gibt, die keine Toleranz gegenüber Opiaten entwickelten. Diese würden höchstens einmal am Tag Heroin spritzen und könnten dadurch immer wieder die spezifische Wirkung der Droge erleben. Unter Verweis auf eigene Forschung stellten CHEIN/ROSENFELD (1957) fest, daß in einem sample von 94 Heroin-Usern weniger als die Hälfte die Droge täglich nahm, obwohl die meisten von ihnen die Droge schon über ein Jahr benutzten. Noch wichtiger erschien den Autoren, daß ein Drittel der Konsumenten dabei war, den Drogenkonsum zu drosseln. Heroin-Konsumenten scheinen danach der Droge keineswegs rettungslos verfallen zu sein, im Gegenteil deuten einige Beobachtungen darauf hin, daß auch der Umgang mit dieser Droge gesteuert werden kann. SCHUR (1968) erwähnte eine britische Studie, wonach es einige Abhängige gab, die während ihrer Abhängigkeit niemals eine kleine tägliche Dosis überschritten. Ohne diese tägliche Dosis hätten sie sich nicht nur weniger wohl gefühlt, sondern wären auch weniger leistungsfähig gewesen.

Von besonderer Bedeutung könnte das Phänomen der Toleranzentwicklung sein, das letztlich dazu führt, daß der Konsument ab einem bestimmten Punkt die gewünschte Wirkung nicht mehr zu erzielen vermag. Eine solche Entwicklung läßt sich jedoch vermeiden. CHEIN (1969) verwies darauf, daß es Konsumenten gibt, die freiwillig ihren Drogenkonsum unterbrechen, um dann bei Neubeginn wieder die erwünschte Wirkung erleben zu können. In diesem Zusammenhang können Verhaftungen und Entziehungskuren, wobei in beiden Fällen der User entwöhnt wird, eine für die Aufrechterhaltung der Sucht positive und vom

User gesuchte Bedeutung erlangen. So paradox es auf den ersten Anschein klingen mag, die Entziehungskur mag für manche Konsumenten nicht dem Motiv entspringen, den Drogenkonsum aufzugeben, sondern im Gegenteil ihn mit mehr Gewinn nach erfolgter Entziehung wieder aufnehmen zu können. Man wird in diesem Zusammenhang auch erwähnen müssen, daß es auch einen periodischen Konsum gibt, dessen Perioden jedoch recht lange Wellen haben und deswegen nicht die Gefahr der Toleranzentwicklung besteht. Hier ist vor allem an die weekend-User zu denken (CHEIN/GERARD u.a. 1964; KEUP 1972), die die Droge nur am Wochenende nehmen und bei denen der Drogenkonsum keine Eskalation zeigt. CHAPEL/TAYLOR (1970) unterschieden in Berücksichtigung solcher Fälle zwischen Süchtigen und kontrollierten Konsumenten.

Gibt es auf der einen Seite durchaus die Möglichkeit eines gesteuerten Gebrauchs von Heroin, so ist es auf der anderen Seite zusätzlich möglich, den eigenen Drogenkonsum willentlich zu beenden. In diesem Zusammenhang ist die Arbeit von WINICK (1962) interessant, der die These vom Herausreifen aus dem Opiatkonsum vertrat. Gestützt auf die offizielle amerikanische Registrierung der Süchtigen kam er zu der Erkenntnis, daß nach der Erreichung eines gesetzteren Alters um die Dreißig die Zahl der Süchtigen stärker abnahm als dies z.B. durch Todesfälle erklärbar wäre. Es zeigte sich weiter ein deutlicher Zusammenhang zwischen Dauer des Opiatkonsums und Abbruch. Je kürzer die Zeitspanne des Konsums, um so wahrscheinlicher der Abbruch. Aber entgegen dem Stereotyp hat der Abbruch des Konsums nach fünf oder sechs Jahren eine recht große Chance, und selbst nach zehn bis 15 Jahren ist die Zahl der den Konsum Abbrechenden nicht unerheblich. WINICK konnte in einer weiteren Arbeit auch auf andere Autoren zur Stützung seiner Reifungsthese verweisen (WINICK 1964). Dies würde bedeuten, daß viele Konsumenten mit einer Stabilisierung ihrer Lebenswelt den Drogenkonsum aufgeben, also keineswegs zeitlebens an die Droge gebunden bleiben.

Bestätigt wird eine solche Auffassung von CHEIN/GERARD u.a. (1964), die fanden, daß Individuen, die über mehrere Jahre

hinweg Heroin an Wochenenden genommen haben, sich von diesem
Drogengebrauch ohne Schwierigkeiten lösen können. In einer
anderen Publikation betonten CHEIN/ROSENFELD (1957), daß es
einer Minderheit von gewohnheitsmäßigen Konsumenten durchaus
gelingt, ihren Drogenkonsum abzubrechen. Dies geht auch aus
der Schilderung des bereits erwähnten Ingo hervor, der mit
seiner Frau zusammen ohne irgendwelche Hilfe eine Entziehungskur durchgestanden hat (sh. JOITE 1972). All diese Beispiele
sollen nicht das Problem der Morphinabhängigkeit verharmlosen, sondern nur darauf aufmerksam machen, daß hier offensichtlich doch Persönlichkeitsaspekte und soziale Faktoren
neben der Droge selbst von großer Bedeutung sind.

Unterstrichen wird dies durch zwei Untersuchungen an heimge-
kehrten amerikanischen Soldaten, die in Südvietnam Dienst taten. Bei dem ersten sample handelte es sich um nicht weiter
ausgelesene Soldaten, beim zweiten aber um solche, die den
obligatorischen Urin-Test zur Überprüfung von Opiatkonsum
nicht bestanden hatten und vor ihrer Heimkehr eine Entziehungskur mitmachen mußten. Das Drogenkonsumverhalten der beiden Gruppen wurde nach ihrer Rückkehr in die USA überprüft.
Tabelle 10 gibt die Ergebnisse wieder (Quelle: HARRIS 1973).

Die Soldaten wurden ca. acht bis zwölf Monate nach Rückkehr
interviewt und zur zusätzlichen Kontrolle eine Urinprobe genommen, so daß der Opiatkonsum sowohl durch die eigene Aussage der Befragten wie durch das objektive Mittel der Urinkontrolle erhoben wurde. Die Erhebung bei dem allgemeinen
sample zeigte, daß nach der Rückkehr in die USA rund zehn
Prozent der Soldaten ein Opiat oder wirkungsgleiches Präpa-
rat nahmen, weniger als die Hälfte davon, nämlich vier Prozent der Befragten, jedoch hatte einen relativ starken Konsum (mehr als einmal in der Woche für den Zeitraum von mindestens einem Monat). Bedeutsamer aber waren die Ergebnisse
an dem sample der als Drogenkonsumenten entdeckten Soldaten.
Von diesen nahm nur ein Drittel ein Opiat, zehn Prozent des
samples relativ häufig. Insgesamt fühlten sich ca. sieben
Prozent abhängig. JAFFE, den HARRIS interviewte, betonte, daß
es sich dabei um Personen handelte, die in Erwartung einer

Tabelle 10. Struktur des Opiatkonsums bei Soldaten nach ihrer Heimkehr aus Südvietnam im September 1971 (in Prozent für jeweiliges sample).

Konsum	Allgemeines Sample	Sample Soldaten, die im Urintest als Opiatkonsumenten entdeckt wurden
	(N = 451)	(N = 469)
Seit Rückkehr Opiatkonsum jeglicher Art	9,5	33
Art der Droge		
Heroin	7	28
Opium	2	7
Codein	1	6
Methadon	1	5
Morphin	1	3
Schwerer Gebrauch eines Opiats	4	10
Fühlt sich süchtig	0,7	7,2
Gegenwärtiger Konsum		
nach Interview	2	8
nach Urinanalyse	0,7	2

schwerer Gebrauch = mehr als einmal in der Woche für mindestens einen Monat

Urinkontrolle vor ihrer Rückkehr in die USA ihren Opiatkonsum nicht unterbrechen konnten und damit eine deutliche Abhängigkeit offenbarten. Trotzdem aber lag deren Drogenkonsum in den USA relativ niedrig. JAFFE glaubte, dieses Ergebnis verdeutliche, daß man in einer bestimmten Umgebung drogenabhängig sein kann und durch einen radikalen Wechsel dieser Umwelt und der Lebensbedingungen auch die Drogenabhängigkeit aufgegeben werden kann. In Südvietnam nahmen viele Männer Opiate, die dies in den USA niemals getan hätten. Nach ihrer Rückkehr in die USA hatten sie nach JAFFE besseres zu tun, als sich wieder dem Heroin zuzuwenden. Sie mußten sich der Gesellschaft wieder eingliedern und nahmen daher in der Mehrzahl der Fälle nach der Entziehung ihre Gewohnheit nicht wieder auf. JAFFE betonte allerdings, daß die Applikationsart der Droge von Bedeutung sein könnte, denn die Mehrzahl der Konsumenten - ca. zwei Drittel - rauchte Heroin, während nur eine kleine Minderheit die harte Form des Konsums, das Schießen, wählte.

Diese Ergebnisse unterstreichen die These, daß es falsch ist, den Opiaten irgendwelche Eigenschaften absoluter Art zuzuschreiben. Niemand ist rettungslos verloren, weil er ein Opiat genommen hat. Die Abhängigkeit ist auch hier ein komplexes Phänomen, zu dem man nicht zuletzt auch das Selbstverständnis des Users rechnen muß, der sich in seiner Rolle eines "junkies" bestätigt. Treffend beschrieb dies wiederum Ingo: "Ein Süchtiger ist jemand, der einfach mit der Realität nicht fertig wird. Der rumläuft und Ansprüche an die Welt stellt. Der nicht begriffen hat, daß er etwas tun muß, wenn er etwas haben will. Wenn etwas nicht klappt, ist da immer irgendjemand sonst dran schuld und nicht er selbst. Er kommt überhaupt nicht auf die Idee, zu überlegen, daß vielleicht er etwas ändern müßte, sondern das sind immer die anderen, immer die Welt, immer die miesen Bedingungen. Nach einiger Zeit merkt er, wie beschissen Sucht wirklich ist, und dann reist er auf die Tour: dann sagt er, Sucht ist etwas, dagegen kann man nichts machen. Das ist einfach dieses Glaubensbekenntnis: Ich bin ein hoffnungsloser Fall. Mit diesem Schild um den Hals rennen eine ganze Menge junkies durch die Gegend und gehen damit hausieren. Weil sie angeblich 'hoffnungslose Fälle' sind, aus dem Grund brauchen sie auch gar nichts mehr tun, denn es hat ohnehin keinen Zweck" (Ingo in JOITE 1972, S.119). Erweist sich eine solche Beschreibung als richtig und Ingo drückte in einer Alltagssprache aus, was die Psychoanalyse in tiefenpsychologisch orientierter Sichtweise mit dem Begriff der oralen Persönlichkeit ebenfalls anzielt, so würde nicht die Droge einen Menschen unterjochen, der zufällig an diesen Stoff geriet, sondern die Abhängigkeit ginge primär von der Persönlichkeit aus und die Droge wäre mehr ein auswechselbares Mittel. Dann aber würde man auch nicht erwarten dürfen, daß jeder Mensch drogenabhängig wird.

Zusätzlich gibt diese Rolle dem User auch Sicherheit. CHEIN (1969) meinte, daß der User sich immer als ein Ding von anderen Menschen behandelt fühlte, benutzt, herumgestoßen, nicht jedoch als Person, deren Bedürfnisse und Gefühle respektiert werden müßten. Als junkie hat er nun auch wie die anderen Menschen eine Rolle und erhält damit eine persönliche Identität, es ist zwar eine verachtete Identität, aber es ist eine. So wie andere Menschen Lehrer, Polizisten, Eltern etc. sind und daraus einen Anspruch ableiten, so ist er ein junkie. Drogenkonsum ist auf diese Weise mehr als nur die Beziehung des Konsumenten zur Droge, es ist ein soziales Verhalten, das auch zur Positionsbestimmung des Users dienen kann. Die Abhängigkeit von der Droge kann in einzelnen Fällen präziser als die Abhängigkeit von der Rolle des junkies verstanden werden.

Ebenso wenig, wie jeder Heroinkonsument abhängig wird, ebenso wenig gilt, was KIELHOLZ/BATTEGAY/LADEWIG in dieser Absolutheit von der Persönlichkeitsveränderung durch den regelmäßigen Konsum behaupteten. BÜSSOW (1968) berichtete über zwei Patienten, bei denen jahrzehntelanger Opiumgebrauch weder zu körperlichen noch zu psychischen Schädigungen geführt habe. SCHÖNHÖFER (1973) wies auf den Fall eines Arztes hin, der 62 Jahre seines Lebens morphinsüchtig war und der im Alter von 84 Jahren keine geistigen oder körperlichen Schäden zeigte. Auch unter Verweis auf das Methadon-Erhaltungsprogramm kam er zu dem Schluß, daß "gute Gesundheit und regelmäßige Arbeit ... also durchaus nicht unvereinbar (sind) mit der regelmäßigen Einnahme eines Opiates" (SCHÖNHÖFER 1973, S.5). SCHUR (1968) vertrat die Meinung, daß, abgesehen von einigen klar eingegrenzten Bereichen, wie vor allem dem der Sexualität, der Opiatabhängige durchaus normal funktionieren könne. Diese sexuellen Schwierigkeiten erwähnte auch NYSWANDER und bestätigte im übrigen ausdrücklich die These, daß Opiate an sich nicht gesundheitsschädlich seien: "Im Gegensatz zu der öffentlichen Meinung ist die Wirkung von Morphin auf das Zentralnervensystem nicht derart, daß die Fähigkeit des Individuums, in der Gesellschaft zu arbeiten, beeinträchtigt wird noch wird dadurch das moralische Bewußtsein gelockert" (NYSWANDER 1957, S.45). KOLB (1962) verwies darauf, daß vor der Verabschiedung der Harrison Narcotic Act 1914 in den USA, die den Opiumkonsum einer strikten Kontrolle unterwarf, viele erfolgreiche Persönlichkeiten chronische Konsumenten gewesen seien. "Nach einer Untersuchung im Jahre 1919 waren 75 Prozent der Süchtigen zufriedenstellend beschäftigt und es gab viele Fälle, wo die Opfer Persönlichkeiten mit höchsten Qualitäten, sowohl moralisch wie intellektuell, waren und von großem Wert für ihre Gemeinde" (KOLB 1962, S.10).

In einer Analyse der Opiumraucher auf Formosa kam TU im Jahr 1935 zu der Feststellung, daß nur 8,5 Prozent nicht beschäftigt waren und die Opiumraucher im Vergleich zur übrigen Bevölkerung sich mehr aus den Kreisen des Handels, der Industrie, des öffentlichen Dienstes oder der Schriftsteller rekrutierten. Auch diese Untersuchung konnte keinen negativen Einfluß des Opiums nachweisen (sh. KOLB 1962, S.10f). Diese Untersuchung von TU bezog sich auf das mildere Opium. JAFFE (1970) wandte sich explizit gegen die Auffassung, ein Konsument von Opiaten sei ein verkommenes Subjekt. Unter der Voraussetzung, daß er seinen Nachschub durch legale Quellen beziehen kann und über ausreichende finanzielle Mittel verfügt, kleidet er sich angemessen, ernährt sich hinreichend, erfüllt seine sozialen und beruflichen Verpflichtungen. Er sei im wesentlichen schlecht von anderen Menschen zu unterscheiden. Dies gilt nach JAFFE vor allem, wenn die Droge oral eingenommen wird. Wenn daher EDDY u.a. (1965) behaupteten, daß Unterernährung, Infektionen und Vernachlässigung der eigenen Person häufige Folgen seien, so wird man dies mehr den Umständen des Drogenkonsums, nicht jedoch der Droge selbst zuschreiben müssen. Auf diese sozialen Umstände machte RHI (1971) im Hinblick auf die asiatischen Erfahrungen aufmerksam. "Wir kennen von Ostasien meist nur Geschichten von Opiumhöhlen, wo die Leute de facto elend verkommen. Es handelt sich dort um arme Leute, die anstatt zu essen Opium rauchen. Die Schäden kommen dort nicht vom Rauschgift, sondern von Unterernährung, Avitaminose etc" (RHI 1971, S.192).

KUSCHINSKY/LÜLLMANN (1964) warnten daher davor, das Bild, das der Opiatsüchtige bietet, nur durch die Droge selbst zu erklären, sondern hier mußten in entscheidendem Maße auch die prämorbide Persönlichkeit und die Verfügbarkeit der Droge berücksichtigt werden. Vieles, was als direkte Wirkung der Droge ausgegeben wird, muß den besonderen sozialen Bedingungen zugeschrieben werden. So mag man die Haltlosigkeit und die Verlogenheit mancher Süchtiger als Ausdruck ihres verzweifelten Bemühens um Nachschub verstehen, so mag vieles von den Raubverbrechen durch die Höhe des Heroinpreises und die geringen finanziellen Mittel des Konsumenten erklärbar sein. Es ist daher bedauerlich, wenn KIELHOLZ/BATTEGAY/LADEWIG ohne Reflexion dieser sozialen Bedingungen und Abwägung deren Einflüsse in pauschaler Weise ein Schreckensbild des Morphinabhängigen zeichneten, das überdies in dieser Allgemeingültigkeit nicht zutreffend ist. Eine solche groteske Verzeichnung ist wohl nur verstehbar, wenn man davon ausgeht, daß im Zentrum der Analyse die Droge steht und alle wesentlichen Effekte auf sie zurückgeführt werden sollen. Dies entspricht dem Ansatz der WHO und man wird sich dabei daran erinnern, daß KIELHOLZ selbst Mitglied einer Expertengruppe war.

Trotz aller Schreckensmeldungen, die über die Opiate verbreitet werden, scheint diese Drogengruppe bei sachgemäßer Anwendung geringe gesundheitliche Schäden hervorzurufen. Selbst die nicht unerhebliche Zahl von Todesfällen ist nicht auf die Eigenschaft der Droge, sondern auf deren fahrlässige Anwendung zurückzuführen, insbesondere unsaubere Applikationsformen und Überdosierung. FREEDMAN (1970), ein erfahrener Drogenforscher, stellte nüchtern fest, daß "Nikotin, Tabak und Alkohol in exzessiver chronischer Weise konsumiert auf direktem Wege eine körperliche Krankheit erzeugen können, nicht aber Heroin und vielleicht (nicht sicher) LSD, Amphetamine und Kokain" (FREEDMAN 1970 a, S.111). Das wesentliche Problem scheint die Abhängigkeit zu sein, die sich bei vielen Menschen entwickelt. Dies ist nach KOLB der Grund, warum im Jahre 1914 in den USA ein Gesetz erlassen wurde, das den Konsum von Opiaten unter Kontrolle bringen sollte. Niemand wird leugnen wollen, daß dies in der Tat ein sehr großes Problem ist, daß viele Konsumenten unter ihrer Abhängigkeit leiden, weil damit ihre Freiheit in einem Punkt eingeschränkt ist. Trotzdem aber sollte nicht vergessen werden, daß dies nicht eine zwangsläufige Folge ist und selbst Mitgliedern von kriminellen Gangs Jugendlicher gelingt ein jahrelanger Konsum, ohne abhängig zu werden. Man wird sich dieser Tatsache bewußt sein müssen, weil dies die Möglichkeit bietet, nach Unterschieden zwischen abhängigen und nicht-abhängigen Usern zu suchen und damit vielleicht auch der Therapie und Prophylaxe neue Wege zu eröffnen. Ähnlich wird man auch das Phänomen der Depravation betrachten müssen, das ebenso wenig geleugnet werden kann, aber auch keine zwangsläufige Folge ist.

Diese unterschiedlichen Wirkungen besser verstehen zu wollen, heißt, sich mehr dem Konsumenten und seiner Welt zuzuwenden, heißt mehr in psychologischen und soziologischen Termini zu denken als in pharmakologischen. Es heißt aber gleichzeitig, Konsum von Opiaten nicht ausschließlich unter dem Stichwort der Abhängigkeit und im Rahmen der Psychiatrie abzuhandeln, denn auch für die Opiate gilt, daß deren Konsum unter bestimmten Bedingungen vom Individuum ohne Einschränkung seiner Freiheit oder Schädigung seiner Gesundheit erfolgen kann. Nur eine Forschung, die den pathologischen Rahmen transzendiert, kann Auskunft darüber geben, wie oft und unter welchen Umständen ein solcher schadloser Konsum erfolgt.

Kapitel XIII. Die Drogensequenz

1. Die Bedeutung der Fragestellung

Ein Kapitel über die Drogensequenz, d.h. über die Reihenfolge der benutzten Drogen, könnte ebenso gut im Abschnitt B über Ausmaß und Art des Drogenkonsums untergebracht werden. Die Lokalisation im Abschnitt über die Wirkungen der Drogen läßt sich jedoch ebenfalls rechtfertigen. Im Zentrum dieses Kapitels steht die Frage, welches die Einstiegsdroge ist, insbesondere, ob Cannabis der Schrittmacher für Heroin ist. Diese Frage wird nicht durch den Verweis auf pharmakologische Eigenschaften von Cannabis zu beantworten gesucht; der Umsteigeeffekt gehört, soweit er pharmakologisch begründet wird, nach SCHWARZ (1972) in den Bereich der Legende; ähnlich CHUN (1971). Gründe für einen solchen Umsteigeeffekt werden von den Befürwortern der These, Cannabis sei eine Einstiegsdroge, in der Erlebnisverarbeitung durch den Konsumenten und im sozialen Umfeld gesucht. Unter diesem Aspekt ist die Frage des Umsteigeeffekts ein Punkt, an dem sich vor allem das Problem der Erlebnisverarbeitung und der sich daraus ergebenden Konsequenzen diskutieren läßt.

Darüber hinausgehend ist dieses Thema für die schärfere Fassung der Problematik des Drogenkonsums von entscheidender Bedeutung. Sollte es richtig sein, daß Cannabis der Schrittmacher für den Gebrauch härterer Drogen, insbesondere Heroin, ist, so mögen zwar die Wirkungen von Cannabis und die dadurch möglichen Schäden an sich wissenswert sein, verlieren jedoch erheblich an Bedeutung. Das zentrale Faktum wäre dann der Übergang des Drogenkonsumenten zum Konsum härterer Drogen. Hinter der Frage nach den Eigenschaften von Cannabis stünde dann immer bereits die Frage nach den harten Drogen. Eine Entscheidung über Cannabis würde dann nicht mehr allein auf diese Droge bezogen gesehen werden, sondern ebenso die Opiate betreffen. Eine Legalisierung des Cannabis-Konsums in Kenntnis der Tatsache, daß Cannabis der Schrittmacher für die Opiate ist, käme einer Duldung des Opiatkonsums gleich. Sollte die Frage der Einstiegsdroge positiv beantwortet werden, so würde sich zwar an der pharmakologischen Eigenständigkeit von Cannabis nichts ändern, aber von der sozialen Bedeutung her würde die pharmakologische Sichtweise irrelevant und Cannabis immer in seiner starken Verflochtenheit mit den harten Drogen gesehen werden. Die politische Entscheidung über Cannabis wäre abhängig von der Haltung gegenüber diesen harten Drogen.

Die Beantwortung der Frage nach der Einstiegsdroge und den wirksamen psychologischen Mechanismen beeinflußt die konkrete Gestaltung der prophylaktischen Maßnahmen. Handelt es sich um die Beziehung zwischen Cannabis und Heroin allein, so mag man, da beides kulturfremde Drogen sind, zunächst an polizeiliche Maßnahmen und Unterbindung des Nachschubs denken. Sieht man als entscheidende Einstiegsdroge nicht Cannabis, sondern Alkohol oder Tabak, so entsteht das Problem aus unserer eigenen Kultur heraus und verweist auf unsere Einstellung zu den kulturintegrierten Drogen zurück. Hält man letztlich die Frage der Einstiegsdroge für irrelevant, weil durch zufällige Faktoren wie zeitweilige Verfügbarkeit bestimmt, und erkennt man die Frage der Drogen zuneigenden Persönlichkeit als allein entscheidend, so wird man wiederum mehr an generelle psychohygienische Maßnahmen denken müssen. Die Antwort auf die Frage nach den wesentlichen Ursachen der Drogensequenz strukturiert somit die möglichen Reaktionen auf den Drogenkonsum vor, andererseits ist es auch möglich, daß um bestimmter sozialer Maßnahmen willen eine besondere Erklärung der Drogensequenz favorisiert wird.

2. Cannabis - die Einstiegsdroge?

Die These, daß Cannabis eine Einstiegsdroge sei, daß sie der Schrittmacher für harte Droge sei, vertraten viele Autoren (BEST in "Weltgesundheit, o.D.; Encyclopaedia Britannica 1962 - sh. Artikel Drug addiction, S.678; EWING 1967; MAURER/ VOGEL 1967; ISBELL in O'CALLAGHAN 1970; P. in "Ärztl. Praxis" vom 21.3.1970; ACKERKNECHT 1971; Europarat in "Parlament" vom 25.9.1971; LEUNER 1971; BOUQUET zit. in DIECKHÖFER/GOENECHA 1972). Alle diese Autoren sind der Ansicht, daß Cannabis-Konsum die Vorstufe zum Heroin-Konsum ist. Viele Autoren erwähnten dies nur als ein Faktum, das nicht weiter hinterfragt wird, andere nannten für eine solche Progression sehr unterschiedliche Gründe.

An erster Stelle steht der Wunsch nach Wiederholung, nach Steigerung des Drogenerlebnisses oder, wenn dieses nicht in dem gewünschten Maße erfolgte, nach einem ersten "richtigen" Drogenerlebnis ohne negative Begleiterscheinungen. Einer der

Autoren, die diese These vertraten, war KIELHOLZ: "Jeder Lustgewinn und jede Form von Abhängigkeit ruft nicht nur nach Wiederholung, sondern auch nach einer Intensivierung des Lusterlebnisses. 30 Prozent der von uns untersuchten chronischen Haschischraucher begannen deshalb schon nach kurzer Zeit nach Kombinationen mit stärkerem Effekt zu suchen... Haschisch ist somit ein gefährlicher Schrittmacher und Wegbereiter für andere Süchte. So gehen ungefähr 30 Prozent der chronischen Haschischabhängigen auf andere Abhängigkeitstypen über oder werden polytoxikoman" (KIELHOLZ 1971 b, S.21). HIPPIUS (1971) vermutete, daß Cannabis ein schlechtes Rauschmittel sei, weil es unangenehme subjektive Nebenwirkungen habe und deshalb manche Jugendliche auf der Suche nach einem besseren Rauschmittel seien. KÜHNERT(1971) meinte, daß die Rauschmittelwirkung von Haschisch auf die Dauer unbefriedigend sei und den Konsumenten nach Ersatz suchen lasse. Summarisch sagte STOCKHAUSEN (o.D.): "Empfindungen der Befriedigung und der glückhaften Entrückung unterhalten das Verlangen nach Wiederholung und nach stärker wirkenden Mitteln, vor allem bei persönlichkeitsgebundenen Gefahren" (STOCKHAUSEN in "Weltgesundheit" o.D., S.2).

Bei diesen Überlegungen gingen die Autoren davon aus, daß eine Droge nicht voll befriedige, sich im Gebrauch abnutze oder aber, daß "mit dem Essen der Appetit komme". In ganz andere Richtung gehen Überlegungen, die mehr auf den sozialen Kontext zielen. SEISS (1971) sprach von dem Kollektivdruck, EDDY u.a. (1965) erinnerten daran, daß der Konsum von Cannabis zum Kontakt mit sozialen Gruppen und Subkulturen führe, in denen auch gefährlichere Drogen genommen würden; der Übergang zu diesen wäre danach nicht so sehr eine Eigenschaft der Droge, sondern der Personen, die sie benutzen. Eine andere Gefahr besteht nach ANGST (1970) darin, daß Händler, die Cannabis verkaufen, auch im Besitz von Opiaten sind. Die Verknappung von Cannabis kann dann manchen Konsumenten auf ein anderes Angebot des Händlers eingehen lassen.

SEISS (1971) erinnerte schließlich daran, daß Neugierde und die Verharmlosung der Gefährlichkeit mancher Drogen zu einem Konsum dieser Drogen verleiten könnten. Von besonderer Bedeutung mag dabei die sogenannte Verharmlosung sein, die bewußt niemals für die Opiate betrieben wurde. Es gibt wohl keine Drogengruppe, die so einheitlich als problematisch eingestuft wurde wie die der Opiate. Die Verharmlosung mag jedoch indirekt aus einer unglücklichen Gesetzgebung resultieren; besonders in den USA ist der Begriff der Narcotic Drugs zu einem Überbegriff aller bekämpften Drogen geworden und erfaßt auch die Cannabis-Produkte. Es erfolgt damit juristisch eine Gleichsetzung, die durch die Realität in keiner Weise gedeckt ist. Die Erfahrung vieler Cannabis-Konsumenten, daß Cannabis keineswegs so gefährlich ist, wie es manche "Aufklärung" darzustellen versucht, mag auch Zweifel an der Gefährlichkeit der gleich eingeschätzten Opiate wecken und zum Konsum dieser verleiten. Eine falsche Kategorien-Bildung, eine Gleichsetzung unvergleichbarer Phänomene in einer gesetzlichen Regelung mag bei manchen Konsumenten von Cannabis ein Bewußtsein der Gleichheit erzeugen, wonach dann der Übergang von Cannabis zu Opiaten ein geringer Schritt ist; eine entsprechende Befürchtung äußerte ELLGRING (1971). Die Reaktion der Öffentlichkeit mag somit erst das behauptete Verhalten bedingen und dadurch den Sachverhalt "beweisen", was man im englischen Sprachgebrauch als eine "self-fulfilling prophecy", eine sich selbst erfüllende Prophezeiung kennzeichnen würde.

In eine andere Richtung weist eine Interpretation von HARMS (1972a), der an dem Nacheffekt der Cannabis-Wirkung ansetzte. Er war der Ansicht, daß manche Konsumenten sich nach dem Abklingen der Drogenwirkung nicht wohl fühlen, daß sie traurig sind und sich von der Droge abhängig fühlen. Er knüpfte an die umstrittene These von der Toleranzwirkung an und behauptete, daß manche Konsumenten in dem Versuch, die Entzugserscheinungen zu vermeiden, dann zu Opiaten übergehen.

BACHMANN (1972) sah den Cannabis-Konsum in enger Verbindung mit der Subkultur. "Wer sich tiefer in die Subkultur verstrickt und sich deshalb nicht mehr rechtzeitig von ihr und der Droge lösen kann, greift zunächst immer häufiger zu Cannabis, dann zu anderen Drogen wie LSD, Amphetaminen und Opiaten, aber auch zu Surrogaten und endet als 'Fixer', der sich langsam aber sicher zu Tode spritzt" (BACHMANN 1972, S.233).

In die gleiche Richtung weist eine Analyse von HASSE u.a. (1971), wonach man verschiedene Stadien des Drogenkonsums unterscheiden könne. Die verschiedenen Stadien sind durch zunehmenden Drogenkonsum gekennzeichnet. Stadium I wird als die Phase der identifikatorischen Annäherung an Lebensformen und Verhaltensweisen emanzipationsbedürftiger Jugendlicher gekennzeichnet, im Stadium II ist die Schwelle der ersten Drogeneinnahme überschritten und die Orientierung zur Gruppe und Drogensubkultur nimmt zu, rituelle Aspekte überwiegen. Im Stadium III überwiegt schließlich das Fixen, das im Stadium IV durch die Angst vor den Entzugssymptomen verschärft wird. Dieses Phasenmodell betont die Ausweitung des Drogenkonsums auf mehrere auch harte Drogen und den intensivierten Gebrauch und entspricht somit der These der Einstiegsdroge. Trotz der ausdrücklichen Formulierung als Verlaufsmodell, an dem verschiedene Stufen unterschieden werden können, muß hervorgehoben werden, daß die Autoren keinen Beleg für den Verlauf vorlegen, sondern offensichtlich nur Querschnittsanalysen zu Verlaufsstudien hochstilisieren.

3. Kritische Einwände

An der These, daß Cannabis eine Einstiegsdroge sei, haben viele Autoren Kritik geübt. Nach BALL/CHAMBERS/BALL (1968) kann man zwei Methoden unterscheiden, mit deren Hilfe die Frage der Einstiegsdroge untersucht werden kann: epidemiologische Forschung und direkte Befragung von Ziel-Subjekten. Im ersten Fall vergleicht man das Ausmaß des Konsums von Cannabis mit dem von Opiaten aufgrund globaler Zahlen, im letzteren Fall befragt man z.B. Patienten nach ihrer Drogensequenz.

Die epidemiologische Forschung wurde von vielen Autoren als Argument gegen die Schrittmacherfunktion von Cannabis angeführt (z.B. LEECH/JORDAN 1968; NOWLIS 1969; IRWIN 1970; CHUN 1971). Es wird hier in der Regel auf die große Diskrepanz zwischen dem Konsum von Cannabis und dem der Opiate hingewiesen. Bezugnehmend auf die Situation in Großbritannien sagten LEECH/JORDAN: "... es ist offensichtlich, daß die meisten Marihuana-Raucher nicht auf stärkere Drogen übergehen und es ist lächerlich und unehrlich, dies zu behaupten. Die Eskalationsthese hält der Überprüfung nicht Stand. Würde Marihuana automatisch zu Heroin überleiten, müßten wir jetzt in Großbritannien viele tausend Heroinsüchtige haben, einschließlich ... eines beträchtlichen Prozentsatzes von Farbigen. Das aber ist nicht der Fall " (LEECH/JORDAN 1968, S. 34). IRWIN (1970) verwies außerdem darauf, daß in den USA der Konsum von Marihuana in den letzten fünf Jahren stark zunahm, der von Heroin jedoch nicht. In der Tat wird man sagen müssen, daß zwischen dem Konsum von Cannabis und dem der Opiate ein starkes Gefälle besteht, wie in Abschnitt B bereits gezeigt wurde. Ernsthaft wird jedoch nicht von dem Übergang aller Cannabis-Konsumenten zu härteren Drogen ausgegangen, sondern nur von einem noch genauer zu fixierenden Prozentsatz. Gleichzeitig muß man eine zeitliche Verschiebung berücksichtigen, die ebenfalls nicht exakt bestimmt ist. Will man die epidemiologischen Daten zur Prüfung der Einstiegsthese benutzen, so wird man von einer näheren Eingrenzung des Prozentsatzes der Umsteiger und einer Angabe zur zeitlichen Verschiebung ausgehen müssen. In jedem Fall dürfte ein Vergleich innerhalb des gleichen Jahres problematisch sein. Wenn SEISS (1971) als Orientierungsmaß für die These der Einstiegsdroge von fünf Prozent Umsteigern ausging, so zeigt dies, daß ein oberflächlicher Vergleich der Prozentzahlen keine geeignete Prüfung der These darstellt, aber auch, daß selbst Anhänger der Einstiegsthese von Prozentsätzen ausgehen, die beinahe schon als Widerlegung der These anzusehen sind. Mittels der epidemiologischen Forschung ist die Frage der Einstiegsdroge nur dann zu lösen, wenn von den Vertretern der These eine Zeitspanne genannt wird, innerhalb derer der Haschischkonsument auf härtere Drogen umsteigt. Aber selbst dann bleibt die Interpretation noch umstritten, was an dem entscheidenden zweiten Ansatz, der vor allem an Drogenpatienten orientiert ist, gezeigt werden kann.

In der Regel verweisen die Anhänger der Einstiegsthese auf Befragungen an Opiatkonsumenten, wonach nahezu 100 Prozent derselben Erfahrungen mit Cannabis vor oder parallel zum

Opiatkonsum hatten. Es handelt sich dabei um eine Forschungsstrategie, die an klinische Institutionen gebunden ist. Hospitalisierte Opiatkonsumenten werden nach ihrer Drogensequenz befragt. Diese Methode, Aussagen über die Drogensequenz an Opiatkonsumenten, die überdies hospitalisiert und oftmals gleichzeitig polytoxikoman sind, zu gewinnen, stieß wiederholt auf Kritik. Der Versuch, an Heroinkonsumenten zu beweisen was für Haschischkonsumenten gelten soll, ist methodisch derart naiv, daß es verwundert, solche Argumente in der Diskussion unter Wissenschaftlern immer wieder anzutreffen. Völlig zurecht sagten daher SCHMIDBAUER/v.SCHEIDT: "Der Schluß, daß Marihuana das 'Umsteigen' auf die gefährlicheren Suchtgifte induziert, ist aber bisher wissenschaftlich nicht bewiesen. Dazu genügt es nämlich nicht, im nachhinein... Heroinsüchtige zu befragen, ob sie früher auch Marihuana genommen haben, sondern man muß vorwegnehmend an einer möglichst auslesefreien Stichprobe feststellen, wie viele Marihuana-Raucher später zu Heroin greifen, und ob es nicht andere Merkmale gibt, welche die 'Umsteiger' von dem Rest der Gruppe unterschieden" (SCHMIDBAUER/v.SCHEIDT 1971, S.250). Zu einer gleich skeptischen Einschätzung der vorliegenden Berichte kam der amtliche englische Cannabis-Report (Home Office, Advisory Committee on Drug Dependence 1968); die Kommission verwies darauf, daß die Einstiegsthese nicht nur von einem korrelierenden Konsum ausgeht, sondern den Cannabis-Konsum als kausal bedingend für den Opiat-Konsum ansieht. Die übliche Argumentation kann nach der Ansicht der Kommission gerade in diesem Punkt aber nicht schlüssig sein. In der gleichen Weise übte FORT (1970 a) Kritik an der von ihm sogenannten "Trittstein-Theorie".

Man wird die methodische Kritik auf zwei Punkte konzentrieren können:
a) In der Regel beschränken sich die Forscher auf die Analyse von Heroin-Konsumenten. Nicht deren Verhalten steht jedoch zur Diskussion, sondern das des Cannabis-Konsumenten. Eine Untersuchung an einem unausgelesenen sample von Cannabis-Konsumenten wie es SCHMIDBAUER/v.SCHEIDT forderten, wäre daher die Methode der Wahl. Aber selbst dieses

Verfahren reicht nicht aus. Man wird von der Möglichkeit ausgehen müssen, daß ein Opiatkonsument zu dem Opiat auch auf direktem Wege, also ohne den Zwischenschritt über andere Drogen, oder durch die Vermittlung anderer Drogen gekommen ist. Will man also den Einfluß der spezifischen Variable Cannabis testen, so muß man von einem auslesefreien und zugegebenermaßen sehr großen sample ausgehen, in dem sowohl Cannabis-Konsumenten wie Nichtkonsumenten repräsentiert sind. Überprüft werden muß dann, ob Cannabis-Raucher in größerem Ausmaß zu Opiatkonsum übergehen als Cannabis-Abstinenzler. Man benötigt also für die Analyse eine Kontrollgruppe zu den Cannabis-Konsumenten. Ein solches Verfahren übersteigt in der Regel die Möglichkeiten einer Klinik oder einer Beratungsstelle. Die Analysen, die von solchen Stellen vorgelegt werden, sind eher als Rechenschaftsberichte einer primär fürsorgerischen, ärztlichen Betreuung anzusehen, nicht jedoch als wissenschaftliche Analysen, die bereits bei der sample-Gewinnung an der Forschungslogik orientiert waren. Die nachträgliche Aufbereitung von Krankengeschichten mag für viele Problemstellungen wichtige Erkenntnisse abwerfen, hilft jedoch in der Frage der Einstiegsdroge nicht weiter. Hier muß eindeutig der klinische Rahmen verlassen werden und zu einem sample von Cannabis-Konsumenten eine entsprechende Kontrollgruppe gesucht werden.

b) Selbst wenn ein unausgelesenes sample von Cannabis-Konsumenten einem ebenso unausgelesenen sample von Cannabis-Abstinenzlern gegenübergestellt würde, garantierte dies noch nicht eine hinreichend wissenschaftliche Überprüfung der Einstiegsfrage. Die englische Cannabis-Kommission hatte bereits darauf hingewiesen, daß es bei dieser These nicht nur um eine Assoziation, sondern um eine Kausalität geht. Es ist geradezu üblich geworden, die fehlerhafte Methodik mancher Vertreter der These, Cannabis sei die Einstiegsdroge für harten Drogenkonsum, mit dem Hinweis zu persiflieren, daß die meisten oder alle Heroinkonsumenten auch einmal Milch getrunken hätten. Wäre demnach Milch die Einstiegs-"Droge" für Heroin?

Nüchtern stellte MEYER (1972) fest, daß solche Erhebungen keinen Zusammenhang beweisen, sondern einen solchen nur behaupten. Retrospektive Studien sind hier immer in einer unglücklichen Lage, aber es wäre mittels solcher Studien zumindest möglich, die Fragestellung enger einzukreisen.

Bei dieser Eingrenzung geht es um die Frage, ob Cannabis einen entscheidenden Einfluß hat oder ob man auch andere Modedrogen, die traditionellen Drogen und schließlich eine allgemeine Haltung als entscheidend berücksichtigen müßte. Nach MEYER (1972) kann Heroin-Konsum die letzte Stufe einer Sequenz sein, die bei Cannabis begann, aber in gleicher Weise auch beim Schnüffeln von Lösungsmitteln begonnen haben kann. CHRISTIANI (1972) meinte, daß örtlich bedingt eher Weckamine und Tranquilizer am Anfang standen. Die Einbeziehung von anderen, im Falle der Weckamine und Tranquilizer gesellschaftlich umstrittenen Drogen, im Falle der Schnüffelstoffe klar abgelehnter Drogen, wird von manchen Autoren konsequent in den kulturell akzeptierten Bereich vorangetrieben. Hier stehen vor allem Tabak und Alkohol zur Disposition. So verwies NOWLIS (1969) darauf, daß Heroinsüchtige zuvor mehr Alkohol als Cannabis konsumiert haben. V. SCHEIDT (1972) hielt die Zigarette für einen wichtigen Schrittmacher, ebenso wie FORT:
" Hätte man unserer Gesellschaft nicht viele Jahrzehnte lang eingetrichtert, es sei unschädlich, notwendig und vergnüglich, sich ein getrocknetes gerolltes Pflanzenblatt in den Mund zu schieben, es anzuzünden und den dabei entstehenden giftigen Rauch in die Lungen einzuatmen, danach den Rauch wieder auszupusten und damit die Luft für andere Menschen zu verpesten - wie es beim Tabakrauchen der Fall ist - dann wäre das Cannabisrauchen heute sicherlich nicht so weit verbreitet" (FORT 1970 a, S.242). GRINSPOON (1971) verwies darauf, daß die meisten Heroinkonsumenten auch Erfahrung mit Tabak und Alkohol haben. "Wenn die Leute, die Fragen wie die obengenannte stellen, genauer nach dem Gebrauch bewußtseinsverändernder Drogen fragen würden, dann würden sie darauf stoßen, daß 95 bis 100 Prozent der Süchtigen als erste starke bewußtseinsverändernde Substanzen Alkohol und Nikotin genommen haben; und daß sie diese Drogen illegal im frühen Teen-

ageralter genommen haben, daß manche von ihnen später zu Marihuana überwechselten und einige derer, die auf Marihuana und Haschisch übergingen, sich Heroin angewöhnt haben" (FORT 1970 a, S.128).

BLOOMQUIST (1968) wandte sich gegen eine solche Nivellierung und insbesondere gegen das Milch-Argument. Bezugnehmend auf epidemiologische Ergebnisse verwies er darauf, daß zwar grob geschätzt 7 1/2 Prozent der Amerikaner mindestens einmal Cannabis konsumiert haben und von diesen wiederum zwölf Prozent zu Heroin übergingen; alle hatten Milch getrunken. Aber im Gegensatz zu den Nichtkonsumenten teilen sie den Konsum von Cannabis. "Neun von zehn Heroin-Konsumenten... benutzten zuerst Cannabis. Sie erkannten, daß Cannabis ihre Unzulänglichkeiten nicht lindern konnte und gingen über auf eine Droge, die ihre emotionalen Bedürfnisse besser befriedigte. Mit anderen Worten, obwohl alle Heroin-Konsumenten Milch tranken, galt dies nicht auch umgekehrt. Heroin-user sind alle Mitglieder der Klasse der Milch-Trinker wie auch die meisten anderen Menschen. Aber beinahe alle Heroin-user (90 Prozent) sind Mitglieder der weitaus exklusiveren Klasse der Cannabis-Konsumenten. Eine solch beachtliche Überlappung kann kaum als zufällig abgetan werden oder gleichgesetzt werden mit einer Überschneidung mit einer wesentlich größeren und weniger spezifizierten Gruppe" (BLOOMQUIST 1968, S.199). Richtig ist sicherlich, daß man nicht willkürlich auf eine weiter umfassende Kategorie ausweichen darf, richtig ist jedoch auch, daß eine solche Kritik nichts an dem wesentlichen Einwand ändert, daß eine kausale Beziehung nicht nur postuliert, sondern auch nachgewiesen werden muß. Das Problem scheint zu sein, daß manche Autoren hier die Analyse abbrechen und nicht die Voraussetzungen des Cannabis-Konsums selbst hinterfragen. Selbst wenn man von einer gesicherten signifikanten Beziehung zwischen Cannabis-Konsum und Heroin-Konsum ausgehen könnte, muß dies für die Lösung des Schrittmacherproblems nicht viel bedeuten, da man möglicherweise noch andere signifikante Beziehungen aufdecken könnte. Läßt man einmal die Statistik beiseite, so mag sich von der Wirkung der Droge her eher ein Übergang von Cannabis zu LSD vermuten lassen, da beide Dro-

gen ähnlich sind (IMLAH 1971), oder man wird eher Alkohol und
Tabak als Einstiegsdrogen ansehen, da sie auch während der
Modedrogenwelle die ersten Drogen sind, die ein Jugendlicher
probiert.

Für die Eskalation des Drogenkonsums bietet sich nun auch eine Erklärung an, die den Rahmen des aktuellen Drogenkonsums
sprengt. Jenseits des je besonderen Drogenkonsums kann man
eine allgemeine Haltung zum Drogenkonsum annehmen, wie es
z.B. ANGST/DITTRICH/WOGGON (1971) und BÄTTIG (1970) taten.
Zugrunde gelegt würde dabei eine allgemeine Disposition zum
Drogenkonsum, deren jeweilige Realisation sekundär würde.
Unterstützt wird eine solche Interpretation durch ein Ergebnis von SCHENK (1974 a), wonach Cannabis-Konsumenten auch
ein größeres Interesse an fiktiven Drogen haben. Drogenkonsum jedweder Art wäre danach eine Funktion der Persönlichkeit selbst und nicht der einer zuerst konsumierten Droge,
hier Cannabis. Sowohl die zuerst gewählte Droge, wie alle
danach folgenden Drogen würden danach vor allem wegen ihres
Drogencharakters gewählt, nicht jedoch wegen spezifischer
Eigenschaften, was außerdem den Übergang zu anderen Drogen
erleichtern könnte.

Ein solcher Ansatz erklärt für sich genommen noch nicht, warum möglicherweise eben doch eine bestimmte Droge wie z.B.
Cannabis am Beginn einer Drogenkarriere steht. Verschiedene
Autoren haben darauf verwiesen, daß die Auswahl der Droge
durch deren Verfügbarkeit bestimmt wird (LADEWIG 1971; SCHÖNHÖFER 1971; ANGST/DITTRICH/WOGGON 1971). Das Verhalten des
Individuums wird somit durch das Angebot gelenkt. Eine solche Erklärung muß nicht im Widerspruch stehen zu der These
einer zum Drogenkonsum disponierten Persönlichkeit, ist aber
auch nicht notwendigerweise auf diese bezogen. In jedem Fall
aber würde auch eine solche Interpretation die Bedeutung von
Cannabis relativieren. Zwar wird hier u.U. Cannabis eine
Schrittmacherfunktion eingeräumt, aber diese ist zufällig,
abhängig vom Marktangebot. Mit wechselnder Marktlage würde
sich dann auch ein Wechsel im Konsum ergeben. Wodurch solche
Modeströmungen bedingt sein könnten, deutete SCHÖNHÖFER (1971)

an, als er die psychische Situation der Jugendlichen zu beschreiben versuchte und von daher das Bedürfnis nach bestimmten Drogen zu erklären unternahm: "Entscheidend ist nur, ob die Droge die Beschäftigung mit den innerpersönlichen Elementen des Erlebens aktivieren kann, denn das erwartet der 'User' in dieser Situation"(SCHÖNHÖFER 1971, S.295). Aus dieser Sicht sind Cannabis und LSD die bevorzugten Drogen, wobei Cannabis als die leichter zu kontrollierende Droge größere Resonanz gefunden haben mag. Drogenkonsum ist jedoch in diesem Fall kein seltenes Ereignis, sondern ein Massenphänomen. In einer solchen Situation ist es jedoch nach FRANKE (1971) zu erwarten, daß nicht alle mit der konsumierten Droge zufrieden sind und sich auf die Suche nach besseren, potenteren Drogen begeben. Dies liegt nicht an der Droge selbst, sondern an der epidemischen Ausbreitung des Konsums. Je mehr Menschen Drogen probieren, um so mehr werden von einer bestimmten Droge enttäuscht sein und - ein bestimmtes Klima vorausgesetzt - nach besseren Drogen suchen. "Man kann das nicht gut dem Haschisch anlasten. Konsequenterweise müßte man auch sagen, Nikotin, Alkohol und natürlich die Arzneimittel in ihrer heutigen Verwendung seien 'Einstiegsdrogen'. Immer wenn eine große Zahl von Personen ein Mittel nimmt, werden Teilpopulationen davon enttäuscht sein und auf ein anderes übergehen. Die Werbung spekuliert darauf" (FRANKE 1971, S. 28).

Mag so das Problem der Einstiegsdroge als ein allgemeines Problem des Massenkonsums und eines entsprechend gesteigerten Angebots gesehen werden, so wird in einer anderen Erklärung der Akzent auf die gesellschaftliche Reaktion gelegt und die Drogenkarriere als gesellschaftlich gemacht bestimmt. In einem aufsehenerregenden Inserat in der Londoner "Times" vom 24.7.1967 stellte eine Gruppe von Cannabis-Verteidigern fest: "Das Verbot von Cannabis und nicht die Droge selbst mag zur Heroin-Abhängigkeit führen". Ausgehend von den Hearings, die 1937 zur Vorbereitung des Marijuana Tax Act in den USA abgehalten wurden, sagte FORT: "Die begrenzte Beziehung, die später zwischen diesen beiden Drogen willkürlich hergestellt wurde, scheint eindeutig ein Ergebnis der Gesetze und ihrer

Durchführung zu sein und dürfte mit den spezifischen Eigenschaften des Marihuana kaum etwas zu tun haben" (FORT 1970 a, S.127). FORT nahm dabei Bezug auf das Hearing, in dem auch ANSLINGER, der Chef des Bureau of Narcotics gehört wurde; ANSLINGER wurde in der gleichen Sache von einem Ausschuß im Jahre 1955 gehört. Vertrat ANSLINGER 1937 noch die Meinung, daß Marihuana nicht zu Opiaten hinführe, so war er 1955 mit der gleichen Überzeugung gerade entgegengesetzter Meinung. LINDESMITH wurde nicht müde, in mehreren Publikationen auf diese Schaukelpolitik des Chefs des mächtigen Bureaus of Narcotics hinzuweisen (LINDESMITH 1966, 1968 a, 1968 b). Man wird nicht ausschließen können, daß ANSLINGER durch eine veränderte Gesetzgebung, an der er mitwirkte, eine veränderte Drogenstruktur bewirkte. Sowohl Cannabis wie die Opiate werden in den Untergrund abgedrängt und die Versorgung der Konsumenten dadurch von Kriminellen übernommen, die möglicherweise beides parallel oder - je nach Marktlage - ersatzweise anbieten.

Welche Erklärung man auch immer bevorzugen mag, die Diskussion zeigte, daß das Problem komplexer Natur ist. Man wird zunächst in einer bestimmten Raum-Zeit-Koordinate feststellen müssen, ob Cannabis tatsächlich eine Einstiegsdroge ist und dabei vorerst die Analyse auf alle halb-legalen bzw. illegalen Drogen ausdehnen müssen, in einem weiteren Schritt aber auch die augenblickliche Situation und damit die gerade zu diesem Zeitpunkt wirksamen gesellschaftlichen Faktoren in die Analyse einbeziehen müssen. Es kann nicht ausgeschlossen werden, daß zu einem ganz bestimmten Zeitpunkt eine bestimmte Droge eine Einstiegsdroge ist, dies allerdings nicht auf spezifische Eigenschaften der Droge selbst zurückzuführen ist, sondern auf nichtspezifische Faktoren. Für BEST (o.D.) sind solche Überlegungen dialektische Spielereien und somit überflüssig, ja ärgerlich. Für eine wissenschaftliche Analyse ist der je besondere Fall von untergeordneter Bedeutung, Zielpunkt sind die zugrundeliegenden allgemeinen Prinzipien, von denen her der vorliegende einzelne Fall wie alle zukünftigen Fälle beschrieben und erklärt werden können. Es geht daher bei dem Streit um Haschisch nicht nur um die Frage, ob Haschisch hier

und jetzt eine Einstiegsdroge ist, sondern gleichzeitig auch
um das allgemeinere Problem, ob man sich auf eine einzelne
Droge konzentrieren darf.

4. Empirische Hinweise

Einen ersten Beleg für die Einstiegsthese mag man in der quantitativen Vorherrschaft des Konsums von Cannabis sehen. Aus dem größeren Bereich der Cannabis-Konsumenten gliedert sich nach dieser Auffassung ein kleinerer Bereich von Opiat-Konsumenten ab, der aber seine Voraussetzung in der Existenz des größeren pools hat. Auf die Vorherrschaft von Cannabis unter den Modedrogen war bereits in den Kapiteln III, 2. und V, 3. eingegangen worden. Zur Verdeutlichung sei nochmals auf einige Ergebnisse hingewiesen: Das Institut für Jugendforschung (1973 b) ermittelte in einer Befragung 1973, daß von den identifizierten jugendlichen "Drogenkonsumenten" ca. 94 Prozent Erfahrung mit Cannabis hatten, jedoch nur 17 Prozent mit Opium und 7,6 Prozent mit Heroin bzw. Morphium; eine epidemiologische Untersuchung im Schweizer Kanton Zürich ergab, daß 23,3 Prozent der Befragten Erfahrung mit Cannabis hatten, 3,1 Prozent Erfahrung mit Opiaten (ANGST/BAUMANN u.a. 1973 a); eine Untersuchung von BLACK/OWENS/WOLFF (1970) an amerikanischen Soldaten ergab, daß 23 Prozent Erfahrung mit Marihuana, jedoch nur 1,6 Prozent Erfahrung mit Heroin hatten. Diese Daten, die in beliebiger Weise durch andere Untersuchungen ergänzt werden könnten, zeigen die Vormachtstellung von Cannabis. Folgt aber aus solchen Daten allein , daß Heroin-Konsum eine Folge von Cannabis-Konsum ist? Man wird gezieltere Argumente erwarten dürfen.

Eine Analyse von FISHER/BRICKMAN (1973) an einem freilich nicht repräsentativen sample zeigte einen Zusammenhang zwischen Cannabis-Konsum und Konsum von Narkotika. Eine Untersuchung von GOODE (1969 a) ergab, daß 41 Prozent der Marihuana-Konsumenten Erfahrung mit Opium, 27 Prozent Erfahrung mit Heroin hatten. Dieses Ergebnis wird man aber in Abhängigkeit von der Intensität des Marihuana-Konsums sehen müssen.

Der Konsum von Drogen neben Marihuana stieg mit dem Ausmaß des Konsums von Marihuana. Ein ähnliches Ergebnis erbrachte eine Untersuchung von WOLFF/NETZ/LILIEBLAD (1969) an schwedischen Musterungspflichtigen; danach ergab sich eine Korrelation zwischen Fixen und Ausmaß des Cannabis-Konsums. BÄTTIG (1970) konnte zeigen, daß Cannabis-Konsum beinahe mit dem Konsum aller anderen Drogen korrelierte, also auch mit dem der Opiate.

Fraglich ist jedoch, ob es sich um eine herausgehobene Beziehung zwischen Cannabis-Konsum und Konsum von Opiaten handelt. Die bereits erwähnte Untersuchung von BÄTTIG ergab, daß der stärkste Zusammenhang zwischen Cannabis-Konsum und Konsum von Weckaminen bestand. Eine Studie von MIZNER/BARTER/WERME (1970) zeigte ebenfalls eine erhebliche Beziehung zwischen Cannabis- und Amphetamin-Konsum. In dieser Untersuchung waren allerdings die Opiate unberücksichtigt geblieben.

Korrelative Studien zeigen nur bereits bestehende Beziehungen auf. Dehnt man solche Analysen auch auf die traditionellen Drogen aus, so zeigt sich, daß Cannabis-Konsum nicht nur mit Opiat-Konsum, sondern auch mit dem Konsum traditioneller Drogen korreliert. HASLETON (1971), SMART/FEJER (1973), WEIDMANN/LADEWIG u.a. (1973), ANGST/BAUMANN u.a. (1973 b), JASINSKY (1973) fanden übereinstimmend, daß sogenannte Drogenkonsumenten auch einen höheren Konsum an Tabak und Alkohol hatten bzw. bereits häufiger betrunken waren als Nichtkonsumenten von Drogen wie Cannabis, Halluzinogenen, Opiaten etc. Diese Zusammenhänge sind allerdings schwierig zu interpretieren. Nimmt man sie für sich, so zeigen sie zunächst einen Zusammenhang zwischen dem Konsum von traditionellen und illegalen Drogen. Dieses Ergebnis ist dann bedeutsam, wenn man ernsthaft die Möglichkeit einer fehlenden Beziehung in Betracht zieht. In der Tat gab es einen Zeitraum, wo der Konsum von Cannabis und Halluzinogenen eine Alternative zum Konsum traditioneller Drogen war; die neuere Entwicklung läßt eine solche kategoriale Trennung nicht mehr erkennen. "Die noch vor zwei Jahren feststellbare ... untermauerte Trennungslinie zwischen Jugendlichen, deren - z.T. exzessiv konsumierte Drogenart ausschließlich

der Alkohol war..., und solchen Jugendlichen, die Alkohol so
gut wie nie trinken, dafür aber illegale Rauschmittel konsumierten... besteht heute mit Sicherheit nicht mehr - zumindest nicht mehr in nennenswertem Umfang" (JASINSKY 1973, S.64)
Geht man nicht von der Vermutung einer fehlenden Beziehung
aus, so ist die Höhe der Korrelation und darüber hinaus der
Vergleich mit anderen Beziehungen entscheidend. Ein wichtiges
Hilfsmittel ist hier die Faktorenanalyse.

Faktorenanalytische Studien des Drogenkonsums wurden von LOMBILLO/HAIN (1972), BLUM (1970) und SCHENK (1975a) vorgelegt.
LOMBILLO/HAIN kamen in einer Untersuchung an Schülern einer
Oberschule in Florida zur Unterscheidung von zwei Dimensionen. Danach bildeten Marihuana und die Halluzinogene eine
Dimension, die Amphetamine, Barbiturate, Opiate, Schnüffelstoffe und teilweise wiederum die Halluzinogene eine zweite
Dimension. Dieses Ergebnis stimmt nicht mit dem Resultat überein, zu dem BLUM in seiner Studie an Studenten kam. Er unterschied vier Faktoren, die man ganz grob so kennzeichnen könnte: traditionelle Drogen, weiter verbreitete Modedrogen, Beruhigungsmittel und seltener gebrauchte Drogen. Marihuana bildete mit den Halluzinogenen den Faktor "weiter verbreitete
Modedrogen". Dieser Unterschied erklärt sich teilweise durch
die Anzahl der aufgenommenen Drogen (BLUM hatte auch die traditionellen Drogen einbezogen), möglicherweise aber auch durch
den Unterschied Schüler zu Studenten. Unabhängig von den erheblichen Diskrepanzen zeigen beide Untersuchungen den Wert
von faktorenanalytischen Studien. Es ist mittels dieses Verfahrens möglich, innerhalb der konsumierten Drogen Clusters
zu bilden, also nicht nur einzelne Korrelationen zu berücksichtigen, sondern im Insgesamt der Beziehungen Strukturen
herauszuarbeiten. Nach der Studie von BLUM wäre es danach so,
daß man bezüglich der Drogenkonsumgewohnheiten verschiedene
Drogengruppen unterscheiden muß und Marihuana am stärksten
mit den (wirkungsähnlichen) Halluzinogenen assoziiert ist.
Zu einem geringeren Teil ist Marihuana auch mit dem Konsum
von Opiaten assoziiert. Nach LOMBILLO/HAIN ergäbe sich hingegen eine schärfere Gegenüberstellung zwischen den am häufigsten konsumierten Modedrogen Marihuana und Halluzinogenen ge-

gen den Rest der Drogen mit Ausnahme der unberücksichtigten traditionellen Drogen.

Für die BRD liegt eine Studie von SCHENK (1975a)vor, die an frisch eingezogenen Rekruten der Bundeswehr durchgeführt wurde. Die Rekruten wurden kurz nach der Einberufung nach ihren Drogenkonsumgewohnheiten befragt, die Antworten spiegeln also das bürgerliche Konsumverhalten der jungen Männer wider. Das sample von ca. 4 500 Befragten, repräsentativ für die Einberufenen, wurde nach Zufall in zwei Teilstichproben unterteilt, deren Ergebnisse miteinander auf Ähnlichkeit verglichen wurden. Der Scree-Test legte eine fünf-Faktoren-Lösung nahe, die Lösungen für die beiden Teilstichproben korrelierten mit R = .986, wonach die beiden Ergebnisse als sehr ähnlich angesehen werden können. Die Drogenkonsumstruktur ist sehr stabil. Tabelle 11 gibt die Ergebnisse für Teilstichprobe A wieder.

Tabelle 11. Faktorenanalyse Drogenkonsum junge Männer BRD, Teilstichprobe A

Stoff	Faktor					
	I	II	III	IV	V	h^2
Zigarette		-.59				.39
Bier		-.57				.38
Wein			.57			.34
hochproz.Alk.		-.46	.50			.46
Cannabis	-.60				.38	.55
Halluzinogene	-.86					.80
Opiate	-.61					.40
Schlafmittel				.63		.43
Beruhigungsm.				.44	.36	.34
Weckmittel					.59	.39
Fixen					.45	.31

aufgeführt wurden nur die Ladungen über .35

Man kann danach folgende Dimensionen des Konsums unterscheiden: Modedrogen repräsentiert durch Cannabis, Halluzinogene

und Opiate; gewöhnlicher Traditions-Drogenkonsum definiert
durch Zigaretten, Bier und hochprozentige alkoholische Getränke; halbmedizinische Drogen, bestimmt durch Schlafmittel
und Beruhigungsmittel; Alkohol im engeren Sinne repräsentiert durch Wein und hochprozentigen Alkohol; schließlich
den Stimulationsfaktor, der recht heterogen ist und neben
den Weckmitteln, Fixen, Haschisch und Beruhigungsmittel einschließt.

Nach dem Scree-Test wäre auch eine vier-Faktoren-Lösung vertretbar. In diesem Fall fielen die Faktoren III und V zu einem gemeinsamen Faktor zusammen; Cannabis lädt dann im wesentlichen nur auf dem Faktor Modedrogen. Cannabis-Konsum
ist danach stärker mit dem Konsum von Halluzinogenen und
Opiaten assoziiert als z.B. mit dem der traditionellen Drogen. Cannabis-Konsum kann zwar nicht vollkommen dem Faktor
Modedrogen zugeordnet werden, ist jedoch deutlich in diesem
Zusammenhang zu sehen.

Das vorliegende Ergebnis stimmt bis auf zwei Punkte sehr genau mit dem Resultat von BLUM überein. BLUM wählte durchgehend eine pharmakologische Klassifizierung, während die Aufgliederung der alkoholischen Getränke bei SCHENK zu einer
deutlichen und notwendigen Differenzierung bei diesen führt.
Bei den Konsumgewohnheiten gibt es keine Dimension "Alkohol".
Der zweite Punkt betrifft die Stellung der Opiate, die deutlich diskrepant ist. In der BRD werden diese deutlich den
Modedrogen Cannabis und Halluzinogene zugeordnet, in den USA
mehr mit den Weckmitteln assoziiert. Da jedoch - vergleichbar dem deutschen Ergebnis - Marihuana auch zusätzlich auf
diesem Faktor lädt, kommt also auch BLUM zu einer Assoziation zwischen Cannabis und Opiaten, die allerdings weniger
deutlich ist als bei der bundesrepublikanischen Studie. Man
sollte aber letztlich solche faktorenanalytische Studien
nicht als Argument für die Einstiegsthese benutzen, da hier
nur Zusammenhänge, aber keine kausalen Abhängigkeiten aufgezeigt werden. Hier haben sie ihren Wert und können der
Drogenforschung neue Perspektiven eröffnen.

Einen Hinweis für die Lösung der Frage nach der Einstiegsdroge darf man eher erwarten, wenn man retrospektiv die zuerst konsumierte Droge erforscht. NORDALM (o.D.) kam in seiner Untersuchung an Dortmunder Schülern zu dem klaren Ergebnis, daß beinahe 90 Prozent der Drogenkonsumenten ihren Drogenkonsum mit Haschisch begannen; analog gelangten WEIDMANN/LADEWIG u.a. (1973) zu der Erkenntnis, daß bei Basler Schülern in der Regel der Konsum illegaler Drogen mit Cannabis begann (82 Prozent der Konsumenten begannen mit Cannabis). In der Tendenz zu ähnlichen Ergebnissen kamen GOSTOMZYK u.a. (1973). Die Problematik solcher Aussagen kann man durch eine Befragung von BURCHARD (zit. in LEUNER 1971) sichtbar machen. Die Untersuchung an Konsumenten ergab, daß Haschisch im Vergleich zu LSD und den Opiaten in der zeitlichen Reihenfolge des Konsums zwar deutlich vorn liegt, aber diese Priorität geht bei den Weckmitteln bereits verloren und im Vergleich mit Alkohol ergibt sich sogar eine eindeutige Führung dieser traditionellen Droge. Bezieht man die traditionellen Drogen mit ein, - was in der Regel nicht geschieht - so darf man vermuten, daß die erstkonsumierte Droge immer eine traditionelle Droge sein wird und nicht eine Modedroge.

Man könnte nun der Argumentation von BLOOMQUIST (1968) folgen und den Konsum traditioneller Drogen für die Ausbildung einer Sequenz des Modedrogenkonsums für irrelevant halten. Cannabis käme dann als konsumierte Droge zwar erst nach Alkohol und Tabak, aber innerhalb der Gruppe der kulturell teilweise oder ganz abgelehnten Drogen wäre es doch die erste Droge. Der Anstieg des Heroin-Konsums hätte dann seine Ursache im Anstieg des Cannabis-Konsums. Sieht man einmal von den bereits erwähnten Problemen der präzisen Formulierung der Hypothese ab, so deutete eine Befragung in San Mateo, Kalifornien, die jedes Jahr seit 1968 wiederholt wurde, darauf hin, daß dem Anstieg des Marihuana-Konsums ein Anstieg des Alkohol-Konsums parallel geht und man daher den Konsumanstieg bei anderen Drogen nicht ohne weiteres auf Cannabis-Konsum zurückführen darf. Zur Illustration seien die Zahlen für die älteren Schüler (senior high school) wiedergegeben. Zehnmaligen Konsum von alkoholischen Getränken gaben 1968 25,4 Prozent der Befragten an, 1972 sind es 49,1 Prozent, die Rate hat sich also verdoppelt. Marihuana-Konsum gaben 1968 17,5 Prozent an, 1972 sind es 34,5 Prozent, die Rate hat sich ebenfalls verdoppelt. Die Zunahme für andere Drogen liegt deutlich niedriger (sh. Drugs and Drug Abuse Education Newsletter 1973, Heft 4, S.4). Man wird sicherlich nicht den Schluß ziehen dürfen, daß damit die These von der Einstiegsdroge widerlegt sei; aber diese Fakten zeigen doch, daß das Problem komplexer ist als manche es wahrhaben wollen.

Dies wird deutlich, wenn man bedenkt, daß die meisten, die Cannabis probierten, entweder den Modedrogenkonsum wieder ganz einstellten oder bei Cannabis allein blieben (Hess.Kultusminister/Hess.Sozialminister o.D.; SCHWARZ 1972; GOSTOMZYK u.a. 1973; JASINSKY 1973). Verdeutlicht wird das durch die Auswertung einer repräsentativen Befragung musterungspflichtiger junger Männer im Kanton Zürich, die mittels der LIENERT'SCHEN Konfigurationsfrequenzanalyse erfolgte. Unter Einbeziehung von klinisch-psychiatrischen Überlegungen kamen die Autoren zu einer Unterscheidung der Drogenkonsumenten in sieben Gruppen, wobei die reinen Cannabis-Konsumenten mit 52,1 Prozent in weitem Abstand vor allen anderen Kombinationen führten, gefolgt mit 20,8 Prozent von den Cannabis/Halluzinogen-Konsumenten. Zusammen repräsentieren diese beiden Gruppen ca. drei Viertel aller Konsumenten (sh. MÜLLER/RUPPEN u.a. 1972). Eine Untersuchung von BAUMANN u.a. (1973a)an gleichaltrigen Frauen des Kantons Zürich bestätigte in der Tendenz die Vorherrschaft von Cannabis. 58 Prozent der Konsumentinnen waren reine Cannabis-Konsumentinnen, weitere 10,4 Prozent nahmen nur Cannabis und Halluzinogene. Zwei Drittel der Befragten kamen somit nicht über die im weiteren Sinne halluzinogenen Drogen hinaus. In beide Analysen wurden jedoch die traditionellen Drogen nicht aufgenommen.

Man wird solche Untersuchungen als Bestandsaufnahme einer bestimmten Situation verstehen müssen, die durch die Vorherrschaft von Cannabis unter den Modedrogen gekennzeichnet ist. Es ist daher von vornherein zu erwarten, daß Drogenkonsumenten auch einmal Cannabis probiert haben und Cannabis daher in vielen Kombinationen auftauchen wird. Man kann daraus keine besonderen Eigenschaften von Cannabis ableiten. Erst der Vergleich mit anderen Drogen zeigt , ob Drogenkonsumenten, die ihren Drogenkonsum bei Cannabis beginnen, eine profiliertere Drogenkarriere haben als Konsumenten, die mit einer anderen Droge beginnen. Für die Überprüfung dieser These ist Schweden besonders geeignet, da hier der Einfluß von Cannabis nicht so dominant ist wie in anderen Ländern. Schweden ist ein Land, das vor jeder Modedrogenwelle sich durch einen ausgeprägten Konsum von zentral stimulierenden Drogen auszeichnete (sh. GOLDBERG 1968), ein Vergleich dieser Drogengruppe mit Cannabis liegt daher nahe. Die schwedische Untersuchung an Musterungspflichtigen ergab, daß Drogenkonsumenten, die als erste Droge zentral stimulierende Mittel (Preludin, Ritalin) nahmen, nicht nur deutlich häufiger auch einmal gefixt haben im Vergleich zu Cannabis-Konsumenten (37,2 Prozent zu 7,1 Prozent), sondern daß sie dies auch intensiver taten, zu mehrmaligem Konsum tendierten (sh. WOLFF/NETZ/ LILIEBLAD 1969). Es scheint die Schlußfolgerung gerechtfertigt, daß Konsumenten, die mit Zentralstimulantien beginnen, stärker zum Fixen übergehen als dies Cannabis-Konsumenten tun. SCHWARZ (1972), der in ähnlicher Weise Cannabis mit den Weckmitteln verglich, konnte zeigen, daß die Wahrscheinlichkeit des Übergangs auf "härtere" Drogen für Cannabis (13,2 Prozent) und die Weckamine (12,5 Prozent) gleich groß ist. Einerseits mögen kulturelle Unterschiede ein solches Ergebnis bedingen, andererseits nahm SCHWARZ in die Gruppe der härteren Drogen auch die Halluzinogene auf, eine Zuordnung, die gerade für die Frage der Progression höchst problematisch ist und Unterschiede verwischen könnte. Cannabis und LSD sind nicht nur von ihrer Wirkungsmöglichkeit, sondern auch von der Art, in der man den Konsum handhaben muß, deutlich zu trennen von den Opiaten. Wenn man die Progression diskutiert, so meint man eigentlich den Konsum von Opiaten oder den harten Gebrauch von Drogen, das Fixen.

Eine einfache Antwort auf die Frage, ob Cannabis eine Einstiegsdroge sei, wird man gegenwärtig nicht geben können. Sicher ist, daß die Befürworter dieser These es sich in der Ar-

gumentation oftmals zu leicht gemacht haben, entscheidende
Elemente der Hypothese im vagen ließen; aber dies allein widerlegt die These nicht. Eine Beziehung zwischen Marihuana-
Konsum und Konsum von Opiaten scheint zu bestehen; sie hält
sich jedoch in Grenzen. Die bereits erwähnte Studie an frisch
eingezogenen Rekruten ergab eine Korrelation zwischen dem
Konsum beider Drogen von ca. 0.35, was eine gemeinsame Varianz von 10 Prozent bedeutet. Man mag eine solche signifikante Korrelation als Bestätigung der Einstiegsthese ansehen,
kann dabei jedoch nicht übersehen, daß 90 Prozent der Varianz
dadurch nicht erklärt sind. Legt man den Akzent mehr auf die
unerklärte Varianz, so wird man den Zusammenhang zwischen Cannabis und Opiaten zwar als signifikant, jedoch als nur begrenzt bedeutsam ansehen. Es ist eine Frage der eigenen Entscheidung, ob man eine gemeinsame erklärte Varianz von 10 Prozent als einen hinreichend hohen Wert ansehen will. Die erwähnte faktorenanalytische Studie zeigte jedoch gleichzeitig,
daß Cannabis-Konsum nicht nur dem Faktor Modedrogen-Konsum,
sondern zusätzlich auch dem Stimulationsfaktor zuzuordnen
ist, es also falsch wäre, Cannabis nur in Beziehung zu den
Opiaten zu definieren.

Korrelationen sagen nichts über kausale Zusammenhänge aus,
aber sie können zur Eingrenzung des Problems herangezogen werden. Wenn nur in 10 Prozent der Fälle ein Zusammenhang zwischen Cannabis-Konsum und solchem von Opiaten besteht, so
kann Cannabis nur in maximal 10 Prozent der Fälle zum Übergang zu harten Drogen hinführen. Alle Zahlen über diejenigen,
die nur Cannabis konsumierten, bestätigen, daß nur für eine
Minderheit von Cannabis-Konsumenten die Frage diskutiert werden kann, ob Cannabis zum Konsum von harten Drogen hinführt.
Positiv formuliert: Nach den vorliegenden Daten wird man sagen können, daß der Übergang des Cannabis-Konsumenten zu harten Drogen die Ausnahme ist. Dieses Ergebnis sollte zunächst
für eine gewisse Beruhigung der Atmosphäre sorgen, ist aber
nicht die entscheidende Antwort. Der Kern der wissenschaftlich formulierten Einstiegshypothese ist die Frage, ob Cannabis-Konsum überzufällig zum Konsum anderer, härterer Drogen
führt. Man wird daher nicht nur Cannabis-Konsumenten studie-

ren, sondern muß die Analyse im gleichen Sinne auch auf die
Konsumenten anderer Drogen ausdehnen. Hier zeigte die schwedische Untersuchung, daß man den zentral stimulierenden Mitteln besondere Aufmerksamkeit zuwenden muß, da deren Konsumenten häufiger als die von Cannabis zu Opiaten übergehen.
Solche Fragestellungen sind aber gerade in der Bundesrepublik
schwer überprüfbar. Beschränkt man sich einmal auf junge Menschen, so ist der Konsum anderer nicht-traditioneller Drogen
neben Cannabis gering. Versucht man dann noch Pbn zu definieren, die z.B. ihren illegalen Drogenkonsum mit einer anderen
Droge als Cannabis begannen, so zeigen sich bereits die Schwierigkeiten vor denen die Forscher stehen. Die bereits erwähnte
Bundeswehr-Untersuchung von SCHENK (1974c) ergab, daß ca. zwei
Drittel der Konsumenten nicht-traditioneller Drogen mit Cannabis begannen und nur ein Sechzehntel mit Weckmitteln. Bei
einer Gesamtzahl von 4 500 Pbn verbleiben ca. 50 Drogenkonsumenten, die neben traditionellen Drogen als erstes Weckmittel
probierten. Dies sind recht geringe Zahlen für weitergehende
differenzierende Analysen. Man wird davon ausgehen müssen,
daß in den meisten westlichen Ländern Konsum illegaler Drogen
zunächst Konsum von Cannabis ist, und daß Cannabis allein aufgrund dieser zahlenmäßigen Überlegenheit in vielen Drogenkombinationen vertreten sein wird. Nicht dies ist der Inhalt der
These von der Einstiegsdroge. Will man jedoch ernsthaft der
Frage nachgehen, ob Cannabis-Konsumenten stärker als andere
zum Konsum harter Drogen bzw. hartem Konsum von Drogen tendieren, so muß man dazu offensichtlich Stichprobengrößen haben, die über 5 000 Pbn liegen. Der dazu notwendige technische
Aufwand erklärt, warum viele Forscher teilweise weit unter
diesen Zahlen blieben und damit diese Fragestellung nicht weiter prüfen konnten. Studien an Drogenkonsumenten allein, möglicherweise an hospitalisierten Heroinkonsumenten, scheitern
an dem Problem der Konstruktion einer Kontrollgruppe - so
überhaupt der Versuch unternommen wird.

Wollte man den jetzigen Wissensstand zusammenfassen, so wird
man die Lücken unseres Wissens nicht übersehen dürfen. Tendenziell scheint es jedoch so zu sein, daß ein Zusammenhang
zwischen Cannabis-Konsum und Konsum von Opiaten besteht. Mög-

licherweise besteht allerdings ein engerer Zusammenhang des
Konsums von Opiaten zu anderen Drogen wie z.B. zu den Weckmitteln. Man wird die Analyse auf andere Drogen ausdehnen müssen, kommt damit aber nicht an dem Tatbestand vorbei, daß in
der BRD und vielen anderen westlichen Ländern illegaler Drogenkonsum eindeutig Konsum von Cannabis ist und sich die Folgen des Konsums anderer Drogen schlecht abbilden können.

Der Zusammenhang zwischen Cannabis-Konsum und Konsum von Opiaten ist zwar signifikant, aber nicht allzu hoch. Für die überwältigende Mehrheit der Cannabis-Konsumenten gilt, daß sie keine Progression zu harten Drogen zeigt. Auf der Grundlage unseres jetzigen, vorläufigen Wissens besteht kein Grund, eine enge Verbindung zwischen dem Konsum der beiden Drogenarten anzunehmen. Die bestehende Beziehung mag im übrigen nicht auf die
individuelle Erlebnisverarbeitung der einzelnen Drogen zurückgeführt werden, sondern ist vielleicht das Ergebnis eines sozialen Klassifikationsprozesses, der zu einer Gleichsetzung
von Cannabis und Opiaten führt oder dies nahelegt. Der gegenwärtige Wissensstand läßt keine eindeutige Aussage zu; man
wird für die Zukunft eine präzisere Hypothesenbildung unter
Einbeziehung der größeren sozialen und gesellschaftlichen Zusammenhänge sowie eine größer angelegte Forschung fordern müssen.

Kapitel XIV. Anmerkungen zu einer Theorie der Abhängigkeit

1. Die orthodoxe Darstellungsweise

Die herkömmliche Sichtweise ist bestimmt durch den pharmakologischen Ansatz, eine Richtung, die stark von den Expertengruppen der WHO vertreten wurde und großen Einfluß hat. Der
zentrale Punkt dieser Betrachtungsweise ist die wesentliche
Orientierung an der Droge; ein solcher dominant eindimensionaler Standpunkt - andere Aspekte neben der Substanz selbst

sind sekundär - erlaubt eine tabellarische Darstellung (PET/
BALL 1968; JONES/SHAINBERG/BYER 1969; Broschüre der USAREUR
1971; Senate Select Committee 1971; SOLMS 1971; KRAMER/CAME-
RON 1975). In der Regel stimmten die Autoren bei den Fragen
zur psychischen und physischen Abhängigkeit und dem Problem
der Toleranzentwicklung sehr überein, eine Übereinstimmung,
die möglicherweise durch die entscheidende Beschreibung der
WHO-Expertengruppe (1964) geprägt ist. Tabelle 12 gibt die
typische Form dieser Darstellungsweise wieder.

Tabelle 12. Physische und psychische Abhängigkeit und Toleranzentwicklung für verschiedene Drogen

Substanz	physische Abhängigkeit	psychische Abhängigkeit	Toleranz
Cannabis	−	+	−
LSD	−	−	+
Heroin	+	+	+
Alkohol	+	+	+
Barbiturate	+	+	+
Amphetamine	−	+	+

In Teilbereichen vertraten einzelne Autoren abweichende Meinungen; so tritt nach SOLMS (1971) bei LSD doch eine psychische Abhängigkeit ein, nach KRAMER/CAMERON (1975) bei Cannabis vielleicht eine Toleranzentwicklung. Die Probleme einer solchen Darstellung werden deutlich, wenn man sich die Beurteilung der psychischen Abhängigkeit bei FORT (1970a) ansieht. Im Gegensatz zu anderen Autoren, die nur zwischen Vorhandensein und Nichtvorhandensein trennten, werden hier verschiedene Grade der Abhängigkeit unterschieden (minimal, gemäßigt, stark). Einen ähnlichen Differenzierungsversuch unternahmen KRAMER/CAMERON in dem von der WHO herausgegebenen Manual on Drug Dependence (1975). Sie sprachen z.B. beim Alkohol von einer leichten bis intensiven psychischen Abhängigkeit, ebenso bei Cannabis, jedoch bei den Opiaten nur von einer starken Abhängigkeit.

KRAMER/CAMERON versuchten damit dem Umstand Rechnung zu tragen, daß bei verschiedenen Substanzen das Ausmaß der psychischen Abhängigkeit stark variieren kann. Ist diese Variation die Folge einer unerklärlichen oder unberücksichtigten Qualitätsschwankung der konsumierten Droge und damit ein Attribut dieser Droge oder ist sie auf Faktoren zurückzuführen, die außerhalb der Droge liegen (Persönlichkeit des Konsumenten, Erwartungen, Umgebung)? Die bisherige Darstellung in den zurückliegenden Kapiteln spricht eindeutig für letztere Möglichkeit; die wesentlichen Argumente für diese Lösung und gegen den orthodoxen Ansatz der WHO seien im folgenden nochmals zusammengefaßt.

2. Kritik des orthodoxen Ansatzes

a) Variation der Reaktionen

Es ist zwar möglich, unterschiedliche Reaktionen auf unterschiedliche Qualitäten der Droge selbst zurückzuführen (Beispiel Cannabis, das sich verändert, aber auch alle illegalen Drogen, deren Zusammensetzung nicht überprüft ist), aber es scheint doch so zu sein, daß bestimmte Verarbeitungsweisen von Drogenerlebnissen zu wenig bekannt und damit das Problem zu wenig bewußt wurde. Nicht jeder regelmäßige Opiatkonsum im weitesten Sinne führt zur Abhängigkeit, nicht jeder regelmäßige Cannabis-Konsum zu einer Persönlichkeitsdepravation. Manche LSD-Reise wird zu einem bad trip, zu einem angstvollen Erlebnis, aber manche LSD-Konsumenten hatten, auch nach der Meinung von Wissenschaftlern, durchaus einen Gewinn von ihrem Drogenkonsum. Die Variation von beglückender, konstruktiver Erfahrung bis hin zur Vernichtung der eigenen Identität und dem Versanden aller Interessen und Bedürfnisse scheint zu groß zu sein, um dies alles auf die Eigenschaft der Droge selbst zurückführen zu können. Wie ist es möglich, daß die gleiche Substanz einmal ein Gefühl grenzenlosen Glücks, ein andermal das einer panischen Angst hervorruft? Zu groß erscheint eine solche Variation, als daß man sie ohne Berücksichtigung anderer Variablen erklären könnte.

b) Veränderung, nicht Neuschaffung

Nach der vorherrschenden Meinung schafft die Droge keine gänzlich neuen Beziehungen, sondern modifiziert nur die bestehenden. Sie setzt an der vorliegenden Struktur des Konsumenten an, verändert zwar dessen Erleben und Lebensbezug, aber schafft keinen radikal anderen. Wer unausgeglichen war, wird nicht durch die Droge allein wieder ausgeglichen, sexuelle Störungen werden durch das Rauchen eines joints nicht automatisch behoben. Die Droge hat keine "Persönlichkeitseigenschaften", diese hat nur der Mensch selbst. Man kann nicht durch die Einnahme einer Droge zu einem anderen Menschen werden, aber es können dadurch Tendenzen verstärkt werden, die unter "normalen" Bedingungen kontrolliert oder vielleicht sogar verdrängt waren. Dies mag dann u.U. dazu führen, daß ein ansonsten leidlich Angepaßter unter Drogeneinfluß in Panik gerät, weil die herkömmlichen kontrollierenden und unterdrückenden Mechanismen versagen.

c) Persönlichkeitsspezifische Wirkung

Man kann verschiedene Typen von Drogenkonsumenten unterscheiden, Typen, die vor allem durch ihre Motivation unterschieden werden können. Eine solche Typologie versuchte HARMS (1972b). HARMS unterschied drei Formen der Cannabis-Abhängigkeit: der Erlebnisabhängige, der ab und zu einen "trip" braucht, der Sozialabhängige, der dadurch seine Zugehörigkeit zu einer Gruppe sichert, der Süchtige, der sich nur wohl fühlt, wenn er unter Cannabis-Einfluß steht. Bei dieser Typologie, deren Wahrheitsgehalt hier nicht überprüft werden soll, kommen so stark motivationale Aspekte herein, daß eine Zusammenfassung unter dem Stichwort "Cannabis-Abhängigkeit", selbst wenn verschiedene Grade differenziert werden sollten, kaum mehr möglich ist. Der Akzent liegt eindeutig auf dem Individuum und dessen Motiven. Eine gleichstarke Abhängigkeit kann sehr unterschiedlich motiviert sein und dies muß seinen adäquaten Ausdruck finden können. Adäquat wäre aber nur eine Form, die die wesentlichen Faktoren der Abhängig-

keit verbalisiert und dazu gehörte danach die Persönlichkeit
des Konsumenten und dessen Motive.

d) Situationsspezifische Wirkung

Vertraut man den Verteidigern des Konsums von Cannabis und
LSD, so spielt die richtige Einstellung und die richtige Wahl
der Umgebung eine wichtige Rolle. Wer unvorbereitet eine Droge nimmt, wer sie in einer spannungsgeladenen, unsicheren
Situation nimmt, läuft immer Gefahr, einen "bad trip" zu erleben. Nach LEARY muß der LSD-Konsument sich auf seinen Trip
vorbereiten, sowohl innerlich wie äußerlich. Er muß sich geistig einstimmen und eine geborgene Atmosphäre suchen.

Sollten diese Erkenntnisse gültig sein, so ist es falsch, von
"der" Drogenwirkung zu sprechen, selbst wenn man dies auf
eine bestimmte Substanz einschränkt. Es gibt weder "die" Cannabis-Wirkung noch gibt es "die" Heroin-Wirkung. Das amerikanische Special Office for Drug Abuse Prevention zog die Konsequenzen und gab für alle von der US-Regierung unterstützten Drogenvorbeugungsprogramme neue Richtlinien heraus, wo
u.a. festgestellt wurde, daß in Zukunft solche Aussagen wie
"Der Konsum von Droge X ruft niemals Zustand Y hervor" unerwünscht sind (sh. Drugs and Drug Abuse Education Newsletter
1974). Die Wirkungen einer bestimmten Droge werden nicht mehr
nur durch sie selbst bestimmt, sind nicht eng eingrenzbar,
sondern sind das Resultat einer Vielzahl von Bedingungen, die
es im Grundansatz deutlich zu machen gilt. Es genügt nicht,
die häufigste Wirkung festzustellen, sondern es ist nötig,
die verschiedenen Wirkungen als das Zusammenspiel verschiedener Faktoren zu verstehen. Dies ist auch für den Konsum
der Opiate notwendig, wo eine bestimmte Verarbeitungsmöglichkeit klar zu dominieren scheint. Es mag sich dabei um eine
selektive, auf das Pathologische hin orientierte Sichtweise
der Wissenschaftler handeln, die bestimmte Phänomene besonders herausheben; es kann jedoch ebenso sein, daß in unserer
Kultur diese Form der Verarbeitung der Opiatwirkung tatsächlich so eindeutig vorherrscht. Falsch ist es jedoch in jedem

Fall, in einer wissenschaftlichen Darstellung nur die mehrheitliche Reaktion darzustellen und die seltenere Reaktion zu vernachlässigen. Eine solche Vorgehensweise erzeugt den Eindruck einer eindeutigen, zwangsläufigen, individuumslosgelösten Wirkung der Droge. Eine Darstellungsweise, die ausschließlich sich an der Droge selbst orientiert, kann nur immer zu einer Beschreibung der Droge führen. Läßt man alle einschränkenden Begriffe beiseite wie "exzessiver Konsum", "mißbräuchlicher Konsum" etc. und versucht man den Drogenkonsum in seiner größten Breite zu erfassen, so bewirkt keine Droge automatisch eine physische oder psychische Abhängigkeit. Selbst für die im Augenblick als die wohl gefährlichste Droge eingestufte Substanz Heroin wird kein Fachmann ernsthaft die These vertreten, daß einmaliger Konsum bereits notwendigerweise abhängig macht. Es wird stillschweigend eine bestimmte Form des Umgangs, eine gewisse Intensität des Konsums angenommen und erst dies führt mit einer gewissen Wahrscheinlichkeit zu bestimmten Formen der Abhängigkeit. Man wird den Umgang mit der Droge schlecht unter dem Überbegriff der - pharmakologisch definierten - Substanz behandeln können, denn im einen Fall ist der Bezugsrahmen die Pharmakologie, im anderen Fall ist Verhalten gemeint, das von Psychologie und Soziologie untersucht wird. Hält man den Umgang mit einer Droge für entscheidend, so wird man einen formalen Rahmen schaffen müssen, in dem eine Erforschung des Verhaltens des Individuums möglich ist. Es muß ein multifaktorieller Ansatz sein, in dem die verwendeten Drogen zwar wichtige Variablen sind, diese aber die Forschung nicht mehr ausschließlich lenken. Entgegen der alten Fragestellung "Wie wirkt die Droge" gilt nun die Frage "Welche Folgen zeigt ein bestimmter Umgang mit einer bestimmten Droge".

3. Elemente der Drogenabhängigkeit

Beschränken wir uns in der Diskussion auf die psychische Abhängigkeit, so wird man die Erklärung dafür in der Verarbeitung der einzelnen Drogenerlebnisse suchen müssen. Psychische Abhängigkeit bildet sich nicht auf unmittelbare Weise aus, ist kein unerklärliches Ereignis. Voraussetzung ist ein Drogenerlebnis oder eine Vielzahl solcher Erfahrungen, die vom Individuum derart geschätzt werden, daß es nicht mehr auf die Wiederholung dieser Erlebnisse verzichten kann. Diese unmittelbaren Erlebnisse sind sicher mitgeprägt durch den Konsumenten selbst, aber es scheint doch so zu sein, daß die Droge selbst eine Spielbreite hat, die sie von anderen Drogen abgrenzt. Man wird zwischen verschiedenen Rauschzuständen unterscheiden müssen.

"Drogenanfälligkeit ist immer abhängig von dem, was die Droge bewirkt. Ein euphorischer Rausch ist etwas völlig anderes als ein 'klarer' Rausch, ein Zustand, der nur wenig Gefühlstönungen zeigt, dafür die Sinne zu schärfen scheint und das Bewußtsein erweitert, wie man sagt. Der euphorische Rausch wird für denjenigen besonders attraktiv sein, der niedergeschlagen und mißmutig dem Alltag entfliehen will. Der 'schwebende' Rausch, etwa mit Tranquilizern oder Beruhigungsmitteln, wird dem angenehm sein, der, ohne völlig der Wirklichkeit zu entfliehen, sie in einem gewissen Abstand sehen, aber sich ihr auch in bestimmter Weise entziehen will" (FRANKE 1971, S.25 f). Daneben wird man aber gerade für eine Theorie der Drogenabhängigkeit berücksichtigen müssen, daß der Umgang mit den einzelnen Drogen sehr unterschiedlich ist. Für Cannabis und die Halluzinogene gilt, daß der Konsument den Konsum kultivieren muß, will er die Reichhaltigkeit der Drogenwirkung ausschöpfen und unangenehme Erlebnisse vermeiden. Der Konsument muß selbst viel dazu beitragen, um eine gewünschte Wirkung zu erreichen, er muß in einer entspannten Haltung sein, in einem geschützten Raum, möglichst mit einer die Drogenwirkung fördernden Atmosphäre. Er wird also entsprechende Vorbereitungen treffen und er weiß, daß es Augenblicke gibt, da die Drogenwirkung sich nicht voll einstellen wird. Im Gegensatz dazu gibt es Drogen oder gibt es einen bestimmten Gebrauch von Drogen, wonach immer eine bestimmte Wirkung zu erwarten ist. Dies sind die sogenannten harten Drogen mit dem herausragenden Beispiel Heroin und dies ist der harte Gebrauch von Drogen, wo der Stoff direkt in die Blutbahn geschossen wird und eine schnelle und starke Reaktion hervorruft. Wer fixt, braucht wenig persönlich beizutragen, um die gewünschte Drogenwirkung zu erleben. Mit dem Erwerb der Ware wird ein bestimmtes Erlebnis gesichert - vorausgesetzt, die Toleranzentwicklung verhindert es nicht. Die Wirkung eines solchen flashs ist kaum lenkbar; der Konsument gibt sich dem Erlebnis hin. Sein ganzes Verhalten ist ausgesprochen passiv, er muß weder wesentliche situative Voraussetzungen für den Konsum schaffen noch während des Konsums versuchen, die unmittelbare Drogenwirkung zu unterstützen. Die Drogenwirkung setzt sich durch, ist garantiert. Vergleichsweise muß der LSD-Konsument - u.U. auch der Cannabis-Konsument - erheblich aktiver sein. Die Haltung, mit der die Konsumenten der verschiedenen Drogen diesen begegnen, ist also sehr verschieden. Wäre es möglich, diese unterschiedliche Haltung in der Begegnung mit der Droge als Erklärung für die Ausbildung einer Drogenabhängigkeit heranzuziehen?

Vergleichen wir diese heterogenen Einstellungen mit dem dominanten Verarbeitungsmuster wie es in Tabelle 12 dargestellt ist, so fällt auf, daß die Droge, die eine aktivere Haltung erfordert, nämlich LSD, in der Regel keine psychische Abhängigkeit erzeugt und Cannabis nach KRAMER/CAMERON eine gemäßigte bis starke psychische Abhängigkeit, nach FORT eine gemäßigte hervorruft. Im Gegensatz dazu erzeugt die Droge, die keinerlei aktive Haltung des Konsumenten fordert, eine starke Abhängigkeit. Folgt man den dominanten Verarbeitungsformen, so scheint die Stärke der psychischen Abhängigkeit zu korrelieren mit dem Ausmaß an Passivität, das die Droge zuläßt. LSD ist sicherlich die Droge, die die höchsten Anforderungen an die Person des Konsumenten stellt. Heroin, aber auch Alkohol stellen keine Anforderungen, Cannabis nimmt eine Mittelstellung ein.

Eine solche Interpretation würde erklären, warum die Gefahr der psychischen Abhängigkeit bei bestimmten Drogen größer ist als bei anderen. Sie ist umso größer, je sicherer dem Konsumenten die gewünschten Wirkungen ohne eigenes Zutun sind. Drogen, die eine große Bandbreite haben wie z.B. Cannabis, führen daher vielleicht auch nicht zu einer klar identifi-

zierbaren dominanten Verarbeitungsform, da die angestrebten
Wirkungen und damit das Zutun des einzelnen Konsumenten stark
variieren können. Mit dieser aktiveren Haltung hängt auch
die differenziertere Wahrnehmung der Drogenwirkung zusammen.
GREAVES (1974) vertrat die Meinung, daß es dem Drogenabhängigen an unmittelbarem Erleben mangle und er diesen Mangel durch
ein Übermaß an Konsum auszugleichen versucht. Feinheiten der
Drogenwirkungen können dann nicht mehr zur Geltung kommen,
die Drogenwirkung wird undifferenzierter. Das Beispiel des
Polytoxikomanen zeigt, daß zwischen den einzelnen Drogenwirkungen keine großen Unterschiede mehr gemacht werden, die
einzelnen Drogen austauschbar sind, nur noch der allgemeine
Drogencharakter zählt. Ganz im Gegensatz dazu zeichnet sich
der kontrollierte Drogenkonsum durch Berücksichtigung vieler
Nuancen aus; besonders ausgeprägt ist dies beim Alkohol, wo
z.B. nicht nur ein erheblicher Unterschied zwischen Bierkonsum und Weinkonsum besteht, sondern wo z.B. auch zwischen den
verschiedenen Weinsorten und -verarbeitungen erhebliche Differenzen bestehen, die der Kenner sehr sorgsam zur Kenntnis
nimmt und die zu der Einstufung von Alkohol als Genußmittel
führten.

Nach dieser Darstellung macht die Droge ein Angebot, das von
den Konsumenten unterschiedlich verarbeitet wird. Das Angebot differiert gleichzeitig je nach Droge, wodurch der Versuchungscharakter für die einzelnen Drogen nicht gleich ist.
Es scheint nun Personen zu geben, die besonders dem Angebot
der harten Drogen nicht widerstehen können. Sicher ist, selbst
bei Heroin, daß nicht alle Konsumenten einer bestimmten Droge davon abhängig werden. WEIL (1972) verwies mit großem
Nachdruck darauf, daß die Drogenabhängigkeit im wesentlichen
ein Problem des Menschen ist. FREEDMAN (1970a) präzisierte,
daß Drogenabhängigkeit weniger mit der spezifischen Drogenwirkung und viel mehr mit menschlicher Schwäche, Elend und
Torheit zu tun habe. Betrachtet man die Drogenwirkung und
versucht sich von da her den Konsumenten vorzustellen, der
abhängig wird, so wird man vor allem an gestörte Persönlichkeiten denken müssen. Es sind Personen, denen zumindest zeitweilig die Droge ihre Schwierigkeiten leichter ertragen hilft

(IMLAH 1971). "Am meisten von Drogen angezogen werden diejenigen, die gelangweilt sind, die sich nicht freuen können, die keinen stress und keine Enttäuschung ertragen können. Die Droge paßt zu ihrer emotionalen Unzufriedenheit und enthebt sie der Notwendigkeit zu planen, zu kämpfen und durchzuhalten. Mit anderen Worten: die zum Mißbrauch disponierte Persönlichkeit gab es bereits vor der Droge. Drogenabhängigkeit befriedigt das Bedürfnis des Individuums nach Abhängigkeit" (COHEN 1969, S.117). Die Psychoanalyse stellt den Süchtigen als einen oralen Menschen dar, der in einer rezeptiv-passiven, narzißtischen Grundeinstellung verharrt. Es ist eine neurotische Haltung, die dadurch ausgezeichnet ist, daß sich das Ich in starkem Maße auf die Seite des Es stellt. Die Person erwartet alles von der Welt, glaubt einen Anspruch auf Triebbefriedigung zu haben (sh. MATUSSEK 1959). Eine solche passive Haltung kann im Drogenkonsum Erfüllung finden, da kurzzeitig ein Gefühl des Glücks durch bestimmte Drogen erzeugt werden kann. Unter der Vielzahl von Drogen werden es dann insbesondere die sein, die das Individuum in seiner passiven Haltung belassen. Die Droge, die dem Individuum am meisten entgegenkommt, sowohl was die Wirkung wie den eigenen Beitrag zu dieser Wirkung betrifft, wird von diesen süchtigen Persönlichkeiten am ehesten gewählt werden und die süchtige Haltung manifest werden lassen. Wenn diese Interpretation richtig ist, so wäre von daher verstehbar, warum manche Drogen mehr zur Drogenabhängigkeit hinführen, aber auch, daß nur ein Teil der Konsumenten drogenabhängig wird, nämlich derjenige, der durch eine passiv-rezeptive Haltung gekennzeichnet ist.

Es wäre vielleicht auch verstehbar, warum manche Cannabis-Konsumenten zu anderen Drogen überwechseln. Cannabis entfaltet seine volle Wirkung erst dann, wenn alle nichtspezifischen Faktoren unterstützend mitwirken. Nimmt jedoch ein angsterfülltes, konfliktbeladenes, mit der Umwelt zerstrittenes Individuum die Droge, um auf diese Weise den sonst nicht erreichbaren Zustand der Zufriedenheit zu erlangen, so ist die Wahrscheinlichkeit ziemlich groß, daß das nicht gelingt, ja die Gefahr des "bad trips" gegeben. Die Unfähigkeit, aktiv die

Voraussetzungen für ein bedeutungsvolles Drogenerlebnis zu
schaffen, mag dann manchen Konsumenten nach einer Droge suchen
lassen, bei der er der Mühe der Einstimmung enthoben
ist und trotzdem die gewünschte emotionale Veränderung erlebt.
Man wird bei den Cannabis-Konsumenten zwischen verschiedenen
Konsumenten-Typen unterscheiden müssen, angefangen bei
den Neugier-Konsumenten, die eine Mode mitmachen, über die
ideologisch motivierten Konsumenten, die damit weltanschauliche
Ziele verfolgen, bis hin zu den Neurotikern, zu denen
auch der auf der oralen Stufe Fixierte gehört, die damit sich
eine Behebung ihrer persönlichen Schwierigkeiten erhoffen.
Jeder von ihnen kann von der Droge enttäuscht werden. Im Gegensatz
aber zum ideologisch begründeten Konsum, bei dem es
um ein verändertes Welt- und Selbstverständnis geht und der
dann vielleicht noch zum Konsum von Halluzinogenen führt,
nicht jedoch zu Opiaten, wird der Neurotiker vielleicht auch
einmal LSD probieren, aber mit größerer Wahrscheinlichkeit zu
Amphetaminen und Opiaten übergehen, zu fixen beginnen, also
seinen Konsum forcieren. Er ist auf der Suche nach der besseren,
der stärkeren Droge und die Enttäuschung mit der einen
läßt ihn nur nach einer anderen suchen. Von Heroin ist er
nicht enttäuscht; zwar muß er hier mit dem Problem der Toleranzentwicklung
fertig werden, aber das ist unter Einbeziehung
schmerzhafter Pausen durchaus lösbar. Heroin kommt der Passivität
des Konsumenten entgegen und steigert sie noch. Der
Griff einer passiven Person nach Cannabis wäre danach als eine
Art Irrtum zu betrachten, der korrigiert werden kann und
von manchen auch korrigiert wird.

Bei diesen Überlegungen handelt es sich um Vermutungen, die
erst noch empirisch geprüft werden müssen. Die Ausführungen
sollen vor allem zeigen, daß eine differenzierte Form der Darstellung
der Drogenabhängigkeit möglich ist, in der die Droge
ein integraler Teil ist, aber im Zentrum die Beziehung
zwischen Konsument und Droge steht. Die Überprüfung ist mittels
der üblichen Untersuchungen nicht unbedingt möglich.
Drogenabhängigkeit kann in Zusammenhang stehen mit dem Ausmaß
des Konsums, aber es ist sicher keine einfache, aufsteigende
Beziehung. Drogenabhängige zeichnen sich durch gestei-

gerten Konsum aus, aber gilt umgekehrt, daß gesteigerter Drogenkonsum Indikator für Drogenabhängigkeit ist?

Psychische Abhängigkeit wird von KRAMER/CAMERON (1975) unter Rückgriff auf eine ältere WHO-Definition bestimmt als ein Drang zu periodischer oder kontinuierlicher Einnahme einer Droge, um Wohlbefinden zu erzeugen oder einen unangenehmen Zustand zu vermeiden. Versuchen wir den wesentlichen Gehalt dieser Bestimmung zu erfassen, so wird man sich zunächst fragen müssen, welchen Grund es außer den aufgeführten noch geben könnte, um häufiger Drogen zu nehmen. Bei den angegebenen Gründen handelt es sich um so lose Begriffe, daß damit alle möglichen Motivationen für Drogenkonsum erfaßt werden können. Es bleibt als ein differenzierendes Merkmal die Kennzeichnung der Häufigkeit. Ist also periodische oder kontinuierliche Einnahme die operationale Kennzeichnung drogenabhängigen Verhaltens? Dies ist sicherlich keine eindeutige Beziehung und daher keine hinreichende operationale Definition. Zwar gilt, daß ein Drogenabhängiger zu kontinuierlicher oder periodischer Einnahme der Droge neigt, aber es gilt nicht die Umkehrung. Die deutsche Sprache unterscheidet hier sehr genau zwischen dem Bedürfnis und dem Zwang und man wird diese Unterscheidungen auch bei dem Problem der Drogenabhängigkeit berücksichtigen müssen. Der alte Suchtbegriff meinte den Zwang zu andauerndem Konsum. Die abgeschwächtere Ausdrucksweise des Bedürfnisses deutet an, daß das Individuum eine Vorliebe hat, ohne damit etwas über die Stärke der Motivation auszusagen; Zwang hingegen bedeutet, daß das Individuum auf eine Verhaltensweise festgelegt ist. Entscheidend ist, ob ein Individuum auf ein bestimmtes Verhalten fixiert ist oder ob es dieses Verhalten normalerweise zwar praktiziert, aber unter erschwerten Bedingungen durchaus aufgeben kann. Man wird von Abhängigkeit erst dann sprechen können, wenn das entsprechende Verhalten ernsthaft in Frage gestellt ist und trotzdem alles unternommen wird, um dieses Verhalten beizubehalten. Zwei Beispiele mögen den Unterschied verdeutlichen: Ein wohlsituierter Kaufmann trinkt jeden Abend Alkohol, ohne daß dadurch seine Gesundheit oder seine gesellschaftliche Stellung gefährdet wäre; ein Ehemann trinkt jeden Abend Alkohol, obwohl seine

Frau ausgesprochen dagegen ist und der Bestand seiner Ehe dadurch bedroht ist, die er im übrigen aufrecht erhalten möchte. Der Unterschied besteht darin, daß im ersten Fall das Verhalten nicht problematisiert ist, im zweiten Fall aber deutlich. Erst bei der Problematisierung aber wird sich zeigen, ob das Verhalten eine vergleichsweise höhere Valenz hat als überlicherweise höher bewertete Verhaltensweisen. Von Drogenabhängigkeit sollte man erst dann sprechen, wenn dem Drogenkonsum vor deutlich allgemein höher geschätzten Werten und in Gefährdung dieser Werte der Vorzug gegeben wird. Der Bauarbeiter, der regelmäßig jeden Tag mehrere Flaschen Bier trinkt, kann abhängig sein, muß es aber nicht sein. Möglicherweise hat sich sein Körper an die Flüssigkeitsmenge gewöhnt, die auch durch andere Getränke gesichert werden kann. In einer Gesellschaft, in der sich viele Menschen sehr viele Dinge leisten können, ohne dadurch ihre jetzige Existenz in Frage zu stellen, sollte man die Regelmäßigkeit oder Periodizität des Tuns nicht als Indikator für Abhängigkeit ansehen. Es ist zwar ein gut operationalisierbares Kriterium, aber kein gut fundiertes. Man wird daran denken müssen, wenn man das Ausmaß des Konsums mit Persönlichkeitseigenschaften korreliert.

E. DIE URSACHEN DES MODEDROGENKONSUMS

Kapitel XV. Die Person des Drogenkonsumenten

1. Verschiedene Ebenen der Ursachenerklärung

Die Diskussion möglicher Ursachen soll nach drei Themenkreisen ausdifferenziert werden, die auf einem Kontinuum Individuum - Gesellschaft geordnet werden können. Das vorliegende Kapitel beschäftigt sich mit dem Individuum als entscheidender Ursache des Drogenkonsums. Es ist dabei zu fragen, ob es Persönlichkeitseigenschaften gibt, die einzelne Personen zum Drogenkonsum prädisponieren und dies eine wesentliche, ja vielleicht einzige Voraussetzung für den Drogenkonsum ist. Im nächsten Kapitel werden dann soziale Faktoren berücksichtigt, aber nur soweit sie den unmittelbaren Umgang des Individuums betreffen. Im Gegensatz zu übergreifenden gesellschaftlichen Vorgängen, die in den beiden darauf folgenden Kapiteln behandelt werden, soll dort der enge soziale Rahmen des Individuums berücksichtigt werden, sein persönlicher Lebensraum, der durch die konkreten Beziehungen bestimmt und vom Lebensraum anderer Individuen abgehoben ist. Schließlich kann man auf allgemeine gesellschaftliche Probleme Bezug nehmen und so die "Großwetterlage" umreißen, die sowohl den Hintergrund für die Persönlichkeit wie die engen, face-to-face-Beziehungen der Menschen bildet. Hier soll dann das Problem der Einstellung zu Drogen wegen seiner besonderer Bedeutung besonders herausgehoben werden. Insgesamt kann man sagen, daß es sich dabei um den Versuch handelt, ausgehend vom Individuum immer stärker soziale Gesichtspunkte zu berücksichtigen.

Die verschiedenen Ansatzweisen müssen sich gegenseitig nicht ausschließen. Wer z.B. der Ansicht ist, daß Drogenkonsumenten in der Regel gestörte Persönlichkeiten sind, mag den Grund dafür im persönlichen Lebensraum des Individuums suchen und dann nach gestörten Familienbeziehungen fragen, er kann aber auch weitergehen und übergreifende gesellschaftliche Momente einbeziehen, etwa einen vorherrschenden Lebensstil in einer bestimmten Gesellschaft und dessen Beziehung zu den darin eingelassenen engen sozialen Beziehungen und der Persönlichkeit des einzelnen aufzeigen. So sehr Verbindungen auch geknüpft werden können, so sehr können sie auch durch das sogenannte Aspektendenken vernachlässigt werden. Die Vergangenheit zeigte, daß die Wissenschaft sich stark auf die Person des Konsumenten konzentrierte und den wesentlichen Grund in einer Störung sah, die erworben oder angeboren war. Hierzu haben vor allem Psychiatrie und Tiefenpsychologie beigetragen.

Ob eine solche Konzentration auf die Person gerechtfertigt ist, wird man erst sagen können, wenn man in der gleichen Weise und Intensität auch den engen und weiteren Sozialraum des Individuums in die Analyse einbezogen hat. Unabhängig davon aber ist eines klar. Mögliche gesellschaftliche Reaktionen sind durch die Konzentration auf bestimmte Ursachenquellen bereits angedeutet, andere zwar nicht ausgeschlossen, aber nicht in der gleichen Weise verfügbar. Die Konzentration auf das Individuum steht immer in besonderer Nähe zu Anpassungsversuchen dieses Individuums, sei es in Form von Therapie, sei es durch gezielte pädagogische Maßnahmen. Erst wenn man stärker gesellschaftliche Ursachen einbezieht und hier vor allem die "Großwetterlage" berücksichtigt, rückt auch die Möglichkeit der Veränderung gesellschaftlicher Strukturen in das Feld ernsthafter wissenschaftlicher Überlegungen. Gerade das aktuelle Drogenproblem führte zu der Erkenntnis, daß man Individuum und Kleingruppe übergreifende Vorgänge stärker berücksichtigen muß, um effektive Maßnahmen ergreifen zu können. Umgekehrt mag es aber auch so sein, daß die Neigung zu bestimmten sozialen Reaktionen zu einer Konzentration auf bestimmte mögliche Ursachen führt. Eine besondere Gefahr ist es, sich dabei an das schwächste Glied in der Kette zu halten, an das Individuum, und in dessen persönlichem

Verhalten allein den Grund zu suchen, ein Verhalten, das durch Therapie korrigiert werden sollte.

2. Das Konzept der süchtigen oder drogenabhängigen Persönlichkeit

In der Psychiatrie, aber auch in der Tiefenpsychologie, war die Forschung stark auf das Individuum konzentriert. "Die psychiatrische Auffassung der Suchtentstehung geht von der individuellen Disposition, nämlich der neurotischen oder psychopathischen Persönlichkeit, aus" (KUKOVETZ 1965, S.145). GERFELDT unterstrich diese Haltung, als er sagte: "Gewiß liegt der Anlaß zum Rauschmittelgenuß im wesentlichen in der Persönlichkeit... " (GERFELDT 1970, S.7). FEUERLEIN bestätigte die Bedeutung der Persönlichkeitsforschung in der Psychiatrie: "Die Beschreibung der Grundpersönlichkeit von Süchtigen stand seit langem im Mittelpunkt der psychiatrischen Untersuchungen" (FEUERLEIN 1971b,S.3). Da die Erforschung der Drogenabhängigkeit im wesentlichen von Psychiatern geleistet wurde, darf man weiterführen, daß die Drogenforschung selbst sehr stark auf das Individuum konzentriert war und Begriffe wie pathologische Persönlichkeit (z.B. BERNER/HOFF/KRYSPIN-EXNER 1963; BATTEGAY 1965; EWING 1967; IRWIN 1970), Neurotiker (ASPERGER 1964; EHRHARDT 1967; STUTTE 1967; RUTHE 1969; MAAS/SCHMIDTOBREICK 1972), Psychopath (BIENER 1969; COHEN 1969; MASSONE in PFEIFFER 1972) sind im Zusammenhang mit der Beschreibung der drogenabhängigen Persönlichkeit üblich.

SEISS (1971) stellte als wesentliches Merkmal des Drogenabhängigen eine geringere Konflikttoleranz heraus und legte eine Liste mit einer Typologie der Abhängigen vor, die nur Variationen zum Thema pathologische Persönlichkeit enthält:

a) latente Psychotiker,
b) neurotisch Disponierte,
c) Erlebnisdepravierte,
d) auf Konfliktflucht via Drogen Befindliche,
e) phasenspezifisch Labile.

Die psychiatrisch-dynamische Auffassung beschrieb FEUERLEIN: "Diese süchtige Fehlhaltung ist gekennzeichnet durch ein hemmungsarmes, unkontrolliertes starkes Verlangen nach bestimmten Werten oder Scheinwerten ... Entscheidend ist hier der Kontrollverlust, also die Unfähigkeit, mit einer entsprechenden Verhaltensweise aufhören zu können, d.h. in unserem Zusammenhang, die Einnahme von Drogen zu einem willkürlichen Zeitpunkt beenden zu können ... Die Daseinsform der Süchtigkeit ist durch die innere Leere und Unausgefülltheit und durch die besondere Impulsivität und Ungeduld gekennzeichnet. Wie bei einem Kind müssen alle Bedürfnisse sofort befriedigt werden ... Die süchtige Fehlhaltung ist also eine Regression auf eine infantile, unreife Entwicklungsstufe. Der unmittelbare Lustgewinn des Süchtigen entspricht der prägenitalen, oralen Stufe der Entwicklung" (FEUERLEIN 1971b) S.579). Tiefenpsychologisch ist der Ursprung der süchtigen Haltung in der frühesten Kindheit zu suchen (REMSCHMIDT/DAUNER 1970). Das Individuum erwartet danach die Bedürfnisbefriedigung von der Welt, glaubt, einen Anspruch darauf zu haben. Die Konsequenz aus einer solchen Haltung ist, daß es auftauchenden Schwierigkeiten ausweicht, Belastungen nicht akzeptiert und nicht ertragen will und auch keine Verantwortung übernehmen möchte (STUCKI 1971).

HOBI ergänzte die Schilderung des Süchtigen, indem er auf dessen ängstliche, verschlossene und sensitive Persönlichkeit hinwies (HOBI 1972).

Dieses klinische Syndrom ist nicht neu und es wundert daher auch nicht, wenn REDHARDT (1971) und TÄSCHNER (1972) ausdrücklich erklärten, daß auch die neuen Suchtformen die altbekannten Strukturen erkennen lassen. Danach wäre der Drogenkonsum als Symptom für eine tieferliegende psychische Störung anzusehen.

In der Literatur finden sich viele klinische Beschreibungen der Drogenkonsumenten, angefangen von frustriert über hedonistisch, emotional instabil, rebellisch, abhängig, narzistisch bis hin zu introspektiv (LINDESMITH 1965). Die Liste der oftmals stark wertenden Begriffe schließt nach LINDESMITH auch offensichtliche Widersprüche ein. GERFELDT behauptete, daß der Drogenabhängige "nach den Testprüfungen als willensschwach, stimmungslabil, prahlerisch und geltungsbedürftig erfaßt wird, aber die innere Leere durch sprunghafte Aktivität zu überspielen sucht, indem sie nach neuen Reizen und starken Motiven strebt" (GERFELDT 1970, S.7). Solche Testergebnisse liegen jedoch nicht vor, der Autor selbst kann auch keine anführen. Man mag daher angesichts des sehr eindeutigen Bildes vom Drogenabhängigen fragen, ob es nicht ein überzeichnetes Bild ist, ein Stereotyp, auf das der Drogenabhängige festgeschrieben wird. Eine Erklärung für einen solchen Vorgang könnte man in einer Erläuterung von BERNER/HOFF/KRYSPIN-EXNER (1963) sehen, deren Aussage man dann allerdings umdrehen müßte. Sie beschäftigten sich mit der Relation kulturelle Duldung des Drogenkonsums und Persönlichkeit des Drogenkonsumenten und kamen dabei zu der Ansicht, daß dann, wenn die Kultur den Drogenkonsum toleriert, von seiten des Konsumenten wenig Anstrengungen unternommen werden müssen, um an die Droge zu gelangen und Drogen zu konsumieren. Lehnt die Gesellschaft den Konsum einer bestimmten Droge aber ab, so muß das Individuum von sich aus größere Barrieren überwinden, stärkere moralische Bedenken negieren, was nur bei einer deutlicheren Abwegigkeit der Persönlichkeit möglich ist. Je eindeutiger die Kultur den Konsum einer bestimmten Droge verbietet, um so größer müßte danach dann die psychische Störung des Konsumenten sein, damit er sich über das Verdikt der Gemeinschaft hinweg setzt. Man könnte den Gedankengang nun umkehren und vermuten, daß der Konsument einer stark abgelehnten Droge wegen dieses offensichtlich deutlich abweichenden Verhaltens in Gefahr ist, negative Persönlichkeitseigenschaften zugeschrieben zu bekommen. Es würde ihm somit eine Eigenschaft zugeschrieben, die er nicht hat, die aber das Bild des entsprechenden Drogenkonsumenten bestimmt.

Man wird eine solche Möglichkeit nicht ausschließen können. Aufschluß geben können alleine Untersuchungen mit psychometrischen Meßverfahren, die den Interpretationsspielraum des Forschers einengen und das Klassifikationsverfahren durchsichtig machen.

3. Methodische Überlegungen

Bevor wir uns den Ergebnissen der Untersuchungen zuwenden, sollte ein Punkt hervorgehoben werden, der allzu oft in den Hintergrund tritt. Die obige Schilderung bezog sich auf Drogenabhängige mit einer entsprechenden süchtigen Persönlichkeitsstruktur. Bereits FEUERLEIN (1969) hatte den Unterschied verdeutlicht, als er bezüglich der Person des "mißbräuchlichen" Konsumenten sagte, daß es keinen einheitlichen Persönlichkeitstyp gibt, der hierzu prädestiniert sei. Man muß davon ausgehen, daß Drogenkonsum eine epidemische Erscheinung ist und daß aus der Vielzahl der Konsumenten nur ein Teil abhängig wird (HALSTEAD/NEAL 1968). Der Zielpunkt dieser Arbeit soll der allgemeine Drogenkonsum sein und dies würde bedeuten, daß die Mehrzahl der Konsumenten oder noch weiter gefaßt, der Drogenerfahrenen, nicht abhängig ist. Man darf daher die Persönlichkeitsschilderung, wie sie von Psychiatern für Abhängige gegeben wird, nicht auf die Population aller Drogenerfahrenen übertragen. FORT wandte sich scharf gegen ein solches Verwischen von Unterschieden: "Bei den psychologischen Erklärungen stoßen wir auf einen Morast von Verwirrung und Willkür. Um dies zu erläutern, nehmen wir einmal an, wir wollten psychologisch erklären, weshalb Menschen trinken oder die Droge Alkohol anwenden. Eine häufige Antwort auf eine solche Frage lautet, sie trinken, um sich wohlzufühlen und zu entspannen, was impliziert, daß sie vor dem Trinken unter Spannungen leiden und sich schlecht fühlen. Diesen Faden könnte man weiterspinnen und einen psychopathologischen Überbau zusammenzimmern, der es erlaubt, eine psychiatrische Krankheitsdiagnose für alle Anwender von Alkohol zu stellen. Es wäre ebenso unsinnig, den Gebrauch aller anderen bewußtseinsverändernden Drogen, ob es sich nun um Marihuana oder Tranquilizer handelt, ausschließlich individueller Psychopathologie zuzuschreiben. Doch gerade das haben die moderne Medizin, Psychiatrie und Psychologie getan, indem sie sich die Polizeiauffassung zu eigen gemacht haben und jedweden illegalen Drogengenuß (außer dem von Alkohol und Tabak durch junge Leute unter 21 Jahren) unter Begriffe von Geisteskrankheit fassen und Diagnosen über

Drogensucht oder charakterliche Fehlsteuerung stellen, während sie die Unterschiede zwischen Gebrauch, Mißbrauch und Sucht schlichtweg ignorieren" (FORT 1970,a,S.249).

FORT äußerte diese Warnung nicht ohne Grund. CHAPPLE/TAYLOR (1970) waren der Ansicht, daß kein psychisch gesunder Mensch überhaupt bereit wäre, mit Drogen zu experimentieren. Bei den traditionellen Drogen Alkohol und Tabak würde man es - überspitzt formuliert - beinahe als Anzeichen einer mangelnden psychischen Gesundheit ansehen, wenn er nicht einmal ausprobiert hat, was offensichtlich so viele Menschen schätzen. Was man zurecht für die Konsumenten traditioneller Drogen gelten lassen will, wird man - zumindest bis zum Beweis des Gegenteils - auch für die Konsumenten illegaler Drogen gelten lassen müssen. Man sollte also auch hier unterscheiden zwischen Abhängigen und Nicht-Abhängigen. In der Regel unterscheiden Untersuchungen mit psychometrischen Tests hier nicht - es sei denn, es wird ein sample hospitalisierter Abhängiger untersucht - und dies bedeutet, daß solche Untersuchungen schwerpunktmäßig nicht- abhängige Konsumenten erfassen.

Der Begriff der Drogenabhängigkeit läßt sich in die empirische Forschung schwer übersetzen. Konsum illegaler Drogen ist vor allem Konsum von Cannabis. Gerade aber dafür gilt, daß in der Regel sich keine oder schwache bis mittlere Abhängigkeit von der Droge ausbildet. Extreme Abhängigkeiten wie sie beim Fixen z.B. möglich sind, darf man nicht erwarten. Man wird daher nicht ausschließen können, daß die Theorie der süchtigen Persönlichkeit, wie sie von Tiefenpsychologie und Psychiatrie entwickelt wurde, bei dem normalen illegalen Drogenkonsum Jugendlicher nicht relevant ist. Normaler illegaler Drogenkonsum bedeutet probeweiser bis mäßiger Konsum von Cannabis, vielleicht probeweiser Konsum von LSD, in der Regel kein Opiat-Konsum. Vergleicht man die testpsychologischen Ergebnisse an Zufallsstichproben mit dem Konzept der süchtigen Persönlichkeit, so wird man von vornherein keine Identität der Aussagen annehmen müssen. Zufallsstichproben repräsentieren die gesamte Breite des Konsums - mit Ausnahme von drop-out-Personen - klinische Beschreibungen sind im Gegensatz dazu keineswegs

Beschreibungen der abhängigen Konsumenten, sondern in einem nochmals eingeschränkteren Sinne Beschreibungen hospitalisierter Drogenkonsumenten. Solange keine entsprechenden Ergebnisse vorliegen, bleibt unklar, nach welchen Kriterien die hospitalisierten Konsumenten aus der Population der Konsumenten selegiert wurden und ob sie selbst für den eingeschränkten Kreis der Drogenabhängigen repräsentativ sind. Man kann diese Fragen nur klären, wenn Klinische Psychologie und Psychiatrie operationale Definitionen aufstellen und den Einzugsbereich der Klinik verlassen. Wie schwierig dies für gemäßigte Formen der Abhängigkeit werden kann, zeigt sich, wenn man daran erinnert, daß die Psychologie das Konzept des "habits", der Gewohnheit, entwickelt hat, ohne jemals daran zu denken, damit einen pathologischen Wesenszug zu postulieren. Die Gefahr besteht, daß man Extremfälle herausgreift, um von daher die Gesamtbreite "normalen" Verhaltens aufzurollen.

Untersuchungen an Zufallsstichproben sind Studien über die Persönlichkeit der Konsumenten einer Droge; es wird dabei weder eine klinische Gruppe angezielt, noch ist bekannt, wie hoch der Anteil der stark Abhängigen an der jeweiligen Stichprobe ist. Eine direkte Überprüfung der klinischen Beschreibung ist daher nicht möglich.

Der Wert der Ergebnisse wird wesentlich bestimmt durch die Gewinnung des samples. Es sollten entweder Zufalls- oder stratifizierte Stichproben sein und die Differenzierung nach Konsument und Nichtkonsument sollte erst nach der Datenerhebung erfolgen, da dadurch bei der Auswahl beider Gruppen die gleiche Logik angewendet wird. Durch ein solches Verfahren ist es erst möglich, die Population zu kennzeichnen und damit anzugeben, für welche Personen die gewonnenen Ergebnisse Gültigkeit haben könnten. Beispiel für ein solches Verfahren: An einer Schule wird jeder zehnte Schüler befragt, die gewonnenen Erkenntnisse können dann zwar auf die Schüler dieser Schule bezogen werden, sollten aber nicht z.B. auf die Population der Gleichaltrigen übertragen werden.

Wählt man hingegen ein Schneeballverfahren oder verwandte Verfahren, wie dies z.B. WANKE (1971), HELL u.a. (1971) oder

SPILLE/GUSKI (1975) taten, so bleibt die angezielte Population unklar, da keine klar umrissene Zielgruppe erkennbar war. Oftmals wurden zunächst Drogenkonsumenten erfaßt, zu deren Vergleich dann in einem gesonderten Gang Kontrollpersonen gesucht wurden, die nach wenigen, willkürlich ausgewählten Merkmalen miteinander verglichen wurden. Wie vage in der Regel die Beschreibung solcher samples ist, zeigt die Schilderung von HELL u.a. (1971): " ... wurden die Befragten so ausgelesen, daß weder von ärztlichen noch von polizeilichen Registern ausgegangen wurde. Vielmehr konnten gewisse Kreise von Jugendlichen, die in bestimmten Lokalen oder Studentengruppen verkehrten, studiert werden" (HELL u.a. 1971, S.511). Beschreibungen dieser Art lassen keine Generalisation zu und sind wissenschaftlich von zweifelhaftem Wert. Oftmals sind die Beschreibungen des Erhebungsverfahrens so dunkel, daß sie eine echte Beurteilung nicht zulassen.

LENNERTZ (1970) versuchte ebenfalls, zu einer vorhandenen Experimentalgruppe eine Kontrollgruppe in einem gesonderten Auswahlverfahren zu gewinnen und hat das Ergebnis etwas differenzierter geschildert. Nach den Angaben ergibt sich zwingend, daß sein Versuch gescheitert ist, da die Kontrollgruppe nicht nur jünger, sondern auch bildungsmäßig homogener war. Der Versuch, die Ergebnisse der eigenen Experimentalgruppe mit Normwerten für die Skala zu vergleichen (WANKE 1971), sollte unterbleiben, da es zur Zeit keine hinreichend standardisierte Persönlichkeitsskala gibt.

An der Untersuchung von LENNERTZ hat sich eine rege Diskussion über die Einordnung dieser Ergebnisse entzündet, die BRÜCKNER zu folgender Aussage provozierte: "Schließlich behauptet der Autor ... auch nicht, seine Studie sei repräsentativ für alle Haschischraucher; er weist nur nach, daß sich seine Hauptgruppe von der Kontrollgruppe, daß sich die untersuchten Raucher von den Nichtrauchern in der eben beschriebenen Weise unterscheiden, und zwar weit jenseits aller bloß zufälligen Unterschiede, die es ja auch geben könnte" (BRÜCKNER 1970, S.16). Wären wissenschaftliche Ergebnisse so belanglos, so wären sie überflüssig. Tatsächlich aber wollte LENNERTZ mehr aussagen, auch wenn ihm das mißlungen ist. Er wollte nachweisen, daß Haschischraucher nicht durch klinische Symptome ausgezeichnet sind, d.h. er verglich die beiden Gruppen nur bezüglich des Merkmals Haschischrauchen. Das Problem wird deutlicher, wenn man eine klinische Problematik annimmt, wie sie in vielen Untersuchungen (z.B. WANKE 1971, HELL u.a. 1971) nachgewiesen wurde. Sie mögen tatsächlich auf den Drogenkonsum beziehbar sein, vielleicht aber auch Altersdifferenzen, verschiedenen sozialen Status, zusätzliche persönliche Probleme wie Schulschwierigkeiten etc. widerspiegeln. Unterscheiden sich Experimental- und Kontrollgruppe nicht nur hinsichtlich des Drogenkonsums, sondern auch bezüglich anderer Merkmale, so ist die Interpretation der Ergebnisse durch die Variable Drogenkonsum nicht gesichert und willkürlich. Ergebnisse, die auf unzureichenden Erhebungsmethoden beruhen, sollen daher im folgenden in der Regel nicht berücksichtigt werden.

4. Ergebnisse empirischer Studien

Im deutschsprachigen Raum liegen mehrere Persönlichkeitsstudien an nach Zufall ausgewählten Stichproben vor. Zwei Studien stammen aus der Psychiatrischen Universitätsklinik Zürich und haben als Zielobjekte stellungspflichtige junge Zürcher bzw. gleichaltrige, d.h. 19jährige, Zürcherinnen. Die Persönlichkeitsanalyse erfolgte mittels des FPI, der neun Primär-Skalen und drei Sekundär-Skalen enthält. Die Spannbreite der Test-Batterie kann man am besten durch die Sekundär-Skalen bestimmen, die Extraversion, Emotionale Labilität und Maskulinität messen sollen.

Die Studie an ca. 6 000 19jährigen Zürchern ergab (MÜLLER-OSWALD u.a. 1973), daß bei einer pauschalen Gegenüberstellung von Konsumenten und Nichtkonsumenten bis auf die Skala Dominanzstreben alle Skalen des FPI signifikant zwischen den beiden Gruppen unterschieden. In der Gruppe der Konsumenten dominierte zwar eindeutig der reine Cannabis-Konsument, jedoch gab es daneben eine beachtliche Zahl gemischter Konsumenten. Wiederholt man den statistischen Vergleich für die

Gruppe der reinen Cannabis-Konsumenten und differenziert man
gleichzeitig nach dem Ausmaß des Haschischkonsums, so führen
Varianzanalysen für die jeweiligen Skalen zu durchgehend signifikanten Ergebnissen. Dies würde bedeuten, daß die Skalen
Nervosität, Aggressivität, Depressivität, Erregbarkeit, Geselligkeit, Gelassenheit, Dominanzstreben, Gehemmtheit, Offenheit, Extraversion, Emotionale Labilität und Maskulinität
Konsumenten von Nichtkonsumenten unterscheiden. Ein entscheidender Sprung scheint dabei zwischen Nichtkonsumenten und
leichten Konsumenten zu liegen. Die Autoren fassen das Ergebnis so zusammen: "Die deutlichen Unterschiede zwischen leichten Cannabis-Verbrauchern und Nichtkonsumenten ... in fast
allen Skalen des FPI's erlauben die Hypothese, daß eine gewisse charakterliche Disposition (Extraversion: Experimentierfreudigkeit, Geselligkeit, Impulsivität, wenig Hemmungen
zusammen mit emotionaler Labilität: Nervosität, Verstimmtheit und Gereiztheit) leichter zur Drogeneinnahme verleitet"
(MÜLLER-OSWALD u.a. 1973, S.220). Diese Persönlichkeitszüge
können nun für verschiedene Persönlichkeitsskalen je nach
Ausmaß des Konsums ausgeprägter sein.

Eine zweite Studie an 19jährigen Zürcherinnen (BAUMANN u.a.
1973a) führte zu ähnlichen Resultaten. Auch hier differenzierte der FPI bis auf zwei Ausnahmen (Geselligkeit und Dominanzstreben) in allen Skalen zwischen Konsumenten und Nichtkonsumenten. Für einige ausgesuchte Skalen gaben die Autoren zusätzlich die Werte differenziert nach Ausmaß des Drogenkonsums an und deutlicher als bei den Männern zeigte sich dabei
der große Sprung zwischen Nichtkonsum und leichtem Konsum.
Beiden Studien zufolge wird man den entscheidenden Unterschied zwischen Konsum und Nichtkonsum sehen müssen, unabhängig von der Stärke des Konsums. Die Stärke des Konsums
mag zwar im einzelnen Fall zusätzliche Akzente setzen, aber
dies ändert nichts an dem entscheidenden Gegensatz zwischen
Konsumenten und Nichtkonsumenten.

In beiden Untersuchungen erfolgte die Definition des Ausmaßes
des Konsums ohne Einbeziehung des Zeitfaktors, gibt nur allgemeine Drogenerfahrung wieder. Als schwerer Cannabiskonsument galt bei den Männern, wer mehr als 50maligen Konsum hat-

te, bei den Frauen, wer über mehr als 25maligen Konsum verfügte. Weder impliziert eine solche Definition den jetzigen Konsum, noch sagt sie etwas darüber aus, wann und in welcher zeitlichen Dichte der Konsum erfolgte. Eine solche operationale Definition deckt sich nicht mit dem üblichen Verständnis eines schweren Drogenkonsumenten, wo sowohl Aktualität wie große Intensität impliziert wird und dies mag vielleicht erklären, warum die Stärke des Konsums sich nicht entscheidend in den Testprofilen auswirkt.

Die beiden Forschergruppen gingen bei ihren Untersuchungen von dem Begriff des Nichtkonsumenten aus, der in sich zwei unterschiedliche Gruppen einschließt, die durch ihre Einstellung klar unterschieden werden können. Es gibt Nichtkonsumenten, die diesen Modedrogen durchaus positiv gegenüberstehen, aber vielleicht aus Mangel an Gelegenheit oder wegen mangelnden Mutes noch über keinen Drogenkonsum verfügen. In einer Untersuchung von SCHENK (1974a, 1974d) wurde mit einer reduzierten FPI-Batterie, aus der die Skalen Aggressivität und Offenheit weggelassen wurden, an einem sample von Berufsschülern der Zusammenhang zwischen Drogenkonsum und Persönlichkeit untersucht. Die Diskriminanzanalyse ergab eine signifikante Funktion, die klar als Neurotizismus interpretierbar ist. Mittels dieser Funktion kann man drei Gruppen unterscheiden: Abstinenzler, Interessierte/Probierer und User. Als Probierer wurde definiert, wer in den letzten drei Monaten keinen Drogenkonsum mehr hatte, als User, wer in den letzten drei Monaten Drogenkonsum hatte. Es wurde also im wesentlichen das Gewicht auf die Aktualität des Konsums gelegt. Sicher ist, daß eine solche Typologie keineswegs optimal ist, aber bei der sample-Größe von ca. 500 Probanden konnten präzisere Klassifikationen nicht gewählt werden, da die einzelnen Gruppen dann zu klein geworden wären. Das Ergebnis (sh. Abb. 1) besagt, daß Abstinenzler am wenigsten neurotisch sind, gefolgt von den Interessierten/Probierern und an der Spitze liegen die User. Anschließend durchgeführte Varianzanalysen zeigten eindeutig, daß die Differenzierung zwischen Interessierten/Probierern und Usern allein auf die Skala Nervosität zurückzuführen ist, ein Ergebnis, das sehr gut in

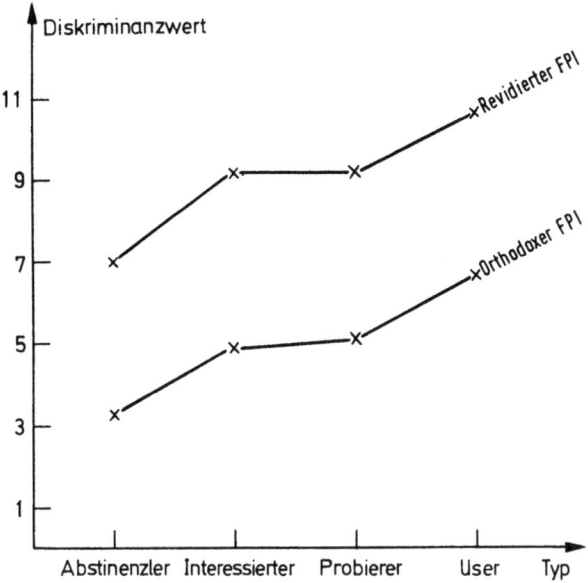

Abb. 1 Mittelwerte der vier Drogenkonsumententypen für die Diskriminanzfunktion

Übereinstimmung mit den Angaben von MÜLLER-OSWALD u.a. (1973) steht.

Man kann dieses Faktum verschieden interpretieren. Einmal ist die Skala Nervosität klar eingeordnet in das Konzept Neurotizismus und man könnte das Ergebnis als einen Beweis dafür ansehen, daß User eben neurotischer sind als Probierer. Andererseits enthält die Skala Beschreibungen somatischer Vorgänge, die durch den aktuellen Cannabis-Konsum verändert sein können, was erklären mag, warum aktuelle Konsumenten im Vergleich zu früheren Konsumenten einen höheren Wert haben.

Eine Überprüfung der FPI-Skalen ergab, daß einzelne Skalen bei dem ausgewählten sample der ca. 17jährigen nicht hinreichend reliabel waren. Eine Faktorenanalyse führte zur Konstruktion dreier neuer Skalen, deren Struktur auch in zusätzlich parallel durchgeführten Erprobungen des FPI's an anderen samples stabil blieb (sh. SCHENK/RAUSCHE/STEEGE, in Vorbereitung). Die Diskriminanzanalyse mit den neuen Skalen führte zwar zu ähnlichen Ergebnissen (sh. Abb. 1), aber der Unterschied zwischen Interessierten/Probierern und Usern ist auf dem 1-Prozent-Niveau nicht mehr signifikant. Die Diskriminanzrichtung kann wiederum eindeutig als Neurotizismus interpretiert werden; Extraversion und Erregbarkeit - die beiden anderen Faktoren - haben keinen Einfluß.

Eine Überprüfung des Ausmaßes des Drogenkonsums zeigte auch hier, daß schwerer Drogenkonsum nicht repräsentiert war, es handelte sich um ein einigermaßen sozial integriertes sample, in dem drop-out-Personen fehlen. Trotzdem muß man User als neurotischer beschreiben, was sicher Spekulationen über schwerere Konsumenten und drop-outs zuläßt. Das entscheidende Ergebnis der Untersuchung ist jedoch, daß diese User nicht neurotischer sind als Probierer und Interessierte, was Anlaß zu der Vermutung gibt, die neurotische Haltung auf die Einstellung zum Modedrogenkonsum zu beziehen, jenseits des tatsächlichen Konsums. Drogenkonsum wäre danach als Folge einer neurotischen Haltung anzusehen, die bei interessierten Nichtkonsumenten und Usern in der gleichen Weise vorhanden ist. Sollte eine solche Interpretation richtig sein und sie wird zur Zeit an einer erheblich größeren Stichprobe, die genauere Klassifikationen zuläßt, überprüft, so kann dies nicht ohne Einfluß auf gesellschaftliche Reaktionen bleiben. Das entscheidende Problem wäre danach nicht der Drogenkonsum, der ja nur Symptom ist, sondern die zugrunde liegende neurotische Störung, die durch ein Verbot von Cannabis nicht beseitigt wird. Sollte sich dieses Ergebnis in weiteren Untersuchungen bestätigen, so wäre es ein Hinweis darauf, daß die Beschreibung des Drogenkonsumenten als neurotische Persönlichkeit nicht eine Veränderung erfaßt, sondern im wesentlichen die prämorbide Persönlichkeit darstellt. Die persönlichkeitsverändernde Wirkung von Cannabis erschiene danach zweifelhaft - zumindest in dem Sinne, daß aus einer "normalen" Person durch den Cannabiskonsum alleine keine gestörte Persönlichkeit würde, sondern eine solche Störung stärker, sichtbarer gemacht würde. Man wird diesen Ansatz als einen Hinweis auf

das Problem der prämorbiden Persönlichkeit verstehen müssen,
eindeutigere Belege können nur von aufwendigen follow-up-
Studien erwartet werden.

Nicht übersehen werden kann, daß die Schweizer Studien auch
eine Signifikanz für die Extraversions-Skalen nachweisen konnten, was möglicherweise auf Altersunterschiede oder Bildungs-
unterschiede zurückzuführen ist. Übereinstimmung besteht in
der Signifikanz der neurotischen Persönlichkeitsdimension.
Ist von daher die weitergehende Vermutung erlaubt, daß es
sich beim Modedrogenkonsum um eine Flucht vor der Realität
handle und die Konsumenten Versager seien, die in der Leistungsgesellschaft nicht bestehen können und Ersatz in einer
Traumwelt suchen?

Nimmt man als ein Kriterium dafür die Leistung in der Schule,
so sind die Ergebnisse deutlich widersprüchlich und abhängig
von der Methode. Fragt man nach der eigenen Einschätzung der
schulischen Leistung, wie dies in Deutschland GOSTOMZYK (1973)
PETERSON/WETZ (1973), NORDALM (o.D.), das Institut für Jugendforschung (1973) taten, so überwiegt die skeptischere Einschätzung der Drogenkonsumenten. Dies muß sich nicht immer
am letzten Zeugnis validieren lassen, wie PETERSON/WETZ feststellten; Drogenkonsumenten haben jedoch häufiger als Nichtkonsumenten eine Schulklasse wiederholt. Im Gegensatz dazu
wurden vor allem aus den USA andere Ergebnisse berichtet. Danach unterscheiden sich Drogenkonsumenten nicht in ihrem Lei-
stungsverhalten von Nichtkonsumenten (HASLETON 1971; GERGEN
u.a. 1972; HOCHMAN/BRILL 1973; JESSOR u.a. 1973; BRILL/
CHRISTIE 1974; GROSSMAN u.a. 1974). Vergleicht man die In—
telligenzquotienten von Nichtkonsumenten mit LSD-Konsumenten,
so ergibt sich ebenfalls kein Unterschied (SMART/FEJER 1969),
ebenso nicht mit anderen Drogenkonsumenten (NOBLE u.a. 1972).
Man wird sich bei diesen Ergebnissen vergegenwärtigen müssen,
daß bei diesen Untersuchungen an Schulen und Universitäten
die Extremgruppe der sehr starken Konsumenten vielleicht un-
terrepräsentiert ist und die vorliegenden Resultate als Korre-
lat des "normalen" Modedrogenkonsums zu betrachten sind. Der
Unterschied zwischen deutschen und amerikanischen Untersuchun-

gen mag nicht nur die größere Erfahrung der Amerikaner im Umgang mit Modedrogen widerspiegeln, sondern kann auch entscheidend methodenabhängig sein. Deutsche Autoren fragten in der Regel nach der Einschätzung in bezug auf einen Durchschnitt, amerikanische Autoren nahmen als objektives Maß die Schulnoten. Ohne diesen Widerspruch überspielen zu wollen, wird man sagen müssen, daß beim gegenwärtigen Stand des Wissens Modedrogenkonsumenten wahrscheinlich nicht leistungsschwächer sind als Nichtkonsumenten - drop-outs nicht berücksichtigt!

Die Uneinheitlichkeit der Ergebnisse setzt sich fort, wenn man statt des Leistungsverhaltens die Zukunftsperspektive nimmt, die im wesentlichen eine Auseinandersetzung mit dem Leistungsaspekt ist. WALTERS (1972) und HOCHMAN/BRILL (1973) stellten unter den Konsumenten größere Ungewissheit gegenüber der Zukunft fest, NORDALM (o.D.) stellte fest, daß das Karriere-Denken besonders unter Nichtkonsumenten verbreitet war, JASINSKY (1973) ermittelte, daß jüngere Drogenkonsumenten mehr dem Augenblick lebten, ein Sachverhalt, der jedoch für die älteren Drogenkonsumenten nicht mehr galt, während GERGEN u.a. (1972) feststellten, daß Probanden mit höher gesteckten Berufszielen über ausgeprägteren Drogenkonsum verfügten.

Diese widersprüchlichen Ergebnisse mögen an der Durchgängigkeit der klinisch orientierten Interpretation zweifeln lassen. Modedrogenkonsum mag zwar mit neurotischer Haltung korrelieren, aber muß nicht ausschließlich dadurch erklärt werden. Man wird gezielt danach fragen müssen, ob es nicht-klinische Korrelate zum Modedrogenkonsum gibt, die möglicherweise auch die Beziehung zum klinischen Symptom in einem differenzierteren Licht erscheinen lassen.

Einen Hinweis auf wesentliche weltanschauliche Korrelate findet man in den Bereichen des sexuellen, religiösen und politischen Verhaltens. GOODE (1972), WALTERS u.a. (1972) HOCHMAN/BRILL (1973), JANUS/BESS (1973), JASINSKY (1973) und HALIKAS u.a. (1974) fanden übereinstimmend, daß Drogenkonsumenten über größere und frühere sexuelle Erfahrung verfügten. GOODE wies z.B. nach, daß Modedrogenkonsumenten mehr Sexualpartner hatten, früher mit sexuellen Beziehungen begannen und häufiger Geschlechtsverkehr hatten als Nichtkonsumenten. MANNHEIMER u.a. (1969), GREENWALD (1971), HASLETON (1971), BLUMENFIELD u.a. (1972), HERRMANN/LOTZE (1972), HOCHMAN/BRILL (1973), JANUS/BESS (1973), JESSOR u.a. (1973), PETERSON/WETZ (1973) und GROSSMAN u.a. (1974) kamen übereinstimmend zu der Feststellung, daß Modedrogenkonsumenten weniger religiös sind, versteht man darunter eine institutionell gebundene Form der Religiosität mit einem entsprechenden Ritus.

Drogenkonsumenten interessieren sich nach eigenen Aussagen mehr für Politik (JASINSKY 1973; NORDALM o.D.; HOCHMAN/BRILL 1973) und tendieren zu dem, was man in einem losen Verständnis als links kennzeichnen könnte (JASINSKY 1973; NORDALM o.D.; JANUS/BESS 1973). Die mehr nonkonformistische Haltung (MANNHEIMER u.a. 1969) ist ein durchgängiger Zug der Modedrogenkonsumenten. Diese unterschiedliche weltanschauliche Einstellung läßt sich auch in Studien mittels Persönlichkeitsskalen nachweisen.

In mehreren amerikanischen Untersuchungen wurde die F-Skala verwandt, die rechtslastige autoritäre Haltung messen soll; zur Beschreibung der Skala siehe ADORNO u.a. (1964). Übereinstimmend stellten KOHN/MERCER (1971), WECKOWICZ/JANSSEN (1973), VICTOR u.a. (1973) und GROSSMAN u.a. (1974) fest, daß Drogenabstinenz positiv mit autoritärer Einstellung korreliert. Ein gleicher Zusammenhang läßt sich mit Eysenck's Radikalismus-Skala nachweisen (WECKOWICZ/JANSSEN, 1973). Nimmt man Drogenkonsum als ein unkonventionelles, gesellschaftlich nicht gebilligtes Verhalten, so ist von daher verstehbar, warum konservative Personen stärkere Distanz zu einem solchen Verhalten zeigen. Auch hier wird man nicht ausschließen können, daß der entscheidende Sprung im Einstellungsbereich liegt, jenseits der Tatsache, ob und in welchem Ausmaß Drogenkonsum erfolgte. VICTOR u.a. (1973), die in ihrer Untersuchung ebenfalls zwischen positiv und negativ eingestellten Nichtkonsumenten unterschieden, legten Daten vor, die im Vergleich zu den anderen Gruppen wie z.B. Interessierten, Probierern, starken Konsumenten die Sonderstellung der negativen Abstinenzler unterstrichen. Eine solche notwendige

Unterscheidung von positiven und negativen Abstinenzlern führten die meisten Forscher jedoch nicht durch, so daß im wesentlichen ein Unterschied zwischen Abstinenzlern und Konsumenten herausgearbeitet wurde, der in dieser Form wohl nicht besteht. Die Bruchlinie verläuft zwischen den pro und contra Eingestellten, verdeutlicht also einen Haltungsunterschied.

Die bisher vorgetragenen Ergebnisse rechtfertigen die Interpretation, daß Modedrogenkonsum, insbesondere von Cannabis, Ausdruck eines anderen Lebensstils ist. Drogenkonsum in diesem Sinne scheint unter Personen weiter verbreitet zu sein, die eine größere Distanz zu den herkömmlichen Werten haben, weniger an überlieferten Formen festhalten, mehr und früher auch nach unmittelbarer Bedürfnisbefriedigung streben und möglicherweise nicht zu langfristigen, ehrgeizigen Plänen neigen. Es wären Personen, die der unmittelbaren Gegenwart den Vorzug vor der Zukunft geben und sich mehr dem hier und jetzt Vorfindbaren zuwenden. Kreativität und eine abenteuerliche Haltung korrelieren mit Modedrogenkonsum (VICTOR u.a. 1973; GROSSMAN u.a. 1974) und unterstreichen die ungebundenere, unmittelbarere, impulsivere Lebensform des Modedrogenkonsumenten.

Dieser Unterschied im Lebensstil kann durch die sensation-seeking-Skalen von ZUCKERMAN illustriert werden (ZUCKERMAN 1971; ZUCKERMAN u.a. 1964; ZUCKERMAN u.a. 1968). Zugrunde lag der Entwicklung dieser Skalen das von ZUCKERMAN entwikkelte Konzept der optimalen Stimulation für ein Individuum. ZUCKERMAN postulierte, daß es für jedes Individuum ein bestimmtes optimales Stimulations-Niveau und ein Bedürfnis nach Stimulations-Befriedigung gibt. Aus der ursprünglich einen Skala wurde im Verlauf von weiteren Untersuchungen mit einem größeren Item-pool eine Batterie mit vier Skalen, die ZUCKERMAN so kennzeichnete: Thrill and adventure seeking (Abenteuer-Faktor), Experience Seeking (Suche nach neuen Eindrücken), Disinhibition (Enthemmung) und Boredom Susceptibility (Angst vor Langeweile). Eine Übertragung und Überprüfung der Struktur für deutsche Verhältnisse wurde von SCHÜSSLER/ SCHENK (in Vorbereitung) durchgeführt. Die Ergebnisse von

ZUCKERMAN konnten im wesentlichen bestätigt werden. Für die Drogenforschung ist nun bedeutsam, daß im Faktor 1 der deutschen Lösung, der die Suche nach neuen Dingen, die Abwendung von Klischees repräsentiert, auch eindeutig die Einstellung zu Modedrogen lokalisiert ist. Das Item "Ich versetze mich gerne in Rauschzustände" korreliert mit der Gesamtskala .44, das Item "Ich würde schon einmal Drogen probieren, mit denen man auf den Trip gehen kann" .66, das Item "Wenn ich wüßte, daß ich durch irgendwelche Stoffe völlig neuartige und ungewöhnliche Erlebnisse haben könnte, würde ich sie nehmen" mit .60. Die Skala mißt insgesamt ein Bedürfnis nach ungewöhnlichen Erfahrungen, ungewöhnlich bestimmt von dem üblichen bürgerlichen Rahmen her. Eingeschlossen ist dabei die Bereitschaft, in einer Kommune zu leben, Bekanntschaft mit Homosexuellen und Hippies zu haben, die Erprobung neuer Lebensformen und Kunstrichtungen. Bereitschaft zum Drogenkonsum ist danach Ausdruck eines Lebensstils, der zwar den Drogenkonsum einschließt, aber mehr ist.

Es ist ein unkonventioneller Lebensstil, der in der unmittelbaren sinnlichen und gefühlsmäßigen Erfahrung seine Erfüllung findet und dazu von dem üblichen geregelten Leben abweicht, Normen ignorierend oder bewußt gegen sie verstoßend nach neuen Erlebnissen sucht, sich voll und ganz dem Augenblick hingibt und dazu dann auch das Hilfsmittel Droge zu benutzen gewillt ist. Ein solcher Lebensstil muß nicht reflektiert, nicht weltanschaulich gerechtfertigt sein. Man mag z.B. mit Blick auf den Hamburger Anti-Drogenkongreß, den die Redakteure der Zeitschrift "konkret" organisierten, darauf verweisen, daß dort die "Linke" dem Drogenkonsum abgeschworen habe (sh. Konkret-Buchverlag: Arbeitspapiere   März 1972) und damit ein Zusammenhang zwischen linker Einstellung und Drogenkonsum der Vergangenheit angehört. So richtig es ist, daß damit in der Redaktion von "konkret" ein Gesinnungswandel offenkundig wurde, so wenig sagt es darüber aus, ob dadurch ein allgemeiner Gesinnungswandel eingeleitet wurde oder ob dies nur einen esoterischen Kreis betraf. Tatsache ist, daß die 1973 durchgeführte Befragung in Hamburg (JASINSKY 1973) ein Jahr nach dem Anti-Drogenkongreß immer noch einen Zusammenhang zwischen "linker" Einstellung und Drogenkonsum ergab. Man wird dabei berücksichtigen müssen, daß "links" ein schillernder Begriff ist und nicht jede Gruppe für die Gesamtheit der "Linken" spricht, aber vor allem auch, daß nicht jeder, der sich als links bezeichnet, damit eine klare, artikulierbare politische Weltanschauung verbindet, sondern daß dies oftmals nur ein vages, nicht hinreichend reflektiertes Gefühl ist. Trotz des Anti-Drogenkongresses mag eine Beziehung zwischen "linker" Einstellung und Drogenkonsum fortbestehen, eine Einstellung aber, die vielleicht mehr durch Unzufriedenheit mit der bestehenden Gesellschaft gekennzeichnet ist als durch konkrete, durchdachte Vorstellungen von einer anderen Gesellschaft.

Ein solcher Lebensstil, der vielleicht mehr durch die Negation bestehender Verhaltensweisen gekennzeichnet ist, der in der Suche nach neuen Formen der Gesellschaft und des Zusammenlebens vage und unfertig bleibt, mag zu Konflikten mit der Gesellschaft führen, die dann das erzeugen, was man als neurotische Persönlichkeit bezeichnet. Es ist durchaus denkbar, daß die neurotische Störung erst die Folge eines weltanschaulichen Konfliktes ist, also in der Gesamtproblematik sekundär. Korrelationen geben keinen kausalen Zusammenhang wider. Drogenkonsum korreliert sowohl mit bestimmten Persönlichkeitsskalen wie Nervosität und emotionale Labilität wie aber auch mit Einstellungen wie der autoritären Einstellung. Die Gegenüberstellung von Eigenschaft und Einstellung ist sicher nicht haltbar, sondern wird hier nur gewählt, um die größere politisch-soziale Relevanz von Einstellungen zu verdeutlichen, die selbstverständlich auch Eigenschaften der Person sind.

Bezieht man sich zurück auf das Verständnis der Medizin von der süchtigen Persönlichkeit, so wird man im Unterschied dazu für nichthospitalisierte, einigermaßen sozial integrierte Drogenkonsumenten festhalten müssen, daß sie zwar durch klinische Termini beschreibbar sind, aber nicht nur durch sie. Verdeutlicht man sich, was ein bestimmtes Verhalten in einem bestimmten sozialen Umfeld bedeutet, so ist es durchaus denkbar, daß dieses Verhalten zunächst Ausdruck eines bestimmten

Lebensstils ist und durch den Konflikt oder durch den antizipierten Konflikt auch neurotische Störungen hervorruft. Umgekehrt ist es auch denkbar, daß zunächst eine klinische Störung vorlag und die Weltanschauung eine Rationalisierung darstellt. Diese Problematik wird bewußt offengehalten werden müssen, da sie bei dem gegenwärtigen Stand des Wissens nicht lösbar ist. Man wird dies vor allem deshalb tun müssen, weil der Nachweis einer signifikanten Beziehung an sich noch nicht viel besagt. In einer Untersuchung an erwachsenen Bewohnern von Toronto kamen SMART/FEJER (1973) zu dem Nachweis einer signifikanten Beziehung zwischen Drogenkonsum und Neurotizismus, gemessen durch die EYSENCK-Skala. Der Unterschied zwischen Marihuana-Konsumenten und Nichtkonsumenten war auf dem 1-Prozent-Niveau signifikant. Eine später durchgeführte multiple Regressionsanalyse, in die neben Persönlichkeitseigenschaften auch noch andere Daten eingingen (Geschlecht, Alter, Zivilstand, Bildung, Beruf) ergab, daß nicht nur ein sehr geringer Varianzanteil erklärt wurde (8 Prozent), sondern daß die entscheidende Variable das Geschlecht war, die alleine fünf Prozent der Varianz erklärte. Weitere zwei Prozent der Varianz wurden durch die Variable Alter erklärt und das verbleibende eine Prozent wurde durch die übrigen Variablen abgedeckt. Obwohl also die Variable Neurotizismus signifikant zwischen Konsumenten und Nichtkonsumenten unterscheidet, ist sie in dieser Untersuchung relativ bedeutungslos. Man wird daher nicht nur nach einer signifikanten Beziehung suchen müssen, sondern zusätzlich fragen müssen, ob es eine bedeutsame Beziehung ist. Im Gegensatz zu SMART/FEJER zeigte die erwähnte Untersuchung von SCHENK, daß die Persönlichkeitseigenschaften nicht nur signifikant, sondern auch bedeutsam sein können. Die Zuordnung zu den einzelnen Konsumentengruppen aufgrund der Diskriminanzfunktion, die durch den Faktor Neurotizismus bestimmt war, führte zu einer richtigen Einstufung bei 64 Prozent der Probanden.

Drogenkonsum scheint danach mit Neurotizismus zu korrelieren, möglicherweise auch mit Extraversion, vielleicht aber auch mit politisch-sozialen Einstellungen, die im deutschsprachigen Raum bisher auf Skalenniveau nicht hinreichend geprüft wurden. Korrelationen können nicht zeigen, was zuerst da war, die Weltanschauung oder die neurotische Störung. Die Einbeziehung auch sozialer Einstellungen sollte jedoch dazu führen, das Problem in seiner Komplexität zu sehen und es nicht vorschnell in den klinischen Sektor abzudrängen. Ein solcher Ansatz, in dem neben klinischen Skalen auch Einstellungsskalen hinreichend repräsentiert sind, wurde von SCHENK verwirklicht; die Veröffentlichung erfolgt 1976. Daneben sollte man aber, gewarnt durch das Ergebnis von SMART/FEJER, stärker auf soziale Faktoren des Drogenkonsums achten.

Kapitel XVI. Der enge soziale Rahmen als Verursachungsfaktor

1. Die Bedeutung des engen sozialen Rahmens

In der Beziehung Individuum-Gesellschaft nehmen die Kleingruppen (Familie, Freundeskreis) eine besondere Stellung ein. Hier wird die soziale Eingebettetheit des Individuums unmittelbar deutlich. Die Sozialpsychologie wies in vielen Untersuchungen den direkten steuernden Einfluß von Kleingruppen auf das Individuum nach. Im Rahmen von sogenannten Konformitätsstudien (sh. z.B. ASCH, SHERIF, CRUTCHFIELD) konnte nachgewiesen werden, daß selbst die bloße Gegenwart anderer Menschen und das Wissen um deren Verhalten und Wahrnehmungen die entsprechenden Funktionen beim Individuum nachhaltig beeinflussen kann. Das Individuum ist vielen Gruppen zugeordnet, strebt eine solche Gruppenzugehörigkeit auch an und versucht in diesen Gruppen Bedürfnisse zu befriedigen, die es als einzelnes Individuum nicht befriedigen könnte. Die Klein-Gruppe oder face-to-face-group ist dadurch ausgezeichnet, daß soziale Beziehungen einen unmittelbaren Charakter haben, Menschen in direktem und andauerndem Kontakt zueinanderstehen und das Verhalten des Einzelnen auf sofortige, lebendige Resonanz stößt. Kleingruppen sind in der Gesellschaft kleine Bestandteile, die selbst wieder umgriffen werden von größeren sozialen Gruppierungen und der jeweiligen Kultur. Bedenkt man, daß eine Analyse sozialer Probleme auch immer die Frage nach den notwendigen Konsequenzen mit einschließt, so wird man für die Kleingruppe sagen müssen, daß auch hier noch eine individualisierende Konzeption möglich ist, ähnlich wie bei der Bewertung des Persönlichkeitsfaktors. Unter "individualisierend" soll dabei verstanden werden, daß die Ursache nicht in einem strukturellen Problem gesucht wird, sondern in dem Versagen einer je besonderen Kleingruppe, ohne daß damit das Fortbestehen des gesamten Typus dieser Kleingruppe in Frage gestellt wäre. Wenn man z.B. der Ansicht ist, daß eine und vielleicht die entscheidende Ursache des Modedrogenkonsums in der Störung des Familienzusammenhalts zu suchen ist, so mag man dies einzelnen Familien anlasten, ohne die Institution der Familie oder ihre jetzige Form in Frage zu stellen. Es ist auch die andere Sichtweise möglich, die eben hier ein prinzipielles Problem aufdeckt, aber entscheidend ist, daß sowohl die Erforschung von Persönlichkeitsfaktoren wie von Kleingruppenfaktoren die Möglichkeit eröffnet, in einem mehr privaten Raum zu bleiben und die gesellschaftliche Relevanz der Fragestellung auszuklammern. Die Art der Analyse wird zeigen, ob bei den kleinen sozialen Einheiten wahrscheinlich stehengeblieben wird oder ob sich daraus auch ein Verweis auf den diese Elemente tragenden gesellschaftlich-kulturellen Grund ergibt.

2. Familienzusammenhalt

KUSEVIC (1973) verwies in einem Artikel, in dem er sich kritisch mit dem vorherrschenden psychiatrischen Ansatz auseinandersetzte, darauf, daß die stark von diesem Denken beherrschte WHO in einem Katalog der Gründe für Drogenkonsum vorwiegend psychopathologische Phänomene aufzählte, während das als Kontrast hierzu von KUSEVIC angeführte französische Gesundheitskommittee überhauptkeine psychopathologischen Hauptgründe annahm, sondern stark die sozialen Ursachen betonte. Es ist vielleicht kein Zufall, daß dabei an erster Stelle die Schwächung der Institution der Familie genannt wird, die von vielen Autoren als wesentliche Ursache des Drogenkonsums angesehen wird (z.B. KIELHOLZ 1967; STUTTE 1967; GERFELDT 1970; DAHRENDORF 1971; LADEWIG 1971; SEISS 1971; EVANS 1971; CHRISTIANI 1972;). Neutraler formulierte es die American Psychiatric Association als sie nur von Veränderungen des Familienzusammenhalts sprach. In der Regel verbinden die meisten Autoren jedoch eine negative Bedeutung damit, meinen Auflösung, Störung, Schwächung des Familienzusammenhalts, Verfall einer gesellschaftlichen Institution. Es ist eine soziale Pathologie und paßt gut zu dem vorherrschenden Gedanken, daß Konsumenten gestörte Persönlichkeiten sind. BERNER/HOFF/KRYSPIN-EXNER (1963) zeigten die Beziehung auf: "Die Süchtigen stammen häufig aus zerstörten oder in ihrer Struktur doch sehr abwegigen Familien, die ja bekanntlich den Boden darstellen, auf dem sich Neurosen und Psychopathien entwickeln" (BERNER u.a. 1963, S.760). In diesen Rahmen gehört dann nicht nur der Familienzusammenhalt, sondern damit zusammenhängend die Kommunikation in der Familie und - da hier besonders von jungen Menschen die Rede ist - der Erziehungsstil der Eltern. "Die hereditäre charakterliche Grundlage, mehr aber noch die Art der Erziehung im Kindesalter bereiten den Boden dazu vor, daß ein Mensch in einer bestimmten Belastungssituation süchtig wird, ein anderer dagegen unter gleichen Bedingungen die Kraft findet, sich 'ohne Unterstützung' mit Drogen durchzusetzen" (STUCKI 1971, S.149).

Für dieses Versagen der Familie und dies heißt konkret, der Eltern, liegen viele empirische Belege vor. Die dazu gewählten Indikatoren variieren zwar, basieren jedoch in der Regel auf subjektiven Einschätzungen der jungen Menschen. Konsumenten bezeichneten im Vergleich zu Nichtkonsumenten die Familienatmosphäre seltener als erfreulich (PETERSON/WETZ 1973; BLUMENFIELD u.a. 1972), die Ehe der Eltern häufiger als gestört (ANGST u.a. 1973b, ihre Beziehung zu beiden Elternteilen häufiger als gespannt (ZIMMERMANN 1974), fühlten sich seltener verstanden (GOSTOMZYK u.a. 1973) und häufiger zu unrecht kritisiert (Bayer. Staatsministerium d.Innern 1973), unternahmen seltener etwas mit den Eltern zusammen (WEIDMANN u.a. 1973), überwog eher das Motiv, das Elternhaus zu verlassen, um alleine zu leben (HOCHMAN/BRILL 1973). Alle diese Indikatoren deuten darauf hin, daß die Familienatmosphäre eher gespannt war.

Dies findet seine Entsprechung in der Kommunikationsstruktur. Die Untersuchung von BAUMANN u.a. (1973a) ergab, daß Drogenkonsumentinnen relativ seltener ihre Probleme mit den Eltern besprachen, NORDALM (o.D.) fand, daß doppelt so viele Nichtkonsumenten wie Konsumenten ihre Probleme im Elternhaus besprachen. Zwei Untersuchungen des Instituts für Jugendforschung (1971 und 1973 a) ergaben, daß Konsumenten seltener mit den beiden Eltern Probleme besprachen oder das Gefühl hatten, daß sich die Eltern um ihre Probleme kümmerten. Die Eltern scheinen danach bei Konsumenten seltener als bei Nichtkonsumenten als Gesprächspartner in Frage zu kommen, sei es, weil diese selbst nicht wollen, sei es, weil sie als ungeeignet empfunden werden. Ein Blick auf die Daten zeigt, daß der Vater mehr als die Mutter im Kreuzfeuer der Kritik steht und diese kritische Distanz möglicherweise ein allgemeines Jugendproblem ist. Nach GOSTOMZYK u.a. (1973) fühlen sich Konsumenten, wenn überhaupt, dann am ehesten noch von der Mutter verstanden. Bezogen auf alle Befragten, wollten 41 Prozent nur in eingeschränktem Sinne der Frage nach Verständnis seitens der Mutter zustimmen, während ca. 5 Prozent sich vollkommen unverstanden fühlten; die Zahlen für den Vater betrugen 51,3 Prozent und 9,3 Prozent. Beschränken wir uns auf den Vater, so war nur ein Drittel der Befragten bereit, der Äußerung zuzustimmen, vom Vater verstanden zu werden. Ein ähnliches Ergebnis erbrachte auch die Befragung des IfJ (1971): ca. 42 Prozent aller Befragten besprach mit der Mutter persönliche Probleme, aber nur 25 Prozent taten dies mit dem Vater. Diese Angaben verdeutlichen, daß jenseits aller Drogenproblematik das Verhältnis von Kind zu Eltern sicherlich nicht unbelastet ist und daß insbesondere ein Spannungsverhältnis zum Vater besteht. Nimmt man die Kommunikation als Indikator für die Offenheit und Betroffenheit gegenüber den Problemen des

Partners, so fühlen sich die Jugendlichen mehrheitlich von ihren Vätern nicht ernst genug und wichtig genug genommen. Die Konzentration der Kritik auf den Vater spiegelt vielleicht die immer noch maßgebliche Funktionsteilung zwischen Mann und Frau wider, wonach der Mann vor allem den Leistungsbereich repräsentiert und die Frau mehr den emotionalen Bereich; in Termini der Sozialpsychologie ausgedrückt wäre der Mann der task-oriented leader, die Frau der social-emotional-leader, was erklärt, warum die Kinder eher in Konflikt mit dem Vater geraten und dieser, durch die mehr nach außen gerichtete Aufgabenzuweisung, weniger Zeit für die Familie und damit für die Kinder hat.

Diese Ergebnisse sind altersabhängig zu sehen. Nach der Befragung des IfJ (1971) geht sowohl für den Vater wie für die Mutter als Gesprächspartner der Prozentwert mit ansteigendem Alter zurück, jedoch stärker für die Mutter als für den Vater. Besprachen nach eigenen Angaben noch 55 Prozent der 14-17jährigen ihre Probleme mit der Mutter, so waren es bei den 18-20jährigen nur noch ca. 37 Prozent.

Ganz im Gegensatz zu diesem Ergebnis, das für das Alter von 14 bis 25 Jahren eine zunehmende Reduktion der Kommunikation mit den Eltern nachweist, steht ein Resultat von JASINSKY (1973), das sich allerdings auf die pauschale Einstufung der Familienatmosphäre bezieht. Differenziert man zunächst zwischen Konsumenten und Nichtkonsumenten, so ergibt sich, daß für jede Altersstufe Konsumenten seltener ein erfreuliches Familienverhältnis angaben. Wäre Drogenkonsum nun die Konsequenz verringerter Kommunikation mit den Eltern, was wiederum als Indikator für die Qualität des Familienzusammenhalts angesehen werden könnte, so würde man mit ansteigendem Alter eine Zunahme des Unterschiedes zwischen Konsumenten und Nichtkonsumenten bezüglich der Einschätzung der Familienatmosphäre erwarten. Das Gegenteil ist jedoch der Fall. Am größten ist die Diskrepanz bei den 14jährigen, am geringsten bei den 19-22jährigen. Mit zunehmendem Alter spielt also die Einschätzung der Familienatmosphäre eine geringere Rolle, ja man kann sogar sagen, daß es einen ausgesprochenen Gegensatz zwischen

Konsumenten und Nichtkonsumenten gibt. Der Prozentsatz der
Nichtkonsumenten, der die Familienatmosphäre als unerfreulich bezeichnet, steigt mit zunehmendem Alter, während der
Prozentsatz bei den Drogenkonsumenten mit zunehmendem Alter
sinkt. Eine mögliche Erklärung für diese gegenläufige Beziehung könnte an der Zunahme der unzufriedenen Kinder in
den jüngsten Jahrgängen der Drogenkonsumenten ansetzen. Die
älteren Konsumenten waren akzentuiert mehr weltanschaulich
geleitet, während die jüngeren Konsumenten als Imitatoren
weniger weltanschaulich motiviert sind und der Fluchtaspekt
vorherrscht. Ca. 43 Prozent der 14jährigen Konsumenten bezeichnete das Familienverhältnis als unerfreulich gegen 5,8
Prozent bei den Nichtkonsumenten. Je mehr die ideologische
Basis für den Modedrogenkonsum verloren geht und dies wäre
der Fall bei immer größerer zeitlicher Distanz zur Hippie-
Bewegung und fortschreitender Verjüngung der Konsumentengruppe, umso mehr werden die originären Bedürfnisse der entsprechenden Altersgruppe zum entscheidenden Motiv für den Drogenkonsum. Bei Kindern im Alter von 14 oder 15 Jahren dürften
dies nicht zuletzt Probleme der Selbstfindung und der Auseinandersetzung mit der sozialen Welt sein. Der Entfremdung
vom Elternhaus geht eine Annäherung an die peer-group, die
Gruppe der Gleichaltrigen, parallel.

3. Die Gruppe der Gleichaltrigen

Ein wichtiger Indikator für die Bedeutung der einzelnen Bezugsperson ist die Kommunikation zwischen den Partnern. Die
Befragung des IfJ (1971) ergab dabei, daß die Jugendlichen
am ehesten mit Gleichaltrigen ihre Probleme besprechen, nur
bei der Gruppe der 14-17jährigen liegt die Mutter als Gesprächspartner knapp vorn. Die Jugendlichen scheinen sich danach am ehesten von Gleichaltrigen verstanden zu fühlen. Mehr
noch gilt dies für Haschischkonsumenten im Vergleich zu Nichtkonsumenten. Haschischkonsumenten suchen die Mutter weniger
als Gesprächspartner und mehr Freund und Freundin als Vertrauten. Wer in dieser Weise der Gruppe der Gleichaltrigen den
Vorzug vor der Familie gibt, ist auch eher bereit, von einem

Generationskonflikt zu sprechen. Viele Autoren benutzten
ebenfalls das Modell des Generationskonfliktes (z.B. EWING
1967; LEARY 1970; SOMMERHAUSEN 1970; FURGER 1971; HEBBLETH-
WAIT 1971; BACHMANN 1972).

Modedrogenkonsumenten kommunizieren eher mit Gleichaltrigen
und sie streben dazu auch mehr aus dem familiären Rahmen
heraus, treffen sich in Lokalen und öffentlichen Plätzen,
die nicht der Kontrolle der Eltern unterliegen (GOSTOMZYK
u.a. 1973). Modedrogenkonsumenten gehen häufiger zu Parties
und besuchen häufiger Diskotheken (NORDALM o.D.). Die größere Bezogenheit auf Gleichaltrige erhöht die Wahrscheinlichkeit, mit gleichaltrigen Drogenkonsumenten in Kontakt zu kommen, unter Drogenkonsumenten Freunde zu haben und dadurch in
einer ständigen Versuchssituation zu sein. GOODE (1969 b)
wies nach, daß die Intensität des Marihuana-Konsums korrelierte mit der Anzahl der Freunde, die Marihuana-Konsumenten
waren. JASINSKY (1973) konnte über verschiedene Altersstufen
hinweg zeigen, daß der Drogenkonsum des Probanden korreliert
mit dem Drogenkonsum des besten Freundes bzw. der besten
Freundin; ähnlich LAWRENCE/VELLEMAN (1974). Dies korrespon-
diert mit der allgemeinen Auffassung, daß Cannabis-Konsum
sich im sozialen Rahmen vollzieht (Home Office, Advisory Committee ... 1968; Europarat 1971; HASSE 1971). Der joint wird
nicht allein geraucht, sondern kreist in einer Gruppe Gleichgesinnter. Cannabis-Konsum ist so eine gemeinsame Freizeit-
beschäftigung und unterscheidet sich deutlich von dem einsa-
men exzessiven Gebrauch von Alkohol und anderen Drogen. Es
ist etwas, was viele tun und was als Indikator für die soziale Integration genommen werden kann. Konsequenterweise verfügen drogenerfahrene Jugendliche über einen größeren Freundeskreis (IfJ 1971; PETERSON/WETZ 1973). Es ist fraglich, ob
der Begriff "Freund" in seiner präzisen Bedeutung gemeint
ist und nicht vielleicht nur der losere Begriff der "Bekanntschaft", eine Interpretation, die vor allem deshalb naheliegend ist, weil ca. ein Drittel der Haschischkonsumenten den
Umfang des eigenen Freundeskreises mit sechzehn und mehr Personen angab.

ALBRECHT (1973) konnte in einer Untersuchung die Bedeutung
der Einstellung gegenüber Marihuana und der Wahrnehmung der
Haltung von bedeutsamen Bezugspersonen für den Drogenkonsum
illustrieren. Die Untersuchung an Schülern ergab, daß diese
bei den Eltern in der Regel eine ablehnende Haltung bemerkten, bei Freunden und Schulkameraden eine geteilte Haltung,
die von positiv bis negativ die volle Breite der Variationsmöglichkeiten ausfüllte, registrierten. Drogenkonsum ist danach dann nicht nur eine Funktion der eigenen Haltung, sondern
ebenso eine der wahrgenommenen Haltungen der wichtigen Bezugspersonen. War die eigene Haltung ablehnend gegenüber dem
Drogenkonsum, so erfolgte in der Regel auch kein Konsum; war
die eigene Einstellung jedoch positiv, so war zusätzlich entscheidend, ob die Umgebung ebenfalls eine positive Haltung
einnahm. Drogenkonsum war am wahrscheinlichsten dann, wenn
sowohl die eigene Einstellung wie die Haltung der Umgebung
gegenüber Marihuana positiv waren, war die Haltung der Umgebung negativ, so erfolgte trotz eigener positiver Einstellung in der Regel kein Drogenkonsum. Verhalten ist sicherlich mehr als die Umsetzung einer isolierten "Einstellung"
in einer äußerlich sichtbaren Aktion. (Die Unterscheidung
zwischen Einstellung und Verhalten soll für die jetzige Diskussion nicht problematisiert werden, obwohl dies eigentlich nötig wäre). Man wird ebenso das Verhalten als ein komplexes Phänomen sehen müssen wie man umgekehrt auch einen
ganzen Komplex von Einstellungen und Eigenschaften als verhaltensdeterminierend ansehen muß. Verhalten ereignet sich
in einem sozialen Raum und berücksichtigt diesen sozialen
Raum. Ist die Stimmung in diesem sozialen Raum den eigenen
Verhaltenstendenzen entgegengesetzt, so sinkt die Wahrscheinlichkeit des Verhaltens drastisch ab. Für einen beachtenswerten Prozentsatz von Jugendlichen wurde der Drogenkonsum sozial
unterstützt und dadurch wohl erst möglich.

In Kapitel XII war bereits angedeutet worden, daß der Drogenkonsum auch eine soziale Funktion erfüllen kann. Mittels dieses Drogenkonsums kann der Drogenkonsument zu einer neuen oder
erstmalig zu einer Identität gelangen. Er ist sozial anerkannt,
wenn auch nicht respektiert. In bestimmten Gruppen aber wird

er auch geachtet, wird in einen Kreis Gleichgesinnter aufgenommen und findet dort vielleicht zum ersten Mal in seinem Leben Anerkennung. Drogenkonsum ist dann mehr als nur die physisch-psychische Verarbeitung von Drogenwirkungen, es ist eine soziale Handlung und kann die Zugehörigkeit zu einer Gruppe sichern, die Bedürfnisse befriedigt, die außerhalb dieser Gruppe nicht befriedigt werden können. O'CALLAGHAN beschrieb dies an dem Beispiel eines einfachen, vereinsamten und von seinen Eltern entfremdeten Mädchens, das Heroin nahm und von einem Beamten auf das Lebensgefährliche seines Tuns hingewiesen wurde. Er sagte dem 15jährigen Mädchen, daß es mit zwanzig Jahren tot sein würde, wenn es den Drogenkonsum nicht aufgeben würde. Das Mädchen antwortete darauf: ...zwanzig ist weit weg. Bevor ich Heroin nahm, hatte ich keine Freunde und keiner machte sich die Mühe, mich zweimal anzusehen. Jetzt aber bin ich einer von der Gang. Wir sind alle im gleichen Boot, sind alle süchtig. Wenn ich aufhöre zu spritzen, bin ich wieder dort, wo ich angefangen habe und ohne Freunde. Meine Eltern verstehen mich einfach nicht" (O'CALLAGHAN 1970, S.69). Auch dies kann man in einer Statistik darstellen. Die Untersuchung von BLUMENFIELD u.a. (1972) erbrachte, daß regelmäßige Cannabis-Konsumenten signifikant häufiger als gelegentliche Konsumenten durch den Konsum Freunde dazugewannen und selten Freunde verloren. Drogenkonsum kann Teil eines Lebensstils sein, manchmal entscheidender Bestandteil dieses Lebensstils, eines Stils, der in bestimmten Gruppen praktiziert wird und wo die Aufgabe des Drogenkonsums ein Verstoß gegen eine entscheidende Norm der Gruppe ist und damit die Gruppenzugehörigkeit des Ex-Users gefährdet. Diese Beschreibung gilt nicht für alle Drogenabhängigen, wie die vermeintliche Verlaufsstudie von HASSE u.a. (1971) zeigt, aber sie unterstreicht doch die Bedeutung des sozialen Aspektes für den Drogenkonsum. Drogenkonsum, insbesondere Cannabis-, LSD- und Heroin-Konsum, kann in einem sozialen Rahmen erfolgen und dem Drogenkonsumenten ein neues Selbstbewußtsein vermitteln, ein vorher nie gekanntes Zugehörigkeitsgefühl vermitteln und dadurch, nicht wegen der direkten Drogenwirkung bei manchen Jugendlichen eine Abhängigkeit erzeugen. Diese Möglichkeit verdeutlicht einmal mehr, daß es nicht sinnvoll ist, von einem pauschalen Begriff der Abhängigkeit auszugehen, sondern die Beziehung Droge - Individuum in der ganzen Vielfalt der Interaktionen zu sehen, die sich ereignen können.

4. Das Vorbild der Eltern

Die bisherigen Ausführungen waren an dem nachlassenden Einfluß der Eltern und der verstärkten Bedeutung der Gruppe der Gleichaltrigen orientiert. Obwohl an dieser strukturellen Veränderung in den sozialen Beziehungen nicht gezweifelt werden kann, bleiben die Eltern trotz des verminderten Einflusses ein wesentlicher sozialer Faktor. Sie wirken im Bereich des Drogenkonsums jedoch nicht so sehr durch Verbalisation von angeblich vorhandenen Einstellungen, sondern durch das konkrete Verhalten. Die konkreten Ergebnisse variieren zwar etwas von Untersuchung zu Untersuchung, lassen aber insgesamt keinen Zweifel daran, daß Drogenkonsum der Eltern das Drogenkonsumverhalten der Kinder beeinflußt. Eine große Untersuchung an 19jährigen Zürchern und Zürcherinnen (BAUMANN u.a. 1973; ANGST/BAUMANN u.a. 1973 a)ergab nur einen Zusammenhang zwischen dem Drogenkonsums des Probanden und dem Schlaf- bzw. Schmerzmittelgebrauchs, sowie dem Alkohol-Konsum der Mutter; der Drogenkonsum des Vaters blieb ohne Einfluß. Im Gegensatz dazu ergab sich bei einer anderen großen Schweizer Untersuchung (WEIDMANN u.a. 1973) nicht nur ein Zusammenhang zwischen dem Drogenkonsum des Probanden und dem Alkoholkonsum der Mutter, sondern auch des Vaters. Die Bedeutung des väterlichen Konsumverhaltens wurde von SCHERER/MUKHERJEE (1971) und HOCHMAN/BRILL (1973) ebenfalls gefunden. LAWRENCE/VELLEMAN (1974) konnten diesen Zusammenhang für eine Reihe von elterlich benutzten Drogen nachweisen, wobei die unterschiedliche Nähe der Geschlechter zu den traditionellen Drogen deutlich wurde. Mütterlicher Alkohol-Konsum oder Zigaretten-Konsum zeigte einen stärkeren Zusammenhang mit dem Drogenkonsum des Kindes als dies bei väterlichem Drogenkonsum der Fall war. Ein solcher Unterschied erklärt sich aus der größeren Nähe der Männer zu den kulturell akzeptierten Drogen. Die Befragung frisch eingezogener Rekruten über das Drogenkonsumverhalten der Eltern ergab, daß Mütter weit seltener Alkohol trinken (89 Prozent trinken selten oder nie Alkohol) im Vergleich zu den Vätern (35 Prozent trinken selten oder nie). Analog ist es beim Zigarettenrauchen: rund 45 Prozent der Väter rauchen nach dem Urteil ihrer Söhne selten oder nie, dagegen jedoch 80 Prozent der Mütter. Alkohol-Konsum und Zigarettenrauchen sind in unserer Kultur dominant männliche Verhaltensweisen, ist beinahe selbstverständliches Verhalten. Weibliches Drogenkonsumverhalten hat hingegen noch das Signum des Außergewöhnlichen und damit größeren Signalcharakter. Es ist daher verständlich, daß das mütterliche Verhalten von größerem Einfluß ist als das väterliche Verhalten; väterliches Verhalten bleibt daneben jedoch auch von Einfluß.

Dieser Einfluß kann nun spezifisch oder allgemein sein. Unter spezifisch soll dabei verstanden werden, daß elterlicher Konsum einer bestimmten Droge die Wahrscheinlichkeit des Konsums der gleichen Droge bei den Kindern erhöht, allgemein soll bedeuten, daß durch elterlichen Drogenkonsum die Wahrscheinlichkeit des Drogenkonsums der Kinder ganz allgemein erhöht wird, also nicht auf die von den Eltern benutzte Droge beschränkt bleibt. SMART/FEJER (1972) konnten in einer Untersuchung nachweisen, daß elterlicher Konsum von Tranquilizern die Wahrscheinlichkeit des Konsums von Tranquilizern bei den Kindern erhöhte, aber auch die von Marihuana und anderen Drogen. Ähnliche Zusammenhänge lassen sich auch für andere, von den Eltern benutzte Drogen nachweisen.

Man kann an diesen Daten erkennen, daß die Eltern trotz aller Problematisierung der Elternrolle als Vorbilder für ihre Kinder weiterhin relevant sind und ihr Drogenkonsum Modellcharakter hat. Die Jugendlichen generalisieren dieses Verhalten allerdings und beschränken sich nicht mehr auf die von den Eltern benutzten Drogen, sondern beziehen auch kulturfremde Drogen ein.

Gelernt wird offensichtlich der allgemeine Umgang mit Drogen, die spezifische Auswahl der benutzten Droge wird mehr durch die Gruppe der Gleichaltrigen gesteuert. Neben dieser Modellbildung wird man unter Berücksichtigung der öffentlich geführten Auseinandersetzung um den jugendlichen Drogenkonsum auch einen mehr politisch-moralischen Aspekt sehen müssen. Erwachsene bekämpfen entschieden den Konsum illegaler Drogen durch die Jugendlichen, was sich auch in manchmal stark polemischen Bemerkungen selbst in wissenschaftlichen Zeitschriften bemerkbar macht (z.B. BIENER 1969: "Gernegroß und Nichtsnutze"). Es ist naheliegend, daß jugendliche Drogenkonsumenten zur Verteidigung ihres Drogenkonsums auf den Drogenkonsum der Erwachsenen verweisen und diesen damit das Recht auf eine restriktive Haltung absprechen. "Offensichtlich ist es nicht genug, mahnend darauf hinzuweisen, daß Drogenkonsum schlecht ist. Die jungen Leute schauen auf ihre gleichaltrigen Kameraden und entdecken wenig schädliche Effekte. Sie bemerken, daß ihre Eltern Zigaretten rauchen und Alkohol trinken, obwohl viele schädliche Wirkungen bekannt sind" (American Psychiatric Association 1969/70, S.197). Jugendliche Drogenkonsumenten können durch Eltern, die selbst Drogen nehmen, schwerer von einem ähnlichen Verhalten abgebracht werden.

Diese Unterscheidung ist im Hinblick auf prophylaktische Überlegungen von entscheidender Bedeutung. Sieht man als wesentliches Moment das Imitation-learning am elterlichen Modellverhalten an, so wäre zu fragen, ob durch ein präziser gefaßtes Modell Jugendliche nicht nur zum Gebrauch ganz bestimmter Drogen gebracht werden könnten, sondern darüber hinaus auch zu einem bestimmten, nämlich differenzierten Gebrauch dieser Drogen. Jugendliches Drogenkonsumverhalten wäre danach ein Problem des elterlichen Drogenverhaltens und würde ein Hinweis dafür sein, daß die Erwachsenen selbst mit den von ihnen tolerierten Drogen nicht richtig umzugehen verstünden. Anders ist es, wenn durch das elterliche Verhalten nur die moralische Legitimation zum Eingreifen gegen ein Verhalten unterbunden würde, das seine wesentliche Ursache in einer jugendlichen Subkultur hat.

Kapitel XVII. Die Einstellung der Gesellschaft gegenüber Drogen

1. Werbung und Verfügbarkeit

Eltern und peer-group sind Teile einer Kultur, die im Prinzip dem Gebrauch von Drogen durchaus positiv gegenübersteht. Man kann nicht die Beziehung der Gesellschaft zu einer bestimmten Droge diskutieren, ohne zu fragen, wie denn die allgemeine Haltung gegenüber Drogen ist. Einen Hinweis auf diese allgemeine Einstellung liefert die Werbung, denn sie zeigt nicht nur, in welcher Weise Firmen Einfluß auf das Kauf- und Konsumverhalten der Menschen zu nehmen versuchen, sondern gleichzeitig, was die Gesellschaft an direkten Beeinflussungsversuchen toleriert und - als Konsequenz davon - auch als Verhalten der einzelnen Mitglieder zu dulden bereit ist. Lange vor jeder Diskussion um die Modedrogenwelle haben einzelne Mediziner sich kritisch mit der Werbung für Medikamente auseinandergesetzt.

"Man erfährt beispielsweise: 'Das Leben in der jetzigen Zeit stellt an uns alle erhöhte Anforderungen und belastet dadurch in erheblichem Maße unsere körperliche und seelische Verfassung. Dies führt bei vielen Personen bald zu mannigfaltigen Störungen ihres Gleichgewichtes. Seien es nun nervöse Spannungen, seelische Erregungen, existentielle Angst oder vegetative Unausgeglichenheit, immer werden die Betroffenen sich nicht mehr im vollen Besitz ihrer Gesundheit fühlen. Ihre Freude am Leben schwindet mehr und mehr, sie leiden an mangelnder Selbstsicherheit und an Unausgeglichenheit.

Um diesen Menschen zu helfen, Schaffenskraft, Selbstvertrauen und innerliche Ausgeglichenheit wieder zu erlangen, haben wir das Mittel X 1 entwickelt. Es dämpft die erhöhte Irritabilität des vegetativen und zentralen Nervensystems, ohne die geistige Beweglichkeit und Leistungsfähigkeit zu mindern. ... Zum Abschluß der nahezu beliebig zu erweiternden Liste vielversprechender Ankündigungen noch folgender Text in Aus-

zügen: 'Das Mittel X 5 regt die Eigenreaktionen an, die der
Selbstbehauptung des Organismus in der Auseinandersetzung
mit der Umwelt dienen'. Das Medikament soll besonders das
"emotionale Erleben" vertiefen.

Man sieht: Von der Bewältigung der simpelsten Laborleistung
bis zur Überwindung der existentiellen Angst bleibt kein Bereich vom Zugriff der psychotropen Stoffe ausgenommen..."
(DeBOOR 1962, S.376).

Auch mehr als zehn Jahre später hat sich an diesem Sachverhalt nicht viel geändert. Die Werbung verspricht schnelle
Symptombeseitigung durch Drogen und trägt damit indirekt zur
Aufrechterhaltung eines Stress-Zustandes bei. In der Reklame
für ein Schmerzmittel heißt es: "Ärger, Hetze, Überlastung
führen zu Spannungskopfschmerz". Im Text wird erklärt, daß
Verspannungen der Muskeln im Nacken die Verkrampfung immer
mehr aufschaukeln, daß ein Teufelskreis in Gang gesetzt wird,
der durch das Mittel unterbrochen werden kann". In Minuten
sind die Schmerzen vergangen. Sie fühlen sich erleichtert,
frisch - Sie spüren neue Energie". Kein Wort mehr von der
Überlastung. Für ein Beruhigungsmittel wird mit folgendem
Text in einer Ärztezeitschrift Reklame gemacht: "XY bei
Angst, Unruhe, Schlaflosigkeit. Eine Tablette abends, nachts
Ruhe, Schlaf und am Tage Unbefangenheit, Entfaltung; geleitet Nervöse, Überreizte, Überforderte 'Tablettenfrei' durch
den Tag". Ähnlich durchschlagend soll ein anderes Mittel wirken: "Regelmäßig jeden Morgen eine Kapsel AB und der Stress
prallt an ihnen ab; regelmäßig jeden Morgen eine Kapsel AB
und Sie fühlen sich abens noch frisch".

In der Regel wird in solcher Werbung kaum Wert auf Ursachen
gelegt, da ja keine Beseitigung dieser Ursachen angestrebt
wird, sondern nur die von störenden Nebeneffekten. Darin
drückt sich eine sehr pessimistische Grundstimmung aus, die
ergänzt wird durch eine technokratische Einstellung,wie sie
vor langer Zeit bereits von HUXLEY (1932) beschrieben wurde.
Die Reklame suggeriert über die Vermeidung von Störreizen
hinweg den Gewinn eines neuen Lebensgefühls. Alkohol heizt
die Stimmung an, eine Zigarette hat den Geschmack von Frei-

heit und Abenteuer, ein Weinbrand macht fröhlich, und die
Raucher eines bestimmten Pfeifentabaks haben es leichter und
zwar - laut Bild - bei Frauen, schließlich kann man sich mit
einem Wermutwein frei klingeln und wird von einem niederge-
schlagenen, schmerzgeplagten Menschen zu einem entspannten,
euphorisierten Menschen. Man wird sich an eine solche Reklame erinnern müssen, wenn der Unterschied zwischen Genußmitteln und Rauschmitteln diskutiert werden soll.

Niemand wird den Wert von Beruhigungsmitteln, Schmerzmitteln,
Weckmitteln etc. bestreiten wollen; worüber man streiten
kann ist die Frage, ob der Gebrauch immer oder noch schärfer
formuliert in der Mehrzahl der Fälle sinnvoll ist. CARSTAIRS
(1969) verwies darauf, daß einer der Gründe für den Fortschritt der Menschheit die Weigerung war, sich mit vermeid-
baren Zuständen des Unglücklichseins abzufinden. Dies sollte
jedoch nach seiner Ansicht dazu führen, daß man sich um eine
Veränderung der verursachenden Faktoren bemüht und nicht stattdessen nur die Biochemie des Menschen verändert. Gerade dies
aber wird vielen Ärzten von einigen Ärzten vorgeworfen. Kritisch äußerten sich HOFF/HOFMANN zum Tun mancher ihrer Kollegen: "Die zunehmende Belastung eines großen Teils der Bevölkerung durch die steigende Hast der Lebenseinstellung, aber
auch die Tendenz, sich in allem und jedem auf eine bestimmte
Hilfestellung zu verlassen, wobei schon bei den geringsten
Schwierigkeiten, Beschwerden oder Unlustgefühlen eine ärztliche Intervention gefordert wird, muß auch unter die fördernden Faktoren eingereiht werden. Denn nicht selten erschöpft
sich dann die Hilfeleistung in einer simplen Verschreibung
irgendeines Medikamentes" (HOFF/HOFMANN 1965, S.36). AYD
(1970) sprach von Ärzten, die unklugerweise den Wünschen der
Patienten nachgaben oder die das klinische Urteil hinter
Nützlichkeitserwägungen zurückstellten. UNGERLEIDER (1970)
wollte eine Mitschuld der Ärzte an dem gegenwärtigen Drogenmißbrauch nicht leugnen. Noch schärfer äußerte sich BAY:
"Diese Umwertung der Schmerztabletten von einem Medikament
zu einem Gebrauchsgegenstand des täglichen Lebens ist natürlich im Hinblick auf den Mißbrauch höchst bedenklich. Sie
wird gefördert durch eine verantwortungslose Arzneimittel-

werbung (BAY), die leider hinsichtlich der nicht rezeptpflichtigen Analgetika auch durch das neue Arzneimittelwerbungsgesetz nicht verhindert wird. Abgesehen von der Interessentenwerbung wird aber diese Einstellung zu den Schmerztabletten noch unterstützt, oder mindestens sanktioniert durch das Verhalten der Ärzte, die diese Mittel großzügigst verschreiben, zur Anwendung nach eigenem Ermessen, d.h. ohne genaue Dosierungsvorschrift. Wenn aber der Arzt so fahrlässig mit einem Medikament umgeht, kann er nicht erwarten, daß der Patient dieses 'ernst nimmt'" (BAY 1967, S.75). Eine der wenigen Studien zum Problem der Medikamentenverschreibung wurde am Los Angeles County University of Southern California Medical Center durchgeführt. Das Ergebnis bestätigte die herrschenden Befürchtungen; zwei von fünf verabreichten sedativ-hypnotischen Barbituraten wurden in Situationen verschrieben, die zur Einstufung "exzessiv" oder "risikoreich" Anlaß gaben (sh. BOURNE 1973). EHRHARDT (1971) mahnte seine Kollegen, weniger Suchtstoffe in der Praxis zu verschreiben und bedauerte, daß bisherige Appelle wenig genutzt hätten. Mit bloßen Appellen ist hier wohl wenig getan, denn auch für einen Arzt ist der finanzielle Aspekt wichtig und die Verschreibung eines Medikamentes rentabel, aber eine langwierige Erforschung der Ursachen und entsprechende Beratung des Patienten kostspielig, weil nicht adäquat honoriert. Man sollte dies einerseits bei der Abfassung von Gebührenordnungen für Ärzte berücksichtigen, wie andererseits sich fragen, ob sogenannte psychische Störungen nur ein Aufgabengebiet der Ärzte sind oder nicht vielleicht auch eines für Psychologen - wenn eine Anmerkung in eigener Sache erlaubt ist.

Mit diesen Bemerkungen soll sicher nicht angedeutet werden, daß das Drogenproblem allein eine iatrogene Ursache hat. Arzneimittelfirmen und Ärzte sind jedoch mitverantwortlich für eine unangemessene Beziehung zu Drogen, die viele Autoren davon sprechen ließ, daß unsere Kultur eine Medikamentenkultur sei (z.B. KLERMAN 1970; SATTES 1970; UNGERLEIDER 1970; SEIDENBERG 1971; HICTER 1973). Man wird dieses unzweifelhaft vorhandene enge Verhältnis unserer Kultur zu Drogen im Auge haben müssen, wenn man fragt, warum gerade entgegen dieser Grundhaltung bestimmte Drogen bei der erwachsenen Bevölkerung auf so hartnäckigen Widerstand stoßen.

2. Die Unterscheidung zwischen Genußmitteln und Rauschgiften

Der Grund für diese unterschiedliche Haltung ist zumindest auf der begrifflichen Ebene leicht zu finden: man führt eine kategoriale Trennung zwischen verschiedenen Drogen ein, nennt die einen Genußmittel und hebt sie scharf ab von den Rauschmitteln. Solche Unterscheidungen wurden teilweise auch von Medizinern unterstützt. KLEINER (1971) betonte, daß Alkohol sowohl Genußmittel wie Rauschmittel ist, Haschisch hingegen nur Rauschmittel. GRUENWALDT (1971) meinte, "daß Alkohol in der Regel durchaus mit Maßen genossen wird, um eine gewisse Entspannung oder leichte euphorische Stimmung zu erzeugen - während Haschisch fast immer zu einem Zustand führt, der allenfalls mit der Volltrunkenheit durch Alkohol verglichen werden kann" (GRUENWALDT 1971, S.217). Ähnlich sahen es CHRISTIANI/STÜBING (1972), wenn sie feststellten, daß Alkohol zunächst ein Genußmittel sei, aber auch zum Rauschmittel werden könne, wenn der Rausch die unbeabsichtigte Folge des Mißbrauchs sei; im übrigen aber diene Alkohol normalerweise der leichten Anregung, der Entspannung (CHRISTIANI/STÜBING 1972, S.70). Negativ formulierte es DEGKWITZ (1971), nach ihm kann Alkohol auch genossen werden, ohne Rauschwirkung hervorzurufen.

Mit dem Konzept des Genußmittels wird auf die Tatsache verwiesen, daß die einzelnen alkoholischen Getränke höchst unterschiedliche Geschmacksqualitäten haben und die Getränke teilweise um dieser Geschmacksqualitäten getrunken werden. Man trinkt nicht Wein schlichtweg, sondern wählt die Rebsorte, den Jahrgang, die Lage, und alles dies, weil es Auswirkung auf die Genußqualität des Weines hat. Den richtigen Wein zur entsprechenden Speise zu wählen, die Qualität eines Weines beurteilen zu können, dies alles ist Teil eines Lebensstils, der in der westlichen Welt über Jahrhunderte hinweg kultiviert wurde. Demgemäß dosiert die "überwiegende Anzahl der Konsumenten von Alkohol diesen so, daß es eben keinesfalls zum Auftreten eines Rauschzustandes kommt" (BRICKENSTEIN 1971, S.847). Im Gegenzug werden Cannabis diese Genußqualitäten rigoros abgestritten. HOLLISTER (1971) bezweifelte entschieden, daß im Prozeß des Konsums von Cannabis irgendein ästhetischer Gewinn liegen könne, dieser könne nur in den Effekten des Rauschzustandes liegen. Der Geschmack des Haschisch-Rauches kann nach ihm kein Anziehungsgrund sein.

Der Vergleich zwischen dem illegalen Cannabis und den legalen Drogen Alkohol und Nikotin wird in der Auseinandersetzung um die legale Stellung der Drogen häufig geführt. BARTH u.a. (1972) verweisen zurecht darauf, daß in einem solchen Vergleich oftmals Unvergleichbares gegenübergestellt wird. Diese Mahnung muß an beide Seiten gerichtet werden; es ist in jedem Fall falsch, die leichte Form des Konsums der einen Droge gegen den schweren Konsum der anderen Droge aufzurechnen und es ist zusätzlich schwierig zu bestimmen, was leichter Konsum eigentlich ist. Man muß den Autoren, die in der erwähnten Weise einen kategorialen Unterschied zwischen Genußmitteln und Rauschmitteln machen, vorwerfen, daß sie offensichtlich die Variationsbreite von Cannabis falsch beurteilen, und auf ein Stereotyp fixiert sind. Man kann nicht ausschließen, daß die Unterscheidung zwischen Genußmitteln und Rauschmitteln, nimmt man als Prototypen dafür Alkohol und Cannabis, mehr Aufschluß gibt über die persönliche Erfahrung der entsprechenden Autoren als über die tatsächliche Variationsbreite der jeweiligen Drogen. Beurteilt man die vorliegenden Informationen über Cannabis möglichst vorurteilslos, so kann man auch Cannabis nehmen, um sich zu entspannen oder leicht anzuregen - in der gleichen Weise, wie dies CHRISTIANI/STÜBING (1972) für Alkohol postulieren. Unbestritten kann Cannabis einen schweren Rauschzustand hervorrufen, aber gleiches gilt für Alkohol auch. Selbst LSD führt nicht immer zu einem entsprechenden Rauschzustand und kann bei entsprechend feiner Dosierung auf eine emotionale Veränderung beschränkt bleiben. Wenn CHRISTIANI (1970) sagte, daß beim Cannabis-Konsum im Gegensatz zum gemäßigten Alkoholkonsum immer eine Bewußtseinsveränderung gesucht werde, so ist dies nach allen vorliegenden Informationen falsch. Gesucht wird eine psychische Veränderung und man muß dies nicht gleichsetzen mit Bewußtseinsveränderung i.S. eines Rauschzustandes; in diesem Sinne aber wird auch beim mäßigen Alkoholkonsum eine psychische Veränderung erreicht.

Ein Unterschied besteht jedoch zwischen Alkohol und Cannabis und der liegt in der legalen Stellung, die ihre Auswirkung auf den Umgang mit der Droge hat (Home Office, Advisory Committee ... 1968; NOWLIS 1969). Die Illegalität und fehlende kulturelle Integration dieser Droge erhöhen das Risiko des Umgangs mit der Droge. Bei allen Vergleichen wird man bedenken müssen, daß Alkohol eine sozialisierte Droge ist, Cannabis nicht (IRWIN 1970). Konkret bedeutet dies, daß der Umgang mit Cannabis nicht entsprechend erlernt wurde und daß vieles, was als real vorhandener Unterschied zwischen Alkohol und Cannabis vorhanden sein mag, auch ein solcher zwischen einer sozialisierten und einer nicht-sozialisierten Droge ist. Der undifferenziertere, der gröbere Umgang mit Cannabis mag daher öfter als bei dem differenzierteren Umgang mit Alkohol zu Rauschzuständen führen, aber es wäre voreilig, dies auf die Droge selbst zurückzuführen, solange man die Umgangsform nicht kontrolliert hätte.

Die Klassifikation der traditionellen Drogen als Genußmittel muß in dieser pauschalen Form zurückgewiesen werden. Viele Menschen wissen anfänglich alkoholische Getränke überhaupt nicht zu schätzen und müssen sich erst daran gewöhnen. "Bei einer Untersuchung, warum Menschen zu rauchen anfangen, kommt man schnell zu der Feststellung, daß sie es wegen ihrer bereits rauchenden Bekannten, Freunde und Verwandten tun. Anfangs müssen sie sich vielfach dazu zwingen, und manchem Menschen wird nach der ersten Zigarette ausgesprochen übel. Trotzdem machen sie weiter und gewinnen schließlich einen Genuß daran. Das gleiche gilt bei Alkoholika, die anfangs vielfach eigenartig und unangenehm schmecken. Auch hier macht man weiter, weil man weiß, daß andere Personen den Alkohol hochpreisen. Und bald läuft das Getränk angenehm durch die Gurgel" (BEWLEY o.D., S.64).

Die traditionellen Drogen sind daher nicht von vornherein Genußmittel, sondern werden erst durch den kulturell bedingten Lernprozeß zu solchen. Es ist sicherlich nicht falsch, die traditionellen Drogen als Genußmittel zu bezeichnen, nur sollte damit nicht eine kategoriale Trennung gemeint sein, sondern eine Verarbeitungsmöglichkeit, die von manchen Individuen unter bestimmten Bedingungen wahrgenommen wird, von anderen aber nicht; eine Verarbeitungsmöglichkeit, die - auch abhängig vom kulturellen Hintergrund - bei manchen Drogen naheliegend, bei anderen möglich und wiederum bei einigen ausgeschlossen ist. Ausgeschlossen ist sie sicherlich beim harten Gebrauch von Drogen, d.h. beim Fixen, wo alleine noch die psychische Veränderung zählt und sinnliche Qualitäten keine Bedeutung mehr haben.

Alkoholische Getränke können auch gezielt als Rauschdrogen verwendet werden, wie eine schwedische Untersuchung zeigte. "Man gab an, daß man trinkt, um berauscht zu sein" (VAMOSI 1972, S.5). Weit entfernt davon, die Genußqualitäten alkoholischer Getränke zu schätzen, war jener Jugendliche, der von sich selbst sagte, daß er so oft und so viel trank wie er konnte, und daß letztlich sein Ziel war, sich zu Tode zu trinken (sh. DANKENBRING 1973). Zumindest teilweise scheinen auch die Werbefachleute von einer solchen Unterscheidung nichts zu halten, denn sie stellen Effekte der Drogen heraus, die nichts mehr mit Genußqualitäten zu tun haben. Stellvertretend sei nochmals eine Warnung erwähnt, die MENSEN gegenüber der Zigarettenreklame äußerte: "Indem die Zigarettenwerbung Minderwertigkeits- und Angstgefühle, Unausgeglichenheit und Unzufriedenheit auffängt, indem sie Geborgenheit, Sicherheit und ewige Jugend, Männlichkeit und Charme suggeriert, das Selbstwertgefühl stärkt, Überlegenheit vortäuscht und beruflichen Erfolg vorgaukelt, treibt sie eine gefährliche, psychotherapeutische Kurpfuscherei" (MENSEN zit. in LINDEMANN 1971, S.50). Diese Unterscheidung hielt sich bedauerlicherweise auch bei empirischen Untersuchungen, wo oftmals nach dem Konsum von Alkohol und Zigaretten nicht gefragt wurde, entsprechende Assoziationen der Probanden ausdrücklich zurückgewiesen und die Angaben zum Konsum von Alkohol und

Tabak unter weiteren Zusammenhängen (JASINSKY 1971) erwähnt oder explizit in getrennten Bereichen "Genußmittel" und "Rauschmittel" diskutiert werden (Innenministerium Baden-Württemberg 1972, S.8-9).

Teilweise hat damit die Wissenschaft einer Unterscheidung Vorschub geleistet, die zwar verständlich, aber aus wissenschaftlicher Sicht nicht zu rechtfertigen ist. Es ist der Versuch, die kulturell akzeptierten Drogen aus der allgemeinen Diskussion auszugliedern. In ironischer Weise deckte MORDILLO im Auftrag der Bundeszentrale für gesundheitliche Aufklärung diese Abwiegelungsversuche auf. Zur Illustration **sei eine seiner trefflichen Karikaturen wiedergegeben.**

Er nimmt Drogen, der Bengel.   Damit löst er keine Probleme!

Ich hab' auch meine Probleme... nehme ich etwa Drogen?!

Abb. 2   Der Apfel fällt nicht weit vom Stamm

Der Zeichner verdeutlichte damit überdeutlich, daß Drogenkonsum ein gesamtgesellschaftliches Phänomen ist, nicht beschränkt auf Jugendliche, und daß dieser Drogenkonsum offensichtlich fester Bestandteil unseres Lebensstils ist. Bekämpft wird nur der kulturfremde Drogenkonsum, nicht der kulturintegrierte Drogenkonsum. Eine solche künstliche Einengung der Problematik aber führt zu nichts, da damit die Problemstellung verwischt wird. Warnend wies HIPPIUS (1972b) darauf hin, daß "alle Aussagen zum Rauschmittelproblem der Jugendlichen... unvollständig (sind), wenn sie nicht in Verbindung stehen mit der Erörterung der Probleme des Medikamentenmißbrauchs und des Alkoholismus - nicht nur der Jugendlichen, sondern auch der Erwachsenen" (HIPPIUS 1972 b, S.247). Die Akzeptierung bestimmter Drogen sollte die Wissenschaft nicht dazu verleiten, einzelne Drogen unbeachtet zu lassen. "Gesellschaftliche Anerkennung bedeutet keinesfalls Gefahrlosigkeit, sondern sie kann bedeuten, daß wirklicher Mißbrauch nicht als solcher angesehen wird. Beispielsweise würde man einen Raucher, der seiner Sucht in einem so starken Ausmaß verfallen ist, daß er an Lungenkrebs stirbt, nicht gleichsetzen mit einem Heroinsüchtigen, der an Blutvergiftung stirbt... Drogen scheinen gesellschaftlich akzeptabel zu werden, ganz ungeachtet ihrer Gefährlichkeit, wenn sie auf die Bedürfnisse des Menschen zugeschnitten sind" (BIRDWOOD 1970 b, S.3221).

Diese Unterscheidung zwischen den unterschiedlich kulturell akzeptierten Drogen läßt sich auch in empirischen Untersuchungen an Jugendlichen nachweisen. Die Befragung des IfJ (1971) ergab, daß Jugendliche im wesentlichen drei Drogengruppen unterscheiden: Opiate/Halluzinogene (unter Einschluß von Cannabis), Medikamente (Tranquillizer und Amphetamine), Coffein. Die Gliederung ist von der Frage abhängig, so blieben Alkohol und Tabak unerwähnt. Gefragt wurde, welche Droge man auf keinen Fall versuchen sollte; die Klassifikation wurde von mir nachträglich aufgrund der Prozentangaben vorgenommen.

Eine Untersuchung von SCHENK (1974 c) hatte zum Gegenstand

die Beurteilung des Drogencharakters der einzelnen Drogen, wobei zunächst zwischen den verschiedenen alkoholischen Getränken unterschieden wurde und eine Faktorenanalyse angeschlossen wurde. Die Analyse der beiden Teilstichproben eines repräsentativ gezogenen samples frisch eingezogener Bundeswehrrekruten führte zu einer äußerst konsistenten Struktur (Ähnlichkeitskoeffizient zwischen den Faktorenlösungen der beiden Teilstichproben R = .997). Die Faktorenanalyse ergab eine vier-Faktorenlösung, Tabelle 13 gibt die Lösung für Teilstichprobe A wieder.

Tabelle 13. Faktorenanalyse Drogendefinition für Teilstichprobe A Bundeswehr-Rekruten

Stoff	Faktor				
	I	II	III	IV	h^2
Bier		.86			.79
Wein		.85			.73
hochproz.Alkohol		.46		.42	.48
Zigarette				.64	.51
Haschisch	.52			.39	.46
Halluzinogene	.89				.86
Opiate	.81				.75
Beruhigungsm.			.78		.69
Weckmittel			.83		.75
Schlafmittel			.75		.65

Die Faktorenanalyse zeigt, daß die Probanden zwischen Alkohol (Faktor II), den Modedrogen im engeren Sinne (Faktor I), den Medikamenten (Faktor III) und zwar häufiger genutzten, aber stärker problematisierten Drogen (Faktor IV) unterschieden. Die Probanden folgten damit global dem Klischee, wonach man zwischen traditionellen Drogen und kulturfremden Modedrogen unterscheiden muß - Medikamente gliedern sich dabei als eine eigene Gruppe ab -, aber diese Klassifikation wird auch teilweise durch den Faktor IV durchbrochen. Die Probanden sehen durchaus auch eine Ähnlichkeit zwischen hochprozentigen alkoholischen Getränken, Zigaretten und Haschisch. Die kognitive Gliederung der Drogen folgte nicht durchgängig der Struktur des Drogenkonsums (sh. Tabelle 11); ein wesentlicher Unterschied ist die kognitive Zuordnung aller alkoholischen Getränke zu einem Alkohol-Faktor im Vergleich zu dem tatsächlichen Konsumverhalten, wo strikt zwischen Bier- und Weinkonsum unterschieden wurde. Übereinstimmung ergibt sich in der Bestimmung des Modedrogenfaktors, wobei in beiden Fällen - kognitive Klassifikation und Konsumverhalten - Cannabis nicht ausschließlich dem Modedrogenfaktor zugeordnet wird.

Insgesamt aber hält sich die Unterscheidung zwischen Genußmitteln und Rauschmitteln. Die Medikamente spielen im Verständnis der Befragten eine Sonderrolle, die vielleicht vordergründig dadurch erklärbar ist, daß Medikamente eine Störung beheben, während die Modedrogen unerlaubterweise einen positiven Zustand herbeiführen. Vergleicht man diese Ergebnisse mit den absoluten Einstufungen, so ergibt sich eine klare Unterscheidung z.B. zwischen Bier und Wein als den schwächsten Drogen auf der einen Seite, Halluzinogenen und Opiaten auf der anderen Seite; Haschisch wird als eindeutig stärkere Droge eingeschätzt im Vergleich zu hochprozentigen alkoholischen Getränken und davon wiederum abgesetzt von den Zigaretten. "Jedoch ist es immer so, daß die gesellschaftlich tolerierten Drogen - von einer verschwindenden Minderheit der Bevölkerung abgesehen - nicht als Drogen angesehen und bezeichnet werden. Es liegt also eine Tendenz zur Verharmlosung der Auswirkungen von tolerierten Rauschmitteln vor, der auf der anderen Seite eine krasse und u.U. überspitzte Verurteilung der abgelehnten Rauschmittel gegenübersteht. Zum Beispiel werden bei uns der Alkohol- und Nikotingebrauch in ihren Auswirkungen meistens unterschätzt, während Haschisch sicher meist überschätzt wird" (Drei-W-Verlag o.D., S.1). Gibt es eine Erklärung dafür?

3. Die Bedeutung der Massenmedien

Bei der Frage, wie es zu einer derartigen epidemischen Entwicklung des Modedrogenkonsums kommen konnte, gaben viele Autoren den Massenmedien entscheidende Schuld. Neben dem psychopathologischen Komplex ist das der am häufigsten genannte Verursachungsfaktor (z.B. EHRHARDT 1967; ABELSON 1968; BIENER 1969; CAMERON 1970; BEAUGRAND 1971; SCHMIDBAUER/v.SCHEIDT 1971; BACHMANN 1972; WEIDMANN 1973, zitierte zustimmend BARRON, der sagte, daß die chemische Substanz, die am meisten zur Verbreitung der Modedrogen beigetragen habe, die Druckerschwärze gewesen sei. Neben pauschalen Verurteilungen finden sich in der Literatur auch differenziertere Stellungnahmen. REMSCHMIDT/DAUNER (1970) kamen bei einer impressionistischen Durchsicht von Presseberichten über Haschisch zu der Ansicht, daß sie entweder eine absolute Verharmlosung oder eine rigorose Verteufelung enthielten. KÜHNERT (1971) sah den Werbeeffekt nicht so sehr in der Art der Darstellung, sondern in der Darstellung an sich: "Ob die Sache verteufelt oder mehr oder weniger scheinheilig präsentiert wird, ob aufgeklärt und in ruhiger Weise dargestellt wird: Immer zeigen die großen Kommunikationsmedien auch den Weg, machen neugierig, vermitteln Kenntnisse. Diesem Doppeleffekt kann die offene Gesellschaft nicht aus dem Weg gehen; sie kann die Information nicht aus taktischen Gründen unterdrücken, so wie sie nicht die Handelsfreiheit unterdrücken kann, um Opium- und Haschischhändler zur Strecke zu bringen" (KÜHNERT 1971, S.231).

Gerade durch eine solche Berichterstattung wird nach FURIAN (1970) erst eine mögliche Gefahr zu einem Problem hinausmanipuliert. Die Kritik richtet sich auf den Einfluß, den die Massenmedien auf die Jugendlichen haben. Für diesen Einfluß gibt es bislang keine exakten Untersuchungen. Die Kritik ist im übrigen so breit formuliert, angefangen bei der bewußten Verleitung zum Drogenkonsum wie es zeitweilig von der Zeitschrift "konkret" betrieben wurde bis hin zur nüchternen Darstellung von Fakten, daß damit eigentlich das Thema "Wirkung von Massenmedien" ganz allgemein zum Forschungsgegenstand wird.

Nicht zum Thema Wirkung, sondern zum Inhalt der Massenmedienberichterstattung liegen mittlerweile empirische Studien vor (EDFELDT 1973; GAEDT/GAEDT 1973). EDFELDT legte eine Analyse der 24 größten schwedischen Zeitungen vor, GAEDT/GAEDT eine Studie über große, regional gestreute deutsche Zeitungen. Bei beiden Untersuchungen wurde auf eine methodische Kontrolle der Ergebnisse verzichtet. Eine von einem Mitarbeiter am Drogenprojekt durchgeführte Kontrolle der Häufigkeitsauszählung am Beispiel der "Nürnberger Nachrichten" ergab, daß eindeutig zu wenig Artikel in der Arbeit von GAEDT/GAEDT selegiert wurden. Selbstkritisch verwiesen GAEDT/GAEDT darauf, daß die Gefahr, Artikel mit eindeutiger Überschrift zu übersehen, durchaus bestand und dieser nur durch ein nicht gewähltes, aufwendiges Kontrollverfahren zu begegnen gewesen wäre. Ein solches aufwendiges Kontrollverfahren wurde bei seiner eigenen Medienanalyse verwandt. Prinzipiell wurden alle Ausgaben der gewählten Zeitung, hier der "FAZ", von zwei unabhängigen Auswertern bearbeitet, im Zweifelsfall zusätzlich von einem dritten. Die Fehlerquote der übersehenen Artikel lag danach unter fünf Prozent, die Übereinstimmung bei der Klassifikation war nahezu identisch.

Gewählt wurde für die Analyse der "FAZ", eine der drei überregionalen Tageszeitungen der BRD. Im Gegensatz zu den Querschnittsstudien von EDFELDT und GAEDT/GAEDT wurde eine Längsschnittstudie über den Zeitraum 1965 bis 1974 einschließlich gemacht, um Veränderungen in der Berichterstattung erfassen zu können. Die Zielrichtung der Studie war nicht mehr der Einfluß, den die Zeitung direkt auf Jugendliche hat, denn die "FAZ" - und ähnliches gilt teilweise auch für die ausgewählten Zeitungen von EDFELDT und GAEDT/GAEDT - wird kaum von Jugendlichen gelesen. Ausgangspunkt der Studie war die Überlegung, daß soziale Probleme oftmals sekundär vermittelte Probleme sind. Der Bürger mag zwar hier und da vereinzelt über entsprechende persönliche Erfahrung verfügen, aber die Mehrzahl der Erwachsenen verfügt über solche Erlebnisse nicht. Besondere Rolle kommt daher den Massenmedien zu, die über solche Ereignisse berichten und sie kommentieren, und dadurch den Bürger in konzentrierter Form mit diesem Phäno-

men konfrontieren. Von besonderer Bedeutung ist dabei, ob
die Zeitungen die Unterscheidung zwischen Genußmitteln und
Rauschdrogen mit beeinflussen; als häufigste erwähnte traditionelle Drogengruppe wurde der Alkohol den Modedrogen im
engeren Sinne (Cannabis, LSD, Opiate) gegenübergestellt. Der
Bericht über diese Studie ist in Vorbereitung (SCHENK 1975b),
hier seien zwei Ergebnisse herausgegriffen.

Man kann es beinahe als ein operationales Kriterium für eine
traditionelle Droge ansehen, daß es viele Wirtschaftsnachrichten hierzu gibt und diese im Wirtschaftsteil der Zeitung
erscheinen - was besonders bei einer so ausgesprochen stark
wirtschaftlich orientierten Zeitung wie der "FAZ" von großer
Bedeutung ist. Drückt man es einmal in der Terminilogie für
die Modedrogen aus, so kann man sagen, daß alles über das
Verteilersystem für Alkohol im Wirtschaftsteil der Zeitung
steht. Für die weitere Analyse erwies es sich als wichtig,
bei Alkohol zwischen dem Wirtschaftsteil und der restlichen
Berichterstattung in den anderen Rubriken zu unterscheiden.
Drogenberichterstattung konzentrierte sich im wesentlichen
auf die "human interest"-Seite, die den Titel "Deutschland
und die Welt" hat. Abbildung 3 zeigt, daß die Berichterstattung über Modedrogen von 1965 an erst langsam, dann sprunghaft zunahm, eine entsprechende Entwicklung läßt sich für
Alkohol nicht nachweisen. Vergleicht man die Kurve für Modedrogen nur mit der für Alkohol ohne Wirtschaftsteil, womit
die Thematik vergleichbar wird, so übertrifft die Modedrogenberichterstattung anzahlmäßig sehr bald die für Alkohol. Die
Zeitung widmete also in steigendem Maße ihre Aufmerksamkeit
den Modedrogen und kehrte dabei sehr bald die Relation in
der sozialen Bedeutung um. Nicht mehr das nach allen Kriterien größere Problem, nämlich Alkohol, hat den Vorrang, sondern das kleinere, neu hinzugekommene. Erst für das Jahr
1973 läßt sich ein zahlenmäßig leichter Rückgang der Modedrogenberichterstattung aufzeigen und im Jahr 1974 sinkt die
Modedrogenberichterstattung knapp unter den Wert für Alkohol
ohne Wirtschaftsteil. Die Zeitung reagierte damit offensichtlich auf entsprechende Kommentare zur Entwicklung des Drogenkonsums unter Jugendlichen, die sich insbesondere auf die
Beschlagnahmungen von Haschisch stützten.

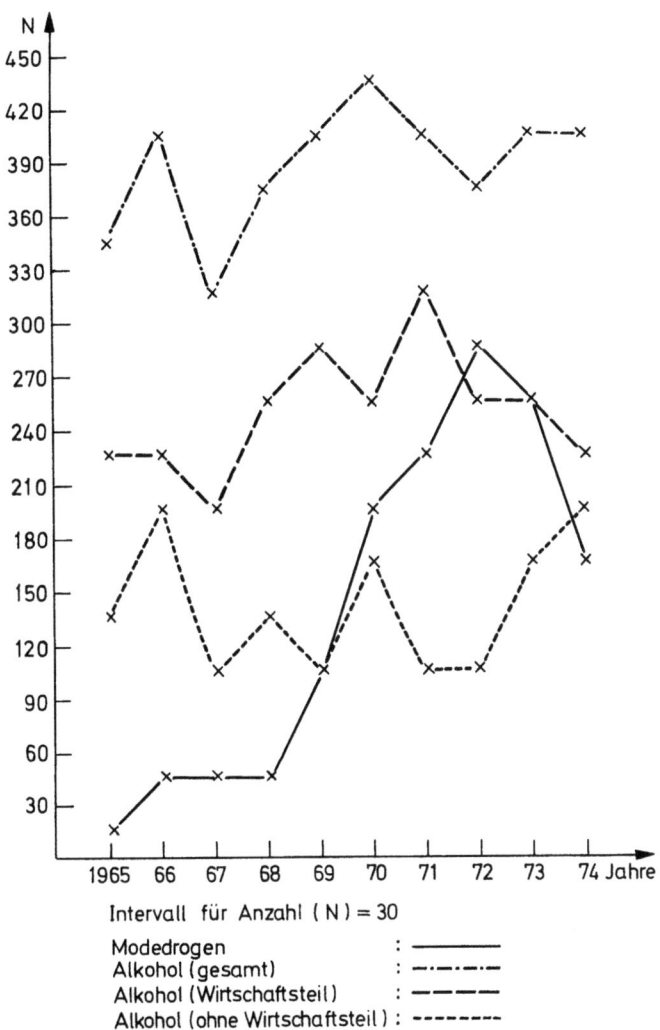

Abb. 3 Vergleich Modedrogen zu Alkohol-Berichterstattung für 1965 - 1974 "FAZ"

Die "FAZ" begann sich zu einem Zeitpunkt auf das Thema "Modedrogen" einzuschießen, als für die BRD noch kaum verläßliche Zahlen vorlagen. Wissenschaftliche Untersuchungen wurden in repräsentativer Form erst zu einem Zeitpunkt durchgeführt, als die "FAZ" durch ihre Berichterstattung Modedrogenkonsum für sich bereits als soziales Problem definiert hatte (eine ähnliche Entwicklung scheint sich auch bei anderen Zeitungen abgespielt zu haben). Konsequenterweise dominierte bei der "FAZ" daher die Berichterstattung über das westliche Ausland, wie Abbildung 4 verdeutlicht.

An diesem Verhältnis änderte sich auch recht wenig, nur in den Jahren 70 und 71 zog die Berichterstattung über das eigene Land gleich mit der Berichterstattung über das westliche Ausland. Diesen Sachverhalt wird man erst richtig einschätzen können, wenn man sich die Kurven für die Alkoholberichterstattung daneben hält. Berichterstattung über Alkohol war zu allen Zeiten unangefochten Berichterstattung über das eigene Land. Die Dichte der Information über Modedrogen wird also erst durch die Einbeziehung des westlichen Auslandes erreicht, die Dramatik, die sich in dem jähen Anstieg der Anzahl der Berichte ausdrückt, ist durch die Situation in der BRD und die für diesen Zeitraum verfügbaren Zahlen nicht hinreichend erklärbar.

Die "FAZ", die in diesem Fall nur als Beispiel herausgegriffen wurde, schuf somit durch ihre Berichterstattung bei ihren Lesern die Voraussetzung für eine fehlerhafte Fassung der Problematik. Zurecht klagte HICTER, daß "...in diesem Zusammenhang die Frage der legalen, für die Gesellschaft einträglichen Drogen überhaupt nicht tangiert wird, stehen vor allem die Jugendlichen als Süchtige im Scheinwerferlicht der Öffentlichkeit" (HICTER 1973, S.904). Bei dem normalen Leser muß der Eindruck entstehen, als sei der jugendliche Modedrogenkonsum das wesentliche Drogenproblem, mit dem sich unsere Gesellschaft auseinandersetzen muß und nicht so sehr der Alkoholkonsum, der trotz einer bereits beachtlichen Höhe noch immer im Steigen war, die ganze Gesellschaft erfaßte

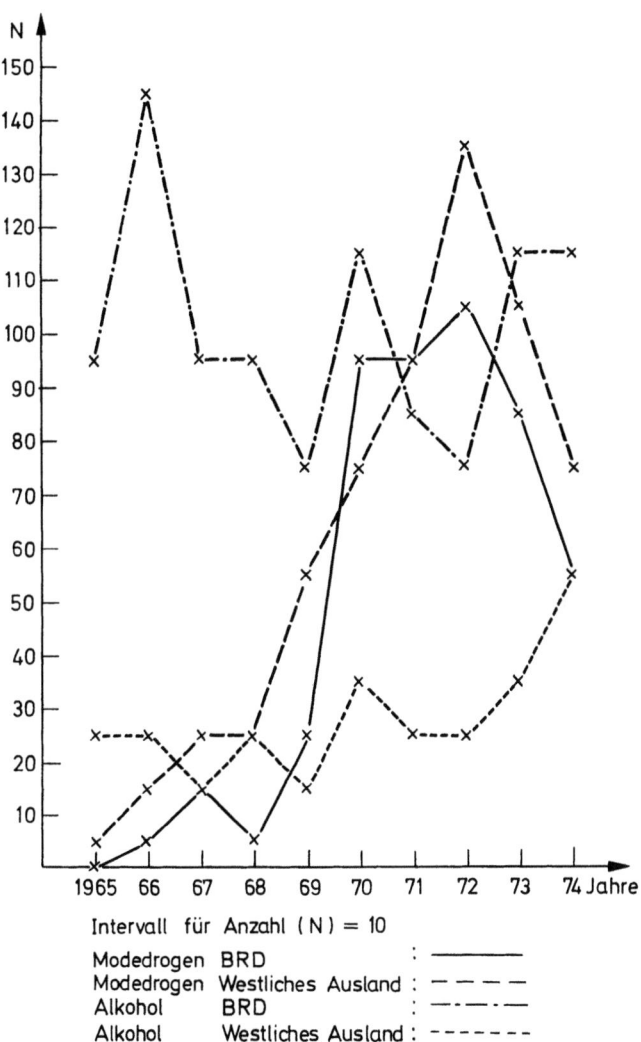

Abb. 4 FAZ-Berichterstattung über Modedrogen und Alkohol (ohne Wirtschaftsteil) in Bezug auf Länder für 1965-1974

und deutlich mehr Stüchtige erzeugte. Dieser Fehlinformation
schienen selbst Redakteure aufzusitzen. So berichtete die
"Abendzeitung" vom ersten Fortbildungsseminar der "Deutschen
Gesellschaft zur Erforschung und Behandlung der Alkohol- und
Drogenabhängigkeit" und stellte dabei fest: "Überraschendes
Ergebnis: der Alkoholismus ist, da weitaus mehr verbreitet,
ein viel ernsteres Problem als die Rauschgiftsucht" (Abendzeitung 20.3.1972). Überraschend kann ein solches Ergebnis
nur für denjenigen sein, der in unkritischer Weise sich durch
den Trend der Berichterstattung leiten läßt. Zur Ehrenrettung
der deutschen Zeitungen muß man sagen, daß es auch Zeitungen
wie die "Frankfurter Rundschau" gibt, die mehrfach warnend
darauf hinwies, daß nicht das Modedrogenproblem Vorrangigkeit
haben sollte, sondern der Alkoholismus. Vorrangigkeit bedeutet nicht Verharmlosung des Modedrogenproblems, es bedeutet
nur, daß die Akzente richtig gesetzt werden sollten. Es bleibt
zu fragen, ob dem Leser auffiel, daß die Mehrzahl der Nachrichten gar nicht aus dem eigenen Lande stammte und wir auf
diese Weise die Probleme unserer westlichen Nachbarn mitver-
arbeiten. 1970 schrieb FURIAN: "In der gegenwärtigen Situation halte ich es für eine äußerste Leichtfertigkeit, mit
sensationell aufgebauschten Überschriften und Artikeln in der
Presse und mit Zahlenjonglierereien im Rundfunk das Problem
zu sehr in der Öffentlichkeit breitzutreten. Es lassen sich
viele Beispiele dafür anführen, daß auf diese Weise eine mögliche Gefahr zu einem Problem hinaufmanipuliert werden kann"
(FURIAN 1970, S.1). Man kann dies am besten durch den amerikanischen Ausdruck "the making of a problem" ausdrücken, was
bedeutet, daß erst durch eine entsprechende Reaktion vor allem in den Massenmedien, eine vergleichsweise bedeutungslo-
se, relativ harmlose Gegebenheit zu einem bedrohlichen Ereignis wird und als Folge davon auch tatsächlich zu einem bedrohlichen Ereignis wird. Auch dies haben die Amerikaner mit
einem treffenden Ausdruck gekennzeichnet: es ist eine "self-
fulfilling prophecy", eine sich selbst erfüllende Prophezeiung. Wenn HAEGERT (1971) in einem Leserbrief von der "amerikanischen Pestillenz" sprach, so muß man fragen, wer ihr
mehr verfallen ist, die Jugendlichen in der BRD oder die Redakteure deutscher Zeitungen. Folgt man BARRON, so die Re-

dakteure auf jeden Fall, auch die von seriösen Zeitungen. Der Begriff der Droge wird dabei oftmals synonym mit Modedroge gebraucht und damit der Unterscheidung zwischen sogenannten Genußmitteln und Rauschdrogen Vorschub geleistet.

Es überrascht nicht, wenn eine Befragung von SCHERER/MUKHERJEE (1971) erbrachte, daß gemäßigte Drogenkonsumenten mehr als harte Konsumenten Informationen über negative Effekte aus den Massenmedien entnahmen. Es überrascht auch nicht, daß deutsche Jugendliche den Zeitungen und Zeitschriften in der Regel keine glaubwürdige Information zutrauen (IfJ 1971), obwohl die eigene Untersuchung an Bundeswehr-Rekruten ergab, daß die Jugendlichen am meisten über Modedrogen aus den Massenmedien erfahren haben (ca. 41 % haben am meisten aus Massenmedien erfahren und ca. 27 % von Freunden und Bekannten). Am meisten vertrauen die Jugendlichen den medizinisch orientierten Institutionen, konkret der Ärztekammer, dem Bundesministerium für Gesundheit, Beratungsstellen für Süchtige und der Bundeszentrale für gesundheitliche Aufklärung. Ein solches Vertrauensvotum sollte für die entsprechenden Stellen kein Ruhepolster sein, sondern weit eher eine Erinnerung an die damit verbundene Verantwortung für sachgerechte Information. Eine zusätzliche Frage des IfJ zeigte das Problem auf; gefragt wurde: "Wen würden Sie am ehesten fragen, wenn Sie etwas im Zusammenhang mit Rauschgift - Rauschmittel wissen möchten?" Aus den dafür vorgesehenen Kategorien wählten die Jugendlichen zu ca. 60 Prozent den Arzt, zu ca. 30 Prozent den Psychologen bzw. den Rauschmittelerfahrenen, zu 17,5 Prozent Freunde und Bekannte und abgeschlagen folgen Eltern, Lehrer, Pfarrer, Polizisten, andere Personen. Differenziert man jedoch zwischen Haschisch-Nehmern und Nicht-Nehmern, so ändert sich das Bild. Haschisch-Nicht-Nehmer würden sich eher an Ärzte wenden, Haschisch-Nehmer aber öfter an Psychologen. Psychologen scheinen danach den Haschisch-Konsumenten vertrauenswürdiger zu sein, während umgekehrt Haschisch-Abstinenzler eher Vertrauen zu Ärzten haben. Psychologen hätten danach gerade bei den Personen größeren Einfluß, die sich nicht an die offiziellen Spielregeln halten und die darum im Zentrum der Aufmerksamkeit stehen. Man darf daraus folgern, daß die von Ärzten dominierten Institutionen gerade bei den Jugendlichen Einfluß haben, die sich bereits im Sinne dieser Institutionen verhalten, nicht jedoch bei den Jugendlichen, die es eigentlich "zu bekehren" gilt. Wie kann es kommen, daß Psychologen bei Haschisch-Konsumenten über mehr Einfluß verfügen als Ärzte? Ich komme auf dieses Thema im Kapitel XIX zurück.

4. Der finanzielle Aspekt

Ein beinahe schon geläufiges Argument im Zusammenhang mit der Drogenproblematik ist der Verweis auf den finanziellen Aspekt. Die traditionellen Drogen Alkohol und Tabak sind durch hohe Steuern belegt und bringen dem Staat einen hohen Gewinn. 1973 wurden für Alkohol und Tabak ca. 13,5 Milliarden an Steuern eingenommen, eine Summe, die sich nicht ohne weiteres aus dem Staatshaushalt streichen läßt (sh. BIEL 1975).

Drogen, die sogenannten Genußmittel, sind nicht nur ein integraler Bestandteil des westlichen Lebensstils, sondern auch ein fester Bestandteil der öffentlichen Finanzplanung. Der Staat, der einerseits z.B. vor dem Konsum der Zigarette warnt, andererseits aber die Einnahmen aus diesem Konsum fest in seinem Haushalt einplant, gerät ins Zwielicht. "Auf der einen Seite wird geworben - auf der anderen wird gekämpft. Auf der einen Seite bezieht der Staat erhebliche Steuersummen - er kassiert z.B. von jeder Zehnpfennig-Zigarette sieben Pfennige Tabak- und Mehrwertsteuer! -, auf der anderen Seite verschlingen Entziehungskuren und entsprechende Heilverfahren... Jahr für Jahr gewaltige Summen. Trotzdem ist offensichtlich unser Bundeshaushalt u.a. auf die Tabaksteuer angewiesen" (STOLL 1971, S.4). Selbst eine Bundesbehörde mochte nicht mit Kritik an der staatlichen Haltung zurückhalten: "Eine positive Wirkung haben die Zigaretten sicher für die, die daran gut verdienen. Zum Beispiel die Zigarettenindustrie. Übrigens ist auch der Staat ein Nutznießer des Zigarettenkonsums. Von jeder Mark, die für Zigaretten ausgegeben wird, nimmt sich das Finanzamt 56,6 Pfennige" (Institut f. wiss. Lehrmethoden i.A. des Bundesministeriums f. Jugend, Familie und Gesundheit und der Bundeszentrale für gesundheitliche Aufklärung 1970, S.34). Im Rahmen der Kampagne gegen Modedrogenkonsum wurde ein Plakat entworfen mit dem Text "Du machst Dich kaputt - der Dealer macht Kasse". Es gibt eine politische Karikatur dieses Plakats mit dem Inhalt "Du machst Dich kaputt - der Staat macht Kasse". Steuern können als Mittel der Konsumbeeinflussung eingesetzt werden, aber dies scheint am Beispiel Tabakkonsum nicht zu funktionieren und erweckt bei manchen Kritikern den Verdacht, daß der Staat in diesem Punkt korrumpiert sei.

Neu ist ein solcher Argwohn nicht und es ist auch kein Argwohn, der einer bestimmten politischen Richtung zugeschrieben werden könnte. Auf einem Internationalen Fortbildungskongreß der Bundesärztekammer in Davos und Badgastein, 1967, wurde eine Resolution formuliert, die folgende Sätze enthielt:

"Rauchen - fiskalisch konzedierte Sucht?
Es wäre eine lohnende Aufgabe für den Volkswirtschaftler, einmal zu klären, ob die Einnahmen des Fiskus an Steueraufkommen aus Alkohol und Tabak eine echte Einnahme darstellen. Wenn man alleine an den volkswirtschaftlichen Verlust denkt, den die alkoholbedingten Verkehrsunfälle mit 4 000 Toten im Jahr fordern, an die 7 Millionen Tage Arbeitsausfall als Folge des Alkoholismus, an die Zahl der 5 000 bis 10 000 Toten, die auf das Konto des durch Tabakmißbrauch bedingten Lungenkarzinoms kommen und an den Ausfall an Arbeitskraft und Leben durch die zu 90 Prozent durch Rauchen bedingte Bronchitis, liegt der Schluß nahe, daß die volkswirtschaftlichen Verluste das Steueraufkommen übertreffen.
Alkohol- und Tabaksteuer, Milchmädchenrechnung des Staates! Wenn eine Seuche die genannten Zahlen an Toten und Arbeitsausfall verursachen würde, würde die Öffentlichkeit in höchstem Maße alarmiert, und die Behörden würden keine Mittel unversucht lassen, um diese Epidemie einzudämmen..." (Internationaler Fortbildungskongreß Bundesärztekammer 1967, S.929).

Tabak und Alkohol sind fest in unsere Kultur integrierte Drogen und stellen als solche einen Wirtschaftsfaktor dar, der nicht ohne Schwierigkeiten aus dem wirtschaftlichen Leben eliminiert werden kann. VINSON (1973) stellte fest, daß die Tabak-Industrie "big business" sei und fragte "wer zahlt, wenn jeder aufhört?" Ist es glaubwürdig, wenn staatliche Instanzen Tabak-Enthaltsamkeit propagieren? Gibt es realistische Pläne für eine Umstellung der entsprechenden Industrie? Die amerikanischen Tabakfabriken beschäftigen nach Angaben von VINSON ca. 720 000 Arbeitskräfte, die regional konzentriert sind und für die es anderweitige Arbeitsplätze zu schaffen gälte - und dies bei einer derzeitigen Arbeitslosenquote von ca. 10 Prozent in den USA.

Nimmt man das Tabakproblem oder den Alkoholismus als augenblicklich nicht ausrottbare gesellschaftliche Ereignisse hin, so muß die Alternative trotzdem nicht Gleichgültigkeit sein. Der Staat könnte als Ausgleich für die Einkünfte aus dem Tabak- und Alkoholverbrauch, die unbestreitbar zu vielen Gesundheitsschäden führen, im Sinne einer freiheitlichen Entscheidung entsprechende Summen für Aufklärung und Therapie aufwenden. Hier aber scheint ein auffälliges Mißverhältnis zu bestehen. "Ein Staat, und das sind wir ja letzten Endes selbst, kann nicht 1971 fast genau 4 Milliarden DM allein an Alkoholsteuer einnehmen (an Tabaksteuer zusätzlich über 6,9 Milliarden DM!) - die Steuern aus dem Verkauf von Medikamenten sind kaum zu schätzen -, um mit einigen hunderttausend Mark die Abwehr der Suchtgefahren zu finanzieren. Das ist mehr als ein dürftiges Alibi" (HOLZGREVE 1973, Sonderdruck, S.4). HOLZGREVE ist Direktor der Deutschen Hauptstelle gegen die Suchtgefahren. In einer Sendung des SWF im ARD-Fernsehen unterstützte Franz ALT die Kritik an der Haltung des Staates. "Hier scheinen mir Widerspruch nötig im Interesse der Alkoholiker wie aber auch im Interesse der gesamten Gesellschaft. Im Interesse der Alkoholiker, weil Alkoholismus eine Krankheit ist und im Sozialstaat die Sorge um die Schwachen ein Gebot der Menschlichkeit sein muß. Widerspruch aber auch im Interesse der Gesellschaft, weil nämlich 60 000 jugendliche Alkoholiker 60 000 Frührentner sind, die unser aller Geld kosten. Niemand wird fordern, daß der Staat die vier Milliarden Steuereinnahmen aus dem Alkohol komplett gegen die Bekämpfung des Alkoholismus ausgibt, aber nur ein halbes Prozent, wie das jetzt geschieht, ist ... sicherlich entschieden zu wenig" (ALT 1973, Manuskript S.4). WINKLER, Leiter des westfälischen Landeskrankenhauses in Gütersloh, warf dem Staat vor, nicht mit dem nötigen Nachdruck auf die Gefahren des Alkoholismus hinzuweisen, weil der Staat immense Summen daran verdient (sh. "Abendzeitung" vom 12.11.1974; in einem persönlichen Briefwechsel nicht widerrufen).

Unter Berücksichtigung dieser Fakten fällt es schwer, dem Staat eine eindeutige und entschiedene Haltung gegenüber dem Drogenproblem im weitesten Sinne zu unterstellen. Die ersatzlose Streichung aller Steuereinnahmen aus Tabak- und Alkoholkonsum würde den Staat vor ernste wirtschaftliche Probleme stellen, nicht nur weil Steuermittel für die Finanzierung von Vorhaben fehlen würden, sondern weil es auch notwendig wäre, die frei werdenden Arbeitskräfte in anderen Arbeitszweigen unterzubringen. Jugendliche weisen in der Verteidigung des eigenen Modedrogenkonsums gerne auf diesen wirtschaftlichen Faktor hin und werfen dem Staat vor, das Monopol der vorhandenen Drogenindustrie zu schützen und eine unterschiedliche Politik zu verfolgen, weil im einen Fall der Staat finanziell partizipiere, im anderen Fall aber nicht.

Eine solche Kritik ist vielleicht einseitig, sie ist aber nicht unberechtigt; das zeigt sich, wenn man auf die internationale Ebene übergeht und man berücksichtigt, daß in der Türkei der Mohnanbau ein ähnlicher Wirtschaftsfaktor ist wie in den USA oder Rhodesien der Tabakanbau. Unter erheblichem Druck der USA hatte die türkische Regierung den Mohnanbau zeitweilig verboten und erhielt dafür aus den USA eine finanzielle Unterstützung, der den Gewinnausfall für die türkischen Bauern auch nicht annähernd ausglich. Im Sommer 1974 ließ die türkische Regierung den Anbau von Mohn wieder zu. Das "Auslandsjournal" des ZDF befragte hierzu den Vertreter der türkischen Polizei in der Rauschgiftabteilung der Interpol. Dieser sagte: "Bis 1969 war der Anbau von Mohn in der

Türkei völlig frei. Zwischen 1961 und 1971 wurde in verschiedenen Provinzen der Türkei der Anbau von Mohn reduziert - da haben wir unsere Erfahrungen gemacht. In der Türkei hat das Anbau-Verbot großen wirtschaftlichen Schaden verursacht. Ich denke, unsere Regierung hat aus diesem Grund den Anbau von Mohn wieder zugelassen - weil das Verbot wirtschaftlichen und nationalen Schaden verursachte". Auf die Frage des Reporters, warum der Anbau von Mohn für die Türkei so wichtig sei, ergänzte er "Meiner Meinung nach ist der Mohn das Erdöl der Türkei" (sh. "Auslandsjournal" des ZDF vom 2.8. 1974). Das bedeutet sicher nicht, daß die türkische Regierung für den illegalen Gebrauch von Opiaten ist, aber sie nimmt einen solchen beträchtlichen illegalen Handel in Kauf. Ähnlich wie bei den traditionellen westlichen Drogen scheinen für die Modedrogen wirtschaftliche Faktoren von großer Bedeutung zu sein. Trotz einer einmaligen Zahlung von 35 Millionen Dollar und Beratung bei der Umstellung von Mohnanbaubetrieben auf Weizen entstanden nach türkischer Angabe der Staatskasse Millionenverluste und mindestens 100 000 anatolische Bauern verloren ihre Existenzgrundlage (sh."FAZ" vom 5.7.1974, S.5).

Auch in der westlichen Welt war der Handel mit Opiaten nicht immer mit dem Odium des Kriminellen behaftet - zumindest solange wie das eigene Land nicht unter den Folgen dieses Handels litt. In einem UNESCO-Kurier wurde dies so ausgedrückt: "Bis zum Ende des 19.Jahrhundert sah man in den Rauschgiften noch kein internationales Problem, dem mit einer geplanten Aktion auf weltweiter Ebene hätte begegnet werden müssen. Man betrachtete den Rauschgifthandel als mehr oder weniger legitimes Geschäft und hielt den bei gewissen Völkern üblichen Mißbrauch von Drogen wie Opium, Kokablättern und indischen Hanf für eine tief in deren Sitten verwurzelte Erscheinung" (UNESCO-Kurier Mai 1968, S.2). Mit diesen Äußerungen wird offensichtlich u.a. auf den sogenannten Opium-Krieg von 1839-1842 gezielt, in dem Großbritannien die Öffnung Chinas für seinen Opium-Export aus Indien erzwang. BEJEROT (1970) bezeichnete diesen Krieg als eine der zynischsten, verbrecherischsten Ausbeutungen in der Geschichte. Bestürzend ist, daß auch heute noch der Grundsatz "Geschäft ist Geschäft" respektiert wird, soweit nicht das eigene Land den Schaden hat. Verlässliche Quellen über die Herkunft des illegalen Opiums liegen nicht vor, aber China steht in dem Verdacht, einer der Hauptlieferanten zu sein (TURNBULL 1972). Es ist nicht auszuschließen, daß die Chinesen sich dabei des Opium-Krieges erinnern.

Insgesamt kann man sagen, daß die Einstellung der Gesellschaft zu den Drogen nicht in sich konsistent und durch starke Widersprüche gekennzeichnet ist.

Klar formuliert wurde es von dem australischen National Drug Information Service, der im Auftrag des National Standing Control Committee on Drugs of Dependence arbeitet. In einer Publikation mit dem Titel "Die Art, wie wir jetzt leben" wurde ausdrücklich von einer doppelten Moral gesprochen. Die Erwachsenen benutzen Alkohol und andere Drogen, um den alltäglichen Anforderungen gewachsen zu sein, untersagen aber den Jugendlichen den Konsum von Cannabis. "Nichts ruft möglicherweise mehr Zweifel bei intelligenten jungen Menschen hervor als die übliche Erwartung der Erwachsenen, die von den jungen Menschen erwarten, daß sie sich an Normen des Verhaltens und der Verantwortung orientieren, die viele Erwachsene ihrerseits nicht beachten" (National Drug Information Service o.D., S.3). In ähnlicher Weise wies die offizielle amerikanische Organisation Special Action Office for Drug Abuse Prevention darauf hin, daß in der Gesellschaft nach zweierlei Maß gemessen wird (sh. Drugs and Drug Abuse Education Newsletter 1974, Heft 5). Drogenkonsum ist ein fester Bestandteil unserer Kultur, allerdings nicht jeder Drogenart und in jedem Ausmaß.

Kapitel XVIII. Die gesamtgesellschaftliche Situation

1. Der kulturkritische Aspekt

Nach den oft diskutierten und mehr oder weniger oft überprüften einzelheitlichen Ursachen soll nun noch explizit auf Überlegungen eingegangen werden, die die allgemeine "Großwetterlage" zum Gegenstand haben. Diese Beiträge zeichnen sich durch eine kulturkritische Haltung aus und sind oftmals nicht im Sinne überprüfbarer Hypothesen formuliert. Trotz dieses Mangels an wissenschaftlicher Form sind diese Überlegungen nicht uninteressant, weil sie einmal zeigen, in welche Bereiche hinein das Thema von manchen Autoren vertieft wird, zum anderen aber auch, weil auch die Wissenschaft in diese Bereiche vorstoßen muß und sie auf die teilweise sehr tiefgründigen Bemerkungen mancher Autoren zurückgreifen und sie in wissenschaftliche Hypothesen umformulieren sollte.

Bemerkenswert ist, daß im Rahmen der Erörterung der Ursachen des Drogenkonsums sehr verschiedenartige Autoren zu sehr kritischen Äußerungen über unsere westliche Kultur kommen: Angefangen vom Theologen über den Psychologen bis hin zum Mediziner. Diese Kommentare wurden dabei in Zeitschriften abgedruckt, die in der Regel eher als konservativ gelten, vor allem in Ärztezeitschriften, aber beispielsweise auch in einer Broschüre für Truppenführer der US-Armee in Europa. Die Diskussion über die Modedrogen förderte ein Unbehagen am westlichen Lebensstil zutage, der weit das Thema Modedrogenkonsum transzendiert und zu einer grundsätzlichen Besinnung über unsere Lebensform provoziert.

Sicher ist, daß solche Betrachtungen nicht das notwendige wissenschaftliche Niveau erreichen. KEUPP (1974) sagte in einem anderen Zusammenhang, bezogen auf ein Referat von LÖWNAU zum Thema "Seelische Fehlentwicklung und Gesellschaftsstruktur": "Was hier als Analyse der gesellschaftlichen Ursachen von Verhaltensstörungen ausgegeben wird und doch nicht mehr als feuilletonistisch gehaltener Kulturpessimismus ist, kann nur als

Beispiel dafür dienen, wie das Problem der gesellschaftlichen Bedingtheit psychischer Störungen mit untauglichen Mitteln angegangen wird" (KEUPP 1974, S.6). Trotz dieser notwendigen Kritik lohnt ein kurzer Blick auf solche feuilletonistischen Anmerkungen, weil in den wissenschaftlichen Analysen diese Aspekte bisher zu kurz kamen. Es sind Aufforderungen an die Wissenschaft, ihre Aufmerksamkeit auch auf übergreifende Zusammenhänge auszudehnen, wie es bereits im vorhergehenden Kapitel angedeutet wurde.

2. Der Umgang mit sich selbst

Die Leistungs- und Wohlstandsgesellschaft zeichnet sich nach der Ansicht mancher Autoren durch ein Vermeiden der Innerlichkeit und der Sinnfrage aus, konzentriert sich auf äußerliche Erfolge, ist eine Konsum- und Leistungsgesellschaft. Mag auf diese Weise die gesamte Gefühlswelt des Menschen eingeschränkt sein, so gilt dies doch in besonderem Maße für den Bereich, wo der Mensch sich in seiner ganzen Verwundbarkeit und Bedrohtheit erleben könnte: Dem Erleben von Angst und Leid. NOWLIS (1966) zitierte NIXON, der die Angst als einen wesentlichen Bestandteil des Reifungsprozesses ansah und ergänzte "trotzdem fühlt unsere Gesellschaft, daß Angst 'schlecht' ist, etwas, das man vermeiden muß, was man mit Drogen hinwegzaubern muß, sowohl bei sich selbst wie bei anderen " (NOWLIS 1966, S.30). Diese Rolle des Zauberers fällt in unserer Gesellschaft dem Arzt zu. DOHNER, selbst Arzt, zweifelte daran, daß es seine Aufgabe sei, alle seelischen Probleme durch das Verschreiben von Pillen zu lösen. "Warum können die Menschen es nicht lernen, Angst, Müdigkeit, Niedergeschlagenheit und Enttäuschung als normale Bestandteile des Lebens zu akzeptieren? Warum glauben sie, daß nur eine Droge ihr Leben zum besseren wenden oder ihnen einen neuen Lebensstil geben kann?" (DOHNER 1970, S.876). In ähnlicher Weise meinte THIELICKE, daß der Mensch das Leiden nicht nur ablehnt, was natürlich wäre, sondern daß er es als unzumutbar betrachtet. Es ist nichts mehr, was man überwinden muß, es ist etwas, was man vermeiden und abbiegen kann. Man setzt sich nicht mehr damit auseinander,

sondern übergeht es durch einen technischen Handgriff, durch
den Griff zu analgetischen und sedativen Drogen. Niemand hat
dies besser zu illustrieren gewußt als Evelyn WAUGH in seinem Buch "Der Tod in Hollywood" (1950), das von dem konsequenten Vermeiden der Grenzsituationen menschlichen Lebens handelt. Ein solcher Stil aber, ergänzte THIELICKE mit Verweis
auf LORENZ, führt auch zum Verlust der Höhepunkte des Lebens,
weil diese gar nicht mehr als solche erkannt werden können
und wegen der Gefahr des Scheiterns auch nicht mehr gesucht
werden dürfen.

Diese Vermeidung der Existenzgefährdung führt zu Leere, Kon-
taktlosigkeit und Langeweile, die nach STUCKI (1971) die Folgen einer blühenden Wirtschaft sind. Der wirtschaftliche Erfolg mag aber seinerseits als eine Flucht nach vorn interpretiert werden, als eine Veräußerlichung des Menschen, der nur
noch in der Auseinandersetzung mit der Außenwelt lebt, nicht
mehr jedoch in der Begegnung mit sich selbst. Diese Abkehr
von der eigenen Innenbefindlichkeit wurde von ADORNO u.a.
(1950) für die autoritäre Persönlichkeit beschrieben. Der
Verzicht auf Gefühle soll ausgeglichen werden durch materielle Werte, deren Besitz die Sicherheit vermitteln soll, die
eigentlich das Ergebnis einer gefestigten Beziehung zu sich
selbst und anderen Menschen sein soll. Diese Konzentration
auf materielle Werte (BIRDWOOD 1967; NOWLIS 1969; STUCKI
1971) ist eine der Ursachen des Modedrogenkonsums. "Viele
Erwachsene können sich mit Arbeit ausfüllen - jedenfalls
scheinbar. Die Jugend aber fragt: Ist diese Arbeit tatsächlich die Antwort auf die Sinnfrage? Ist das die Antwort auf
die Frage nach Glück, wenn von mir die Angepaßtheit eines
leistungsfähigen, zuverlässigen Rädchens im Getriebe einer
perfekten, technisch-bürokratischen Leistungsgesellschaft
gefordert wird" (HÜNNEKENS 1971, S.342). Aus Unzufriedenheit an dem Lebensstil der Erwachsenen, der die eigenen Bedürfnisse nach Sinnhaftigkeit und menschlicher Nähe unbe-
friedigt läßt, begibt sich die Jugend auf die Suche nach einer neuen Lebensform. Sie ist jedoch durch die Welt der Erwachsenen mitgeprägt, durch eine ständige Reizüberflutung
(STUCKI 1971) und durch einen materiellen Überfluß (ASPER-

GER 1964; KLINE 1967; American Psychiatric Association 1969/
70; COHEN 1971; MEVES 1971), der eine echte Absicherung der
materiellen Existenz nicht mehr erfordert, den Menschen aus
dem alltäglichen Kampf ums Leben entläßt, ihm mehr Freiraum
und Freizeit gibt, die es nun neu zu füllen gilt. Der Mensch
entdeckt auf diese Weise die Langeweile.

Obwohl der Mensch in der Wohlstandsgesellschaft nicht mehr
um seine biologische Existenz kämpfen muß, nimmt der Leistungsdruck auf den einzelnen Menschen zu. Gemeint ist damit nicht nur die berufliche Leistung, sondern das Insgesamt
aller Anpassungs- und Beherrschungsprozesse, die der Mensch
zu bewältigen hat, um in der Welt bestehen zu können. Die
Welt verändert sich rasch und läßt den Menschen nicht mehr
zur Ruhe kommen (BIRDWOOD 1967; CAMERON 1970; SOMMERHAUSEN
1970; STUCKI 1971; HICTER 1973). "Neben Neugier und Protest
ist eine häufige, oft verkannte Grundsituation der Rauschmittel nehmenden Personen die Angst, speziell vor dem Versagen in den verschiedenen Lebensbereichen. Daß es in unserer
Welt bei immer mehr Menschen zu existentieller Angst kommt,
hat durchaus auch ganz reale Grundlagen. Dazu gehört die für
jeden von uns immer schwieriger werdende geistige Verarbeitung des technischen Fortschritts und die Aussichtslosigkeit
den nahezu auf allen Wissensgebieten exponentiell wachsenden
Wissensstoff zu bewältigen" (COPER/HIPPIUS 1970, S.1626).

Mag das Individuum auch dem Stress (MÜLLER 1957; HOFF/HOFMANN 1965; BAY 1967; FURIAN 1970) durch die Einnahme einer
Droge entfliehen wollen, es ist dennoch nicht der einzige
Grund. Der Mensch ist immer weniger in der Lage, mit einer
eintöniger werdenden Welt fertig zu werden (STRUNK 1969;
BAUER 1970; FREEDMANN 1970a, UNGERLEIDER 1970) und versucht
durch die Droge etwas Leben in den grauen Alltag zu bringen,
ein Alltag, der durch Routine und Konzentration auf technische und geistige Fähigkeiten gekennzeichnet ist. An dieser
Verkümmerung haben auch die Pädagogen Schuld, die sich nicht
mehr als Erzieher im weitesten Sinne, sondern als Fachleute
für ein bestimmtes Wissensgebiet verstehen. "Wenn die Pädagogen es fertig brächten, den Kindern tatsächlich Verhaltens-

schemata- und nicht nur Wissensfülle - für das Leben mitzugeben, wäre die Zahl der Suchtstoffkonsumenten niedriger" (LINDEMANN 1971, S.13). Ein Autor verwies auf die Psychologie C.G.JUNGS und meinte, daß der Ausschlag nach der emotional-sinnlichen Seite gar nicht zu verwundern brauche, da die Betonung des Intellektes unter gleichzeitiger Vernachlässigung des Gemüts geradezu eine Reaktion in der anderen Richtung provoziere. "Unsere Zeit ist aber vorwiegend von der Rationalität bestimmt. Man spricht von einer 'Verkopfungsneurose' unserer Gesellschaft. Für die Jugendlichen aber ist Gemütsansprechung und Gemütsentfaltung Grundbedürfnis. Wo läßt es sich ausreichend befreidigen? Wir haben in unserer technisch-bürokratischen Computer-Gesellschaft nicht viele Möglichkeiten. Ist nicht dadurch auch die harmonische Entwicklung in Frage gestellt? Es entsteht ein neues Vakuum, in das die Verheißung einströmt: Durch Drogen könnt ihr einen Sinnesrausch erleben" (HÜNNEKENS 1971, S.243). Lange vor jeglicher Drogenproblematik wies TOLMAN einer Typologie DRUCKERS folgend daraufhin, daß in der westlichen Welt immer wieder ein Idealbild des Menschen gezeichnet worden sei, das sich durch die Verabsolutierung eines Aspektes menschlichen Daseins ausgezeichnet habe. Dem religiösen Menschen des Mittelalters folgte der intellektuelle Mensch der Renaissance, diesem der ökonomische Mensch in der kapitalistischen Phase und wiederum der heroische Mensch im totalitären Zeitraum. Solche Einseitigkeiten aber haben nach TOLMAN dem Menschen bisher nur Unglück gebracht und er plädierte daher für den psychologischen Menschen, dessen Kennzeichen die Ausgewogenheit zwischen allen menschlichen Möglichkeiten ist (sh. TOLMAN 1942).

Viele Autoren zweifelten daran, daß ein solcher harmonischer Mensch selbst als Idealbild im Augenblick angezielt sei; ihrer Meinung nach ist es eher der manipulierte Mensch, der in immer stärkerem Maße Drogen gebraucht, um vorhandene Stimmungen zu überspielen und sich so einen Ausgleich schafft.für die Forderungen im Leistungsbereich. Das Schlagwort von der Drogenkultur illustriert diesen Sachverhalt.

Drogenkonsum wäre nach dieser Meinung das Resultat einer "Verkopfungs-Neurose", die zu einer Verkümmerung des emotionalen Bereiches führt und zu einer Überforderung im kognitiven Bereich. Gegen eine solche einseitige Ausrichtung protestieren die Jugendlichen mit einer - vielleicht ebenso einseitigen - Gegenbewegung, deren Kennzeichen jedoch manche Autoren darin sahen, daß die Jugendlichen keine radikal andere Lebensform postulieren, sondern nicht hinreichend ernst genommene Ideale der Erwachsenen zu neuem Leben erwecken - in einer Radikalität, die diese Erwachsenen erschreckt.

3. Die Suche nach einer neuen Lebensform

CARSTAIRS (1969) fragte zweifelnd, ob denn die ältere Generation sich nur aus Sorge um das Wohlergehen der Jugendlichen so stark mit dem Modedrogenkonsum beschäftige. Wäre dies der Fall, so müßten sich nach seiner Meinung die Erwachsenen mit dem Rauchen und Trinken weitaus mehr beschäftigen, als sie es im Augenblick tun. Er sah einen anderen Grund: "Ich vermute, daß der wahre Grund für diese übertriebene Sorge in der Wahrnehmung der Tatsache besteht, daß die jungen Menschen die Werte nach denen die Älteren lebten, entschieden in Frage stellen und in vielen Fällen verwerfen; das ist es was wir von der älteren Generation so schwer ertragen können" (CARSTAIRS 1969, S.1578). Bestätigt wird eine solche Auffassung indirekt durch BACHMANN (1972), der den Drogenkonsum in enger Verbindung zu einer Subkultur sah und den Kampf gegen den Drogengebrauch konsequenterweise auf diese Subkultur ausdehnen wollte. Im Gegensatz zur herrschenden Medikamentenkultur, wo viele Drogen eingesetzt werden, um einen Lebensstil zu bekämpfen, der von Arzt oder Patient als "nicht gut" bewertet wird (MORGAN 1969), dient hier der Konsum von Drogen einem positiv formulierten Ziel. Es ist nicht mehr die Vermeidung von Angst und Langeweile, sondern die Entdeckung und Vertiefung neuer Lebensbezüge, zu denen der Drogenkonsum beizutragen vermag, ohne für sich alleine diesen neuen Lebensstil auszumachen.

Dem Jugendlichen fällt es schwer, sich in einer widersprüchlichen Welt zurechtzufinden. LEECH/JORDAN (1967) verwiesen darauf, daß es nicht erstaunen kann, wenn in einer Welt mit zweifelhaften Normen jemand zu Drogen greift. Krieg ist eine alltägliche Sache, Blitzkriege beherrschen die Schlagseiten, ohne daß an das menschliche Elend erinnert wird, das auch mit einer solchen militärischen Glanzleistung verbunden ist, Nahrungsmittel werden vernichtet, obwohl viele Millionen Menschen hungern. "Kann es verwundern, daß in einer Gesellschaft wie der unseren, wo Zerstörung und Verachtung gegenüber dem menschlichen Leben unübersehbar sind, einige Menschen glauben das Recht zu haben, sich selbst zu zerstören, sei es durch zuviel Trinken, sei es durch zu schnelles Autofahren, sei es durch Drogenkonsum?" (LEECH/JORDAN 1967, S. 60).

Es muß nicht immer gleich zu Selbstzerstörung gehen, aber die Erwachsenen haben für Jugendliche, die sich solcher Widersprüche bewußt sind, oftmals die moralische Legitimation verloren. "Im Grunde sind diejenigen Jugendlichen, über die wir uns am meisten zu ärgern geneigt sind, die Rebellen, jene, die nicht nur unseren Lebensstil, sondern auch uns selbst, entweder als Heuchler oder Dummköpfe ablehnen. Vielleicht sind sich diese jungen Menschen mehr unserer Grundwerte, unserer geistigen Grundsätze bewußt als wir. Sie sind empfindlich gegenüber dem offen zu Tage tretenden Widerspruch zwischen dem, was wir predigen und dem, was wir tun und wie wir in Wirklichkeit leben" (MALONEY 1971, S.68).

Ein solcher Ansatz ist nicht neu; bereits 1961 vertraten MATZA/SYKES die Ansicht, daß kriminelle Jugendliche im wesentlichen in der Gesellschaft hochgeschätzten Normen folgen, diese allerdings verabsolutieren. Abweichendes Verhalten Jugendlicher wäre danach nicht das Ergebnis einer Schöpfung neuer Werte, sondern die Erinnerung und Akzentuierung bereits vorhandener Werte. Wäre das abweichende Verhalten von Jugendlichen das schlechte Gewissen der Erwachsenen, eine Erinnerung an Ideale oder Wunschvorstellungen, von denen man selbst nur träumt, die aber von den Jugendlichen ernst genommen werden?

REICH (1970) legte eine Typologie der amerikanischen Entwicklung vor, in der er drei Stufen unterschied und wo das Bewußtsein drei eine Überwindung der im Bewußtsein zwei deutlich werdenden Widersprüche ist. REICH unterschied drei Bewußtseinszustände: Bewußtsein eins beschreibt die Pionierzeit, in der der Eigennutz, der Wettkampf und das Mißtrauen gegenüber dem anderen vorherrschte. Jeder sucht seinen eigenen Vorteil, vertraut nur seiner eigenen Stärke und sieht im Vorteil des anderen seinen eigenen Nachteil. Der Kampf jeder gegen jeden ist das Gesetz. Im Bewußtsein zwei verliert der Einzelne seine Bedeutung gegenüber der Institution und der Gesellschaft, er erkennt sich als Teil eines übergeordneten Ganzen, dem er sich unterzuordnen hat. Es ist der "institution man". Er versteht sein Leben und seine Karriere innerhalb des Fortschritts der Gesellschaft und einer Institution, deren hierarchische Struktur er bejaht und in der er durch Leistung zu avancieren hofft. Die Arbeit stellt daher einen zentralen Punkt der Lebensform dar; einmal, weil dadurch die höheren Ziele der Organisation oder der Gesellschaft unterstützt werden, zum anderen, weil sie dem Individuum den Erfolg in der Firma garantieren sollen. Diese Hoffnung, durch partielle Selbstverleugnung, durch Unterordnung unter die Normen der Firma mit zum Fortschritt der Gemeinschaft wie zum Wohlergehen der eigenen Person und der Familie beizutragen, findet bei den Kindern, die das Bewußtsein drei verkörpern, keine Unterstützung mehr. HEBBLETHWAITE, GREEN referierend, formulierte es so: "So zeigt sich im Bewußtsein zwei ein Zwiespalt. Ihre Kinder klagen sie der Scheinheiligkeit an, wegen des offensichtlichen Kontrastes zwischen ihrem arbeitenden Selbst, in dem sie ruhelos, dynamisch, und erfolgreich sind, und ihrem privaten Selbst, in dem sie nett, mit Freude am Spiel, gebildet und reizend sein können. Aber was die Jungen als Scheinheiligkeit ansehen, könnte eher als Schizophrenie angesehen werden, der Kontrast zwischen dem öffentlichen und dem privaten Menschen, ein häufiges Thema in der Gegenwartsliteratur von Amerika" (HEBBLETHWAITE 1971, S.514). Das Bewußtsein drei repräsentiert nach REICH die neue Generation. Es ist zunächst gekennzeichnet durch die Erfahrung, daß in einer äußerlich funktionierenden Gesellschaft, in einer Wohlstandsgesellschaft Ehen auseinanderbrechen, weil die Partner nichts mehr aneinander bindet, daß Zynismus und Verzweiflung in den besten Häusern Amerikas zu Hause sind. Die neue Generation ist auf der Suche nach einer neuen Beziehung des Menschen zu sich selbst und zu den Mitmenschen. Sie versucht die Entfremdung des Menschen von sich selbst zu überwinden, ihn nur als eine Funktion zu sehen und postuliert den absoluten Wert jedes Individuums. Jedes Individuum ist einzigartig und verschieden von den anderen und wird in dieser Verschiedenartigkeit geschätzt. Es ist eingebettet in eine Gemeinschaft, Teil einer großen Familie, nicht mehr der potentielle Gegner, sondern der Bruder oder die Schwester, dessen oder deren Nähe man sucht. Das einzelne Individuum begreift sich so nicht nur als Teil einer Gemeinschaft, es fühlt sich selbst immer als Einheit, die nicht in Rollen ausgegliedert, in Funktionen unterteilt werden kann. In allem was man tut, ist man ganz selbst, vergißt nicht irgendwelche Grundsätze. Man fühlt sich so auch immer für die Gesellschaft in allen Aspekten verantwortlich, auch wenn der eigene direkte Aufgabenbereich bestimmte Funktionen nicht einschließt. Verantwortung ist so nicht aufgezwungen, sondern wird gesucht, wird begriffen von übergreifenden Zielvorstellungen. Vieles, was aus bürgerlicher Sicht zum Aufgabengebiet des Individuums gehören mag, findet dabei wenig Beachtung. Sich selbst zu verwirklichen, ist das Ziel und dieses Ziel ist mit der herkömmlichen Konsum- und Leistungsgesellschaft nicht ohne weiteres in Einklang zu bringen. REICH verdeutlichte dies am Beispiel der Kleidung. Die Kleidung eines Anhängers von Bewußtsein drei mag einem Bürger als verdreckt und schäbig erscheinen, aber sie befreit den Träger davon, etwas zu leisten, nur um sich neue Kleider zu kaufen, Kleider, die bestimmten Rollenvorschriften entsprechen und die den Menschen in verschiedene Funktionen unterteilen. Da der Mensch in allem, was er tut, immer als Einheit handelt, wäre der Wechsel der Kleidung ein Verstoß gegen dieses Prinzip, weil er nach außen eine Zäsur bedeuten würde. Er ist aber in allem, was er tut, der gleiche Mensch und dies soll auch äußerlich sichtbar sein. Die gleiche Kleidung, das heißt konkret blue jeans und damit maschinelle Fertigung und Egalität der Individuen wie Unterstreichung der Körperlichkeit des Individuums.

Dies ist ein wesentlicher Punkt von Bewußtsein drei. Das Individuum ist sich seiner unmittelbaren Existenz bewußt, begreift sich auch als ein körperliches Wesen, das alle Formen der Wahrnehmung nutzen muß. Es gilt, die Wirklichkeit in allen Dimensionen zu erfassen, auch in deren sinnlichem Gehalt, wozu z.B. das Abbrennen von Weihrauch gehört, um Geruchsempfindungen zu verstärken, die Teilnahme an Sensitivity-groups, um die Wahrnehmung für andere Menschen zu vertiefen, aber auch der Genuß von Drogen, wie Cannabis oder LSD, um dem normierten Denken und Empfinden zu entrinnen und andere Möglichkeiten der Daseinserfahrung kennenzulernen. Diese neue Sichtweise überdauert den aktuellen Drogenkonsum und kann sogar diesen überflüssig machen. Es ist nur der Anstoß für eine neue Form der Begegnung mit der Welt, die vom Individuum aufgegriffen wird, in es integriert wird und so, mit oder ohne äußerliche Hilfe - d.h. Drogen - Teil des Erlebens und Verhaltens wird. Ein Individuum, das auf diese Weise mit Drogen in Kontakt kommt, kann unbeschadet der Intensität des Konsums nicht drogenabhängig werden, weil das Dominierende ein Lebensentwurf ist, den der Drogenkonsum unterstützen kann, zu dem er wesentliche Elemente beizutragen vermag, dessen ausschließlicher Inhalt er jedoch nicht ist.

Drogenkonsum kann so Teil eines neuen Verhaltensstils sein, der in der Tat in die gegenwärtige bürgerliche Welt wenig hineinpaßt, eine Anti-Gesellschaft repräsentiert und mit der Hippie-Bewegung assoziiert ist. Diese Bewegung scheint im Untergang begriffen zu sein und Drogenkonsum von daher nicht mehr begründbar. Unabhängig von dem Erfolg ist es eine ernst zu nehmende Lebensform, die eine Alternative zur bürgerlichen Welt darstellt und auch den gegenwärtigen Modedrogenkonsum in seiner verflachenden Motivation, wonach Neugier der wesentliche Grund ist, in Frage stellt.

4. Beziehungen zwischen den einzelnen Erklärungsansätzen

Als durchgängige Logik kann man zwei verschiedene Richtungen unterscheiden: eine mehr klinisch orientierte und eine mehr weltanschaulich orientierte. Die klinisch orientierte Sichtweise sieht den Grund des Drogenkonsums in einer gestörten Persönlichkeit, dem Verfall des Familienzusammenhalts, dem zunehmenden Stress und Vernachlässigung wesentlicher Bedürfnisse des Menschen und dem damit parallel gehenden Griff und tolerierten Konsum von Drogen. Der Druck mag von der größeren Einheit auf die kleineren Einheiten weitergegeben werden, die gestörte Persönlichkeit das Symptom für eine aus den Fugen geratene Gesellschaft sein, die dem einzelnen Menschen, der in sie hineingeboren wird, keine adäquaten Entwicklungsbedingungen mehr zu bieten vermag. Eine mißglückte Persönlichkeitsentwicklung führt zu einer vorzeitigen Bindung an einen Ehepartner, zu unzureichenden Verarbeitungsmöglichkeiten von Frustrationen, zu verminderter Resonanz gegenüber den Bedürfnissen des Partners, was zu Spannungen in der Familie führt, was wiederum zu Entwicklungsstörungen der Kinder führt und so den Teufelskreis fortsetzt. Es erschiene mir jedoch falsch, die Analyse auf die kleinen sozialen Einheiten, Familie und Individuum zu beschränken. Sie sind eingebettet in übergreifende Zusammenhänge und geben diese nur auf besonders sichtbare Weise wieder. Es erscheint kurzsichtig, Entwicklungsstörungen der Kinder nur auf das Versagen der Eltern zurückzuführen. STUKKI (1971) empfahl den Eltern einen neuen Erziehungsstil. Er selbst aber hatte erkannt, daß die Bedrohung der Menschheit durch Bevölkerungsexplosion und Atombombe allen Menschen bewußt ist, er selbst hatte erkannt, daß gerade der Mensch in der Lebensmitte das Gefühl hat, von der Entwicklung überrollt zu werden. Bei einer solchen Darstellung ist es nicht sinnvoll, die Kausalitätskette bei den Eltern enden zu lassen, die ja selbst Leidtragende einer belastenden Situation sind.

Die weltanschauliche Sichtweise kann an persönlichkeitspsychologischen Daten ansetzen, kann auf die Assoziation zur peer-group verweisen, das veränderte Verhältnis zu Drogen allgemein wie auf das Entstehen eines neuen Lebensstils. Die weltanschauliche Neuorientierung kann in einer Übergangszeit durchaus auch zu neurotischen Störungen führen, aber der Stellenwert ist verändert. Steht die weltanschauliche Neubesinnung im Vordergrund, so ist die neurotische Störung ein Beiprodukt des Kulturkampfes, das verschwindet, wenn der entsprechende Lebensstil die Phase der kämpferischen Auseinandersetzung überwunden hat. Berücksichtigt man alle verfügbaren Fakten, so scheint die ideologische Basis des Drogenkonsums zu schwinden und damit der mehr klinisch orientierte Ansatz relevanter.

Unabhängig von der Alternative klinisch oder weltanschaulich ist es wichtig, daß der gleiche Ansatz auf verschiedenen Analysenstufen realisiert werden kann - was für die Frage der Prophylaxe von entscheidender Bedeutung ist. Der Beweis eines Zusammenhanges auf der Persönlichkeitsebene ist kein Grund, auf diesem Analysenniveau stehen zu bleiben, weil es über die anderen Analysestufen keine Aussagen macht.

F. SOZIALE REAKTIONEN AUF DEN MODEDROGENKONSUM

Kapitel XIX. Das Problem einer juristischen Regelung

1. Das grundsätzliche Recht zur staatlichen Kontrolle

Bei der Diskussion um die legale Stellung der Modedrogen steht im Hintergrund die Frage, ob der Staat überhaupt legitimiert sei, regelnd einzugreifen. Es wird argumentiert, daß Drogenkonsum ein Teil der Privatsphäre ist und der Staat sich prinzipiell aus dem Privatraum des Individuums heraushalten sollte, eine Auffassung, die z.B. auch zu einer Revision des Sexualstrafrechts führte. BURGER (1973) bezeichnete es als eines der fundamentalsten Grundrechte des Menschen, die Mittel frei wählen zu dürfen, mit denen er sein Innenleben erforschen will. SARTRE (sh. GROSSER 1974) ging sogar so weit, ein Recht auf Selbstzerstörung zu postulieren und bezog dabei auch das Recht zum ungestörten Selbstmord mit ein. Weniger radikal war SZASZ (1971), als er zwar ebenfalls das Recht auf Selbstmedikation vertrat, es aber zunächst nur für Erwachsene gelten lassen wollte und zusätzlich die Einschränkung machte, daß dieses Recht nicht zu einem Schaden für andere Menschen führen dürfe. SZASZ diente als Modell die Regelung für den Alkoholkonsum.

Die amtliche englische Cannabis-Kommission (Home Office, Advisory Committee...) beschäftigte sich ausführlich mit dem Argument der Privatsphäre und kam zu der Schlußfolgerung, daß es nicht ohne weiteres aufrecht zu erhalten sei. Die Kommission bezweifelte, daß es irgendein menschliches Verhalten gibt, das nicht soziale Konsequenzen, Auswirkungen auf die soziale Gemeinschaft hat. Dies gilt insbesondere für einen

Sozialstaat, der das in Not geratene Individuum nicht seinem
Schicksal überlassen kann und dies gilt für die Familie, die
die Konsequenzen des wirtschaftlichen Ruins des Ernährers mit-
zutragen hat. Der Drogenkonsument ginge danach nicht nur für
sich und seine Familie, sondern auch für die gesamte soziale
Gemeinschaft ein Risiko ein. SPÜHLER sprach ebenfalls diesen
Sachverhalt an: "Wie in allen Dingen, sind die Grenzen der
individuellen Freiheit dort, wo diese die Freiheit anderer be-
einträchtigen oder gar in Frage stellen. Auch bei der vorsich-
tigsten Beurteilung des Drogengebrauches kann nicht übersehen
werden, daß jede Droge, die eine stimulierende oder spannungs-
mindernde Wirkung entfaltet, potentiell suchtgefährdend ist
und damit die Folgen nicht bloß höchst persönlicher Natur für
den Konsumenten, sondern auch für dessen Familie und die Gesellschaft sind. Wenn wir der Forderung nach Freigabe gewis-
ser Rauschmittel, wie sie von Anhängern der neuen Drogenwelle
stürmisch verlangt wird, entsprechen wollten, so müßten sich
die Bevölkerung und der Staat in Zukunft mit einer größeren
Zahl von Süchtigen abfinden, für sie sorgen, sie behandeln,
ihre Familien schützen und auch alle direkten Aggressionsakte
der Rauschgiftbenützer und Süchtigen erdulden. Aus diesen Konsequenzen ergibt sich das Recht der großen Mehrheit der menschlichen Gesellschaft und derjenigen, die sich für die Entwicklung eines Volkes verantwortlich fühlen, sich dieser Forderung
nach individueller Freiheit zu widersetzen und das Übel an den
seinen Wurzeln zu bekämpfen" (SPÜHLER zit. in PFEIFFER 1972,
S.2087). EduMed ging in einem Artikel im hauseigenen Pressedienst einen Schritt weiter und postulierte eine positive Verantwortung für die eigene Gesundheit: "Allzu leicht wird übersehen, daß wir in einer praktisch vollversicherten Gesellschaft
leben. Mißbrauch der Gesundheit vieler einzelner geht uns alle etwas an, denn wir alle haben die Kosten dafür zu tragen:
Alljährlich eine Riesensumme, die aus den vielen 'kleinen' Be-
handlungskosten, Krankengeldern usw. entsteht. Fazit: Wenn es
stimmt, daß Besitz und Eigentum sozialpflichtig sind, und wenn
es so ist, daß der einzelne daran gehindert werden muß, seinen persönlichen Besitz zum Nachteil der Allgemeinheit zu mißbrauchen, dann ist die Gesundheit mindestens ebenso sozial-

pflichtig" (EduMed-Pressedienst 1973, Folge 24 "Kann man mit seiner Gesundheit machen, was man will?", S.1f).

Es wäre jedoch falsch, Gesundheit als ein Gut anzusehen, das allein dem einzelnen zur Pflege überlassen ist. In einem Artikel vertrat MILLIS (1970) die Auffassung, daß die Gesellschaft nur den Zugang zu den Gesundheitseinrichtungen zur Verfügung stellen kann, nicht jedoch die Gesundheit selbst garantieren. Gesundheit ist nach seiner Auffassung in die persönliche Verantwortung des einzelnen gestellt, dieser habe durch ein entsprechendes Verhalten sie zu erhalten. Diese Auffassung wurde in zwei Diskussionsbeiträgen von DAVID und HENDERSON kritisiert. DAVID (1970) verwies darauf, daß exzessiver Alkoholkonsum die Ursache in unzureichenden sozialen Verhältnissen, wie schlechte Wohnverhältnisse, Arbeitslosigkeit etc. haben kann. "Die persönliche Gesundheit ist mehr als nur eine Frage der persönlichen Verantwortung. Es ist zugleich auch eine Frage der Verantwortung der Gesellschaft selbst" (DAVID 1970, S.766). HENDERSON (1970) vertrat die Meinung, daß soziale Ungerechtigkeiten viele Menschen daran hindern, einen eigenen Lebensstil frei wählen zu können und sie in ein Verhalten hineindrängen, das schädlich ist. Billigt man dem Staat und der Gemeinschaft das Recht zu, die Freiheit des einzelnen einzuschränken, so ist damit auch die Verpflichtung verbunden, von seiten der Gemeinschaft alles Menschenmögliche zu tun, um das Individuum im Rahmen dieser sozialen Ordnung zu einer möglichst optimalen Entfaltung seiner eigenen Persönlichkeit kommen zu lassen.

Staatliche Regelungen müssen dabei keineswegs immer Sanktionierungen von Mehrheitsmeinungen sein. WEISSER (1965) unterschied zwischen den tatsächlichen und den wohlverstandenen Interessen der Bürger. Die tatsächlichen Interessen sind durch viele Komponenten beeinflußt, z.B. auch durch die Werbung, und müssen daher keineswegs mehr die "wahren" Interessen der Bevölkerung widerspiegeln. Diese wahren Interessen zu ermitteln, zu bestimmen, ob die jeweiligen tatsächlichen Interessen auch die wohlverstandenen Interessen sind, dies ist alles sicherlich äußerst schwierig und oftmals nur durch eine Satzung zu lösen. An dem Prinzip jedoch, daß staatliche Eingriffe nicht unbedingt der mehrheitlichen Meinung oder dem mehrheitlichen Lebensstil folgen müssen, scheint nicht gezweifelt zu werden. Umstritten scheint alleine zu sein, ob der Staat eine bestimmte Sache in einer ganz bestimmten Weise beeinflussen darf. WEISSER, der sich mit dem Problem des Alkoholismus auseinandersetzte, hielt den Gegnern einer restriktiven Alkoholpolitik ein Beispiel entgegen: "Wer Maßnahmen zur Beschränkung des Alkoholkonsums prinzipiell ablehnt, kann gefragt werden, wie er sich zu Theatersubventionen stellt. Sie werden in den meisten Kulturländern nicht nur aus sozialpolitischen Gründen, sondern auch aus unmittelbar kulturpolitischen Erwägungen gezahlt und haben oft eine Höhe, bei der auch der Logenplatz trotz seines hohen Preises noch subventioniert ist. Wer zu solchen kulturpolitisch motivierten Subventionen bereit ist, orientiert sich an den Bürgerinteressen, wie sie sein sollten; denn die Subvention muß ja vom Bürger aus Steuermitteln finanziert werden, unabhängig davon, ob der Bürger so hohe kulturelle Interessen tatsächlich hat. Wer in diesem Falle bereit ist, sich über die Interessen von Bürgern, wie sie tatsächlich sind, politisch hinwegzusetzen, weil er sich zur Pflege der Kultur als Regierung verpflichtet fühlt, kann es nicht prinzipiell ablehnen, daß das Angebot im Interesse der Gesundheits- und Kulturpolitik in einem Maße beschränkt wird, das den tatsächlich geäußerten Wünschen der kaufkräftigen Konsumenten widerstreitet" (WEISSER 1965, S. 10f).

In welchem konkreten Fall ist nun die Regierung legitimiert, den Verhaltensspielraum des einzelnen Menschen einzuengen? Der Beitrag von SPÜHLER deutete an, daß dies nur dann der Fall sein dürfe, wenn ein gesundheitliches Risiko bestünde. Es ist jedoch falsch, dabei den Begriff des Süchtigen in den Mittelpunkt zu stellen. CAMERON (1970) sah kein öffentliches Interesse tangiert, wenn der Konsum einer Droge zu psychischer oder physischer Abhängigkeit führt. Erst wenn daraus erhebliche öffentliche Gesundheitsprobleme und soziale Probleme entstünden, wäre ein staatliches Eingreifen notwendig. Ein soziales Problem liegt aber immer erst vor, wenn die

Zahl der Betroffenen recht groß ist, "die Kulturgewohnheiten einiger weniger brauchen die Allgemeinheit nicht zu berühren und zu interessieren" (BAUER 1970, S.1567); ähnlich EHRHARDT 1970. Für die weitere Erörterung der gesetzlichen Stellung der Modedrogen wird man daher zwei Punkte beachten müssen: führt der Konsum dieser Drogen zu gesundheitlichen Schäden und ist der Konsum der Drogen so weit verbreitet, daß er das öffentliche Interesse erregen kann? Die Diskussion sollte jedoch zwei weitere Momente berücksichtigen. Der Wert einer Sache oder Verhaltensweise kann nicht allein durch die negativen Effekte bestimmt werden, eine solche Betrachtungsweise würde prinzipiell ja nur zu einer Variation im Negativen führen. In der Regel sind mit einer Sache nicht nur Nachteile, sondern auch Vorteile verbunden und es gilt, die Relation zwischen diesen beiden Einschätzungen zu sehen. Eine Konzentration auf die schädlichen Aspekte kann an sich noch kein entscheidendes Argument liefern, weil es eben nur die eine von zwei Seiten ist und man beide Seiten sehen muß. Modedrogenkonsum kann nicht als ein isoliertes Phänomen gesehen werden. Es muß bezogen werden auf andere Verhaltensweisen, wobei sich insbesondere das Rauchen von Tabak und das Trinken von Alkohol anbieten. Die Gesellschaft sollte möglichst vergleichbare Dinge mit dem gleichen Maßstab messen und sie sollte an fundamentalen Grundsätzen möglichst durchgängig festhalten. Die Bewertung des Modedrogenkonsums sollte also nicht dadurch erfolgen, indem man sich auf die negativen Seiten konzentriert und zusätzlich andere soziale Phänomene unberücksichtigt läßt. Beengt man seine Sichtweise jedoch in dieser Weise, so muß eine restriktive Haltung automatisch folgen und zwar aufgrund der gewählten Taktik. Niemand, der an einer ernsthaften Erörterung interessiert ist, kann ein solches Vorgehen befürworten, da es Zweifel an der Seriosität der Argumentation weckt und sicherlich einseitig ist.

2. Argumente für die Kontrolle von Modedrogen

Die folgende Diskussion um die legale Stellung der Modedrogen befaßt sich hauptsächlich mit Cannabis. Ernsthafte Meinungsunterschiede über die juristische Behandlung der Opiate gibt es nicht, da deren Gefährlichkeit kaum angezweifelt wird. Gefährlichkeit soll hier heißen, daß einer sehr beachtlichen Zahl von Konsumenten ein kontrollierter Umgang mit dieser Drogenart nicht gelingt. Anders ist es mit der Gruppe der Halluzinogene im weiteren Sinne und insbesondere von Cannabis, wo erhebliche Meinungsunterschiede über das Ausmaß der Gefährdung und die sinnvollen gesetzlichen Maßnahmen bestehen. Die folgende Diskussion soll sich im wesentlichen auf den Hauptstreitpunkt Cannabis konzentrieren.

Bei der Beurteilung von Cannabis spielen körperliche Schäden keine bedeutende Rolle. Der Effekt von Cannabis wird auch von den Gegnern von Cannabis im psychischen Bereich gesehen. Das am häufigsten gebrauchte Argument zielt eigentlich nicht so sehr auf eine absolute Wirkung von Cannabis, sondern auf eine Wirkung bei einem bestimmten Personenkreis, nämlich den Jugendlichen. In seiner einfachsten Form lautet es: die Jugendlichen erfahren durch den Genuß von Cannabis eine unmittelbare Bedürfnisbefriedigung, die sie reifungsbegingte Belastungen nicht mehr ertragen lassen. Die Jugendlichen weichen Konflikt- und Belastungssituationen aus, sie vermeiden die leistungsmäßige Anspannung, sie werden apathisch und bemühen sich nicht mehr hinreichend um ihre Existenzsicherung in einer Leistungsgesellschaft. Die Persönlichkeitsentwicklung wird durch den Drogenkonsum gestoppt oder verlangsamt (American Psychiatric Association 1969/70; BEST o.D.; GLATT 1969; LIETZMANN 1969; FURGER 1971; KLEINER 1971; SEISS 1971; CHRISTIANI 1972; MASSONI in PFEIFFER 1972). Als Beispiel für diese Argumentationsweise sei die Darstellung von FRANKE (1971/72) herausgegriffen: "Jeder macht in seiner Entwicklung einen Abschnitt durch, in dem er sich vom Elternhaus löst, sich verselbständigt und in die Welt der Erwachsenen eintritt. Eine Welt, die ihm häufig gar nicht verlockend erscheint und die zumeist in nichts mit dem übereinstimmt, was er sich vorstellt. Er geht von einer idealen heilen Welt aus, die so ganz anders ist als unsere Wirklichkeit. Das haben alle Heranwachsenden zu jeder Zeit schmerzhaft empfunden. Diese Entwicklung soll zur Lebenstüchtigkeit führen, soll die Befähigung herausbilden, sich in der realen Welt behaupten zu können... Es ist eine konfliktbeladene Zeit, die uns treibt, über das Reale hinauszudenken, die Frage nach dem Sinn des Lebens und des Todes zu stellen. In dieser an Enttäuschungen, Mißstimmungen und Konflikten überreichen Zeit biedert sich heute das Haschisch als ein wissender und verstehender Freund an. Es verspricht, uns auf eine höhere Ebene des Bewußtseins zu führen, die uns zu neuen Erkenntnissen bringt. Viele erwarten vom Haschisch die sonst nur mühevoll zu erwerbenden Einsichten, aus denen sich die Lebenstüchtigkeit bildet, sich gewissermaßen im Schnellaufguß einverleiben zu können. Im Grunde ist es die Sehnsucht, der Wirklichkeit ein Schnippchen schlagen zu können" (FRANKE 1971/72, S.5).

Die Entwicklung der Persönlichkeit erfolgt in einer ständigen Auseinandersetzung mit der sozialen Umwelt und es ist daher nicht verwunderlich, daß in den Gründen gegen eine Legalisierung von Cannabis auch die Störung des Sozialbezuges auftaucht (BRILL 1968; American Psychiatric Association 1969/70; CHRISTIANI/STÜBING 1972).

Cannabis-Konsum ist für die westliche Welt ein neues Phänomen, über das es noch keine langen Erfahrungen gibt. Insbesondere über den langen und schweren Gebrauch liegen in der westlichen Welt keine hinreichenden Daten vor (COHEN 1969; American Psychiatric Association 1969/70; National Commission on Marihuana and Drug Abuse 1972). Die fehlenden Erfahrungen werden von den Gegnern als Argument für eine zurückhaltende Haltung benutzt. Unterstützung finden sie in der Geschichte, die Beweise dafür liefert, daß selbst die gefährlichsten Drogen zunächst als ungefährlich oder als Antidrogen eingeführt wurden (EDDY 1957; LEWIS 1968; COHEN 1969). Bedenkt man, daß selbst die heute als am gefährlichsten eingestufte Droge Heroin zunächst als Droge angepriesen wurde, die vom Leiden des Morphinismus befreien sollte, so versteht man, warum ein geschichtsbewußter Forscher zunächst jeder Droge skeptisch gegenübersteht.

Daneben gibt es Argumente, die auf die unmittelbaren Konsequenzen für die Drogenszene abzielen. Viele Autoren verweisen darauf, daß die Legalisierung von Cannabis dem Drogenmarkt eine zusätzliche Droge zuführen könne, die Gesellschaft an den vorhandenen legalisierten Drogen schon schwer genug zu tragen habe. Die Legalisierung von Cannabis sei daher abzulehnen (Council on Mental Health 1968; BLOOMQUIST 1968; BRILL 1968; PET/BALL 1968; COHEN 1971; HIPPIUS 1971). Zusätzlich würde eine solche Legalisierung den Konsum erhöhen (FARNSWORTH 1971) bzw. den Markt für harte Drogen stärken (Council on Mental Health 1968; IRWIN 1970)."Wenn die Wirksamkeit der Drogen gesetzlich kontrolliert würde, ist nach amerikanischen Expertenberichten voraussehbar, daß in illegaler Weise wirksameres Material auf den Markt käme. Bei einer breiteren Anwendung von Cannabis bestünde zudem die Gefahr eines breiteren Übergehens auf andere, stärker wirkende Psychostimulantien..." (LADEWIG 1969; S.357). Akzeptiert man eine entsprechende Wirkung von Cannabis, so hat dies auch Auswirkungen auf die wirtschaftliche Situation. Der Verzicht auf Leistungsstreben führt zu wirtschaftlichen Einbußen (GOLDBERG 1968; SOMMERHAUSEN 1970). "Wir wissen bis jetzt noch nicht, ob langfristiger Marihuana-Konsum physiologische Schäden verursacht, die der Leberzirrhose oder dem Lungenkrebs vergleichbar sind. Aber der soziale Schaden durch starken Marihuana-Konsum kann sich tatsächlich ereignen und kostspielig sein. Chronisch intoxikiert zu sein, wenig Interesse daran zu zeigen, die Schulter gegen das Rad zu stemmen, dies kann die Gesellschaft schädigen. Die wechselnden ökonomischen Bedingungen der Welt erlauben es keinem Land, eine wesentliche Zahl von Menschen aus dem ökonomischen Prozeß aussteigen zu lassen und trotzdem einen höheren Lebensstandard seiner Bürger zu garantieren" (JAFFE in HARRIS 1973, S.78).

In diesem Zusammenhang verweisen manche Autoren auf die unterschiedliche Lebensweise in Orient und Okzident (BOUQUET

1944; JOHNSON 1968; BAUER 1970; BEJEROT 1970; SEISS 1971).
Die Wirkung von Cannabis paßt nach Ansicht mancher Autoren
besser zu dem angeblich weniger leistungsorientierten Stil
der Orientalen. Der Alkohol mit seiner eher erregungssteigernden Wirkung sei eine der westlichen Kultur entsprechende Droge. Jenseits aller möglichen gesundheitlichen Risiken
wäre Cannabis abzulehnen, weil es in eine Kultur integriert
werden solle, die für solche Wirkungen nicht aufnahmefähig
sei. Die größere Verbreitung der Droge käme einer Bedrohung
dieser Kultur gleich. ALLEN/WEST (1968) beschrieben zwei unterschiedliche Arten von Aggressivität, die gesellschaftlich
sehr unterschiedliche Konsequenzen haben. Die mehr leistungsorientierte Aggressivität, das damit verbundene Durchsetzungsvermögen scheinen Voraussetzungen für die geltende Leistungsgesellschaft zu sein (IRWIN 1970), wie sie im übrigen auch
GREEN in dem "Bewußtsein zwei" beschrieben hat.

Grundsätzlicher noch wird der Einwand,von FIDELSBERGER, der
unumschränkt erklärte, daß die Jugend sich Wohlergehen erst
durch Arbeit verdienen müsse (FIDELSBERGER 1971), eine Ansicht, die auch HERRMANNSDÖRFER (1972) vertritt. Diese Haltung ist besonders in den USA weit verbreitet und wird von
GRINSPOON (1969) und KLERMAN (1970) auf die calvinistische
Ethik zurückgeführt. Die direkte Bedürfnisbefriedigung ohne
entsprechende Gegenleistung, genauer ohne entsprechende Vorleistung, erscheint so als ein Betrug an der Natur. Die Menschen des "Bewußtseins drei" haben zur Welt der Arbeit und
zum Genuß ein anderes Verhältnis als dies die Menschen des
"Bewußtseins zwei" haben, die Genuß mehr als Belohnung für
geleistete Arbeit ansehen. Dieser Unterschied mag, wie GREEN
dies sah, die Generationen voneinander trennen. VOGT (1971)
sah das auch als Gefahr für die Wissenschaft: "Die Schweizer
Psychiatrie leidet seit Jahrzehnten den Patienten - vor allem
den Jugendlichen - gegenüber unter einem ganz grotesken Sexualneid, denn es ist natürlich schrecklich, wenn jeder Siebzehnjährige, der uns zur Begutachtung zugeschickt wird,oder
jedes neunzehnjährige Mädchen, dem wir zu einer Unterbrechung
verhelfen sollen, sehr viel mehr von diesen Dingen versteht
und viel mehr erlebt hat als wir... Nun wird also zu diesem

Sexualneid, ... noch der Drogenneid kommen" (VOGT 1971, S. 149).

3. Argumente gegen die Kontrolle von Modedrogen

Die Haltung der Öffentlichkeit und der Medizin ist ausgesprochen zurückhaltend gegenüber Cannabis. Das Verbot von Cannabis wird nachdrücklich unterstützt. Trotz dieser sehr ausgeprägten Meinung gibt es im Bereich der Wissenschaft auch Stellungnahmen für die Aufhebung des Verbots. Diese Erklärungen sind zwar unterschiedlich begründet, angefangen bei dem pragmatischen Gesichtspunkt, daß die bestehenden Gesetze doch nicht wirken, bis hin zu der Überzeugung, daß es sich um eine unschädliche und wertvolle Droge handle, sie sind aber insgesamt abweichende Positionen zu der dominierenden Haltung.

Die Aufhebung des Cannabis-Verbots wurde u.a. verlangt von dem britischen Psychiater MALLESON (sh. "FAZ" vom 26.9.1967), von der angesehenen Ärztezeitschrift "Lancet" in einer Stellungnahme vom 18.1.1969, von der amerikanischen Anthropologin MEAD (sh. Deutsches Ärzteblatt vom 29.11.1969), von dem Psychoanalytiker MITSCHERLICH (1970), dem Arzt WEIDNER (1971), dem Psychiater SZASZ (1971), der amerikanischen National Organization for the Reform of Marijuana Law (1973), dem Psychiater KUIPER (1971).

Eine Gruppe englischer Cannabis-Sympathisanten hatte am 24.7.1967 in einem aufsehenerregenden Inserat in der "Times" für die Aufhebung des Cannabis-Verbots plädiert. Die amerikanische Psychologin BOWMAN (1973) sah keine Anzeichen für psychische Störungen durch Cannabis-Konsum. SOLOMON (1966) sah entgegen der üblichen Meinung durchaus die Möglichkeit, Cannabis als Medikament zu benutzen und erhielt dabei in neuerer Zeit Unterstützung durch den Pharmakologen HUG (sh. Ärztl. Praxis 1972). Nach der Darstellung der Zeitschrift erschiene es HUG "gar nicht besonders verwegen, Marihuana für Erwachsene freizugeben, etwa wie Alkohol, jedoch unter ständiger Qualitätskontrolle, wie sie ja für Alkohol bereits besteht" (Ärztl. Praxis 1972, S.2443).

Ein engagierter Verteidiger des Rechts auf Selbstmedikation ist SZASZ (1971). Er sah eine Parallele zwischen der Beziehung des Menschen zu Gott im Mittelalter und der Beziehung des Menschen zu Drogen heute. In beiden Fällen sei zwischen die Partner ein Mittler eingeschaltet. In der Reformation wurde der Priester dieser Stellung des Vermittlers beraubt und der Mensch trat mit Gott unmittelbar in Beziehung. Eine ähnliche reformatorische Haltung empfahl SZASZ für die Beziehung zur Droge. SZASZ, selbst Psychiater, möchte dem Arzt nicht die Entscheidungsgewalt darüber überlassen, was der einzelne Mensch tun und lassen darf, sondern diesem selbst die Verantwortung übertragen. Er erkannte, daß es bei dem Gebrauch von Drogen nicht um eine rein medizinische Entscheidung geht, sondern im wesentlichen um eine politische. Das wird deutlich, wenn man Cannabis-Konsum vergleicht mit Alkohol- und Tabakkonsum, aber auch z.B. mit der Einstellung zu Waffen. In jedem Fall geht es um die Beurteilung der Gefährlichkeit und die Haltung, die die Gesellschaft dazu einnehmen will. Die absolute Beurteilung der Gefährlichkeit zwingt noch keine bestimmte soziale Reaktion, sondern ist nur einer von mehreren Faktoren, die zu berücksichtigen sind. Der Fachmann kann in einem solchen Falle nur Berater sein, falls er nicht die Rolle des Fachmannes verlassen will.

Besonders gründlich setzte sich ANDERS (1971) mit der juristischen Problematik auseinander und kam ebenfalls zur Entscheidung für die Freigabe. Er erinnerte gleich zu Anfang seines Artikels daran, daß der Gebrauch berauschender Stoffe fest in der Menschheit verwurzelt sei und man daher nicht von einer grundsätzlich negativen Haltung gegenüber Drogen ausgehen sollte. Die französische Schriftstellerin COLETTE faßte die Haltung der westlichen Kultur treffend zusammen, als sie sagte: "Es bedeutet nicht wenig, wenn man schon frühzeitig beides verächtlich findet; Leute, die keinen Wein trinken, und Leute, die zuviel Wein trinken" (zit. in "FAZ" vom 27.2.1967, S.16). Diese grundsätzlich positive Haltung gegenüber dem Drogenkonsum einmal vorausgesetzt, ist zu fragen, ob Cannabis dieses Wohlwollen nicht auch verdient.

ANDERS unterschied für Cannabis zwischen Gebrauch und Mißbrauch und sah die Gefahr nur im Mißbrauch, der seine Ursache in der Person hat. In ähnlicher Weise argumentierte MESSMER (1970), der Cannabis zu den Genußmitteln rechnete. Die Gefahr der mißbräuchlichen Verwendung ist gegeben, aber ANDERS schloß sich hier Erich KÄSTNER an, der sagte: "Leben ist immer lebensgefährlich". "Eine freie Persönlichkeitsentfaltung, wie sie auch das Grundgesetz garantiert sehen möchte, setzt voraus, daß das Individuum auch Risiken auf sich nehmen darf, ja, daß das Individuum sogar bereit ist, Risiken auf sich zu nehmen. Da die Ungewißheit nun einmal zur menschlichen Existenz gehört, kann man Risiko und Wagnis nicht aus ihr eliminieren, ohne dem Menschen wesentliche Chancen zu nehmen" (ANDERS 1971, S.299). Dieses Risiko wird man entgegen einer oftmals vertretenen Ansicht zur Zeit nicht als sehr hoch ansehen müssen. Unsachliche Berichte haben hier zu einer unzulässigen Dramatik geführt. Der Präsident des amerikanischen Drug Abuse Council, BRYANT, kritisierte einige Wissenschaftler ob ihres wenig wissenschaftlichen Stils. "Manche Forscher ziehen Schlüsse über den Schaden durch Marihuana, die weit über die zur Zeit verfügbaren Daten hinausgehen und manche Forscher wählen Darstellungen, um eine vorgefaßte Meinung zu stützen. Das Ergebnis ist eine Reihe von Berichten, die mehr Propaganda gleichen, denn wissenschaftlicher Forschung" (BRYANT 1974, S.8). Die amtliche amerikanische Marihuana-Kommission wies schließlich darauf hin, daß die Regierung durch ihr Aktionsprogramm selbst zu einer Perpetuierung der dramatischen Situation beitrage. Wer Gelder zugewiesen bekommen will, muß auf ein vorhandenes Drogenproblem hinweisen und dieses Problem darf nicht kleiner werden, da es sofort eine Bestrafung im Sinne der Kürzung von finanziellen Zuwendungen zur Folge hat. Die entsprechenden Organisationen sind daher ständig der Versuchung ausgesetzt, das Drogenproblem hochzuspielen. Es gibt eben nicht nur die "scene" der Abhängigen, sondern auch die der im Drogensektor tätigen Forscher und Helfer (sh. Drugs and Drug Abuse Education Newsletter, März 1973, S.1ff).

Das entscheidende Problem scheint daher wohl nicht so sehr die Gefahr der Erkrankung zu sein, sondern weit eher die mit dem Konsum von Cannabis assoziierte weltanschauliche Umstellung, das Herausfallen aus den üblichen sozialen Bezügen. ANDERS glaubte, daß man zunächst zu einem positiven Verständnis dieser Weltanschauung kommen, also sie von ihren eigenen Werten her begreifen muß - was nicht bedeutet, daß man sie teilt - und daß die Gesellschaft durchaus in der Lage sei, mit diesen Menschen zu leben. Er verwies darauf, daß ähnliche Haltungen auch ohne Drogenkonsum möglich sind und erwähnte, als Beispiel für die das Leben eines angepaßten Leistungs- und Erfolgsmenschen in Frage stellende Form, die Haltung des Franz von Assisi. Unter Verweis auch auf andere Beispiele sagte er: "Auch diese beruhen darauf, daß diese Menschen einen extraordinären, radikalen Weg der Kontemplation gegangen sind. Man kann deshalb den Einsatz der bewußtseinserweiternden Drogen nicht einfach deshalb ablehnen, weil sie zu einer sozialen Entfremdung führen. Verteidigt man nicht - bewußt oder unbewußt - ein etabliertes Menschenbild, wo man behauptet, einzig und allein die Gesundheit schlechthin zu verteidigen" (ANDERS 1971, S.301).

ANDERS sah allerdings auch die Gefahr, die in dem harten Gebrauch von Drogen bzw. im Gebrauch harter Drogen liegt und wollte den Übergang zu diesen Drogen dadurch erschweren, indem klar zwischen Cannabis und LSD einerseits und den Opiaten andererseits differenziert würde, gleichzeitig aber die tolerierbaren Drogen aktiv in die Kultur eingegliedert würden. Wenn z.B. IRWIN (1970) als Argument gegen den Gebrauch von Cannabis anführte, daß es sich dabei um eine nichtsozialisierte Droge handle mit allen Konsequenzen einer unzureichenden Schulung im Umgang, so bejahte ANDERS dieses Argument, zog allerdings daraus die Schlußfolgerung, diese Sozialisation nachzuholen.

Es ist kennzeichnend für die Atmosphäre, in der die Diskussion über die Modedrogen stattfindet, daß ANDERS zu Anfang seines Artikels glaubte, sich gegen den antizipierten Vorwurf verwahren zu müssen, selbst ein Drogen-User zu sein. Allzu leicht werden die "Tauben", wenn einmal die Anleihe aus der Sprache des Militärjournalisten erlaubt ist, als Verharmloser oder Liberale abqualifiziert und ihnen eine leichtfertige Haltung unterstellt. Mag dies auch in vielen Fällen zutreffen, so sollte damit nicht gleichzeitig eine ganze Richtung abqualifiziert werden und jeder Verfechter einer toleranten Haltung als moralisch suspekt oder fachlich unqualifiziert gelten. ANDERS scheint gegen diesen Vorwurf gefeit: er ist Geschäftsführer einer "Landesstelle gegen die Suchtgefahren".

4. Das Beispiel Tabak

Die Bewertung einer Sache ist nicht allein abhängig von dessen negativen Eigenschaften, sie ist auch abhängig von dessen positiven Eigenschaften, auf die bereits in früheren Kapiteln eingegangen wurde. Gleichzeitig wird man jedoch auch vergleichbare Dinge im Auge haben müssen, um zu sehen, ob das augenscheinlich Ähnliche auch ähnlich behandelt wird. In der Diskussion um die legale Stellung von Cannabis wird von Konsumenten und von Wissenschaftlern oftmals ein Vergleich mit den traditionellen Drogen Alkohol und Tabak durchgeführt. Ein solcher Vergleich drängt sich auf: Alkohol und Tabak sind gesetzlich tolerierte Drogen und damit ein Maßstab für das, was in einer bestimmten Gesellschaft erlaubt ist. MESSMER (1970) sah aus juristischer Sicht keinen grundsätzlichen Unterschied zwischen Cannabis und den traditionellen Drogen und beantragte konsequenterweise beim Verfassungsgericht die Aufhebung des Cannabis-Verbotes. Die Klage wurde abgewiesen.

"Es wäre völlig scheinheilig, wollte man sich wegen der Reduzierung der Verfügbarkeit und des Gebrauchs von Marihuana und ähnlichen Drogen Sorgen machen, wenn man sich nicht gleichzeitig größere Sorgen hinsichtlich der Verfügbarkeit von Tabak und Alkohol machte, die der Zahl der Betroffenen und den wissenschaftlichen Beweisen nach die gefährlichsten bewußtseinsverändernden Drogen sind" (FORT 1970 a, S.277).

"Nach eingehender Analyse kam ich zu der erstaunlichen Feststellung, daß jeder schädliche Effekt, der Marihuana zugeschrieben wird, auch von Alkohol hervorgerufen wird. Umgekehrt gibt es viele schwerwiegende Folgen von kurz- oder langfristigem Konsum von Alkohol, die nicht von Marihuana hervorgerufen werden... Man kann kaum die ironische Feststellung vermeiden, daß der Gebrauch von Marihuana ein schweres Verbrechen ist, während der von Alkohol oftmals eine soziale Anstandspflicht ist" (REUBEN 1968, S.407).

Greifen wir als Beispiele den Tabakkonsum heraus und prüfen wir, ob die Meinung von FORT geteilt wird, daß es sich bei dem weitverbreiteten Tabakkonsum um den Konsum einer sehr gefährlichen Droge handelt. Die Gefährlichkeit wird sich dabei nicht so sehr in spektakulären Bewußtseinsveränderungen zeigen, sondern nur in körperlichen Schäden und einer psychisch/physischen Abhängigkeit. Die Gefährdung tritt als Spätfolge auf, ist dadurch für den normalen Raucher eine abstrakte Gefahr, die aber nichtsdestoweniger in einer nicht unerheblichen Zahl von Fällen eine tödliche Gefahr ist. Die Gefährdung ist mittlerweile nicht mehr umstritten. Hierzu einige Stellungnahmen.

Auf der 34. Sitzung des Exekutivausschusses der WHO machte dieser deutlich, daß keine Behörde auch nur eine neutrale Haltung gegenüber dem Zigarettenrauchen einnehmen dürfe. Unter anderem wurde dabei auf folgende Untersuchungsergebnisse verwiesen:

a) Die Sterblichkeit der Zigarettenraucher ist um etwa 30 bis 80 Prozent höher als die der Nichtraucher;
b) der Sterblichkeitsüberschuß steigt mit wachsendem Zigarettenkonsum;
c) die "Übersterblichkeit" der Zigarettenraucher ist in den Altersgruppen zwischen 45 und 55 Jahren am größten;
d) die "Übersterblichkeit" ist um so größer, je früher mit dem Rauchen begonnen wird;
e) das Risiko steigt mit dem Inhalieren des Rauches;
f) Ex-Raucher haben eine geringere Sterblichkeitsquote als Raucher;

g) Pfeifen- und Zigarrenraucher haben eine geringe "Übersterblichkeit", wobei es sich bei diesen in der Regel um mäßige, nicht-inhalierende Raucher handelt (sh. "Die WHO zum Thema 'Rauchen und Gesundheit'" 1970).

Im Jahr 1974 bestätigte das Gesundheitsministerium aufgrund einer Kleinen Anfrage von Bundestagsabgeordneten im Parlament eindeutig, daß:

a) Rauchen absolut gesundheitsschädlich ist;
b) die Gesundheitsschädigung durch die unphysiologische Art der Aufnahme des Rauchens gegeben ist;
c) jede einzelne Zigarette, Zigarre oder Pfeife gesundheitsschädlich ist, weil die dadurch aufgenommenen Rauchinhaltsstoffe Körperfunktionen ausschalten;
d) sogenannte 'entschärfte Zigaretten' das Problem nur abschwächen, nicht aber lösen;
e) es eine Gefährdung der Nichtraucher durch 'Passivrauchen' gibt (sh. Bundesregierung zur Kleinen Anfrage der Abgeordneten VOGT u.a. vom 10.5.1974).

Im gleichen Jahr berichtete die Ärztezeitschrift "Selecta" von einer Langzeitstudie an 265 000 japanischen Probanden, nach der die Infarkt-Todesrate von der Zahl der Zigaretten und der Zahl der rauchend verbrachten Jahre abhängt (sh. "Selecta" vom 25.2.1974).

Im Jahr 1971 fand der erste europäische Kongreß "Rauchen und Gesundheit" statt, der eine einzige Anklage gegen den Tabakkonsum war. SCHMIDT hielt auf diesem Kongreß einen Vortrag über "Prospektive Untersuchungen über die erhöhte Sterblichkeit von Rauchern" und referierte dabei über Untersuchungen mit Zahlen von Probanden, die weit die Millionengrenze überschritten. Das eindeutige Ergebnis: Sterblichkeit durch Herzinfarkt und Koronarsklerose tritt häufiger bei Rauchern auf. SCHMIDT resümierte: Die prospektiven Untersuchungen"...
haben uns die klare Erkenntnis vermittelt, daß das Rauchen die wichtigste Einzelnoxe unter den Todesursachen darstellt. Eine spürbare Senkung des Zigarettenkonsums würde deshalb mehr Menschenleben retten als zahlreiche, wesentlich aufwen-

digere Maßnahmen auf vielen anderen Gebieten der vorbeugenden Medizin zusammengenommen" (SCHMIDT 1972, S.59). Rauchen bedroht nicht nur das Leben der Eltern, sondern auch das des ungeborenen Fötus, wie eine Untersuchung von MAU/NETTER (1974) zeigte.

Auf dem erwähnten Kongreß kritisierte der Mediziner OETTEL die bisherige duldsame Haltung der Ärzte und fragte: "Wie lange sollen wir eigentlich noch warten, wie lange noch soll unsere Geduld auf die Probe gestellt werden, bis unser Gesundheitsministerium etwas unternimmt gegen das Zigarettenrauchen, gegen die Bagatellisierung der Gesundheitsgefährdung durch Rauchen und gegen die Verführung der Jugendlichen zum Rauchen durch eine nicht zu verantwortende Zigarettenreklame..." (OETTEL 1972, S.9). Im gleichen Jahr warnte die Ärztezeitschrift "Selecta" das Gesundheitsministerium vor der Vorstellung, alles, was für den Bürger gut sei, durch Verordnungen und Paragraphen regeln zu müssen (sh. "Selecta" vom 18.1. 1971). Der "Ärztliche Arbeitskreis Rauchen und Gesundheit e. V." richtete im Jahr 1972 einen dringenden Appell an den Bundestagsausschuß für Jugend, Familie und Gesundheit und an den Innenausschuß. Darin hieß es: "Als Ärzte protestieren wir mit aller Entschiedenheit gegen die gewissenlose Handlungsweise der Zigarettenindustrie: Mehr als 2400 Tumoren wurden allein im Forschungszentrum der Zigarettenindustrie in Hamburg durch krebserzeugende Stoffe des Zigarettenrauches bei Versuchstieren ausgelöst. Die Zigarettenindustrie hat sich damit selbst von der todbringenden Wirkung ihrer Produkte überzeugt. Dennoch erreicht die Reklame für Tabakwaren Jahr für Jahr neue Rekorde, als ob nichts geschehen wäre". Weiter heißt es: "Ein Zigarettenhersteller, der sich angesichts einer erdrückenden wissenschaftlichen Beweislast für die Gesundheitsschädlichkeit seiner Waren weiterhin bemüht, durch Reklame seinen Absatz zu steigern, ist moralisch um keinen Deut besser als ein Rauschgifthändler" (Ärztlicher Arbeitskreis 1972, S.VI).

Bereits 1966 fragte KREKEL, neben SCHMIDT einer der entschiedensten Kämpfer gegen das Rauchen: "Der tägliche Schlachtruf einer Presse, die sich für unser aller Leben so verantwort-

lich fühlt, müßte heißen: 'Hände weg vom Tabak'. Warum
schweigt sie?" (KREKEL 1966, S.2508). Man kann hinzufügen:
Warum schweigt sie noch immer? Für KREKEL sind die Massenmedien nur allzu willige Helfer der "Kapitäne der Tabakindustrie".

Die Liste der Autoren, die sich in eindeutiger Weise über
die Gefahren des Rauchens geäußert haben, ließe sich beliebig fortsetzen. Es steht mittlerweilen eindeutig fest, daß
Tabak eine der gefährlichsten Drogen ist, die in der westlichen Welt im Verkehr sind. Junge Menschen haben ihren ersten Kontakt - wie bereits berichtet - bereits in einem sehr
frühen Alter und auch das Bundesgesundheitsministerium mochte sich bedingt durch selbst angeregte Untersuchungen der Erkenntnis nicht verschließen, daß viele Jugendliche bereits
im Alter von zwölf Jahren ihre erste Zigarette probieren
(sh. "Selecta" vom 28.1.1974). Die Entscheidung, ob ein Probierer zum Gewohnheitsraucher wird, fällt im jugendlichen
Alter. Durch diese Entscheidung wird seine Persönlichkeitsreifung nicht beeinträchtigt, da der Nachschub in der Regel
vorhanden und entsprechenden, massiven Entzugserscheinungen
vorgebeugt werden kann, der Raucher geht aber ein Risiko für
seine körperliche Gesundheit ein, das er gar nicht überschauen und seelisch verarbeiten kann und von unabsehbaren Konsequenzen ist.

Konfrontiert man diese unumstrittenen Gefahren durch das Rauchen mit den bislang nachgewiesenen Gefahren durch Cannabis,
so neigt sich das Gewicht eindeutig auf die Seite des Tabaks.
Bei umstrittenem psychischem Gewinn - stellt man die massive
Werbung in Rechnung - ist die Gefahr durch das Rauchen eindeutig, während die Gefährdung durch Cannabis umstritten
bleibt. Legt man das Kriterium zugrunde, das AYD (1970) in
einem anderen Zusammenhang entwickelte, die Zahl der bekannten negativen Effekte in Relation zu dem Ausmaß des Konsums
zu sehen, so muß man nach allen verfügbaren Angaben eine relativ geringe Gefährdung durch Cannabis-Konsum annehmen. Auch
wenn man in Rechnung stellt, daß die vorliegenden Daten über
die Langzeitwirkung von Cannabis immer noch unzureichend

sind, wird man auf jeden Fall eine entschiedene Reaktion des Staates auf den Tabakkonsum erwarten dürfen.

Die WHO forderte 1970 alle Mitgliedstaaten auf, konsequente Maßnahmen gegen das Rauchen durchzuführen. Unter anderem wurde gefordert, auf jeder Zigarettenpackung und jeder Werbung eine Warnung vor den gesundheitlichen Gefahren des Rauchens zu erzwingen, eine gesetzliche Grenze für den Anteil schädlicher Stoffe zu bestimmen und schließlich die Besteuerung für Tabak drastisch anzuheben (sh. TERRY 1972). Der Leser mag selbst entscheiden, ob die Bundesregierung diesen Aufforderungen folgte. Ich möchte meinen, sie reagierte so vorsichtig auf das nachweislich gefährliche Rauchen wie sie entschieden auf den umstrittenen Konsum von Cannabis reagierte.

Den entscheidenden Hinweis dafür mag man in zwei Einstellungsbeschlüssen der Staatsanwaltschaften am Landgericht Köln bzw. am Landgericht Offenburg aufgrund von Anzeigen des Arbeitskreises "Rauchen und Gesundheit" sehen. Die Staatsanwaltschaft am LG Köln begründete ihre Einstellung u.a. damit: "Dabei geht die Bundesregierung offenbar davon aus, daß sowohl das Rauchen als auch der Verkauf von Zigaretten von der Allgemeinheit akzeptiert wird und diese die Gefährlichkeit des Tabakkonsums in Kauf nimmt. Nach dem so erklärten Willen der Bundesregierung ... soll der mündige Bürger selbst darüber entscheiden, ob er durch den Genuß von Tabakwaren, insbesondere das Rauchen von Zigaretten, eine Gesundheitsschädigung in Kauf nehmen will oder nicht" (sh. Bundesgesundheitsblatt vom 23.2.1973, S.60). In gleicher Weise formulierte es die Staatsanwaltschaft des LG Offenburg und nahm auch auf die betroffenen Jugendlichen Bezug: "... es nicht Aufgabe des Staates sein kann, den mündigen Bürger vor sich selbst zu schützen... Ob im Hinblick auf die Abgabe von Tabakerzeugnissen an Jugendliche oder Heranwachsende etwas anderes zu gelten hat, braucht hier nicht entschieden zu werden, da insoweit eine eventuelle Initiative vom Gesetzgeber auszugehen hat" (sh. Bundesgesundheitsblatt vom 23.2.1973, S.61).

Bedenkt man, daß die Entscheidung zum Rauchen in frühem Alter fällt und dieser Entschluß unabsehbare gesundheitliche Risiken birgt, bis hin zur Gefährdung des eigenen Lebens, so ist es unverständlich, daß die Bundesregierung, legt man einmal die im Zusammenhang mit der Cannabis-Diskussion formulierten allgemeinen Erwägungen zugrunde, so zaghaft reagiert. Wenn diese Grundsätze gelten, so geht es nicht mehr um eine freiwillige Beschränkung der Werbung durch die entsprechenden Firmen, so geht es schlichtweg um ein allgemeines und rigoroses Verbot der Werbung. Hier spielen Fragen der Durchsetzbarkeit keine Rolle mehr, hier geht es um die eigene Überzeugung, für die man einstehen muß und die man durchsetzen kann. Es ist richtig, daß eine allgemeine Prohibition keine Chancen hätte, aber zwischen dieser und der gegenwärtigen toleranten Haltung ist ein weites Feld. "Mit welcher Berechtigung - und vor allem mit welcher Begründung - will man die halluzinogenen Substanzen beim heutigen Stand der Wissenschaft ... in einer Gesellschaft verbieten, die jährlich für so eindeutig gefährliche Mittel wie Alkohol und Zigaretten etwa 30 Milliarden Mark ausgibt? Für beides darf in einem ungeheuren Umfang mit den suggestivsten Argumenten geworben werden..." (SCHMIDBAUER/v.SCHEIDT 1971, S.185). Es geht dabei nicht so sehr um die Effektivität des Verbots der Werbung bezüglich des Konsums, es geht dabei vor allem um die moralische Position des Staates. Ein Staat, der eine Werbung duldet, die er genauso gut unterbinden könnte, macht sich an den Folgen dieser Werbung mitschuldig. Bezogen auf das Problem der Modedrogen stellt sich so die Frage: Was ist die gültige Aussage des Staates, die Reaktion auf die Modedrogen oder die Reaktion auf die traditionellen Drogen? Ist es die letztere, so werden die Modedrogen beim gegenwärtigen Stand des gegenwärtigen Wissens zu hart abgeurteilt, ist es die erstere, so werden die traditionellen Drogen zu mild beurteilt. Die Diskrepanz ist offensichtlich.

Wenn Mediziner formulieren, daß sie beim Stande Null in der gleichen Weise gegen die traditionellen Drogen argumentieren würden, wie jetzt gegen die Modedrogen, so übersehen sie, daß nach den Aussagen ihrer eigenen Kollegen das Drogenproblem nicht nur ein medizinisches Problem, sondern ein gesellschaftliches Problem ist. Die Gesellschaft aber scheint sich gegen die Modedrogen und für die Tolerierung der traditionellen Drogen entschieden zu haben. Dies mag eine Untersuchung von mir illustrieren, die keineswegs den Anspruch erhebt, repräsentativ zu sein. An mehr als hundert sogenannten "seriösen" Probanden wurde ein Fragebogen verteilt, in dessen Zentrum die Schilderung eines in seinem Beruf erfolgreichen Menschen stand, der ein toleranter Familienvater war, sozial engagiert, umgänglich als Vorgesetzter, beliebt als Nachbar und nicht festgelegt auf eine politische Partei. Die Mehrzahl der Befragten äußerte keine Kritik an der beschriebenen Person und würde auch gerne Kontakt mit ihr aufnehmen; die häufigste Kritik bezog sich auf das zu glatte, problemlose Leben des Betreffenden und seine Wankelmütigkeit bei der Parteiwahl. Nur wenige reagierten negativ auf das entscheidende Kriterium: der Betreffende war erfolgreicher Werbefachmann für eine Zigarettenfirma. Selbst unter denjenigen, die explizit den Beruf erwähnten, herrschte die Einstellung vor, daß es ein Beruf wie jeder andere sei. Pecunia non olet.

Man kann es nicht glauben, daß die Gesellschaft das Joch des Tabakkonsums widerwillig erträgt. Sie hat sich nicht nur damit abgefunden, sie hat sich damit arrangiert. Die Gesellschaft, das sind im übrigen nicht immer nur die anderen, das sind wir selbst.

5. Die Beurteilung der Schädlichkeit und der juristischen Konsequenzen durch Laien und Fachleute

Die Regierungen der westlichen Welt sind entschieden gegen den Modedrogenkonsum und haben die öffentliche Meinung hinter sich. Finden sie auch die Unterstützung der betroffenen Jugendlichen und der Mehrheit der Fachleute?

In mehreren Untersuchungen wurde die Meinung der Jugendlichen bezüglich der Wirkung von Drogen auf die Gesundheit im weitesten Sinne erfragt. Nicht sinnvoll ist es, von einem Pauschal-Begriff Rauschmittel auszugehen, wie es die hessische Untersuchungskommission tat (sh. Hess. Kultusminister/

Hess. Sozialminister o.D.), da hier erhebliche Differenzen
verdeckt werden. Nach der Untersuchung von PETERSON/WETZ
(1973) halten 95 Prozent der Jugendlichen Nordrhein-Westfalens die Opiate für gefährlich, 92 Prozent Trips, 79 Prozent Aufputschmittel, aber nur 70 Prozent Haschisch. Die Zusammenfassung dieser Drogen unter dem Schlagwort Rauschmittel wäre danach nicht zu rechtfertigen. Eine Untersuchung
des Instituts für Jugendforschung (IfJ) eruierte die Meinungen über Haschisch (IfJ 1971). Nach dieser bundesrepublikanisch repräsentativen STudie sind ca. 47 Prozent der Jugendlichen der Ansicht, daß Haschisch süchtig macht, ca. 20 Prozent meinen, daß Haschisch kriminell macht, während umgekehrt
15 Prozent der Befragten Haschisch für völlig harmlos halten.

In einer Untersuchung des Innenministeriums Baden-Württemberg
(1972) wurden die Konsumenten der jeweiligen Mittel gefragt,
ob sie wissen oder glauben, daß es süchtig machen könne. Die
Spitze übernahmen die Opiate und Cocain, gefolgt von LSD und
Meskalin, während Cannabis eher als nicht süchtig machend eingestuft wurde. Dieses Ergebnis erfährt jedoch eine wesentliche Differenzierung durch die Unterscheidung zwischen Täglich-Nehmern und Probierern (= 1 bis 3mal-Nehmern). Die Täglich-Nehmer sehen Cannabis als weniger süchtig machend an und am
größten ist die Diskrepanz bei der Einschätzung von LSD/Meskalin. Tendenziell halten die Probierer LSD/Meskalin für
stärker süchtig machend, während die Täglich-Nehmer es als
nicht süchtig machend einstufen.

In einer Untersuchung an männlichen Jugendlichen (SCHENK
1974 c) wurde nach dem Krankheitswert der Drogen gefragt
("Ich halte jemand für krank, der regelmäßig und in großen
Mengen einen der folgenden Stoffe konsumiert"). Den geringsten Krankheitswert haben die traditionellen Drogen Bier,
Wein und Zigaretten, den höchsten Wert die Opiate, das Fixen und die Halluzinogene, die Einstufung von Haschisch streut
stark. Eine Faktorenanalyse ergab eine Vier-Faktoren-Lösung,
mit einem Ähnlichkeitskoeffizienten zwischen den beiden Teilstichproben A und B mit $R = .9965$, was für eine äußerst stabile Struktur spricht.

Faktor I kann als Harter-Modedrogen-Faktor interpretiert werden (Heroin, Fixen von Nicht-Opiaten, Halluzinogene); Faktor II ist ein traditioneller Drogen-Faktor (Bier, Wein, hochprozentige alkoholische Getränke, Zigaretten); Faktor III schließt die halbmedizinischen Drogen ein (Beruhigungsmittel, Weckmittel, Schlafmittel); Faktor IV schließlich repräsentiert die leichteren Modedrogen (Haschisch, Halluzinogene). Die Halluzinogene laden auf zwei Faktoren, sind also nicht eindeutig einem Faktor zugeordnet.

Die Daten sprechen dafür, daß die Probanden bei ihrer Einschätzung des Krankheitswertes der einzelnen Drogen im wesentlichen dem üblichen Klischee folgen und die traditionellen Drogen klar von den Modedrogen absetzen, innerhalb der Modedrogen aber doch deutliche Unterschiede zwischen Cannabis und den Opiaten machen, wobei die Halluzinogene eine Zwischenposition einnehmen. Die Einschätzung des Krankheitswertes ist von dem eigenen Konsum der entsprechenden Droge deutlich beeinflußt. Je ausgeprägter der eigene Konsum, umso geringer ist die Zuordnung des Krankheitswertes.

Grob formuliert, halten die Jugendlichen die Modedrogen für gefährlich und entsprechend ist auch ihre Reaktion auf die Frage, ob der Gebrauch von Cannabis legalisiert werden sollte. NORDALM (o.D.) fand durch alle Jahrgänge hindurch eine deutliche Ablehnung der Freigabe von Haschisch; die ablehnende Haltung der Jugendlichen wurde auch durch die Untersuchung von PETERSON/WETZ (1973) bestätigt. JASINSKY (1973) konnte im Vergleich der Jahre 71 zu 73 eine deutliche Zunahme der Ablehnung von Cannabis feststellen, die damit für alle untersuchten Jahrgänge eindeutig gegen die Legalisierung der Droge gerichtet war. Eine Untersuchung des IfJ (1971) legt die Annahme nahe, daß zumindest 1971 die Haschisch gegenüber positiv Eingestellten eher unentschieden bezüglich der juristischen Lösung waren (56 Prozent für Legalisierung, 44 Prozent gegen Legalisierung), während die negativ Eingestellten eindeutig Front bezogen (16 Prozent für Legalisierung, 84 Prozent dagegen). Eine Wiederholungsbefragung des Allensbacher

Instituts 1971 und 1972 zeigte ebenfalls die zunehmend besorgtere Haltung der Bevölkerung.

Alle diese Daten sprechen dafür, daß die Regierung mit ihrer Politik die Unterstützung der Bevölkerung und insbesondere auch der Jugendlichen findet. Findet sie auch die Unterstützung der Mehrheit der Fachleute? Entsprechende Untersuchungen sind mir für die BRD nicht bekannt, in den USA wurden jedoch mehrere Befragungen durchgeführt. Die Erfahrungsgrundlage für beide Länder ist etwas verschieden (in den USA wird vor allem das leichtere Marihuana geraucht, in der Bundesrepublik eher das stärkere Haschisch), aber die Haltungen der Regierungen sind vergleichbar und die der Jugendlichen auch, wie eine Untersuchung von GREDEN/MORGAN/FRENKEL (1974) andeutete: nur eine Minderheit der Nichtkonsumenten befürwortet eine Legalisierung von Marihuana, während die Zahl der Befürworter unter den Usern von 1970 auf 1972 deutlich die Mehrheit gewann.

Etwas ins Wanken gebracht wurden diese Ergebnisse durch eine freilich nicht repräsentative Befragung von LOWINGER (1971) an Teilnehmern einer Versammlung der American Psychiatric Association und danach sprachen sich 54 Prozent dafür aus, daß Marihuana in der gleichen Weise verfügbar sein sollte wie Alkohol. FARNSWORTH (sh. Medical News 1971 in: JAMA) erklärte bei einem Hearing eine derartige Diskrepanz damit, daß die Befürworter einer Legalisierung nur "armchair philosophers" seien, also nur vom grünen Tisch her urteilten, während die Gegner diejenigen seien, die für die Gesundheit der Studenten verantwortlich seien. Verfügen die Befürworter einer Legalisierung von Cannabis über zu wenig empirische Erfahrung? Das Gegenteil scheint der Fall zu sein, wie eine Untersuchung von CLARK/FUNKHOUSER (1970) zeigte. CLARK/FUNKHOUSER differenzierten in ihrer Befragung zwischen Forschern und Nichtforschern und trugen damit dem Umstand Rechnung, daß in der üblichen akademischen Ausbildung über die Modedrogen kein adäquates Wissen vermittelt wird. Ein normaler Arzt oder Psychologe ist weit eher einem Laien vergleichbar als einem Fachmann auf dem Gebiet der Modedrogen, weshalb Untersuchungen an Ärzten oder Psychologen von wenig Relevanz sind, weil unbestritten diese wichtigsten akademischen Gruppen über keine hinreichende Erfahrung verfügen. Ein Arzt ist nicht schon deshalb ein Fachmann, weil er einer sein sollte - ebenso wenig ein Psychologe. Die Unterscheidung zwischen Fachleuten im strengen Sinne des Wortes (d.h. Akademikern, die an Forschung über psychedelische Drogen in irgendeinem Sinne beteiligt waren) und Nicht-Fachleuten erscheint sinnvoll und notwendig.

Sowohl für Marihuana wie für LSD sahen die unerfahrenen "Professionals" die Gefahren bei nicht durch einen Fachmann kontrolliertem Gebrauch als höher an als dies die Fachleute taten. Absolut gesehen sahen die Fachleute für Marihuana nur geringe Gefahren, während sie bei LSD deutlich mehr Gefahren sahen. Auch im Vergleich der beiden Drogen zu Alkohol oder Zigaretten tendierten die Nichtfachleute zu einer höheren Einschätzung der Gefahr als die Fachleute. Als Konsequenz dieser unterschiedlichen Einstellung neigten die Fachleute auch zu einer generell liberaleren Haltung gegenüber Cannabis und LSD, als dies die akademischen Nichtfachleute taten. 50 Prozent der Forscher traten für eine Freigabe von Marihuana, vergleichbar der von Alkohol, ein, im Vergleich zu 38 Prozent der Nichtfachleute. Die Haltung gegenüber LSD ist aufgrund der größeren Gefährdung deutlich zurückhaltender; die Alkohol vergleichbare Freigabe wurde kaum vertreten, in der Regel jedoch von den Forschern für die Freigabe im Rahmen von medizinischer, wissenschaftlicher und religiöser Forschung plädiert. Der entscheidende Unterschied lag hier zwischen den beiden akademischen Gruppen in der Frage, ob über die wissenschaftliche Forschung hinaus LSD auch für religiöse Forschung freigegeben werden solle, wozu die Nicht-Fachleute weniger bereit waren.

Die Autoren hatten nicht nur Mediziner befragt, sondern vor allem auch Psychologen eingeschlossen; die Psychologen stellten 41 Prozent der Forscher und 59 Prozent der Nicht-Forscher. Im Vergleich zu den anderen Berufsgruppen bezeichneten sich die Psychologen eher als liberal und hatten ein offeneres

Verhältnis zu Drogen als die Ärzte. Beschränkt man sich auf die Frage der psychischen Veränderung, so mag dies einerseits Ausdruck der mehr durch die Krankenhauserfahrung geprägten Erfahrung der Mediziner sein, wie umgekehrt das mehr methodenbestimmte Denken der Psychologen zu einer Abwertung von Einzelfallstudien - auch wenn diese summiert werden - und zu einer größeren Betonung von Repräsentativstudien führt. Es wäre jedoch falsch, den Unterschied zwischen Forschern und Nichtforschern auf einen Unterschied zwischen Psychologen und Medizinern zu reduzieren, da die Psychologen in der Gruppe der Forscher mit ca. 40 Prozent keineswegs über die Mehrheit verfügten. Neben dem durchaus vorhandenen Unterschied zwischen Psychologen und Medizinern gibt es auch einen Unterschied zwischen Forschern und Nichtforschern. Die unterschiedliche Beurteilung zwischen Medizinern und Psychologen sollte im übrigen zum Anlaß genommen werden, das Gespräch zwischen den beiden Disziplinen zu vertiefen, wobei das Interesse von beiden Seiten Voraussetzung wäre.

Im wesentlichen scheinen Befragungen unter Ärzten in der Tendenz die Haltung der Behörden zu unterstützen, aber die Ärzte sind in der Gesamtheit nicht als Fachleute anzusehen und sollten sich auch nicht als solche betrachten. Vertreter verschiedener Standesorganisationen haben es als eine vordringliche Aufgabe bezeichnet, die Ärzte in der Bewältigung des Modedrogenproblems zu schulen, weil die übliche Ausbildung darauf keinen Bezug nahm. Man sollte dies nicht als Vorwurf verstehen; die Entwicklung kam so überraschend und war derartig neu, daß die übliche Ausbildung zurecht keinen Bezug darauf nahm. Die kleine Gruppe der Fachleute scheint eine andere, tolerantere Haltung zu vertreten als die Ärzteschaft insgesamt.

6. Offene Fragen

Bei dem gegenwärtigen Stand des Wissens ist es unzutreffend, Cannabis-Konsum eine erhebliche gesundheitliche Gefährdung zuzuschreiben. Es ist jedoch richtig, daß es zu schwerwiegenden psychischen Störungen kommen kann, aber das Ausmaß solcher Störungen ist im Augenblick nicht exakt bestimmbar. Geht man von der recht großen Verbreitung des Konsums von Modedrogen aus und bezieht darauf die Zahl der bekannt gewordenen Zwischenfälle, so scheint die Gefährdung recht gering. Allerdings mangelt es den westlichen Staaten an Erfahrung mit schwerem Langzeitkonsum und die Fehlbeurteilung von anderen Drogen wie Heroin könnte eine Mahnung sein. Umgekehrt kann man mit dem Hinweis auf mögliche Gefahren jegliche Veränderung, die vielleicht auch eine Fortentwicklung ist, unterdrücken. Ist das Auto, wenn man nur seine negativen Seiten sieht, kein erschreckendes Instrument? Es ist aber trotzdem aus unserer Kultur nicht mehr wegzudenken. Bei der Beurteilung einer Sache geht es nicht nur darum, was an Gefährdungen durch ein Verbot vermieden werden kann, es geht auch darum, welcher Gewinn auf diese Weise vertan wird. Die wissenschaftliche Forschung wird sich beiden Fragen widmen müssen. Das gegenwärtige gesicherte Wissen ist in beiden Richtungen keineswegs endgültig.

Die Bewertung einer Droge muß bezogen werden auf die Beurteilung anderer Drogen, vornehmlich der etablierten Drogen. Angesichts der völlig aus der Luft gegriffenen Zahl von 60 000 Frührentnern durch Modedrogenkonsum, die wohl überhöht sein dürfte, ist daran zu erinnern, daß das Bundesministerium für Jugend, Familie und Gesundheit (sh. Informationen des Bundesministeriums .. vom 31.5.1974) von 140 000 Todesfällen ausgeht, die auf das Rauchen zurückzuführen sind. Ähnliches gilt möglicherweise für Alkohol. HOLLISTER (1972 a) zumindest ist der Ansicht, daß für die USA der Alkohol bei weitem die gefährlichste Droge sei. Die Gesellschaft schätzt jedoch die Vorzüge dieser Droge mehr als sie die Gefahren fürchtet.

Die Suchterkrankung zeichnet sich durch den Umstand aus, daß sie auf einem aktiven Verhalten des Patienten beruht. STUCKI (1973) fragte daher, ob die Sucht eine Krankheit oder ein Laster sei und plädierte für eine Stärkung des Selbstverantwortungsgefühls des Patienten.

Die Verantwortung wird man nicht alleine dem einzelnen Individuum auflasten können, angesichts massiver gesellschaftlicher Kräfte. Der "Ärztliche Arbeitskreis Rauchen und Gesundheit" war daher nur konsequent als er vor allem den Schutz der Jugend forderte: "Das Verbot jeglicher Tabakreklame stellt dabei nur eine Teilmaßnahme dar. Zu verbieten ist auch die Abgabe von Zigaretten aus Automaten an allen öffentlich zugänglichen Stellen. Sie läßt sich mit dem Jugendschutzgesetz nicht vereinbaren. Der Versuch, die alleinige Verantwortung für weiteres Rauchen dem einzelnen Raucher selbst aufzubürden, würde ihn zweifellos überfordern" (Ärztlicher Arbeitskreis ... 1970, S.1557).

Die Haltung der Gesellschaft gegenüber den traditionellen Drogen ist der Maßstab für den Umgang mit den Modedrogen. Wenn EHRHARDT zur Abwehr der Legalisierungsforderung von Cannabis formulierte "Mit der Forderung nach Freigabe von Haschisch, LSD usw. wird vom Staat nichts anderes verlangt, als daß er in einem mit Wanzen verseuchten Haus den Einzug von Kakerlaken und Ratten protegiert, natürlich auf Kosten des arbeitenden, Steuern zahlenden Staatsbürgers" (EHRHARDT 1970, S.1157), so stimmt dieses Gleichnis nicht ganz. Alkohol und Tabak werden von der Bevölkerung keineswegs als "Wanzen" angesehen, sondern sind feste Bestandteile eines bejahten Lebensstils, eines Stils freilich, der seinen Preis hat und den die Gesellschaft offensichtlich zu zahlen bereit ist. Das Problem ist nicht der Alkohol, es ist der Umgang mit dem Alkohol. Das Problem ist auch nicht Cannabis, sondern es ist der Umgang mit Cannabis.

BLUM (1967) zweifelte nicht daran, daß der sichere Umgang mit Drogen gelehrt werden kann. Der gelehrige Schüler ist seiner Meinung nach derjenige, der sowieso wenig persönliche Probleme hat und einigermaßen adäquat mit Drogen umgehen kann. Der Gefährdete ist der unterprivillegierte, gestörte Jugendliche, der für solche Aufklärungsaktionen schwer erreichbar ist.

Um diesem zu helfen, müßten langfristige soziale Maßnahmen eingeleitet werden. In der Zwischenzeit müssen diese betroffenen Jugendlichen davor bewahrt werden, sich selbst Schaden zuzufügen. BLUM plädierte daher für eine restriktive Politik des Staates, weil diese Minderheit der Konsumenten nicht die Verantwortung für ihr Tun übernehmen kann. Unbestritten ist jedoch für BLUM, daß unter günstigen Bedingungen Konsum von Cannabis relativ ungefährlich ist. Es stellt sich daher die Frage, in welchem Ausmaß gesetzliche Regelungen auf die besonderen Probleme einer Minderheit eingehen sollen. Man sollte diese Frage nicht nur unter dem Aspekt diskutieren, welcher Schaden durch ein Verbot abgewendet wird, sondern auch, welcher Nutzen verhindert wurde. Die Diskussion kann in diesem Punkt als keineswegs abgeschlossen angesehen werden.

BRYANT (zit. in Drugs and Drug Abuse Education Newsletter 1973) bezweifelte, daß Verbote eine wirkungsvolle Maßnahme sind. Er verdeutlichte es durch ein Bild: man drückt einen Ballon auf einer Seite ein und erbläht sich auf einer anderen Seite auf. Unterstützung findet eine solche Ansicht bei der Psychoanalyse, die Verdrängungen nicht als Lösung, sondern nur als Verlagerung des Problems ansah. Das Problem ist nicht die Verfügbarkeit einer Droge, dadurch wird es nur manifest. Das Problem ist die mangelnde Fähigkeit vieler Menschen, einen kontrollierten, sinnvollen Gebrauch von den Drogen zu machen. Es ist ein Problem der Persönlichkeitsreifung und damit eines der Gesellschaft, die nicht in ausreichendem Maße die Entwicklung des Individuums gefördert hat. Aus dieser Sicht gesehen ist es nur konsequent, wenn HICTER sowohl die Polizeiaktionen wie die psychiatrische Behandlung als Eingeständnis des Scheiterns betrachtet (sh. HICTER 1973).

Daneben wird man sich bewußt sein müssen, daß es auch um einen Weltanschauungskonflikt geht. Der Psychiater HASTINGS, der die bereits erwähnte Befragung an 27 000 amerikanischen Ärzten auswertete, rügte das Urteil seiner Kollegen als zu emotional, da hinreichende Erkenntnisse über den süchtigmachenden Charakter von Cannabis noch nicht vorlägen. "Haschisch bedeute, so HASTINGS weiter, für den amerikanischen Bürger mehr als nur die Angst vor einem neuen Rausch: Das Mittel verkörpert für ihn alles, was mit langen Haaren und

Hippies zusammenhängt, nämlich Unsauberkeit, Unmoral, Nonkonformismus, Individualismus. Und Hippies repräsentieren für ihn den 'schwachen, tatenlosen, verweichlichten Amerikaner der Zukunft'" ("Selecta" vom 15.4.1970, S.23). Es kann nicht Aufgabe der Wissenschaft sein, den Kampf des "anständdigen" Bürgers gegen solche "Auswüchse der Gesellschaft" durch nicht haltbare Argumente zu unterstützen, ein Weltanschauungskonflikt sollte als solcher bewußt gemacht und nicht als Spezialproblem der Medizin oder der Psychologie getarnt werden. Der Begriff der Krankheit sollte kein politisches Kampfmittel sein, wo es um Fragen des Lebensstils geht. Man wird dann auch darüber diskutieren müssen, ob es legitim ist, den Einzelnen auf einen bestimmten Lebensstil hin zu verpflichten und wird gleichzeitig fragen müssen, ob der Betreffende auch alle Konsequenzen dieser Lebensform tragen will. Daran zweifeln die Gegner der Drogensubkultur: "Aber dieser gleiche junge Mensch setzt sich in das Auto, das eine manipulierte Gesellschaft erzeugt hat, er benützt die Beatmusik-Verstärker, die seine manipulierte Generation geschaffen hat, er verwendet die Konsumartikel dieser manipulierten Generation - und er fragt kein einziges Mal, wer diese Artikel geschaffen hat. Und das ist das Dilemma dieser LSD-Generation ...: Sie vergißt, daß in zehn oder zwanzig Jahren sie selbst es ist, die vor einem Generationsproblem steht. Und daß sie selbst dem Ruin entgegengeht, wenn sie sich nicht früher oder später dem Establishment unterwirft" (GUNDOLF 1971, S.157). Folgt man der früher dargestellten Ansicht von GREEN, so hat GUNDOLF diese neue Generation nicht richtig verstanden, oder hat er der verklärenden Darstellung von GREEN nur eine nüchterne Analyse gegenübergestellt? Mir scheint, daß dieser Punkt den wichtigsten Aspekt in der Auseinandersetzung um die Modedrogen darstellt und alle psychologischen, soziologischen, medizinischen Überlegungen diesen Umstand berücksichtigen sollten.

Die Diskussion um die Legalisierung der Modedrogen führt bei der Beurteilung von Cannabis und teilweise von LSD zu sehr heterogenen Positionen. Die Ansichten über die harten Drogen sind ungeteilt und laufen auf eine strenge Kontrolle hinaus.

Kapitel XX. Therapie und Prophylaxe

1. Das Scheitern der orthodoxen Therapie

Im Verlauf der letzten Jahrzehnte wurde Drogenabhängigkeit immer mehr von einem kriminellen Delikt zu einer Krankheit umdefiniert; PATTISON u.a. (1968) bestätigten diese Tendenzwende durch eine Inhaltsanalyse von Readers's Guide to Periodical Literature. Umso bedrückender mußte es für die klassische Psychiatrie sein, daß ihr eine Heilung des Patienten nicht gelang. In Kapitel XII war bereits die Schilderung des 22jährigen Michael wiedergegeben worden, der eine Entziehungskur durchgemacht hatte, also eigentlich geheilt war, und sofort wieder rückfällig wurde. Das Problem ist nicht die körperliche Entziehung; die gelingt in der Regel; das Problem ist der andauernde Entzug, und das mißlingt oftmals. "Der an sich schon skandalöse Zustand der psychiatrischen Kliniken mit ihrem Personalmangel wirkt sich beim Drogenmißbrauch so aus, daß die Rückfallquote vorläufig noch auf 100 Prozent zustrebt" (KÜHNERT 1971, S.233). GREAVES (1974) verwies darauf, daß die übliche Form der Therapie unsinnige Forderungen an den Patienten stellt und anstatt konkreter Belohnungen nur vage Versprechungen setzt. ALKSNE/LIEBERMAN/BRILL (1967) sahen es daher als eine wesentliche Voraussetzung für einen dauerhaften Entzug an, daß der Süchtige sich geistig/seelisch auf die Rolle des Abstinenzlers einstellt und diese bejaht. Von daher ergibt sich, daß ein zwangsweiser Entzug von vornherein sehr schwierig ist, weil er gegen den Widerstand des Patienten erfolgt und nur so lange von Erfolg sein kann, wie die Kontrolle dauert und die ist bekanntlich kurz. Die orthodoxe Behandlung des Süchtigen erfolgte üblicherweise durch eine körperliche Entziehung, die ohne dämpfende Mittel oder mit solchen erfolgen kann. Die Entziehung ohne dämpfende Mittel, in der englischen Sprachwelt als "cold turkey" bezeichnet, sollte nach KOLB (1962) bei stark Abhängigen nicht ohne dämpfende Mittel durchgeführt werden, da der Entzug nicht zu einem Härtetest werden sollte. Die Substitutionstherapie mildert den Entzug durch zeitweilige Gaben von entzugsdämpfenden Mitteln, wozu unter anderem auch Methadon gehört. Die Methadon-Detoxifikationsmethode, wie sie von NYSWANDER noch 1956 beschrieben wurde, ist streng zu unterscheiden von dem Methadon-Erhaltungsprogramm. Beim Methadon-Entzugsprogramm wird der Patient zunächst auf einem bestimmten Morphin-Niveau stabilisiert und Methadon ersetzt dann konsequent Morphin, um in kurzer Zeitspanne auf Null reduziert zu werden. Das Methadon-Erhaltungsprogramm wird im nächsten Punkt beschrieben. Bevor jedoch dieses Verfahren geschildert wird, sollten einige Punkte geklärt werden.

Therapeutische Programme konzentrieren sich im wesentlichen auf Opiatkonsumenten, Polytoxikomane und Konsumenten, die den harten Gebrauch von Drogen praktizieren. Cannabis-Konsumenten und LSD-Konsumenten spielen bei diesen Verfahren keine Rolle. Verfechter der Domino-Theorie meinen, daß Cannabis-Konsumenten eben sehr schnell zu harten Drogen übergehen und dadurch als Cannabis-Konsumenten für eine Therapie ohne Bedeutung sind, Vertreter einer weniger emotionalen Haltung meinen, daß Cannabis und LSD im Prinzip wenig süchtigmachend wirken und daher höchstens als akute Notfälle in Erscheinung treten. Wie immer, eine spezielle Entzugstherapie für Cannabis oder LSD gibt es in der Literatur nicht.

Das Methadon-Programm bezieht sich auf Opiat-Konsumenten, nicht jedoch auf Polytoxikomane. Mit diesem Verfahren wird somit auf eine bestimmte Gruppe der Süchtigen gezielt, es ist keine universell anwendbare Methode.

Quantitativ gesehen, ist die Gruppe der Opiatabhängigen oder der Polytoxikomanen nur ein kleiner Prozentsatz der Drogenerfahrenen. Sie stellen die Gesellschaft vor besondere Probleme, weil sie sich selbst nicht mehr zu helfen vermögen und der Gemeinschaft zur Last fallen. Im Rahmen der Drogenszene bilden sie trotz allem nur eine kleine Gruppe. Bei aller Bedeutung der Problematik sollte man nicht vergessen, daß die erdrückende Mehrheit der Drogenkonsumenten niemals therapiebedürftig wird - zumindest nicht aufgrund des Drogenkonsums.

2. Das Methadon-Erhaltungsprogramm

Im Unterschied zur Methadon-Detoxifikationsmethode wird beim Methadon-Erhaltungsprogramm über recht lange Zeit hinweg Methadon gegeben, allerdings auch mit dem Ziel, Methadon letztendlich abzusetzen. Gerade der Methadon-Entzug erscheint höchst problematisch, weil die Konsumenten auch davon abhängig werden, aber man wird zunächst einmal festhalten müssen, daß volle Befreiung von der Drogenabhängigkeit im Programm angezielt ist. Eine bewußte, andauernde Gabe eines Suchtmittels wäre in den USA aus politischen Gründen im Augenblick kaum vorstellbar. Die einzelnen Stufen des Programms faßte KEUP (1973) kurz zusammen:

"Das ursprüngliche Konzept dieser Programme wies drei Abschnitte auf: Phase I diente der Entgiftung von Heroin, der Abdeckung der Abstinenzsymptome unter Heroinentzug mit Methadon, wobei mancherorts die Methadon-Anfangsdosis nach einer sehr einfachen Faustregel festgelegt wurde: Der Dollarpreis des Tageskonsums an Heroin, ausgedrückt in Milligramm, wurde als einführende Dosis pro Tag gegeben. Diese Dosis wurde in etwa acht Tagen auf Null abgebaut. Phase II, die Erhaltungsphase, sah eine tägliche Methadondosis vor, die unter Kontrolle für Jahre aufgenommen wird. Unter Methadongaben wird der spezifische Heroinhunger erheblich reduziert oder fehlt völlig ... Als Phase III war vorgesehen, von dieser Methadon-Dosis langsam ausschleichend auf Null zu reduzieren. Das gelingt zwar mit einzelnen Patienten; organisierte Versuche, diese Phase in großen Gruppen zu erzielen, sind fast ausnahmslos gescheitert, und zwar deswegen, weil Methadon selbst ein Suchtgift ist" (KEUP 1973, S.1179 f).

Wesentlich an der Phase II ist, daß die Dosis so gewählt wird, daß keine psychische Wirkung auftritt, also z.B. nicht euphorisierend wirkt und kein Verlangen mehr nach einem Heroin-"Schuß" auftritt (sh. EDDY 1970). Selbst wenn sich der Patient einen "Schuß setzt", bleiben die erwarteten Wirkungen aus, weil Methadon das Heroin nicht zur Wirkung kommen läßt. Diese Blockade durch Methadon, das im übrigen oral eingenommen werden muß, bricht zusammen, wenn die Dosis deutlich gesenkt wird. In einem solchen Fall ist es sogar möglich, daß der Patient einen high-Zustand erlebt, wenn er sich das Methadon spritzt (GUDEMAN/SHADER/HEMENWAY 1972). Methadon muß in einer gleichbleibend hohen Dosis täglich genommen werden, wobei allerdings Abweichungen auch nach unten möglich sind. Manche Patienten fühlen sich bei einer etwas niedrigeren Dosierung als der ursprünglich angesetzten wohler. In der Regel geht der Patient täglich zu einer Klinik und erhält dort das Methadon in einem Getränk, bekommt aber oftmals seine Wochenend-Ration mit nach Hause. Da nicht jeder Patient diese Dosis benötigt, kann er sparen und sein Methadon auf dem Schwarzmarkt veräußern.

Den Vorzug ihres Methadon-Erhaltungsprogrammes beschrieben DOLE/NYSWANDER/WARNER (1968) in einem Bericht über die Behandlung von 750 kriminellen Süchtigen. Durch diese Behandlung ging die Zahl krimineller Delikte drastisch zurück, mehr als die Hälfte der Patienten war in einem festen Arbeitsverhältnis oder besuchte die Schule. "Der Erfolg, einen Süchtigen in einen Bürger zu verwandeln zeigt, daß ein augenscheinig hoffnungslos krimineller Süchtiger über Ehrgeiz und Intelligenz verfügen kann, die für die Gesellschaft und nicht gegen sie eingesetzt werden kann, wenn erst einmal sein pathologischer Drogen-Hunger durch eine medikamentöse Behandlung gesättigt ist" (DOLE/NYSWANDER/WARNER 1968, S.2711). In dem Artikel war nicht die Rede davon, daß die Heroinsüchtigen nun vollkommen drogenfrei waren, also auch frei von Methadon. Der Akzent lag eindeutig auf der sozialen Wiedereingliederung, die mit dauerhaften Gaben von Methadon gelingt. WURMSER (1974) sprach daher von einer Teillegalisierung von Rauschgiften und bezeichnete dieses Vorgehen als das kleinere Übel. Das kleinere Übel wäre es deshalb, weil zwar offensichtlich der Patient drogenabhängig bleibt, aber wieder sozial funktionsfähig wird. DOLE/NYSWANDER sehen dies als eine normale Medikamentenabhängigkeit, wie sie z.B. auch für den Diabetiker von Insulin besteht (sh. RIEDESSER 1974). Das Methadon-Erhaltungsprogramm wäre dann aber nicht als Übergang zu einem drogenfreien Leben zu sehen, sondern als ein dauernder Zustand.

3. Kritik am Methadon-Programm und Alternativen

An dieser offensichtlich langfristig bestehenden Methadon-Abhängigkeit wurde vielfältig Kritik geübt. "Heroin durch Methadon zu ersetzen, heißt kaum mehr, als den Teufel durch Belzebub austreiben" (GOSTOMZYK u.a. 1973, S.22). Im Rahmen eines Artikels von G.ALEXANDER (1972) wird Methadon als eine "Ersatz-Sucht" bezeichnet. LENNARD/EPSTEIN/ROSENTHAL (1974) unterzogen das Methadon-Erhaltungsprogramm unter dem Titel "Die Methadon-Illusion" einer nüchternen Analyse. Sie verwiesen zunächst darauf, daß Methadon eine starke Droge ist und das Verhalten des Methadon-Abhängigen deutlich dämpft. Entscheidender aber als diese Wahrnehmungs- und Reaktionseinschränkung erschien den Autoren die grundsätzliche moralische und politische Position. "Der Beschluß, Methadon auf breiter Basis anzuwenden, stützt und fördert die Mentalität, Drogen zur Lösung sozialer und persönlicher Probleme einzusetzen. Eine solche Entscheidung, die ursprünglich allein zum Vorteil der Heroinsüchtigen getroffen wurde, wird eines Tages auch schwerwiegende Folgen für Menschen zeitigen, die bisher nicht zum Gebrauch oder Mißbrauch psychoaktiver Drogen verführt wurden, da sie den Drogeneinsatz rechtfertigt, um Störungen im sozialen Leben zu regulieren. Was sollen z. B. junge Leute, die den Drogengebrauch ablehnen, oder ehemalige Süchtige, die ein drogenabstinentes Leben führen möchten, davon halten, wenn die Gesellschaft sich offen zur Verwendung einer so starken Droge wie Methadon bekennt" (LENNARD/EPSTEIN/ROSENTHAL 1974, S.126). Das unterschiedliche Verhalten von Heroinsüchtigen und Methadonabhängigen ist ihrer Meinung nach auf die unterschiedliche Verfügbarkeit der beiden Drogen zurückzuführen. Die hohen Schwarzmarktpreise für Heroin zwingen viele Heroinsüchtige zu kriminellem Verhalten mit allen daraus sich ergebenden sozialen Konsequenzen, während dem Methadon-Abhängigen der Nachschub legal in der Klinik gesichert ist.

Mit dieser Argumentation wird die Aufmerksamkeit auf ein Programm gelenkt, das in Groß-Britannien praktiziert wird und das man als Heroin-Erhaltungsprogramm kennzeichnen könnte. Dieses als "British-system" bekannte Vorgehen beruht auf der Erkenntnis, daß ein Heroinkonsument, der eine konstante Erhaltungsdosis Heroin erhält, die allerdings nicht gesteigert werden darf und nur die Entzugserscheinungen verhindern soll, daß ein solcher Patient durchaus ein sozial angepaßtes Leben führen kann. Ein solches Verfahren soll jedoch nur dann praktiziert werden, wenn es ausgeschlossen erscheint, den Abhängigen erfolgreich zu entwöhnen. In diesem Fall, oder wenn die Entwöhnung zur Zerstörung eines relativ geordneten Lebens führt, kann der Patient eine konstante Menge Heroin erhalten. Voraussetzung ist die Anerkennung der Drogenabhängigkeit als einer Krankheit und nicht als eines Lasters. Der Konsument ist sich seines Nachschubs sicher, fixiert sich weniger auf die Droge und wird von dem Schwarzmarkt mit allen Folgeerscheinungen ferngehalten. Im Unterschied zu dem nicht funktionierenden Methadon-Erhaltungsprogramm, das offensichtlich auch dauerhaft Abhängige schafft, erscheint das britische System der direktere und konsequentere Weg. Der Einwand gegen beide Programme ist der gleiche: Eröffnet man die legale Möglichkeit einer dauerhaften Abhängigkeit ohne Nachschubprobleme, so wird die Abwehrfront der Gesellschaft gegen gefährliche Drogen löchrig und der Wille des Abhängigen zur Abstinenz geschwächt. Es sind ausschließlich solche moralisch-politische Gründe, die in den USA zu einer konsequenten Ablehnung des Britischen Systems führen. Abgesehen von der unbestrittenen Abhängigkeit treten bei sorgsamer Applikation von Opiaten kaum gesundheitliche Schäden ein. Das Britische System wurde im Verlauf seiner Existenz in einem entscheidenden Punkt korrigiert. War es anfänglich einem Süchtigen möglich, sich seinen Arzt auszusuchen und so durch Doppelverschreibungen eine größere Dosis zu erlangen als zu obig geschildertem Zwecke notwendig war, so wurde unter Berücksichtigung des expandierenden Drogenkonsums ein strenges

Meldesystem eingeführt und die Ausgabe von Opiaten auf Behandlungszentren beschränkt. Beschreibungen der englischen Praxis finden sich bei LINDESMITH (1968 a), MERRY (1968), MAHON (1971), MAY (1972) und JAMES (1973).

Das Scheitern der klassischen Entzugsmethoden provozierte eine Reihe von unorthodoxen Therapieprogrammen, die sich das Ziel einer echten Abstinenz gesetzt hatten. Auf die einzelnen Ansätze soll hier nicht weiter eingegangen werden, Beschreibungen finden sich bei EDDY (1970), BÜRHINGER u.a. (1972) und DITTMAR (1973). Solche Programme können in Einzelfällen durchaus zu einer erfolgreichen Entziehung führen, gesicherte statistische Untersuchungen liegen aber oftmals nicht vor. Überdies werden bei der Auswahl der Patienten oftmals erhebliche Einschränkungen gemacht, die man bei der Beurteilung des Therapieerfolgs berücksichtigen muß (sh. DITTMAR 1973). Viele dieser Ansätze laufen darauf hinaus, den Drogenabhängigen total aus seinem üblichen Leben herauszulösen und ihn eng an eine neue Gemeinschaft zu binden, die sich stark von der Gesellschaft abgegrenzt hat. Der Weg zurück in die Gesellschaft wird dann zu dem neuen Problem, an dem offensichtlich viele scheitern bzw. den sie erst gar nicht zu beschreiten versuchen.

4. Die Notwendigkeit der Prophylaxe

Das Scheitern der reaktiven Maßnahmen (polizeiliche Kontrolle und psychiatrische Therapie) führte zu der Betonung der Prophylaxe und damit kam ein Gesichtspunkt zum Tragen, der in den klinischen Disziplinen Psychiatrie und Klinische Psychologie zu wenig beachtet wurde. Die Gefahr war groß, daß diese beiden Disziplinen ihre ausschließliche Aufgabe in der Therapie sahen und ihre Energie voll darauf konzentrierten. Die Drogenproblematik zeigte, daß Therapie immer nur die Methode zweiter Wahl sein kann. Es gilt, Schäden zu verhindern. Selbstverständlich sollte man sich um die Behebung eines Schadens bemühen, wenn er erst einmal eingetreten ist und insofern gibt es keine Alternative zwischen Prophylaxe und

Therapie, aber es ist die vornehmere Aufgabe, Schaden zu verhindern.

Die Bedeutung der Prophylaxe wurde von vielen Autoren hervorgehoben (z.B. BERNER/HOFF/HOFMANN 1963; MAURER/VOGEL 1967; O'CALLAGHAN 1970; BLUM 1967). Die Gründe für diese Erkenntnis mögen verschieden sein: sie können auf der Erkenntnis beruhen, daß man nicht die Symptome auswechseln, sondern die Ursachen behandeln sollte; die epidemische Entwicklung mag so dramatisch sein, daß man mit den immer begrenzten therapeutischen Mitteln kein ausreichendes Gegengewicht mehr sieht, wie dies die Zentralstelle gegen den Alkoholismus in der Schweiz bezüglich des Alkoholismus vertrat (nach einer Meldung der NZZ vom 10.8.1972); schließlich mag es auf der Einsicht beruhen, daß Therapie im Augenblick keine Erfolgsaussichten hat, wie dies der 75. Deutsche Ärztetag 1972 erkannte. Ein Bericht an die American Bar Association und den Drug Abuse Council von einem Task Force on Federal Heroin Addiction Programs enthielt die Forderung, sich mehr auf die grundlegenden sozialen und ökonomischen Bedingungen zu konzentrieren als dies bisher der Fall war (sh. Drugs and Drug Abuse Education Newsletter 4, 1973, Heft 2, S.2f). Von besonderer Bedeutung ist die Prophylaxe für das Drogenproblem, weil es sich dabei um eine "Krankheit" handelt, die durch das Verhalten des Menschen selbst herbeigeführt wird (KAPRIO 1972, S.2). Drogenabhängigkeit ist kein Naturereignis, sondern beruht auf dem Verhalten des Menschen. "Es ist höchste Zeit, daß wir unsere Aufmerksamkeit wieder von Drogen und Drogengesetzen auf menschliche Wesen zurückwenden, die neben vielen anderen Dingen, die sie zwischen Geburt und Tod tun, nach Vergnügen und anderen 'Sonderlichkeiten' streben, indem sie zu Drogen greifen. Die wesentliche Frage ist demnach nicht die, was man mit den Drogen und wegen ihnen tun sollte, sondern was man in Hinsicht auf die Menschen tun sollte..." (FORT 1970 a, S.274).

5. Auf dem Wege zu einer kausal orientierten, effektiven Prophylaxe

Die Vielzahl der prophylaktischen Überlegungen kann man in zwei Gruppen ordnen: Prophylaxe mit dem Schwerpunkt auf Aufklärung und Prophylaxe mit dem Schwerpunkt auf Sozialreform (sh. SCHENK 1972).

Aufklärung ist die bei weitem am häufigsten vorgeschlagene prophylaktische Maßnahme (BIRDWOOD 1967; STUTTE 1967; BIENER 1969; SOMMERHAUSEN 1970; LEUNER 1971; ELLGRING 1971; STOCKHAUSEN 1971). Es erscheint kaum als Zufall, wenn KIELHOLZ/BATTEGAY/LADEWIG (1972) als erste Maßnahme die "laufende Aufklärung der Bevölkerung - und speziell der Jugend - mit allen zur Verfügung stehenden Mitteln" (S.551) fordern. UNGERLEIDER betonte, daß die Aussagen ehrlich sein müßten (UNGERLEIDER 1970); COPER/HIPPIUS (1970) forderten "objektive und ohne tendenziöse Einseitigkeit" erfolgende Information. Ist eine solche Forderung beim gegenwärtigen Stand des Wissens mit dem Wunsch BIENERS zwanglos zu verbinden, warnend auf das Rauschgiftproblem hinzuweisen (BIENER 1969) und worin müßte dann die Warnung bestehen?

Eine etwas andere Sicht hatte NOWLIS:
"Es ist unrealistisch anzunehmen, daß alle neuen Drogen ausschließlich und effektiv von den gegenwärtigen medizinischen und rechtlichen Regulierungen und Praktiken kontrolliert werden können. Wer z.B. kann die öffentliche, die medizinische und die rechtliche Antwort auf eine Substanz vorhersagen, die die Fähigkeit hat,'das Gedächtnis zu öffnen'? Pandoras Schachtel ist offen und ihr Inhalt ist ebenso endlos wie der Inhalt der biblischen Ölflasche. Man muß mehr an dem generellen Problem arbeiten, als zu erwarten, sich mit jeder einzelnen Droge zu beschäftigen, wenn sie erscheint. Die Aufgabe ist daher, nicht über die 'Schrecken' von Heroin, Marihuana, LSD und die Gefahren bestimmter Stimulantien oder Depressiva, sondern über Menschen zu lehren, über Chemikalien und wie sie mit Menschen interagieren, zu lehren über soziale Kontrolle, über die positiven und negativen Konsequenzen von Drogenkon-

sum für das Individuum und für die Gesellschaft - und zwar
soweit wir es wissen, nicht aber es uns nur vorstellen. Wir
müssen den jungen Menschen helfen, informierte Entscheidungen zu treffen auf der Grundlage von grundlegenden Prinzipien" (NOWLIS 1969, S.19f).

Zwei Probleme stellen sich in diesem Zusammenhang: erstens,
wie muß objektive Information im gegenwärtigen Zeitpunkt
aussehen, und zweitens: ist Aufklärung wirklich der Königsweg der Prophylaxe? Die bisherige Darstellung zeigte, daß
man streng zwischen den verschiedenen Drogen und zwischen
verschiedenen Umgangsformen mit Drogen unterscheiden muß.
Eine derartige objektive Information müßte beinhalten, daß
wahrscheinlich sicherer Konsum von Cannabis möglich ist,
vorausgesetzt, es handelt sich nicht um eine gestörte Persönlichkeit und die situative Vorbereitung entspricht dem
geplanten Unternehmen. Eine solche Aussage scheint mittlerweile unter Fachleuten nicht mehr umstritten. Es stellt
sich allerdings die Frage, ob gerade diejenigen, denen es
eigentlich als Warnung zugedacht ist, eine solche Aussage
in falscher Einschätzung ihrer eigenen Lage nicht als Erlaubnis für den eigenen Konsum interpretieren. "Objektive Information", das bedeutet nicht, daß sie entsprechend verarbeitet wird; man wird daher darüber diskutieren müssen, ob
man objektive Information mit dem darin eingeschlossenen
Risiko haben will, oder auf diese sachliche Aufklärung verzichten möchte. Die Gefahr ist groß, daß die "objektive Information" im Sinne der beabsichtigten Wirkung ausgesucht
wird; nicht umsonst vielleicht beschrieb die "FAZ" ein schwedisches Schulprogramm mit den Worten "Zielbewußte Indoktrinierung schwedischer Schüler" (sh. "FAZ" vom 7.6.1971).

Betont man die Aufklärung als wesentliches Mittel der Prophylaxe, so setzt man voraus, daß es sich dabei um einen unzureichenden Lernprozeß handelt, der durch zusätzliche Information erfolgreich abgeschlossen werden kann. ANDERS bezweifelte dies (ANDERS 1971); die Zeitschrift "Lancet" warnte davor, Vorbeugung als eine Art Vortrag vor der Schulklasse zu
betrachten ("Lancet" 21.9.1968). Sie verwies darauf, daß der

Vortragende allzu leicht seinen eigenen Raucherhusten vergessen könnte und damit das ganze Problem der generellen Haltung der Gesellschaft gegenüber Drogen. "Nur ein altmodischer Pädagoge kann daran glauben, daß Drogenmißbrauch durch Vorträge oder Züchtigungen verhindert werden kann" ("Lancet" 1968, S.672). Selbst ein Autor wie O'CALLAGHAN (1970), der durch ein höchst anschauliches Beispiel gezeigt hat, daß Drogenmißbrauch weniger mit fehlender Information als mit ungesättigten menschlichen Bedürfnissen zu tun hat, glaubt, daß Aufklärung eine Lösung wäre.

Aufklärung ist sicherlich nie falsch, aber man muß sich über die Wirkung dieser Aufklärung im klaren sein. Eine Befragung von BIENER (1974) ergab, daß die Mehrzahl der Jugendlichen die Möglichkeit verneinte, daß ein Vortrag irgend jemand vom Drogenkonsum abhalten könne; immerhin 13 Prozent der männlichen Jugendlichen meinten sogar, daß ein solcher Vortrag nur neugierig mache. Objektive Aufklärung kann nur das Pro und Contra für eine Sache darstellen und garantiert kein bestimmtes Verhalten bei den Zuhörern. Man sollte Wissen als einen Wert betrachten, der unabhängig von den möglichen Folgen besteht. Objektive Aufklärung als sicheres Mittel gegen Drogenkonsum zu betrachten, degradiert dieses "Wissen" als ein Mittel zum Zweck und nimmt dem Zuhörer seine Entscheidungsfreiheit.

Ein solcher Ansatz übersieht, daß es möglicherweise nicht Informationsprobleme sind, die zum Drogenkonsum führen, sondern grundlegende soziale Probleme. LEECH/JORDAN (1968) meinten, daß nicht das Individuum Behandlung brauche, sondern die gesamte Gesellschaft. Es sei nötig nach ihrer Meinung, daß wir Rebellen blieben und das Böse, die Armut, die Ungerechtigkeit, die Verschwendung in der Welt nicht hinnehmen. SOMMERHAUSEN (1971) forderte, daß vor allem die Loslösung der Jugend von der Gesellschaft verhindert werden müsse. Wie aber all dies geschehen solle, das können die Autoren, die auf die sozialen Ursachen verweisen, nicht hinreichend verdeutlichen.

Konkrete Vorschläge der Prophylaxe zielen oftmals auf Verstärkung von Aspekten, die Ursachenforscher gerade als einen der Gründe für das Entstehen des Problems identifiziert zu haben glauben. Mehr Information, das bedeutet doch nichts anderes, als daß man sich wieder einmal mehr auf die kognitive Seite des Menschen konzentriert, dessen kognitives Leistungsvermögen weiter belastet und die emotionale Befriedigung weiterhin vernachlässigt. Die "Verkopfungsneurose" würde auf diese Weise nur weiter vorangetrieben, ohne jemandem zu nützen - abgesehen vielleicht von dem Redner. Not tut eine kausal orientierte, die Effektivität kontrollierende Prophylaxe, für die sich FESER in mehreren Arbeiten (1973/74/75) einsetzte. Er wies darauf hin, daß nur eine kausal orientierte Prophylaxe Aussicht auf Erfolg hat, ein Erfolg, den man im übrigen auch methodisch erfassen kann. Seine theoretischen Einsichten setzte er in seiner Arbeit als Mitarbeiter der Bundeszentrale für gesundheitliche Aufklärung in konkrete Schritte um und gab den Eltern Ratschläge für den Umgang mit den Kindern, die die wesentlichen Bereiche Kognition, Emotion und Verhalten berücksichtigte. Solche Vorschläge können nur als Anregungen verstanden werden und müssen von jedem einzelnen mit Leben gefüllt werden; gemeint ist der Unterschied zwischen abstrakten, trockenen Vorschriften und dem eigenen gelebten Vorbild. Eindrucksvoll beschrieb HORKHEIMER in einem ganz anderen Zusammenhang das, was von den Eltern erwartet wird: "Es handelt sich hier um einen Erziehungsvorgang, den man Mimesis nennt. Es gelingt nicht mit Hilfe direkter Empfehlungen und eines direkten Aufmerksammachens. Vielmehr muß das Kind in einem relativ frühen Alter jemandem nachleben können, der Erfahrungen zu machen weiß. Wenn ein 12jähriger Junge einmal erlebt hat, wie der Vater aus der eigenen Bibliothek ein Buch herausnahm, das dieser vielleicht bei einer ganz bestimmten Gelegenheit erworben hatte, was er nun erzählt, und wenn der Junge dann auf eine Stelle in diesem Buch aufmerksam gemacht wird, dann weiß er, was ein Buch ist; und eine Bibliothek ist für ihn kein bloßer Papierberg mehr" (HORKHEIMER 1963, S.63). Dies ist ein Punkt, den man nicht außer acht lassen sollte: Prophylaxe muß not-

wendige soziale Reformen und veränderte gesellschaftliche
Einstellungen einschließen, aber auch die persönliche Verantwortung jedes einzelnen, die vielleicht nicht einmal so
sehr die Verantwortung für andere, etwa die eigenen Kinder,
ist, sondern vor allem für sich selbst. Nur wer sich selbst
am Leben zu freuen vermag, kann anderen die gleiche Lebensfreude vermitteln, nur: wer sich selbst begeistern kann,
kann anderen die gleiche Lebensfreude vermitteln; nur: wer
sich selbst begeistern kann, vermag andere zu begeistern.
Geborgenheit in der Familie, die KIELHOLZ als die beste
Prophylaxe ansieht, ist nur dort möglich, wo jeder einzelne
sich geborgen fühlt. Ein verunsicherter, überlasteter Vater
kann kaum ein Gefühl der Geborgenheit vermitteln, auch wenn
er es wollte. Prophylaxe muß daher bedeuten, die Ursachen
eines Fehlverhaltens in allen seinen Hintergründen zu erforschen, um so wirkungsvolle Maßnahmen einleiten zu können.
Von einer solchen, gleichermaßen konkreten wie tiefgehenden
Analyse sind wir im Augenblick noch weit entfernt; FESER
wies mit seinen Arbeiten den Weg.

G. AUSBLICK

Kapitel XXI. Zukünftige Aufgaben

1. Die Rolle der Wissenschaft

Überblickt man die Rolle, die die Wissenschaft angesichts der Modedrogenproblematik gespielt hat, so muß man daran zweifeln, daß sie in allen Belangen ihrer Aufgabe gerecht wurde. Trotz der Flut von Publikationen liegen nur wenige Forschungsberichte vor, es überwiegen Referate über die wenigen Forschungsarbeiten und moralisch-politischen Betrachtungen. Diese mehr polemische und rein spekulative Darstellungsweise dominierte so stark, daß selbst die angesehene Zeitschrift "Journal of the American Medical Association" die Autoren ermahnte, zu einem wissenschaftlicheren Stil zurückzufinden. Aber selbst dann, wenn der Autor sich um eine nüchterne Betrachtungsweise bemüht, erlaubt die gewählte Methodik oftmals keine tiefergehende Analyse. Fallstudien sind sinnvoll, aber die Wissenschaft darf dabei nicht stehen bleiben. Solche Fallstudien zeigen nur, daß ein bestimmtes Phänomen vorhanden ist, aber sie können nichts über die Verbreitung aussagen und das Aufzeigen von Wechselbeziehungen ist sehr schwierig. Hier kann nur epidemiologische Forschung helfen. In Ansätzen gibt es diese Forschung mittlerweilen, aber sie ist noch zu stark auf die Erhebung einfachster Angaben zum Ausmaß des Konsums beschränkt und ist nicht auf das Konzept der Drogenabhängigkeit im klinischen Sinne bezogen. Will man bestimmen, wie groß die Gefahr einer Abhängigkeitsentwicklung durch den Konsum einer bestimmten Droge ist, so muß man epidemiologische Studien durchführen, also den Klinikbereich verlassen, und man muß diese epidemiologi-

sche Forschung an operationalisierten klinischen Begriffen
orientieren. Die gegenwärtige Forschung ist dadurch gekennzeichnet, daß es epidemiologische Forschung ohne die Grundlage klinischer Begriffe gibt und Aussagen von Klinikern,
die nicht durch epidemiologische Forschung abgesichert sind.
Die Frage der Gefährdung kann mit dem vorhandenen Datenmaterial nicht hinreichend beantwortet werden. Man sollte klar
unterscheiden zwischen der prinzipiellen Möglichkeit einer
Schädigung und der tatsächlichen Wahrscheinlichkeit einer
Schädigung. Der Verweis auf die prinzipielle Gefährdung als
Begründung für eine bestimmte soziale Maßnahme, z.B. ein
Verbot, ist auf die Dauer nicht haltbar, da damit sehr viele Bereiche des menschlichen Verhaltens tabuisiert werden
müßten. Es ist die Aufgabe der Wissenschaft, hier konkretere
Zahlen vorzulegen und sich dabei des Inventars moderner
sozialwissenschaftlicher Forschungsmethoden zu bedienen.

Gleichzeitig ist es Aufgabe der Wissenschaft, zu einer übergreifenden Darstellung des Drogenkonsumverhaltens zu gelangen, also sich z.B. nicht auf den pathologischen Aspekt alleine zu konzentrieren, sondern in gleicher Intensität sich
auch dem normalen Drogenkonsum zuzuwenden. Erst aus einer
solch übergreifenden Perspektive wird man die Besonderheiten
abweichenden Drogenkonsums exakt begreifen und dessen Stellenwert bestimmen können. Die bisherige epidemiologische Forschung ist ihrem Datenmaterial zufolge eher als Erforschung
des Ausmaßes des Modedrogenkonsums anzusehen, ohne besonders
auf pathologische Aspekte einzugehen. Eine derart ausgerichtete Drogenforschung wird sich auch der Begriffe des Drogenmißbrauchs und der Drogenabhängigkeit als der Grundlage der
Drogenforschung entledigen müssen, da damit eine eingeschränkte Perspektive verbunden ist. Überdies wird dabei die Tatsache übersehen, daß Drogenkonsum eine Interaktion zwischen
Mensch und Droge ist und es nicht sinnvoll erscheint, diese
Wechselbeziehung nur durch die Betonung der einen Variablen,
nämlich der Droge, schlagwortartig zu kennzeichnen. Ein solches Vorgehen, wie es vor allem die WHO-Expertengruppe praktizierten, muß in einem sozialen Raum gesehen werden und fördert bestimmte politische Maßnahmen, die im wesentlichen auf

die Unterbindung des Handels abzielen. Aufgabe der Wissenschaft ist es jedoch, die komplexe Wechselbeziehung zwischen Mensch und Droge zu verdeutlichen und klarzustellen, daß Drogenmißbrauch im wesentlichen ein Problem des Menschen ist und die Aufmerksamkeit sich auf diesen richten muß. Hier ist es dann auch von Bedeutung, daß die Drogen ein Teil der sozialen Welt geworden sind, daß sie in die Kultur integriert und damit differenziert wurden. Der pharmakologische Ansatz,der z.B. nur von Alkohol spricht, übersieht die wesentlichen kulturellen Unterschiede zwischen Bier und Wein; Drogenforschung wird sich daher auch bei der Beschreibung der Variablen "Droge" mehr von pharmakologischen Begriffen lösen und stärkeren Akzent auf sozialwissenschaftliche Klassifikationen legen müssen - ohne dadurch pharmakologische Gesichtspunkte ignorieren zu wollen.

2. Die Notwendigkeit kontinuierlicher Reformen

Das Problem des Modedrogenkonsums zeigte, daß man zum Teil pathologische Prozesse als Ursache für dieses Verhalten annehmen kann. Solche Erscheinungen sind nun jedoch keineswegs spezifisch für den Modedrogenkonsum, sondern wurden immer wieder z.B. im Zusammenhang mit der Jugenddelinquenz als wesentliche Faktoren genannt. Das wiedergegebene Zitat von HORKHEIMER entstammt einem Sammelband über Probleme des Autoritarismus. Es scheinen somit sehr verschiedenen Symptomen (Drogenkonsum, Kriminalität, Autoritarismus) doch immer wieder ähnliche Ursachen zugrunde zu liegen. Eine solche Erkenntnis spräche gegen eine rein symptomorientierte Strategie. Die Aufmerksamkeit konzentriert sich im Augenblick auf die Modedrogen, wird aber bei Abflachen des Modedrogenkonsums angezogen von dem Phänomen des Alkoholismus, um sich dann vielleicht wieder der Jugendkriminalität zuzuwenden und schließlich vielleicht wieder durch das epidemische Anschwellen des Konsums neuer Drogen erregt zu werden. Das dürfte ein Spiel ohne Ende sein.

Notwendig wären Maßnahmen, die über den unmittelbar nächsten

Zeitpunkt hinaus geplant werden, die auf eine grundsätzliche
Verbesserung der Situation der Jugendlichen abzielen und die
auch als Maßnahme gegen den Drogenkonsum erkannt werden. Es
wäre unerträglich, wenn in der Öffentlichkeit der Eindruck
entstünde, Maßnahmen gegen den Drogenkonsum könnten sich nur
auf den rechtlichen Bereich beschränken. Es muß der Bevölkerung verdeutlicht werden, daß die wirkungsvollsten Maßnahmen
diejenigen sind, die auf eine grundsätzliche Besserung der
sozialen Situation abzielen. Das Bewußtsein für die Notwendigkeit solcher Reformen muß anläßlich solcher Krisensitua-
tionen geweckt werden und muß diese überdauern.

3. Die Gewinnung einer durchgängigen und konsequenten Haltung gegenüber dem Drogenproblem in seiner weitesten Bedeutung

Die Analyse des Modedrogenproblems zeigte, daß dahinter das
ungeklärte Verhältnis der Gesellschaft zu Drogen steht. Es
wird eine der Aufgaben der Gesellschaft sein, sich hier zu
einer durchgängigen und konsequenten Haltung durchzuringen.
Das ist eine Frage, die sich der Gesellschaft insgesamt
stellt und die nicht zu einem Problem für Spezialisten gemacht werden kann. Die vielen Unstimmigkeiten in der Hand-
habung der verschiedenen Drogen lassen Zweifel an der Berechtigung einer einzelnen Maßnahme zu, weil dann der Verweis auf einen ähnlichen Fall möglich ist, wo anders entschieden wurde. Es ist von daher verständlich, wenn Jugendliche darauf beharren, Haschisch zu rauchen, nachdem ihnen
die eindeutig gefährlichen Zigaretten ja auch zugänglich
sind. Das Argument "Uns reichen die bestehenden Probleme,
wir wollen nicht noch zusätzliche" trifft nicht den Kern.
Alkohol wird in der Bevölkerung keineswegs als Problem angesehen, auch wenn einige Spezialisten die Gefährlichkeit
von Alkohol betonen. Das Problem sind einige Auswüchse des
Alkoholkonsums, wodurch die Position des Alkohols in der
Gesellschaft aber keineswegs erschüttert ist. Hier wird klar
gesehen, daß es nicht die Droge ist, sondern der Umgang mit
der Droge. Wollte man diesen Grundsatz auf alle Drogen übertragen, so ginge es zunächst darum festzustellen, ob eine

Droge schon durch geringen Konsum deutliche Schäden hervorrufen kann. Wenn dies nicht der Fall ist, so ginge es im wesentlichen darum, dafür Sorge zu tragen, daß das Individuum keinen Mißbrauch begeht. Die Gesellschaft müßte das Individuum in seiner Persönlichkeitsentwicklung so weit fördern, daß es in sich gefestigt ist und zu einem differenzierten Gebrauch der Droge fähig. Auch hier liegt der Akzent nicht so sehr auf der Droge, sondern wiederum deutlich auf dem Individuum. Das Problem des Jugendalkoholismus zeigt, daß die Gesellschaft sowohl die allgemeine Persönlichkeitsentwicklung als auch die Lehre im richtigen Umgang mit Drogen bisher vernachlässigt hat. Diese Lehre des richtigen Umgangs sollte man in dem Sinne verstehen, wie es HORKHEIMER für den Umgang mit Büchern darstellte: nicht abstrakte Lehrsätze, nicht Vorträge, sondern vorgelebtes Beispiel.

4. Beeinflussung in der Demokratie

Die staatlichen Maßnahmen gegen den Modedrogenkonsum zielen zwar zunächst nur auf diesen, aber man sollte sie auch in einem übergreifenden Rahmen beurteilen. Demokratie beruht wesentlich auf der respektierten und tatsächlich auch vorhandenen Eigenverantwortlichkeit des Individuums. Die Sachverständigen haben diese Fähigkeit des Individuums durch möglichst objektive Information zu unterstützen. Ist die Information einseitig oder ist sie falsch, ohne daß der Bürger dies im einzelnen nachprüfen kann, so wird sein Entscheidungsspielraum eingeengt und seine Eigenverantwortlichkeit beschnitten. Im Rahmen des Modedrogenproblems stellt sich die Frage, was objektive Information ist und wie sie wirkt. Man kann es vorläufig negativ formulieren: es ist nicht objektiv, wenn ein Aspekt absolut gesetzt wird oder zwar als Aspekt formal gekennzeichnet, aber de facto nicht so behandelt wird. Eine neutrale Aufklärung über Modedrogen wird zunächst großen Wert auf die getrennte Darstellung der Drogen legen. Für Cannabis können im Augenblick keine ernsthaften Schäden genannt werden, die in nennenswertem Ausmaß auftreten. Dies könnte allerdings daran liegen, daß die westliche

Welt noch über keine lange Erfahrung mit den Drogen verfügt
und die wissenschaftlichen Analysen über ein Anfangsstadium
noch nicht hinausgekommen sind. Alle vorliegenden Daten über
Cannabis rechtfertigen jedoch auch die Erklärung, daß bei
entsprechendem Umgang die Droge zu wenig Störungen führt -
dies immer auf der Basis unseres jetzigen, vorläufigen Wissens. Der Akzent einer objektiven Darstellung wird also auf
diesem "wir wissen es noch nicht endgültig" liegen müssen.
Die Gefahr ist gegeben, daß unter den vielen, die dann die
Droge ausprobieren, auch viele sind, die aufgrund ihrer Persönlichkeit die Droge nicht nehmen sollten und denen Schaden
droht. Es ist naheliegend, dieser Gefahr dadurch begegnen zu
wollen, indem man die Information gezielter auswählt, um eine bestimmte Reaktion bei den Zuhörern wahrscheinlicher zu
machen. Die Gefahr, unglaubwürdig zu werden, ist gerade bei
diesem Thema groß, da viele Jugendliche über einige Erfahrung
verfügen. Es ist eine Gefahr, die sich nicht nur auf die Behandlung des Drogenproblems auswirkt, sondern auch Strahlungen auf das allgemeine Demokratie-Verständnis hat. Demokratie ist nicht eine abstrakte Sache, sondern bewährt sich in
vielen konkreten Situationen und lebt durch sie.

Das Problem ist sicher nicht leicht zu lösen, aber es sollte
jedem klar sein, daß durch die ausschließliche Orientierung
auf den Drogenkonsum der übergreifende Zusammenhang verloren
gehen kann und das, was vordergründig ein Erfolg sein mag,
auf lange Sicht eine Niederlage ist. Die Lösung, so scheint
mir, liegt in dem Akzent auf das vorgelebte Beispiel, der
Bewältigung grundlegender sozialer Probleme und der Bereitschaft, ein gewisses Risiko zu akzeptieren. Vertraut man nur
auf die kognitive Beeinflussung unter Vernachlässigung aller
sozialen und emotionalen Probleme, so ist das Risiko groß,
daß diese neutrale Aufklärung für viele zu einer indirekten
Aufforderung wird. Ist diese Aufklärung jedoch eingebettet
in eine Atmosphäre, die durch Vertrauen, Bemühen um Reformen, Kommunikationsbereitschaft, Respekt vor dem Partner gekennzeichnet ist und vermögen die Erwachsenen zu demonstrieren, daß man durch einen gezielten, kontrollierten Umgang
mit Drogen durchaus neue Erlebensdimensionen gewinnen kann,

ohne das eigene Leben oder das anderer Menschen zu gefährden oder zu zerstören, so trifft eine solche neutrale Information auf einen anderen Boden. Es wird auch in einem solchen Fall Menschen geben, die das Risiko eingehen wollen.

So allerdings stellt sich die Situation zur Zeit nicht dar - die Haltung der Gesellschaft zu Drogen ist unklar, Drogenabhängigkeit weit verbreitet und Zeichen dafür, daß viele Menschen mit sich und der Welt nicht mehr zurechtkommen. Es bleibt daher zu fragen, ob auch Jugendlichen gegenüber eine nüchterne Darstellung der Fakten gegeben werden sollte. Im Rahmen der Wissenschaft aber sollte eine derart sachliche Darstellung möglich sein.

H. LITERATURVERZEICHNIS

1. ABELSON, Ph.H.: LSD and Marihuana. In: Science 159, 1968
2. ACKERKNECHT, E.H.: Suchtprobleme im Lauf der Jahrhunderte. In: Schweizer Medizinische Rundschrift (Praxis) 6o, 1971
3. ADORNO, T.W./FRENKEL-BRUNSWIK, E./LEVINSON, D.J./SANFORD, R.N.: The Authoritarian Personality. Erstausgabe 195o. New York 1964
4. ADVISORY COMMITTEE ON DRUG DEPENDENCE, HOME OFFICE: The Amphetamines and Lysergic Acid Diethylamide (LSD). London 197o
5. ÄRZTLICHE PRAXIS: Hascher sind fahruntüchtig. In: Ärztl. Praxis 22, 28.4.197o
6. ÄRZTLICHE PRAXIS: Haschischraucher - Gefahr für die Öffentlichkeit. In: Ärztl. Praxis 76, 1971
7. ÄRZTLICHE PRAXIS: Marihuana therapeutisch verwendbar. In: Ärztl. Praxis 24, 1972
8. ÄRZTLICHER ARBEITSKREIS RAUCHEN UND GESUNDHEIT: Über den Zigarettentod. In: Selecta vom 27.4.197o
9. ÄRZTLICHER ARBEITSKREIS: Dringender Appell des Ärztlichen Arbeitskreises Rauchen und Gesundheit e.V. an den Bundestagsausschuß für Jugend, Familie und Gesundheit und an den Innenausschuß des Deutschen Bundestages. In: Fortschritte der Medizin vom 21.12.1972
1o. ALBRECHT, S.L.: Verbal Attitudes and Significant Other Expectations as Predictors of Marijuana Use. In: Sociology and Social Research 57, 1973
11. ALEXANDER, G.:Die Heroin-Sucht ist heilbar. In: Klar und wahr 12, Heft 4, 1972
12. ALKSNE, H. ua.: A Conceptual Model of the Life Cycle of Addiciton . International Journal of Addiciton 2, 1967
13. ALLEN, J.R./WEST, L.J.: Flight from Violence: Hippies and the Green Rebellion. American Journal of Psychiatry 125, 1968
14. ALLENTUCK, S./BOWMAN, K.M.: The Psychiatric Aspects of Marijuana Intoxication. In: American Journal of Psychiatry 99, 1942
15. ALT, F.: Alkoholismus bei Jugendlichen. In: Südwestfunk Report, Sendung vom 14.5.1973 (Manuskript)
16. AMENDT, G.: Haschisch und Sexualität. In: Sexualmedizin 6, 1973
17. AMENDT, G.: Haschisch und Sexualität. Stuttgart 1974.
18. AMERICAN PSYCHIATRIC ASSOCIATION: Position Statement of the Use of Drugs in Schools. (Fall Committee Meetings, Washington). American Journal of Psychiatry 126, 1969/7o
19. ANDERS, G.: Mit dem Drogenproblem leben. In: Vorgänge 8/9, 1971
2o. ANDRADE, M.O.: The Criminogenic Action of Cannabis (Marijuana) and Narcotics. Bulletin of Narcotics 16,1964
21. ANGST, J.: Halluzinogen-Abusus. In: Schweizer Medizinische Wochenschrift 1oo, 197o
22. ANGST, J./BAUMANN, U./MÜLLER, U./RUPPEN, R.: a. Epidemiologie des Drogenkonsums im Kanton Zürich. In: Archiv für Psychiatrie und Nervenkrankheiten 217, 1973

23. ANGST, J./BAUMANN, U./MÜLLER, U./RUPPEN, R.b:Drogenkonsum im Kanton Zürich. In: Kriminalistik 27, 1973.
24. ANGST, J./Dittrich, A./WOGGON, B.: Wie wirkt Haschisch? In: Neue Züricher Zeitung - Schriften zur Zeit: Drogen Meinung und Fakten. Zürich, 1971.
25. ANGST, J./DITTRICH, A./WOGGON, B.: Psychologische und klinische Aspekte des Cannabis-Mißbrauches. In: Allgemeinmedizin/Landarzt 48, 1972.
26. ANNIS, H.M./SMART, R.G.: Adverse Reactions and Recurrences from Marijuana Use. In: British Journal of Addiction 68, 1973.
27. ANSLINGER, H.J.: The Psychiatric Aspects of Marijuana Intoxication. Journal of the American Medical Association 16, 1943.
28. ASPERGER, H.: Die Jugend von heute und die Suchtgefahren. Suchtgefahren 10, 1964
29. AUSLANDSJOURNAL ZDF: Konflikt USA-Türkei. In: Auslandsjournal ZDF vom 2.8.1974.
30. AUSUBEL, D.P.: Drug Addiction: Physiological, Psychological and Sociological Aspects. New York, 1958.
31. AYD, F.J. Jr.: Abuse of Psychoactive Drugs - Fact or Myth? Internationales Seminar zur Verhütung und Behandlung der Drogenabhängigkeit, Lausanne, 1970.
32. AZ.: An der Aufklärung über den Alkohol hat der Staat kein Interesse. In: AZ vom 12.11.1974.
33. COMMENT, K.M.B.: The Problem of Drug Addiction. American Journal of Psychiatry 108, 1951-52.
34. BACHMANN, W.: Weihrauch einer Subkultur - Gedanken zum Drogenmißbrauch. In: Bayerisches Ärzteblatt 27, 1972.
35. BADELT, G.: Die Wirkung von Nikotin auf das Zentralnervensystem. Unveröffentliche Expertise. Heidelberg, 1974.
36. BÄTTIG, K.: Konsum psychoaktiver Pharmaka und illegaler Drogen bei Zürcher Hochschulstudenten. Schweizer medizinische Wochenschrift 100, 1970.
37. BALL, J.C./CHAMBERS, C.D./BALL, M.J.: The Association of Marijuana Smoking with Opiate Addiction in the United States. In: Journal of Criminal Law, Criminology and Police Science 59, 1968.
38. BARTH, L./BOETTCHER, O. u.a.: Zur Entwicklung des Rauschmittelmißbrauchs in Berlin. In: Erhardt, H.E. (Hrsg.) Perspektiven der heutigen Psychiatrie. Frankfurt, 1972.
39. BARRON, F.: Motivational Patterns in LSD Usage. In: Debold, R.C./Leaf, R.C. (Eds) LSD, Man and Society. London, 196!
40. BARRON, F./JARVIK, M.E./BUNNELL, S.: The Hallucinogenic Drugs. In: Scientific American 210, 1964.
41. BATTEGAY, R.: Medikamentensucht als psychiatrisches Problem. In: Berichte 4. Internationaler Kongress Internationale Föderation für Hygiene und Präventivmedizin. Wien, 24.-26.5.1965.
42. BAUER, G.: Der gegenwärtige Rauschgiftmißbrauch aus der Sicht der kriminalistischen Praxis. MMW 35, 1970.
43. BAUER, G.: Sozialer Abstieg, Delinquenz und Drop-out nach Rauschgiftmißbrauch. In: Schäfer, H. (Hrsg.): Grundlagen der Kriminalistik Band 9; Rauschgiftmißbrauch, Rauschgiftkriminalität. Hamburg, 1972.
44. BAUER, G.b:Rauschgift. Ein Handbuch. Lübeck, 1972.

45. BAUMANN, U./ALTHAUS, Chr./SCHENKER, K.: a. Sozialer Hintergrund und Persönlichkeit von Drogenkonsumentinnen (19-jährige Zürcherinnen). In: Zeitschrift für Präventivmedizin 18, 1973
46. BAUMANN, U./SCHENKER, K./ALTHAUS, Chr.: b. Verbreitung des Drogen-, Tabletten-, Tabak- und Alkoholkonsums bei 19-jährigen Zürcherinnen. In:Zeitschrift für Präventivmedizin 18, 1973
47. BAY, E.: Der Arzneimittelmißbrauch. In: Lebensversicherungsmedizin 4, 1967
48. BAY. OLG: Die Strafbarkeit des Erwerbs von Cannabis durch das Opiumgesetz ist mit dem Grundgesetz vereinbar. Beschluß vom 27.8.1969
49. BAY.STAATSMINISTERIUM DES INNEREN: Vierter Bericht der interministeriellen Arbeitsgruppe zur Bekämpfung des Drogen- und Rauschmittelmißbrauchs (Hektographiertes Manuskript) vom 1.1o.1973
50. BAZELL, R.J.: Drug Abuse: Methadone Becomes the Solution and the Problem. Science 179, 1973
51. BEAUGRAND, G.: Flucht aus der Wirklichkeit. Warum greift die Jugend nach Rauschmitteln? In: Das Parlament vom 25.9.1971
52. BECH, P.: Cannabis and Alcohol: Effects on Simulated Driving. In: PRAAG, H.M.van: Biochemical and Pharmacological Aspects of Dependence and Reports .... Symposium Amsterdam 1971 (Sept.), Haarlem 1972
53. BECK, H.: Rauschgift - Gefahr oder Erfüllung? In: Pädagogische Welt 26, 1972
54. BECKER, W.: Die Drogenszene wandelt sich. In: Therapie der Gegenwart 113, 1974
55. BECKER, W.: Rauschgiftgefahr in aller Welt. In: Das Parlament vom 25.9.1971
56. BEJEROT, N.: Addiciton and Society. Springfield 1970
57. BELL, D.S.: Drug Addiciton. In: Bulletin of Narcotics 22, 1970
58. BELL, R.: Social Deviance. Homewood 1971
59. BERG, D.F.: The Non-medical Use of Dangerous Drugs in the United States: A Comprehensive View. In: International Journal of Addiction 5, 1970
60. BERNER, P./HOFF, H./KRYSPIN-EXNER, K.: Zur Psychopathologie der Sucht. In: Wiener Medizinische Wochenschrift 113, 1963
61. BEST, W.: Die Haschischwelle rollt. In: Weltgesundheit, Magazin der Weltgesundheitsorganisation, Sonderheft o.D.
62. BEWLEY, Th.H.: auf der Suche nach dem rechten Weg. In: Rauschdrogen, Zweite Sonderausgabe. Hrsg.: Deutsches Grünes Kreuz o.D.
63. BEWLEY, Th.H.: a. Adverse Reactions from the Illicit Use of Lysergide. In: British Medical Journal 3, 1967
64. BEWLEY, Th.H.: b. Drug Addiction. British Medical Journal 3, 1967
65. BIALOS, D.S.: Adverse Marijuana Reactions: A Critical Examination of the Literature with Selected Case Material. American Journal of Psychiatry 127, 1970
66. BIEL, W.: Jahrbuch zur Frage der Suchtgefahren 1974. Hamburg 1974
67. BIEL, W.: Jahrbuch zur Frage der Suchtgefahren 1975. Hamburg 1975

68. BIENER, K.: Jugend und Rauschgift. In: Fortschritte der Medizin 87, 1969
69. BIENER, K.: Wirksamkeit von Vorträgen gegen den Drogenkonsum Jugendlicher. In: Zeitschrift für Präventivmedizin 16, 1971
7o. BIENER, K.: Geschlechterspezifischer Drogenkonsum der Jugend. In: Münchner Medizinische Wochenschrift 116, 1974
71. BIRDWOOD, G.F.B.: a. Present-day Problems and Remedies. In: TONGUE, A./TONGUE, E.(Eds.): Papers Presented at the International Institute on the Prevention and Treatment of Drug Dependence. Lausanne 197o
72. BIRDWOOD, G.F.B.: b. Eine Pille gegen die Krankheiten der Gesellschaft. In: Deutsches Ärzteblatt 67, 197o
73. BIRDWOOD, G.: Willige Opfer. Rosenheim 1971
74. BITTNER, M.: Drogenaufklärung: Die Schlangen kommen. In: Spontan 9, 1973
75. BLACK, S./OWENS, K.L./WOLFF, R.: Patterns of Drug Use - A Study of 5482 Subjects. In: American Journal of Psychiatry 127, 197o
76. BLOOMQUIST, E.R.: Marijuana: Social Benefit or Social Detriment? In: California Medicine 1o6, 1967
77. BLOOMQUIST, E.R.: Marijuana. Beverly Hills 1968
78. BLUM, R.H.: Drugs, Behaviour and Crime. Annals American Academy Political Social Science 374, 1967
79. BLUM, R.H.: a. A History of Cannabis. In: BLUM, R.H.ua. (Eds.): Society and Drugs. San Francisco 197o
8o. BLUM, R.H.: b. Correlations and Factor Analysis. In:BLUM, R.H. ua.(Eds.): Students and Drugs. San Francisco 197o
81. BLUM,R./BLUM, E./FUNKHOUSER, M.L.: The Natural History of LSD Use. In: BLUM, R. ua. (Eds.): Utopiates. New York 1964, 197o
82. BLUMENFIELD, M./RIESTER, A.E./SERRANO, A.C./ADAMS, R.L.: Marijuana Use in High School Students. In: Diseases of the Nervous System 33, 1972
83. BOUQUET, J.: Marijuana Intoxication. Journal of the American Medical Association 124, 1944
84. BOURNE, F.G.: Polydrug Abuse in the United States. In:Report of the International Conference on Alcoholism and Drug Abuse. San Juan Puerto Rico, November 1973
85. BOURNE, P.G./SLADE, J.D.: Methadone, the Mechanism of its Success. In: Journal of Nervous and Mental Diseases 159, 1974
86. BOWERS, M.B.: Acute Psychosis Induced by Psychomimetic Drug Abuse. In: Archives of GeneralPsychiatry 27, 1972
87. BOWMAN, M.L.: Pot Study. Zitiert in: Drugs and Drug Abuse Education Newsletter 4, 9.9.1973
88. BRENNER, J.H./COLES, R./MEAGHER, D.: Drugs and Youth. New York 197o
89. BRICKENSTEIN, R.: Gefahren der Cannabisdrogen für Heranwachsende. In: Zeitschrift für Allgemeinmedizin/ Landarzt 47, 1971
9o. BRILL, H.: Misapprehensions About Drug Addiciton: Some Origins and Repercussions. In: Comprehensive Psychiatry 4, 1963
91. BRILL, H.: The Case Against Marijuana. Journal of School Health 38, 1968

92. BRILL, N.Q./CHRISTIE, R.L.: Marijuana Use and Psychosocial Adaptiation. In: Archive of General Psychiatry 31, 1974
93. BROMBERG, W.: Marijuana Intoxication. In: American Journal of Psychiatry 91, 1934
94. BROMBERG, W./RODGERS, T.C.: Marijuana and Agressive Crime. In: American Journal of Psychiatry 1o2, 1946
95. BROWN, J.W./GLASNER, D./WAXER, E./GEIS, G.: Turning off: Cessation of Marijuana Use After College. In: Social Problems 21, 1974
96. BRÜCKNER, P.: Macht Haschisch labil? In: NEUMANN, N.(Hrsg.) Hasch und andere Trips. Hamburg 197o
97. BRYANT, Th.E.: New Drug Laws Could Worsen Drug Problem in U.S.; Drug Council President Cautions. In: Drugs and Drug Abuse Education Newsletter 4, 1973
98. BRYANT, Th.E.: Zit. in: Drugs and Drug Abuse Education. Newsletter 5, 1974
99. BSCHOR, F.: Ergebnisse der Feldstudie 1969/7o. In: Jugendliche und Drogenkonsum. FU, Pressedienst Wissenschaft Mai 1971
1oo. BÜHRINGER, G./DUEX, A./FELDBUSCH, J./HAVERKAMPF, K./HOSIE, Ch./MATTKE, D./MENDELSSOHN, F./PORTUGALL, E./RESCHKE, B./WORMSER, R./ZAGERMANN, D.: Drogenabhängigkeit und soziale Interventionen. München 1972 (Manuskriptdruck)
1o1. BÜSSOW, H.: Gewohnheitsmäßiger Gebrauch größerer Opiumdosen. In: Nervenarzt 39, 1968
1o2. BUNDESGESUNDHEITSBLATT: Rechtsprechung: Rauchen und Lebensmittel. In: Bundesgesundheitsblatt vom 23.12.1973
1o3. BUNDESMINISTERIUM DES INNEREN: Innere Sicherheit 1.1o.1971
1o4. BUNDESMINISTERIUM FÜR JUGEND, FAMILIE UND GESUNDHEIT: Bekämpfung des Mißbrauchs von Rauschgiften und Drogen. Kleine Anfrage der Abgeordneten Vogel, Erhard ua. Drucksache VI/1o4o vom 13.7.197o, in: Dokumente zum Drogenproblem. Bundesministerium für Jugend, Familie und Gesundheit (Hrsg.) Bonn 1972
1o5. BUNDESMINISTERIUM FÜR JUGEND, FAMILIE UND GESUNDHEIT: Mittel für die Bekämpfung des Mißbrauchs von Rauschgiften und Drogen in den Haushalten des Bundes, der Länder und der Gemeinden in den Jahren 1971 und 1972. Bonn 3.1.1972, Drucksache VI/3ooo. In: Bundesministerium für Jugend, Familie und Gesundheit (Hrsg.): Dokumente zum Drogenproblem. Bonn 1972
1o6. BUNDESMINISTERIUM FÜR JUGEND, FAMILIE UND GESUNDHEIT: Informationen zum Drogenproblem. O.O., o.D.
1o7. BUNDESREGIERUNG: Antwort der Bundesregierung auf die kleinen Anfragen der Abgeordneten Vogt ua. betreffend die Auswirkungen des Zigarettenrauchens vom 1o.5.1974. In: Drucksache 7/2o7o Deutscher Bundestag, 7. Wahlperiode
1o8. BUNDESZENTRALE FÜR GESUNDHEITLICHE AUFKLÄRUNG: Eltern und Kinder. Broschüre, Köln o.D.
1o9. BURGER, K.: Drogen: Trotz allem liberalisieren. In: Spontan 8, 1973
11o. BUSSEWITZ, F.: Halluzinationsmißbrauch Jugendlicher. Berliner Ärztekammer 1o, 1969

111. CAMERON, D.C.: Youth and Drugs (A World View). In: Journal of the American Medical Association 1968
112. CAMERON, D.C.: Drug Dependence: Some Research Issues. In: Bulletin of the World Health Organization 43, 1970
113. CAPPELL, H.D./PLINER, P.L.: Volitional Control of Marijuana Intoxication: A Study of the Ability to "Come Down" on Command. In: Journal of Abnornmal Psychology 82, 1973
114. CARLIN, A.S./BAKKER, C.B./HALPERN, L./POST, R.D.: Social Facilitation of Marijuana Intoxication: Impact of Social Set and Pharmacological Activity. In: Journal of Abnormal Psychology 80, 1972
115. CARSTAIRS, G.M.: A Land of Lotus Eaters? In: American Journal of Psychiatry 125, 1969
116. CATTELL, R.B.: Personality and Motivation Structure and Measurement. New York 1957
117. CHAPEL, H.L./TAYLOR, D.W.: Drugs for Kicks. In: Crime and Delinquency 16, 1970
118. CHAPMAN, A.H.: Textbook of Clinical Psychiatry. Philadelphia 1967
119. CHEIN, I.: Psychological Functions of Drug Use. In: STEINBERG, H. (Ed.): Scientific Basis of Drug Dependence. London 1969
120. CHEIN, I./GERARD, D.L./LEE, R.S./ROSENFELD, E.: The Road to H. New York 1964
121. CHEIN, I./ROSENFELD, E.: Juvenile Narcotic Use. In: Law and Contemporary Problems. Vol. XXII, 1957
122. CHOLST, Sh.: Notes on the Use of Hashish. In: SOLOMON, D.(Ed.): The Marijuana Papers. Indianapolis 1966
123. CHOPRA, G.S.: Man and Marijuana. In: International Journal of Addiction 4, 1969
124. CHRISTIANI, E.: Über Cannabis. In: Schleswig-Holsteinisches Ärzteblatt 1970
125. CHRISTIANI, E.: Über Ursachen und Folgen des Drogenmißbrauchs. In: Deutsches Ärzteblatt vom 25.5.1972
126. CHRISTIANI,E./STÜBING, G.: Drogenmißbrauch und Drogenabhängigkeit. Köln 1972
127. CHUN, G.: Marijuana: A Realistic Approach. In: California Medicine 114, 1971
128. CLARK, W.H.: Religious Aspects of Psychedelic Drugs. In: California Law Review 56, 1968
129. CLARK, W.H./FUNKHOUSER, G.R.: Physicians and Researchers Disagree on Psychedelic Drugs. In: Psychology Today 4, 1970
130. CLEVELAND, W.H./BOWLES, B./HICKS, W./BURKS, Ch./ROGERS, K.D.: Outcomes of Methadone Treatment of 300 Innercity Addicts. In: Public Health Reports 89, 1974
131. COHEN, M./SHEPHERD, R.: Marijuana. Tex. Med. 68, 1972
132. COHEN, S.: Drugs of Hallucination. London 1965
133. COHEN, S.: The Drug Dilemma. New York 1969
134. COHEN, S.: A Commentary on "The Ethics of Addiction". In: American Journal of Psychiatry 128, 1971
135. COLE, J.O./KATZ, M.M.: The Psychotomimetic Drugs. In: Journal of the American Medical Association 187, 1964
136. COLLIER, W.V.: A Look at What Has Been Missing in Research of Drug Use and Abuse Within the United States. In: Report of the International Conference

on Alcoholism and Drug Abuse. San Juan Puerto Rico. November 1973.
137. COPER, H./HIPPIUS, H.: Mißbrauch von Haschisch (Marihuana). In: Deutsches Ärzteblatt vom 23.5.197o
138. COUNCIL ON MENTAL HEALTH: Marijuana and Society. In: Journal of the American Medical Association 2o4, 1968
139. COUNCIL ON MENTAL HEALTH AND COMMITTEE ON ALCOHOLISM AND DRUG DEPENDENCE: Dependence on Cannabis (Marihuana) In: Journal of the American Medical Association 2o1, 1967
14o. CRANCER, A./DILLE, J.M./DELAY, J.C./WALLACE, J.E./HAYKIN, M.D.: Comparison of the Effects of Marijuana and Alcohol on Simulated Driving Performance Science 164, 1969
141. DAHRENDORF, F.: Jugendkriminalität und Drogenkonsum in Hamburg. Referat von PH über einen Vortrag von Dahrendorf, F. auf der ersten internationalen Städtekonferenz der NATO-Länder in Indianapolis. In: Ärztliche Praxis 23, 1o.7.1971
142. DALLY, P.: Undesirable Effects of Marijuana. In: British Medical Journal 5.8.1967
143. DANKENBRING, W.F.: Ich bin doch zu jung, um schon Alkoholiker zu sein. In: Klar und wahr XIII, 1973
144. DANNER, H.: Bericht über die 25. Sitzung der Suchtstoffkommission des Wirtschafts- und Sozialrates der Vereinten Nationen vom 22.1.-9.2.1973 in Genf. In: Pharmazeutische Zeitung vom 16.8.1973
145. DAVID,S.: Society"s Responsibility for Health. In: New England Journal of Medicine 283, 197o
146. DAVISON, K./WILSON, C.H.: Psychosis Associated with Cannabis Smoking. In: British Journal of Addiction 67, 1972
147. DEBOOR, W.: Die Psychopharmakologie und die seelischen Probleme des heutigen Menschen. Universitas 17,1962
148. DEGKWITZ, R.: Rauschmittel - harmlos? In: Das öffentliche Gesundheitswesen 33 (Sonderheft), 1971
149. DENIKER, P./HANUS, M.: Personality and Motivation of Drug Addicts. In: Rev. Prat. (Paris), 1971
15o. DEPARTMENT OF HEALTH AND SOCIAL SECURITY: Amphetamines, Barbiturates, LSD and Cannabis, Their Use and Misuse. London 197o
151. DEUTSCHES ÄRZTEBLATT: Mary-Jane. In: Deutsches Ärzteblatt vom 29.11.1969
152. DEUTSCHES ÄRZTEBLATT: a. Hasch-Höhepunkt überschritten? Deutsches Ärzteblatt Vol. 68, 1971
153. DEUTSCHES ÄRZTEBLATT: b. Drogenerfahrung. Deutsches Ärzteblatt Vol. 68, 1971
154. DEUTSCHER GEWERKSCHAFTSBUND: DGB-Info: Alltagsprobleme - Alltagsdrogen: Wirkungen und Folgen. Köln o.D.
155. DIECKHÖFER, K./GOENECHA, S.: Zur Toxizität von Cannabis: 1. Mitteilung. In: Medizinische Welt 23, 1972
156. DITMAN, K.S./HAYMAN, M./WHITTLESEY, J.R.B.: Nature and Frequency of Claims Following LSD. In: Journal of Nervous and Mental Disease 134, 1962
157. DITTMAR, S.: Therapiemodelle für Drogenabhängige. In: Wehrpsychologische Untersuchung 8, 1973
158. DOBBS, W.H.: Methadone Treatment of Heroin Addicts. In: Journal of the American Medical Association 218, 1971

159. DOHNER ALTON, V.: Drug Crutches. In: New England Journal of Medicine 282, 197o
160. DOLE, V.P.: Research on Methadone Maintenance Treatment. In: EINSTEIN, St.(Ed.): Methadone Maintenance, 1971
161. DOLE, V.P.: Detoxification Successful for 37 % of Maintenance Patients in New Study. 37% More Relapse. Referiert in: Drugs and Drug Abuse Education Newsletter 4, 1973
162. DOLE V.P./WARNER, A.: Evaluation of Narcotics Treatment Programs. In:American Journal of Public 57, 1967
163. DOLE, V.P./NYSWANDER, M.E./WARNER, A.: Successful Treatment of 75o Criminal Addicts. In: Journal of the American Medical Association 2o6, 1968
164. DOLE, V.P./NYSWANDER, M.E.: Rehabilitation of Methadone Patients. In: New York State Journal of Medicine, Juli 1974
165. DOMINO, E.F./RENNICK, Ph./PEARL, J.H.: Dose-Effect Relations of Marijuana Smokingon Various Physiological Parameters in Experienced Male Users. In: Clinical Pharmacology and Therapeutics 15, 1974
166. DON CASTO III: Marijuana and the Assassins, an Etymological Investigation. In: British Journal of Addicition 65, 197o
167. DOWNING, J.J./WYGANT, W.: Psychedelic Experience and Religious Belief. In: BLUM, R.H. ua.(Eds.): Utopiates. New York 1964
168. DPA: Die Rauschgiftwelle in der Bundesrepublik. dpa Hintergrund, Archiv- und Informationsmaterial Hamburg, 9.9.197o und 12.9.197o
169. DREI-W-VERLAG: Opium-Preludin-Meprobamat.....Informationen. Essen, o.D.
17o. DRUGS AND DRUG ABUSE EDUCATION NEWSLETTER: Barbiturate Use Down, Others Drugs Up, in California Study. In: Drugs and Drug Abuse Education Newsletter 4,1973
171. DRUGS AND DRUG ABUSE EDUCATION NEWSLETTER: Guidelines for Federal Drug Education/Prevention Materials Finalized at SAODAP; Old Messages Out, New Ones in. In: Drugs and Drug Abuse Education Newsletter 5, 1974
172. EARLE, R.: Wie man sein Kind vor Rauschgift schützt. In: Das Beste, April 1973
173. EBERMANN, H.: Die aktuelle Drogensituation. In: Pharmazeutische Zeitung vom 28.6.1973
174. EDDY, N.B.: The History of the Development of Narcotics. In: Law and Contemporary Problems 22, 1957
175. EDDY, N.B.: Current Trends in the Treatment of Drug Dependence and Drug Abuse. In: Bulletin of Narcotics 22, 197o
176. EDDY, N.B./HALBACH, H./ISBELL, H./SEEVERS, H.M.: Drug Dependence: Its Significance and Characteristics. In: Bulletin World Health Organization 32, 1965
177. EDFELDT, A.W.: Mass Media and Drug Abuse in Sweden. Tagung UNESCO, Paris vom 22.-26.1.1973 (Manuskriptdruck
178. EDUMED-PRESSEDIENST: Kann man mit seiner Gesundheit machen, was man will? In: EduMed-Pressedienst Mai 1973
179. EDWARDS, G.: Diskussionsbeitrag zu: CAMERON, D.C.:Patterns of Abuse of Dependence Producing Drugs - Some Research Approaches and Strategies. In:BTESH, S.(Ed.): Drug Abuse. Nonmedical Use of Dependence-Producing Drugs. London 1972

180. EHRHARDT, H.: Kriminologische und rechtliche Probleme der Rauschgiftsucht und der Suchtbekämpfung in internationaler Sicht. In: Suchtgefahren 13. 1967
181. EHRHARDT, H.: Rauschgiftsucht, aktuelle Probleme und Aufgaben. In: Deutsches Ärzteblatt vom 11.5.1970
182. EHRHARDT, H.: Rauschgiftsucht - aktuelle Probleme und Auf gaben. In: BECKER, W. (Hrsg.): Jugend in der Rauschgiftwelle? Hamm 1971
183. ELDRIDGE, W.B.: Narcotics and the Law. Chicago, London 1962, 1967
184. ELLGRING, J.H.: Sozialpsychologische Aspekte des Drogenkonsums. In: Bayerisches Ärzteblatt 26, 1971
185. ENCYCLOPAEDIA BRITANNICA: Drug Addiction. In: Encyclopaedia Britannica Band 7, 1962
186. EUROPARAT: So fing es an: Drogenmißbrauch breitet sich aus. Aus einem Bericht des Europarates über die Entwicklung der Drogenabhängigkeit in Deutschland. In: Das Parlament vom 25.9.1971
187. EVANS, J.: Drug Taking in Adolescents. In: Scotish Medical Journal 16, 1971
188. EWING, J.A.: Addictions. II. Non-Narcotic Addictive Agents. In: FREEDMAN, A.M./KAPLAN, H.I. (Eds.): Comprehensive Textbook of Psychiatry. Baltimore 1967
189. FARNSWORTH, D.L.: Legalization of Marijuana: Pros and Cons. In: Addiction Journal of Psychiatry 128, 1971
190. FRANKFURTER ALLGEMEINE ZEITUNG: Marihuana kein Rauschgift? Frankfurter Allgemeine Zeitung vom 29.6.1967
191. FEDERN, E.:"Drogenmißbrauch" bei Jugendlichen aus einer sozial-pädagogischen Sicht. In: Praxis der Kinderpsychiatrie und Kinderpsychologie 20, Aug./Sept. 1971
192. FESER, H.: Prävention des Drogenmißbrauchs durch öffentliche Drogenerziehung. In: Internationales Journal Gesundheitserziehung 16, 1973
193. FESER, H.: Wirksamkeit der Aufklärung gegen Mißbrauch. Vortrag wissenschaftliches Symposium der Deutschen Haupstelle gegen Suchtgefahren vom 12.-14.9.1974 in Tutzing
194. FESER, H.: Möglichkeiten der kausalen Prävention des Drogenmißbrauchs. In: Suchtgefahren 21, 1975
195. FEUERLEIN, W.: a. Psychiatrische Aspekte des Rauschmittel-Mißbrauches. In: Bayerisches Ärzteblatt 26, 1971
196. FEUERLEIN, W.: b. Sucht und Abhängigkeit. In: Suchtgefahren 17, 1971
197. FIDELSBERGER, H.: Das Haschisch-Problem.... Selecta Nr. 42, 1971 (Leserbrief). In: Selecta Nr. 50, 1971
198. FISHER, G./BRICKMAN, H.R.: Multiple Drug Use of Marijuana Users. In: Diseases of the Nervous System 34, 1973
199. FISHER, S.: Nonspecific Factors as Determinants of Behavioral Response to Drugs. In: DiMASCIO, A./SHADER, R.I. (Eds.): Clinical Handbook of Psychopharmacology New York 1970
200. FORT, J.: a. Künstliche Freuden. Bergisch Gladbach 1970 Original New York 1969
201. FORT, J.: b. Social Problems of Drug Use and Drugs Policies. In: International Journal of Addiciton 5, 1970
202. FORT, J.: c. Pot or Not? In: International Journal of Psychiatry 9, 1970

203. DAS FORUM: Rausch-Gift-Sucht. Wer es "braucht", treibt Miß brauch. Interview mit Vertretern des Bayerischen Staatsministeriums für Arbeit und Sozialordnung. Das Forum XIV, 1974
204. FRANKE, M.: Gesundheit und Drogen als gesellschaftliches Problem. In: Aus Politik und Zeitgeschichte, Beilage zu "Das Parlament" vom 25.9.1971
205. FRANKE, M.: Haschisch - Hochseilakt der Aussicht wegen. In: Taschenbuch 1971/72 der Bundeszentrale für politische Bildung, Bonn. Sonderdruck
206. FREEDMAN, D.X.: Drug Dependence and Its Treatment. In: Postgraduate Medicine 47, 1970
207. FREEDMAN, D.X.: LSD - ein zweifelhafter Ritt auf dem Regenbogen. In: Probleme im Gespräch: Rauschmittel und Süchtigkeit. Studientagung des Gottlieb-Duttweiler-Instituts, Rüschlikon vom 15.-16.1.1970
208. FREEDMAN, D.X.: a. Drogen und Kultur. In: Triangel 10, 1972
209. FREEDMAN, D.X.: b. Non-Pharmacological Factors in Drug Dependence. In: BTESH, St. (Ed.): Drug Abuse New York 1972
210. FROSCH, W.A.: The Abuse of Psychotomimetic Drugs. In: International Journal of Addiction 6, 1971
211. FURIAN, M.: Rauschmittel und Jugend. In: Informationen, ein Mitteilungsblatt der Aktion Jugendschutz. Landesarbeitsstelle Baden-Württemberg Nr. 2/3, 1970
212. FURGER, R.: Sucht beim Jugendlichen. In: Schweizer Medizinische Rundschrift 60, 1971
213. GABRIEL, E.: Gewöhnung-Gewohnheit, Süchtigkeit-Sucht. In: Suchtgefahren 6, 1960
214. GAEDT, F./GAEDT, Chr.: Tagespresse und Rauschmittel. In: Suchtgefahren 19, 1973
215. GALANTER, M./STILLMAN, R./WYATT, R.J./VAUGHN, T.B./WEINGARTNER, H./NURNBERG, F.L.: Marijuana and Social Behavior. In: Archive of General Psychiatry 30, 1974
216. GEBHARDT, H.: Grundriß der Pharmkologie, Toxikologie und Arzneiverordnungslehre. Kapitel XXXI: Nikotingruppe. München 1964
217. GELPKE, R.: Drogen und Seelenerweiterung. München 1966
218. GELPKE, R.: Diskussionsbeitrag zur Paneldiskussion über das Problem der Süchtigkeit. In: Probleme im Gespräch: Rauschmittel und Süchtigkeit. Studientagung des Gottlieb-Duttweiler-Institutes, Rüschlikon vom 15.-16.1.1970. Bern/Frankfurt 1971
219. GENSCHER, H.D.: Der Kriminalität entgegenwirken. In: Das Parlament vom 25.9.1971
220. GEORGE, H.R.: Two Psychotic Episodes Associated with Cannabis. In: British Journal of Addiction 65,1970
221. GERARD, D.L.: Intoxication and Addiction. In: Quartial Journal of the Study of Alcohol 16, 1955
222. GERFELDT, E.: Psychopharmaka bei Jugendlichen in sozialpsychologischer Sicht. In: Suchtgefahren 16, 1970
223. GERGEN, M.K./GERGEN, K.J./MORSE, St.J.: Correlates of Marijuana Use Among College Students. In: Journal Applied Social Psychology 2, 1972
224. GLASS, G.S./BOWERS, M.B.: Chronic Psychosis Associated With Long-Term Psychotomimetic Drug Abuse. In: Archive of General Psychiatry 23, 1970

225. GLATT, M.M.: Is ist Allright to Smoke Pot? British Journal Of Addiction Vol. 64, 1969
226. GOLDBERG, L.: Drug Abuse in Sweden. In: Bulletin of Narcotics 2o, 1968
227. GOLDSTEIN, A.: Heroin Addiction and the Role of Methadone in its Treatment. In: Archive of General Psychiatry 26, 1972
228. GOODE, E.: a. Marijuana and Sex. In: Evergreen May 1969
229. GOODE, E.: b. Multiple Drug Use Among Marijuana Smokers. In: Social Problems 17, 1969
23o. GOODE, E.: Drug Use and Sexual Activity on a College Campus. In: American Journal of Psychiatry 128, 1972
231. GOSSETT, J.T./LEWIS, J.M./PHILLIPS, V.A.: Extent and Prevalence of Illicit Drug Use as Reported by 56 745 Students. In: Journal of the American Medical Association 216, 1971
232. GOSTOMZYK, J.G./EDELMANN, J./STOLL, E.: Rauschmittel in Rheinland-Pfalz. Pressestelle der Johannes-Gutenberg-Universität Mainz 1973
233. GRANIER-DOYEUX, M.: Vom Opium zum LSD. In: UNESCO-Kurier 9, 1968
234. GREAVES, G.: Toward an Existential Theory of Drug Dependence. In: Journal of Nervous and Mental Disease 159, 1974
235. GREDEN, J.F./MORGAN, D.W./FRENKEL, S.I.: The Changing Drug Scene: 197o-1972. In: American Journal of Psychiatry 131, 1974
236. GREEN, D.E./NEMZER, D.E.: Changes in Cigarette Smoking by Women: An Analysis, 1966 and 197o. In: Health Services Reports 88, 1973
237. GREENE, M.H./DUPONT, R.L.: Heroin Addiction Trends. In: American Journal of Psychiatry 131, 1974
238. GREENWALD, B.S./LUETGERT, M.J.: A Comparison of Drug Users and Non-Users on an Urban Commuter College Campus. In: International Journal of Addiction 6, 1971
239. GRINSPOON, L.: Marijuana. Scientific American 221, 1969
24o. GRINSPOON, L.: Marijuana. In: International Journal of Psychiatry 9, 197o
241. GRINSPOON, L.: Marijuana Reconsidered. Cambridge 1971
242. GROSSER, A.: Eine Stimme für Sartre. In: Die ZEIT vom 13.12.1974
243. GROSSMAN, J.C./GOLDSTEIN, R./EISENMAN, R.: Undergraduate Marijuana and Drug Use as Related to Openness to Experience. In: Psychiatric Quarterly 48, 1974
244. GRUENWALDT, G.: Tatsachen über Haschisch und Drogensucht - eine Seuche unserer Zeit. In: Personal 23, 1971
245. GRUENWALDT, G.: Wechselnde Trends auf dem Drogensektor - Haschischkonsum rückläufig - Heroinwelle droht. Deutsches Ärzteblatt 12, 1973
246. GUDEMAN, J.E./SHADER, R.I./HEMENWAY, Th.S.: Methadone Withdrawal in the Treatment of Heroin Addiction. In: Diseases of the Nervous System 33, 1972
247. GÜNTHER, E.: Der harte Kern der Drogenszene. In: Saarländisches Ärzteblatt 27, 1974
248. GUNDOLF, H.: Phänomen Waffe, Phänomen Rauschgift. Hamburg 1971
249. HAEGERT, W.: Hasch als biologische Bedrohung. In: Die Welt vom 13.7.1971 (Leserbrief)

250. HAINES, L./GREEN, W.: Marijuana Use Patterns. In: British Journal of Addiction 65, 1970
251. HALBACH, H.: Defining Drug Dependence and Abuse. In: GOLDBERG, L./HOFFMEISTER, F.(Eds.): Psychic Dependence. Berlin 1973
252. HALIKAS, J.A./GOODWIN, S.W./GUZE, S.B.: Marijuana Use and Psychiatric Illness. In: Archive of General Psychiatry 27, 1972
253. HALSTEAD, H./NEAL, C.D.: Intelligence and Personality in Drugs Addicts. In: British Journal of Addiction 63, 1968
254. HAMPER, S./HÜLLSTRUNG, B./KÖRNER, H.D./STÖHR, M.: Zur Motivation des Drogenverzichts. In: Deutsche medizinische Wochenschrift 98, 1973
255. HARMS, E.: a. The Heroin-Marijuana Relationship: A Basic Aspect of Drug Management. In: British Journal of Addiction 67, 1972
256. HARMS, E.: b. The three Types of Marijuana Dependencies. In: British Journal of Addiction 67, 1972
257. HARRIS, T.G.: Interview mit JAFFE, J.H.: "As Far as Heroin is Concerned, the Worst is Over". In: Psychology Today, Vol. 7, Aug. 1973
258. HASLETON, S.: The Incidence and Correlates of Marijuana Use in an Australian Undergraduate Population. In: Medical Journal of Australia 58, 1971
259. HASSE, H.E.: Drogenproblem nicht kurzfristig zu lösen. In: Das Parlament vom 25.9.1971
260. HASSE, H.E./WALDMANN, H./SCHÖNHÖFER, P.S./LENNERTZ, E. ua.: Behandlungsprinzipien bei jugendlichen Drogenkonsumenten. In: Rheinisches Ärzteblatt 25, 1971
261. HASSE, H.E./LUNGERSHAUSEN, E./WEBER, H.P.: Drogenbrauch bei Studenten. In: Fortschritte der Medizin 90, Jg. 27.1.1972 und 17.2.1972
262. HEBBLETHWAITE, P.: Generationenkonflikt in Amerika. In: Schweizer Rundschau Medizinische Praxis 60, 1971
263. HEINEMANN, C.: Nachlassende Wirkung initialer Rauscherlebnisse und Dosissteigerung beim Haschischkonsumenten In: Medizinische Klinik 68, 1973
264. HELL, D./BAUMANN, U./ANGST, H.: Drogenkonsum und Persönlichkeit. In: Deutsches Medizinisches Journal 22, 1971
265. HELMER, R./WUNDER, R./ZELLMANN, K./HAESEN, D.: Experimentelle Untersuchungen zur Fahrtüchtigkeit nach Einnahme von Haschisch. In: Blutalkohol 9, 1972
266. HENDERSON, R.H.: Diskussionsbeitrag zu MILLIS (1970)- In: New England Journal of Medicine 283, 1970
267. HERHA, H.: Erfahrungen mit Haschisch. Berlin 1973 (Dissertationsdruck)
268. HERRMANN, D./LOTZE, J.: Drogenkonsum unter Schülern einer norddeutschen Kleinstadt. In: Münchner Medizinische Wochenschrift 9, 1972
269. HERRMANNSDÖRFER, J.: Moderne Jugend im Bann der Rausch- und Genußgifte. In: Bayerisches Ärzteblatt 1972
270. HERZ, A.: Neuropharmakologie und Psychopharmakologie des Nikotins. In: SCHIEVELBEIN, H.(Hrsg.): Nikotin - Pharmakologie und Toxikologie des Tabakrauchens. Stuttgart 1968
271. HESSE, E.:Rausch-, Schlaf- und Genußgifte. Stuttgart 1971

272. HESSISCHER KULTUSMINISTER/HESSISCHER SOZIALMINISTER: Rauschmittelkonsum von Schülern in Hessen. Wiesbaden, o.D. Untersuchung wurde vom 11.-19.12.1972 durchgeführt.
273. HESSISCHER SOZIALMINISTER: Zweiter Bericht über die Bekämpfung des Rauschmittelmißbrauchs. Wiesbaden 1973.
274. HICTER, M.: Die heutige Gesellschaft und die Droge. In: Universitas 1973
275. HIPPIUS, H.: Das Rauschmittelproblem im Widerstreit der Meinungen. In: Deutsches medizinisches Journal 22, 1971
276. HIPPIUS, H.: a. Beitrag Podiumsdiskussion auf dem 75. Deutschen Ärztetag. In: Deutsches Ärzteblatt vom 29.6.1972
277. HIPPIUS, H.: b. Rauschdrogen - Gefahr für unsere Jugend. In: Diskussionsgesichtspunkte anläßlich des 75. Deutschen Ärztetages 1972, Pressestelle der Deutschen Ärzteschaft 1972
278. HOBI, V.: Die Persönlichkeit des Toxikomanen. In: LABHARDT, F.(Hrsg.): Aktuelle Aspekte der Toxikomanie. Basel 1972
279. HOCH, P.H.: Comments on Narcotic Addiction. In: Comprehensive Psychiatry 4, 1973
280. HOCHMAN, J.S./BRILL, N.Q.: Chronic Marijuana Use and Psychosocial Adaptation. In: American Journal of Psychiatry 13o, 1973
281. HOFF, H./HOFMANN, G.: Mißbrauch von Schlafmitteln und Tranquilizern. In: 4. Internationaler Kongreß der Internationalen Föderation für Hygiene und Präventivmedizin. Berichte Wien 24.-26.5.1965
282. HOFFER, A./OSMOND, H.: The Hallucinogenics. New York 1968
283. HOFFMEISTER, F.: Mißbrauchspotential der Suchtmittel. In: Rheinisches Ärzteblatt 25, 1971
284. HOLLISTER, L.E.: Hallucinogens and Marijuana. In: TONGUE, A./TONGUE, E. (Eds.): Papers Presented at the International Institute on the Prevention and Treatment of Drug Dependence. Lausanne 197o
285. HOLLISTER, L.E.: Marijuana in Man: Three Years Later. In: Science 172, 1971
286. HOLLISTER, L.E.: a. Chemical Psychosis. Springfield 1972
287. HOLIISTER, L.E.: b. Clinical Pharmacological Studies of Marijuana Constituents. In: Psychopharmacol. Bulletin 1, 1972
288. HOLLISTER, L.E.: Clinical Pharmacology of Cannabis in Relation to Its Social Use. In: GOLDBERG, L./HOFFMEISTER, F.(Eds.): Psychic Dependence. Berlin 1973
289. HOLLISTER, L.E./RICHARD, R.K./GILLESPIE, B.A.: Comparison of Tetrahydrocannabinoland Synhexyl in Man. In: Clinical Pharmacology and Therapeutics 9, 1968
29o. HOLZGREVE, W.: Suchtgefährdung unserer Gesellschaft. In: Kriminalistik, Januar 1973 (Sonderdruck)
291. HOMANN, U.: Das Haschisch-Verbot. Frankfurt 1972
292. HOME OFFICE, ADVISORY COMMITTEE ON DRUG DEPENDENCE: Cannabis, London 1968
293. HORKHEIMER, M.: Sozialpsychologische Forschungen zum Problem des Autoritarismus, Nationalismus und Antisemitismus. In: Politische Psychologie Bd. 2, 1963

294. HOUSTON, J.: Phenomenology of the Psychedelic Experience. In: HICKS, R.E./FINK, P.J. (Eds.): Psychedelic Drugs. New York 1969
295. HÜNNEKENS, H.: Der drogenabhängige Jugendliche in der Gesellschaft. In: Das öffentliche Gesundheitswesen 33, 1971 (Sonderheft 5)
296. HUXLEY, A.: A Brave New World. New York 1932
297. IMLAH, N.: Drugs in Modern Society. Princeton 1971
298. INFORMATIONEN DES BUNDESMINISTERIUMS FÜR JUGEND, FAMILIE UND GESUNDHEIT: 14o.ooo Todesfälle durch Raucherkrankheiten. In: Informationen des Bundesministeriums für Jugend etc. vom 31.5.1974
299. INNENMINISTERIUM BADEN-WÜRTTEMBERG: Die Verbreitung des Rauschmittelmißbrauchs bei 14-21jährigen in Baden-Württemberg. Innenministerium Baden-Württemberg Nr. X 7844 vom 15.6.1972
3oo. INSTITUT FÜR DEMOSKOPIE, ALLENSBACH: Drogen unter Meinungsdruck. Allensbacher Berichte Nr. 16, 1972
3o1. INSTITUT FÜR JUGENDFORSCHUNG/BUNDESZENTRALE FÜR GESUNDHEITLICHE AUFKLÄRUNG: a. Ergebnisse einer Repräsentativbefragung Jugendlicher im Alter von 14-25 Jahren (IJF 1/72). Köln 1973 (unveröffentlicher Manuskriptdruck)
3o2. INSTITUT FÜR JUGENDFORSCHUNG: b. Empirische Materialien zur Situation der 12-25jährigen in der Bundesrepublik unter besonderer Berücksichtigung ihrer Drogenaffinität. München 1973
3o3. INSTITUT FÜR JUGENDFORSCHUNG: Einstellungen zum Drogengebrauch bei Jugendlichen. o.O., 1971 (unveröffentlichter Manuskriptdruck)
3o4. INSTITUT FÜR WISSENSCHAFTLICHE LEHRMETHODEN: Spielen Sie mit? Bonn 197o
3o5. INTERNATIONALE FORTBILDUNGSKONGRESSE DER BUNDESÄRZTEKAMMER IN DAVOS UND BADGASTEIN: Soziologische Aspekte der sogenannten Wohlstandskrankheiten. In: Deutsches Ärzteblatt 64, 1967
3o6. IRWIN, S.: Pros and Cons of Marijuana Legalization. In: BLACHLY, P.H.(Es.): Drug Abuse. Data and Debate. Springfield USA, 197o
3o7. ISBELL, H.: Pharmacological Factors in Drug Dependence. In: BTESH, S.(Ed.): Drug Abuse. New York 1972
3o8. ISBELL, H./WHITE, W.M.: Clinical Characteristics of Addictions. In: American Journal of Medicine 14, 1953
3o9. JAFFE, J.H.: Drug Addiction and Drug Abuse. In: GOODMAN, L.S./GILMAN, A.(Eds.): The Pharmacological Basis of Therapeutics. London 197o
31o. JAFFE, J.H.: Further Experience with Methadone in the Treatment of Narcotic Users. In EINSTEIN, St. (Ed.): Methadone Maintenance. New York 1971
311. JAMES, I.P.: Drug Abuse in Britain. In: Medicine, Science and the Law 13, 1973
312. JAMES, T.: Dagga and Driving. In: South African Medical Journal 44, 197o. Referiert in: Drugs 1, 1971
313. JANUS, S./BESS, B.: Drug Abuse, Sexual Attitudes, Political Radicalization and Religious Practices of College Seniors and Public School Teachers. In: American Journal of Psychiatry 13o, 1973

314. JASINSKY, M.: Drogenkonsum Hamburger Schüler. In: Berichte und Dokumente aus der Freien und Hansestadt Hamburg Nr. 272 vom 3o.8.1971
315. JASINSKY, M.: Rauschmittelkonsum Hamburger Schüler. Zweite Repräsentativerhebung an Hamburger Schulen. In: Berichte und Dokumente aus den Freien und Hansestadt Hamburg Nr. 387 vom 29.11.1973
316. JASPERS, K.: Philosophie 3 Bände. Berlin, Göttingen, Heidelberg 1956
317. JESSOR, R./JESSOR, Sh.L./FINNEY, J.: A Social Psychology of Marijuana Use: Longitudinal Studies of High School and College Youth. In: Journal of Personality And Social Psychology 26, 1973
318. JOHNSON, K.G./DONNELY, H.H./SCHEBLE, R./WINE, R.L./WEITMAN, M.: Survey of Adolescent Drug Use. I. - Sex and Grade Distribution. In: American Journal of Public Health 61, 1971
319. JOHNSON, R.D.: Medico-Social Aspects of Marijuana. In: The Rhode Island Medical Journal Vol. LI, 1968
32o. JOITE, E.: Fixen, Opium fürs Volk. Berlin 1972
321. JONES, K.L./SHAINBERG, L.W./BYER, C.O.: Drugs and Alcohol. New York 1969
322. JONES, R.T.: The Marijuana Induced "Social High" - A Note of Caution Regarding Specificity. In: Psychopharmacological Bulletin, Vol. 1, Januar 1972
323. JUNGJOHANN, E./BEHRENDES, K./ZIMMERMANN, R./SCHNEIDER, M.: Drogen-Report Essen. In: Drogen-Report I, 1972
324. KALANT, H.: Marijuana and Simulated Driving. In: Science 166, 1969
325. KAPLAN, H.S.: Psychosis Associated with Marijuana. In: New York State Journal of Medicine, Vol. 71, 15.2.1971
326. KAPRIO, L.A.: Perspektiven für die Gesundheitserziehung in Europa. In: Bundeszentrale für gesundheitliche Aufklärung (Hrsg.): Gesundheitserziehung in Europa, 1972
327. KEELER, M.H.: Adverse Reactions to Marijuana. American Journal of Psychiatry 124, 1967
328. KEELER, M.H./EWING, J.A./ROUSE, B.A.: Hallucinogenic Effects of Marijuana as Currently Used. In: American Journal of Psychiatry 128, 1971
329. KEELER, M.H./REIFLER, C.B./LIPTZIN, M.B.:Spontaneous Recurrence of Marijuana Effect. In: American Journal of Psychiatry 125, 1968
33o. KEUP, W.: The Legal Status of Marijuana. In: Diseases of the Nervous System 3o, 1969
331. KEUP, W.: Aktuelle Probleme des Rauschmittelmißbrauchs in New York. In: EHRHARDT, H.E. (Hrsg.): Perspektiven der heutigen Psychiatrie. Frankfurt 1972
332. KEUP, W.: Methadon-Erhaltungsprogramme. In: Deutsches Ärzteblatt vom 3.5.1973
333. KEUP, W.: Drogenmißbrauch und Mittelabhängigkeit. In: Deutscher Ärztekalender 1974, München 1973
334. KEUP, W.: Zahlen zur Drogengefährdung. In: BIEL, W. (Hrsg.): Jahrbuch zur Frage der Suchtsgefahren 1975 Hamburg 1975

335. KEUPP, H.: Epidemiologie im Spannungsfeld zwischen klinischer und sozialwissenschaftlicher Perspektive. In: KEUPP, H. (Hrgb): Verhaltensstörungen und Sozialstruktur. München 1974
336. KIELHOLZ, P.: Diskussionsbeitrag zu: WATT, J.M.: Drug Dependence of Hashish Type. In: WOLSTENHOLME, G.E./ KNIGHT, J. (Eds): Hashish: Its Chemistry and Pharmacology. Ciba Foundation Study Group No. 21. London 1965
337. KIELHOLZ, P.: Tablettensucht. Eine der "Sieben Todsünden des Menschen von heute". Ein Bericht des Deutschen Ärzteblattes über den Vortrag von KIELHOLZ auf dem Internationalen Fortbildungskongreß der Bundesärztekammer 1967 in Davos und Badgastein. Deutsches Ärzteblatt 64, 1967
338. KIELHOLZ, P.: Symptomatik des Haschisch-Rausches. In: Deutsche Medizinische Wochenschrift 95, 1970
339. KIELHOLZ, P.: Epidemiologie und Ätiologie der Drogenabhängigkeit. In: Deutsches Medizinisches Journal 22, 1971 (a)
340. KIELHOLZ, P.: Drogenabhängigkeit des Morphin- und Cannabis-Typs. In: Probleme im Gespräch Band 3: Rauschmittel und Süchtigkeit. Studientagung des Gottlieb-Duttweiler-Instituts Rüschlikon bei Zürich; Bern und Frankfurt 1971 (b)
341. KIELHOLZ, P.: Definition und Ätiologie der Drogenabhängigkeit. In: Bulletin der Schweizer Akademie der Medizinischen Wissenschaften 27, 1971 (c)
342. KIELHOLZ, P./BATTEGAY, R./LADEWIG, D.: Drogenabhängigkeiten. In: KISKER, K.P./MEYER, J.E./MÜLLER, M./ STRÖMGREN, E. (Hrgb): Psychiatrie der Gegenwart Band II, Teil 2. Berlin, Heidelberg, New York 1972
343. KIELHOLZ, P./GOLDBERG, L./HOBI, V./LADEWIG, D./MIEST, P. /REGGIANI, G.: Zur quantitativen Erfassung psychischer Erlebnisveränderungen unter Delta-9-Tetrahydrocannabinol. In: Pharmakopsychiater 5, 1972 (a)
344. KIELHOLZ, P./GOLDBERG, L./HOBI, V./LADEWIG, D./REGGIANI, C./RICHTER, R.: Haschisch und Fahrverhalten. In: Deutsche Medizinische Wochenschrift 97, 19.5.1972 (b)
345. KIELHOLZ, P./HOBI, V.: Beeinflussung der Fahrtüchtigkeit durch Psychopharmaka. In: Therapeutische Umschau 31, 1974
346. KIELHOLZ, P./HOBI, V./LADEWIG, D./MIEST, P./RICHTER, R.: An Experimental Investigation About the Effect of Cannabis on Car Driving Behaviour. In: Pharmakopsychiatrie 6, 1973
347. KIELHOLZ, P./LADEWIG, D.: Über Drogenabhängigkeit bei Jugendlichen. In: Deutsche Medizinische Wochenschrift 95 vom 16.1.197o (Sonderdruck)
348. KIPLINGER, G.F./MANNO, J.E./RODDA, B.E./FORNEY, R.B.: Dose-Response Analysis of the Effects of Tetrahydrocannabinol in Man. In:Clinical Pharmacology and Therapeutics 12, 1971
349. KISSIN, B./SANG, E.: Treatment of Heroin Addiction. In: New York State Journal of Medicine 73, 1973
350. KLEINER, D.: Haschisch und Alkohol. Gemeinsamkeiten und Unterschiede. In: Unsere Jugend 1971

351. KLEINER, D.: Offener Brief an "Die ZEIT" in Sache Rudolf Walter Leonhardt und seine Haschisch-Apologetik. In: Suchtgefahren 18, 1972
352. KLERMAN, G.L.: Drugs and Social Values. In: International Journal of Addiction 5, 1970
353. Kline, N.S.: The Psychology, Philosophy, Morality and Legislative Control of Drug Usage. In: Psychopharmacological Bulletin 4, 1967
354. KOHN, P.M./MERCER, G.W.: Drug Use, Drug Use Attitudes, and the Authoritarianism-Rebellion Dimension. In: Journal of Health and Social Behaviour 12, 1971
355. KOLANSKY, H./MOORE, W.T.: Toxic Effects of Chronic Marijuana Use. In: Journal of the American Medical Association 222, 1972
356. KOLB, L.: Drug Addiction, a Medical Problem. Springfield Illinois, USA, 1962
357. KONKRET-BUCHVERLAG: Arbeitspapiere zum Anti-Drogenkongreß. Hamburg 18./19.3.1972
358. KRAMER, J.F./CAMERON, D.C.: A Manual on Drug Dependence. WHO Genf 1975
359. KRÄMER, H.L./SCHMITT, W./STEIN, O.: Drogenreport Saar 73; Hochschule des Saarlandes, Forschungsgruppe Drogenuntersuchung im Saarland (Dezember 1972 durchgeführt).
360. KREKEL, L.: Ein Geschäft mit Krankheit und Tod. In: Selecta 24, 1966
361. KRIPPNER, St./LENZ, G./GOLDSMITH, M./WASHBURN, B.: Alterations in Consciousness Among High School Students Produced by Ingestion of Illegal Drugs. In: International Journal of Addiction 6, 1971
362. KRYSPIN-EXNER, K.: Drogen. Psychotrope Stoffe als Sucht- und Heilmittel. München 1971
363. KÜHN, W.: Hanf und Amühetamin - aufkommende Gefahren für unsere Jugend. In: BECKER, W.(Hrsg.): Jugend in der Rauschgiftwelle? Hamm 1971
364. KÜHNERT, H.: Lieber schön und kurz leben. In: Rheinisches Ärzteblatt 6, 1971
365. KUIPER, P.C.: Rauschmittel und das Problem der menschlichen Freiheit. In: Deutsches Medizinisches Journal 22, 1971
366. KUKOVETZ, W.R.: Gewöhnung und Sucht bei modernen Arzneimitteln. In: Berichte des 4. Internationalen Kongresses der Internationalen Föderation für Hygiene und Präventivmedizin. Wien 24.-26.5.1965
367. KURAMOCHI, H./TAKAHASHI, R.: Psychopathology of LSD-Intoxication. In: Archives of General Psychiatry 11, 1964
368. KUSCHINSKY, G./LÜLLMANN, H.: Kurzes Lehrbuch der Pharmakologie. Stuttgart 1972
369. KUSEVIC, V.: Drug Abuse: The International Point of View. In: BTESH, S. (Ed.): Drug Abuse. New York 1972
370. KUSEVIC, V.: Thoughts on the Prevention and Treatment of Drug Addiction. In: Papers Presented at the 4th International Institute on the Prevention and Treatment of Drug Dependence. Belgrade, June 1973
371. LADEWIG, D.: Entstehung und Auswirkung der Betäubungsmittelabhängigkeit. In: Kriminalistik 1969

372. LADEWIG, D.: Aktuelle Probleme der Drogenabhängigkeit. In: Der Praktische Arzt 1971
373. LADEWIG, D./HOBI, V./DUBACHER, H./FAUST, V.: Drogen unter uns. Basel, München 1971
374. LAGUARDIA, F.H.: The Marijuana Problem in the City of New York. Lancaster 1944
375. LANCET: Hemp In: Lancet. Annotations 22.1o.1949
376. LANCET: Talking About Addiction. In: Lancet 21.9.1968
377. LANCET: Cannabis. In: Lancet 18.1.1969
378. LASSWELL, H.D.: The Structure and Function of Communicatic in Society. In: SCHRAMM, W.(Ed.): Mass Communications. Urbana 196o
379. LAURIE, P.: Drugs. Harmondsworth 1967
38o. LAWRENCE, Th.S./VELLEMAN, J.D.: Correlates of Student Drug Use in a Suburb High School. In: Psychiatry 37, 1974
381. LEARY, Th.: How to Change Behavior. Vortrag Proceedings of the XIV. International Congress of Applied Psychology. Vol. 4, Copenhagen. In: SOLOMON, D.(Ed.): LSD - the Conciousness-Expanding Drug. New York 1964
382. LEARY, Th.: Politik der Ekstase. Hamburg 197o
383. LEECH, K./JORDAN, B.: Drugs for Young People: Their Use and Misuse. Oxford 1967/68
384. LENHARD, H.: Die Rauschgiftkriminalität steigt stark an. Zahlen aus der Polizeilichen Kriminalstatistik. In: Das Parlament vom 25.9.1971
385. LENNARD, H.L./EPSTEIN, L.J./ROSENTHAL, M.S.: Die Methadon-Illusion. In: SCHEIDT, J.von (Hrsg.): Die Behandlung Drogenabhängiger. München 1974
386. LENNERTZ,E.: Zur Frage der anti-sozialen Persönlichkeit jugendlicher Haschisch-Raucher. In: Zeitschrift für Sozialpsychologie 1, 197o
387. LEONARD, B.E.: Cannabis: A Short Review of its Effects and the Possible Dangers of its Use In: British Journal of Addiction 64, 1969
388. LEONHARDT, R.W.: Haschisch-Report. München 197o
389. LEUNER, H.C.: Die experimentelle Psychose. In: Monographien aus dem Gesamtgebiet der Neurologie und Psychiatrie 95, 1962
39o. LEUNER, H.C.: Über den Rauschmittelmißbrauch Jugendlicher In: Der Nervenarzt 42, 1971
391. LEUZE, D.: Sucht- und Halluzinogenprobleme bei Schülern, Schulen und Schulträgern. In: Zeitschrift für Allgemeinmedizin 48 (5), 1972
392. LEWIS, A.: Historical Perspective. In: British Journal of Addiction 63, 1968
393. LEWIS, A.: Introduction: Definitions and Perspectives. In: STEINBERG, H.(Ed.): Scientific Basis of Drug Dependence, London 1969
394. LIETZMANN, S.: Für die Eltern Whisky, "Pot" für die Kinder. In: Frankfurter Allgemeine Zeitung vom 18.9.1969
395. LINDEMANN, H.: Suchtstoffe. Hagen 1971
396. LINDESMITH, A.R.: Problems in the Social Psychology of Addiction. In: WILNER, M.D.(Ed.): Narcotics. New York 1965

397. LINDESMITH, A.R.: Basic Problems in the Social Psychology of Addiction and a Theory. Vortrag vor der Chatham Conference 1963. In: O'DONNELL, J.A./BALL, J.C.: (Eds.): Narcotic Addiction. New York 1966
398. LINDESMITH, A.R.: a. The Addict and the Law. Bloomington, London 1968
399. LINDESMITH, A.R.: b. Addiction and Opiates. Chicago 1968
400. LINGEMAN, R.R.: Drugs from A to Z. A Dictionary. New York 1969
401. LIPPERT, H.: Einführung in die Pharmakopsychologie. München 1972
402. LOEB, B.: Rechtliche Aspekte des Betäubungsmittelmißbrauchs. In: Schweiz. Rundschau Med. Praxis 60, 1971
403. LÖSCH, H./MATTKE, D.J./MÜLLER, S./PORTUGALL, E./WORMSER, R.: Drogenfibel. München 1971
404. LOMBILLO, J.R./HAIN, J.D.: Patterns of Drug Use in a High School Population. In: American Journal of Psychiatry 128, 1972
405. LOURIA, D.B.: Abuse of Lysergic Acid Diethylamide - an Increasing Problem. In: WILSON, C.W.M. (Ed.): Adolescent Drug Dependence. Oxford 1968
406. LOWINGER, P.: Psychiatrists' Attitude About Marijuana. In: American Journal of Psychiatry 127, 1971
407. LUDWIG, A.M./LEVINE, J.: Patterns of Hallucinogenic Drug Abuse. In: Journal of the American Medical Association 191, 1965
408. LUDWIG, A.M./LEVINE, J.: The Clinical Effects of Psychedelic Agents. In: Clinical Medicine 1966
409. LUFF, K./HEISER, H./MOYAT, P./MÖLLER, B.: Über Fahrverhalten unter dem Einfluß von Haschisch. In: Zeitschrift für Verkehrssicherheit 18, 1972
410. MAAS, A./SCHMIDTOBREICK, B.: Suchterkrankung als individueller und gesellschaftlicher Konflikt. Freiburg 1972
411. MAHON, Th.A.: The British System, Past and Present. In: International Journal of Addiction 6, 1971
412. MAIDLOW, S.T./BERMAN, H.: The Economics of Heroin Treatment. In: American Journal of Public Health 1972
413. MALONEY, J.F.: Verständigung mit der Jugend. In: HQ USAREUR and 7th Army (Eds.): Drug Abuse. Army Information - Commander's Notebook. Pamphlet No. 360 vom 15.10.1971
414. MANDEL, J.: Hashish, Assassins, and the Love of God. In: Issues in Criminology 1966
415. MANNHEIMER, D.I./MELLINGER, G.D./BALTER, B.M.: Marijuana Use Among Urban Adults. In: Science 166, 1969
416. MANNO, J.E./KIOLINGER, G.F./SCHOLZ, N./FORNEY, R.B./HEINE, S.E.: The Influence of Alcohol and Marijuana on Motor and Mental Performance. In: Clinical Pharmacology and Therapeutics 12. 1971
417. MASTERS, R.E.L./HOUSTON, J.: The Varieties of Psychedelic Experience. New York 1966
418. MATHIESEN, J.: Drogeninformation. Stadtjugendamt München 1970
419. MATUSSEK, P.: Süchtige Fehlhaltungen. In: FRANKL/GEBSATTEL/SCHULTZ (Hrsg.): Handbuch der Neurosenlehre und Psychotherapie Band 2, München 1959

420. MATZA, D./SYKES, G.: Juvenile Delinquency and Subterranean Values. In: American Sociological Revue 28, 1961
421. MAU, G./NETTER, P.: Die Auswirkungen des väterlichen Zigarettenkonsums auf die perinatale Sterblichkeit und die Mißbildungshäufigkeit. In: Deutsche Medizinische Wochenschrift 99, 1974
422. MAURER, D.W./VOGEL, V.H.: Narcotics and Narcotic Addiction. Springfield 1967
423. MAY, A.R.: Europarat-Symposium über Drogenabhängigkeit, Report Nr. 1 von Dr. MAY, A.R. WHO. Straßburg 20.-24.3.1972
424. MAY, E.: Narcotics Addiction and Control in Great Britain. In: Dealing with Drug Abuse. A Report to the Ford Foundation. London 1972
425. MAYER-GROSS, W./SLATER, E./ROTH, M.: Clinical Psychiatry. London 1970
426. MCGLOTHLIN, W.H.: The Use of Cannabis: East and West. In: PRAAG, H.M. van (Ed.): Biochemical and Pharmacological Aspects and Reports on Marijuana Research. Symposium Amsterdam 1971. Haarlem 1972
427. MCGLOTHLIN, W.H./COHEN, S./MCGLOTHLIN, M.S.: Short-term Effects of LSD on Anxiety, Attitudes and Performance. In: Journal of Nervous and Mental Diseases 139, 1964.
428. MCGLOTHLIN, W.H./WEST, L.J.: The Marijuana Problem: An Overview. In: American Journal of Psychiatry 125, 1968
429. MCMORRIS, S.C.: Can We Punish for the Acts of Addiction? In: Bulletin of Narcotics 22, 1970
430. MECHANICK, Ph./MINTZ, J./GALLAGHER, J./LAPID, G./RUBIN, R./GOOD, J.: Nonmedical Drug Use among Medical Studdents. In: Archives of General Psychiatry 29, 1973
431. MECHOULAM, R.: Marihuana Chemistry. In:Science 168, 1970
432. MEDICAL NEWS : Controversy Marks Start of Marijuana Hearings. In: Journal of the American Medical Association 216, 1971
433. MERRY, J.: USA and British Attitudes to Heroin Addiction and Treatment Centres. In: British Journal of Addiction 63, 1968
434. MESSMER, H.: Haschischverbot und Gleichbehandlung. In: Zeitschrift für Rechtspolitik 3, 1970
435. MEVES, Ch.: Ein Blinder kann Blinde nicht über die Brükke führen. In: Welt vom 16.10.1971
436. MEYER, J./MEYER, E.: Gesprächsführung mit Jugendlichen. In: Rheinisches Ärzteblatt 25, 1971
437. MEYER, R.: The Progression Hypothesis: Myth or Reality? In: PRAAG, H.M. van (Hrgb): Biochemical and pharmacological Aspects of Dependence and Reports on Marihuana Research. Haarlem 1972
438. MILLIS, J.S.: Wisdom? Health? Can Society Guarantee Them? In: New England Journal of Medicine 283, 1970
439. MINISTERIUM FÜR ARBEIT, GESUNDHEIT UND SOZIALORDNUNG : Gegen den Drogen- und Rauschmittelmißbrauch. Stuttgart 1974
440. MITSCHERLICH, A.: Marihuana oder: Andere Zeiten - andere Sorgen. In: Neue Sammlung 10, 1970

441. MIZNER, G.L./BARTER, J.T./WERME, P.H.: Patterns of Drug Use among College Students: A Preliminary Report In: American Journal of Psychiatry 127, 1970
442. MODELL, W./LANSING, A.: Medikamente und Drogen. New York 1971
443. MØLLER, K.O.: Rauschgifte und Genußmittel. Basel 1951
444. MORGAN, J.P.: Drug Advertising. In: New England Journal of Medicine 281, 1969
445. MÜLLER, G.: Die funktionale Bedeutung der Sucht im gegenwärtigen sozialen System. In: Suchtgefahren 3, 1957
446. MÜLLER, U./RUPPEN, R./BAUMANN, U./ANGST, J.: Mehrdimensionale Klassifikation des Drogenkonsums bei Jugendlichen. In: Arch.Psychiat.Nervenkr. 216, 1972
447. MÜLLER-OSWALD, U./RUPPEN, R./BAUMANN, U./ANGST, J.: Persönlichkeitsaspekte jugendlicher Drogenkonsumenten In: Arch.Psychiat.Nervenkr. 217, 1973
448. MURPHY, H.B.M : The Cannabis Habit. Bulletin on Narcotics 15, 1963
449. MUSTO, D.F.: The Marijuana Tax Act of 1937. In: Archiv of General Psychiatry 26, 1972
450. NAIL, R.L./GUNDERSON, E.K.E./KOLB, D.: Motives for Drug Use among Light and Heavy Users. In: Journal of Nervous and Mental Diseases 159, 1974
451. NATIONAL CLEARINGHOUSE FOR DRUG ABUSE INFORMATION : A Federal Source Book: Answers fo the Most Frequently Asked Questions About Drug Abuse Information Washington 1971
452. NATIONAL DRUG INFORMATION SERVICE : Drugs and Their Effects. Canberra,ohne Datum
453. NATIONAL ORGANIZATION FOR THE REFORM OF MARIJUANA LAW : Constitutionality of Pot Laws to be Tested. In: Drugs and Drug Abuse Education Newsletter. Vol.4, 1973
454. NATIONAL STANDING CONTROL COMMITTEE ON DRUGS OF DEPENDENCE : The Use and Abuse of Drugs. Canberra 1971.
455. NEANDER, J.: Nach Hasch kommt jetzt die große Heroinwelle. In: Welt vom 2.1.1971
456. NEUMANN, N.: Medizinische Aspekte des Drogenkonsums. In: NEUMANN, N. (Hrgb): Hasch und andere Trips. Hamburg 1970
457. NOBLE, P./HART, T./NATION, R.: Correlates and Outcome of Illicit Drug Use by Adolescent Girls. In: British Journal of Psychiatry 120, 1972
458. NORDALM, V.: Repräsentativerhebung des Jugendamtes Dortmund an Dortmunder Schulen über den Drogenmißbrauch Eigendruck ohne Orts- und Datumsangabe
459. NOWLIS, H.: Drugs on the College Campus. New York 1969.
460. NYSWANDER, M.: The Drug Addict as a Patient. New York 1957
461. O'CALLAGHAN, S.: Drug Addiction in Britain. London 1970.
462. ODENBACH, E.: Das Rauschmittelproblem. Eine Fortbildungsaufgabe von besonderer Dringlichkeit. In: Rheinisches Ärzteblatt 25, 1971
463. OETTEL, H.: Zur Toxikologie des Tabaks und seiner Schwelprodukte. In: Rehabilitation 25, 1972

464. OHNESORGE, F.K.: Wirkungsqualitäten der von Jugendlichen verwendeten Drogen. In: Das öffentliche Gesundheitswesen. Sonderheft 5, 1971
465. OLVEDI, U.: LSD-Report. Frankfurt 1972
466. ÄRZTLICHE PRAXIS - Dr.K.P.: Drogenmißbrauch alarmierend. In: Ärztliche Praxis 22, 1970
467. DAS PARLAMENT: Was halten Sie von Haschisch und LSD? Ergebnisse einer Meinungsumfrage. In: Das Parlament vom 25.9.1971 (a)
468. DAS PARLAMENT: Die bekanntesten Rauschmittel - ihre Wirkungen und Folgen. In: Das Parlament vom 25.9.1971 (b)
469. DAS PARLAMENT: Bayern: Kampf gegen Drogenmißbrauch. In: Das Parlament vom 6.11.1971
470. PARRY, H.J.: Use of Psychotropic Drugs by US Adults. In: Public Health Report 83, 1968
471. PARRY, H.J./BALTER, M.B./CISIN, I.H.: Primary Levels of Underreporting Psychotropic Drug Use. In: Public Opinion Quarterly 34, 1970
472. PATTISON/MANSELL: Changes in Public Attitudes on Narcotic Addiction. In: American Journal of Psychiatry 125, 1-6, 1968
473. PEREZ-REYES, M./TIMMONS, M.C./WALL, M.E.: Long-term Use of Marijuana and the Development of Tolerance or Sensitivity to Δ^9-Tetrahydrocannabinol. In: Archiv of General Psychiatry 31, 1974
474. PET, D.D./BALL, J.G.: Marijuana Smoking in the United States. In: Federal Probation 32, 1968
475. PETERSON, B./WETZ, R.: Drogenkonsum von Schülern in Nordrhein-Westfalen. Köln 1973 (Manuskript)
476. PETZEL, Th.P./JOHNSON, J.E./McKILLIP, H.: Response Bias in Drug Surveys. In: Journal of Consulting and Clinical Psychology 40, 1973
477. PETZOLD, H.: Möglichkeiten der Psychotherapie bei drogenabhängigen Jugendlichen. In: BIRDWWOD, G.(Hrsg.): Willige Opfer. Rosenheim 1971
478. PFEIFFER, W.: Systematisches Vorgehen bei Rauschmittelsucht. Tagungsbericht des Symposiums der Europäischen Sozialmedizinischen Vereinigung vom 18.-19.3.1972 in Ascona. In: Ärztliche Praxis XXIV, 1972
479. PILLARD, R.S.: Marijuana. In: New England Journal of Medicine 283, 1970
480. POMMERENING, H.: Die Entwicklung der Rauschgiftkriminalität in Baden-Württemberg aus kriminalpolizeilicher Sicht. In: Zeitschrift für Allgemeinmedizin 48 (5), 1972
481. PORTER, M.R./VIEIRA, Th.A./KAPLAN, G.J./HEESCH, J.R./ COLYAR, A.B.: Drug Use in Anchorage, Alaska. In: Journal of the American Medical Association 223, 1973
482. RAFAELSEN, O.J./BECH, P./CHRISTIANSEN, J./NYBOE, J./ RAFAELSEN, L.: Cannabis and Alcohol: Effects on Simulated Car Driving. In: Science 179, 1973
483. REDHARDT, R.: Zur Psychopathologie der ideologischen und sozikulturellen Motivationszusammenhänge des Haschischmißbrauchs. In: Nachrichtendienst des deutschen Vereins für öffentliche und private Fürsorge 51, 1971

484. REICH, Ch.A.: The Greening of America. New York 1970
485. REMSCHMIDT, H.: Haschisch und LSD. Physische und psychische Wirkungen. Teil 1. In: Medizinische Klinik 67, 1972
486. REMSCHMIDT, H.: Psychotische Zustandsbilder bei jugendlichen Drogenkonsumenten. In: Münchner Medizinische Wochenschrift 115, 1973
487. REMSCHMIDT, H./DAUNER, I.: Klinische und soziale Aspekte der Drogenabhängigkeit bei Jugendlichen. In: Medizinische Klinik 65, 1970
488. REUBEN, D.R.: Marihuana and Alcohol. In: Journal of the American Medical Association 204, 1968
489. RHI, M.: Diskussionsbeitrag in: Probleme im Gespräch. Band 3, Rauschmittel und Süchtigkeit. Studientagung des Gottlieb-Duttweiler-Instituts Rüschlikon bei Zürich. Bern und Stuttgart 1971
490. RIEDESSER, P.: Methadonprogramme in den USA. In: Medizinische Klinik 69, 1974
491. RITTER, K./SCHEIDT, E./HECKMANN, K./MICHAELIS, J.: Methode und erste Ergebnisse einer Raucherenquete in der Bundeswehr 1970. In: Wehrmedizinische Monatsschrift 15, 1971
492. ROBBINS, E./ROBBINS, L./FROSCH, W.A./STERN, M.: Implications of Untoward Reactions to Hallucinogens. In: Bulletin of the New York Academy of Medicine 43, 1967
493. ROBBINS, E./ROBBINS, L. ua.: College Student Drug Use. In: American Journal of Psychiatry 126, 1970
494. ROSENTHAL, S.H.: Persistent Hallucinoses Following Repeated Administration of Hallucinogenic Drugs. In: American Journal of Psychiatry 121, 1964
495. ROTHLIN, E./CERLETTI, A.: Pharmacology of LSD-25. In: LSD and Mescaline in Experimental Psychiatry. New York 1956
496. ROUSE, B.A./EWING, H.A.: Marijuana and Other Drug Use by Graduate and Professional Students. In: American Journal of Psychiatry 129, 1972
497. ROUSE, B.A./EWING, H.A.: Marijuana and Other Drug Use by Women College Students: Associated Risk Taking and Coping Activities. In: American Journal of Psychiatry 130, 1973
498. RUBIN, R.T.: Clinical Aspects of Marijuana and Amphetamine Use. In: The UCLA Unterdepartmental Conference. In: Annals Inter.Med. 70, 1969
499. RUCH, F.L./ZIMBARDO, P.G.: Lehrbuch der Psychologie. Berlin-Heidelberg-New York 1974
500. RUPPEN, R./MÜLLER, U./BAUMANN, U./ANGST, J.: Zur Prüfung der Aussagegenauigkeit bei einer Befragung über Drogenkonsum. In: Zeitschrift für Präventivmedizin 18, 1973
501. RUSSELL, M.A.H.: Cigarette Dependence: I. - Nature and Classification. In: British Medical Journal 1971
502. RUTHE, R.: Flucht in die Sucht. Wuppertal 1969
503. SALZMAN, C./LIEFF H.KOCHANSKY, G.E./SHACER, R.I.: The Psychology of Hallucinogenic Drug Discontinuers In: American Journal of Psychiatry 129, 1972
504. SANFORD, N.: Vorwort zu BLUM, R. (Ed.): Utopiates New York 1970

5o5. SAPER, A.: The Making of Policy Through Myth, Fantasy, and Historical Accident: The Making of America's Narcotics Laws. In: British Journal of Addiction 69, 1974
5o6. SATTES, H.: Verharmlosung der Rauschmittelsucht und ihre Folgen. In: Ärztliche Praxis 22, 197o
5o7. SAVAGE, C./HARMAN, W.W./FADIMAN, J.SAVAGE, E.: A Follow-Up Note on the Psychedelic Experience. APA Meeting, St.Louis, May 1963. In: TAYLOR, 1967
5o8. SAVAGE, C./JACKSON, D./TERRILL, J.: LSD, Transcendence, and the New Beginning. In: Journal of Nervous and Mental Disease 135, 1962
5o9. SCHEIDT, J.von (Hrsg.): Drogenabhängigkeit. Dort: Einleitung. München 1972
51o. SCHENK, J.: Der Beitrag psychologischer Betrachtungsweisen zum Kriminalisierungsprozeß. Vortrag Arbeitskreis junger Kriminologen. Bielefeld 1971
511. SCHENK, J./ Kritische Literaturdokumentation hinsichtlich bisheriger Bemühungen zur Reduzierung des Drogenproblems. In: Wehrmedizinischer Beirat, Sonderausschuß "Drogenmißbrauch". Würzburg 1972
512. SCHENK, J.: a. Zur Persönlichkeitsstruktur des Haschischkonsumenten. In: Wehrpsychologische Untersuchungen 9, Heft 1, 1974
513. SCHENK, J.: b. Ausmaß und Struktur des Drogenkonsums Jugendlicher in Deutschland. In: Wehrpsychologische Untersuchungen 9, Heft 3,1974
514. SCHENK, J.: c. Drogenkonsum und die Beurteilung von Drogen und Drogenkonsumenten bei frisch eingezogenen Bundeswehr-Rekruten. Eine repräsentative Befragung. In: Wehrpsychologische Untersuchungen 9, Heft 5, 1974
515. SCHENK, J.: d. Die neurotische Persönlichkeit des Haschischkonsumenten. In: Zeitschrift für klinische Psychologie und Psychotherapie 22, 1974
516. SCHENK, J.: Die Struktur des Drogenkonsums. In: KEUP, W. (Hrsg.): Mißbrauch chemischer Substanzen (Alkohol, Medikamente, Drogen, Nikotin) - neuere Forschungsergebnisse. Hamm 1975
517. SCHENK, J.: Massenmedien und Drogenkonsum. Das Beispiel FAZ. In Vorbereitung, erscheint 1975
518. SCHENK, J./RAUSCHE, A./STEEGE, F.: Zur Struktur des FPI. In Vorbereitung
519. SCHENK, J./STEEGE, F.: Methodische Kontrollen von Drogenkonsumbefragungen. In: SCHENK, J.: Drogenkonsum und die Beurteilung von Drogen- und Drogenkonsumenten bei frisch eingezog enen Bundeswehr-Rekruten. In: Wehrpsychologische Untersuchungen 9, 1974
52o. SCHERER, Sh.E./MUKHERJEE, B.N.: "Moderate" and Hard Drug Users Among College Students: A Study of Their Drug Use Patterns and Characteristics. In: British Journal of Addiction 66, 1971
521. SCHEUCH, E.K.: Mut zum Haschisch? In: FAZ vom 14.3.197o und 21.3.197o
522. SCHMIDTBAUER, W./SCHEIDT, J.von: Handbuch der Rauschdrogen. München 1971
523. SCHMIDT, F.: Prospektive Untersuchungen über die erhöhte Sterblichkeit von Rauchern. In: Rehabilitation 25, 1972

524. SCHMITT, L./STÖCKEL, F./KAISER,L.: Drogengebrauch unter Jugendlichen in Baden-Württemberg. In: Deutsches Ärzteblatt vom 17.2.1972
525. SCHNEIDER,H.: Zur Frage Rauschmittel und Psychose. In: Fortschritte der Medizin 9o, 1972
526. SCHÖNHÖFER, P.: Neue Methoden der Betreuung drogengefährdeter Jugendlicher in den USA und in der Bundesrepublik. In: Nachrichtendienst des deutschen Vereins für öffentliche und private Fürsorge 51, 1971
527. SCHÖNHÖFER, P.: Was wissen wir über Opiate? Drogen-Report 2, 1973
528. SCHÖNHÖFER, P./RÖMER, F.: Was wissen wir über Cannabis? (III). In: Drogen-Report 1, 1972
529. SCHRAPPE, O.: Statistisches und Klinisches über süchtiges Verhalten Jugendlicher. In: Suchtgefahren 13, 1967
53o. SCHUBERT, R.: Einleitung des 3. Kongreßtages für aktuelle Therapieprobleme ... In: Aktuelle Therapieprobleme bei neurologischen Erkrankungen/Frühdiagnose und Frühtherapie. 21. Nürnberger Fortbildungskongreß der Bayerischen Landesärztekammer vom 4.-6-12.197o. In: Schriftenreihe der Bayerischen Landesärztekammer Band 21, 1971 (a)
531. SCHUBERT, R.: Organschäden durch Rauschgifte. In: Aktuelle Therapieprobleme bei neurologischen Erkrankungen. 21. Fortbildungskongreß der Bayerischen Landesärztekammer vom 4.-6.12.197o. In: Schriftenreihe der Bayerischen Landesärztekammer Band 21, 1971 (b)
532. SCHÜSSLER, S./SCHENK, J.: Entwicklung deutscher Sensation-Seeking Skalen und der Zusammenhang zwischen Sensation und Extraversion. In Vorbereitung
533. SCHUR,E.M.: Narcotic Addiction in Britain and America. Bloomingron 1968
534. SCHURZ, J.: Vom Bilsenkraut zum LSD. Kosmos-Bibilothek Band 263. Stuttgart 1969
535. SCHUSTER, Ch.R.: Diskussionsbemerkung zum Vortrag von HOLLSTER. In: GOLDBERG, L./HOFFMEISTER, R. (Eds.): Psychic Dependence. Berlin 1973
536. SCHWARZ, J.: Feststellungen zum Rauschmittelmißbrauch in Schleswig-Holstein. In: SCHÄFER, H.(Hrsg.): Grundlagen der Kriminalistik Band 9, Rauschgiftmißbrauch, Rauschgiftkriminalität. Hamburg 1972
537. SCHWARZ, J./BERGIUS, M./ANHEGGER, O./BRINBAUM, K.: Rauschmittelgebrauch bei Oberschülern in Schleswig-Holstein. In: Monatsschrift der Kinderheilkunde 119, 1971 (a)
538. SCHWARZ, J./BERGIUS, M./ANHEGGER, O./BIRNBAUM, K.: Ergebnisse einer repräsentativen Umfrage über den Gebrauch von Rauschmitteln bei Oberschülern in Schleswig-Holstein. In: Das öffentliche Gesundheitswesen, Sonderheft 5, 1971 (b)
539. SCHWARZ, J./LAUBENTHAL, J./LEINEWEBER, D./RUSTAD, A.-K.: Ergebnisse einer zweiten Umfrage über den Rauschmittelgebrauch bei Schülern in Schleswig-Holstein. In: Drogen-Report 2, 1973

540. SECRETARY OF HEALTH, EDUCATION AND WELFARE: Marijuana and Health. Second Annual Report to Congress. Washington 1972
541. SEEVERS, M.H.: Psychological Dependence Defined in Terms of Individual and Social Risk. In: GOLDBERG, L./HOFFMEISTER, F.(Eds.): Psychic Dependence. Berlin 1973
542. SEIDENBERG, R.: Drug Advertising and Perception of Mental Illness. In: Mental Hygiene 55, 1971
543. SEISS, R.: Psychologie der Sucht unter dem Aspekt der Jugendgefährdung. In: Das Öffentliche Gesundheitswesen 33, Sonderheft 5, 1971
544. SELECTA: Rauschgiftsucht: Dann hören sie wieder auf. In: Selecta Nr. 46, 1962
545. SELECTA: Macht Haschisch frei? In: Selecta vom 17.11.1969
546. SELECTA: Ärzte brechen mit Vorurteilen. In: Selecta vom 15.4.197o
547. SELECTA: W.S. in Selecta: Schmale Grenzen zum Mißbrauch in der "Drogenkultur". In: Selecta vom 15.1.1973
548. SELECTA: Tabak: Wirtschaftsfaktor Zigarette. In: Selecta vom 18.1.1971
549. SELECTA: Drogenkonsum: Beängstigender Anstieg. In: Selecta vom 12.7.1971
55o. SELECTA: Bonn: Mit Zwölf die erste Zigarette. In: Selecta vom 28.1.1974
551. SELECTA: Raucher: Risikofaktoren, Entwöhnungsprobleme. In: Selecta vom 25.2.1974
552. SENATE SELECT COMMITTEE DES AUSTRALISCHEN PARLAMENTES: Drug Trafficking and Drug Abuse. Canberra 1971
553. SIGUSCH, V./SCHMIDT, G.: Jugendsexualität. Dokumentation einer Untersuchung. Stuttgart 1973
554. SMART, R.G./BATEMAN, K.: Unfavourable Reactions to LSD: A Review and Analysis of the Available Case Reports. In: Canadian Medical Association Journal 97, 1967
555. SMART, R.G./FEJER, D.: Illicit LSD Users: Their Social Backgrounds, Drug Use and Psychopathology. In: Journal of Health and Social Behaviour 1o, 1969
556. SMART, R.G./FEJER, D.: Drug Abuse Among Adolescents and Their Parents: Closing the Generation Gap in Mood Modification. In: Journal of Abnormal Psychology 79, 1972
557. SMART, R.G./FEJER, D.: Marijuana Use Among Adults in Toronto. In: British Journal of Addiction 68, 1973
558. HUSTON SMITH: Do Drugs Have Religious Import? In: Journal of Philosophy Vol. LXI, 1964 und in: SOLOMON, D. (Ed.): LSD - the Conciousness-Expanding Drug. New York 1964
559. SOLMS, H.: Süchtigkeit als individual-pathologisches Schicksal. In: Probleme im Gespräch, Rauschmittel und Süchtigkeit. Studientagung des Gottlieb-Duttweiler Instituts Bern 1971
56o. SOLOMON, D. (Ed.): The Marihuana Papers. New York 1966
561. SOMMERHAUSEN, C.: Wann wird von einem Rauschgiftproblem gesprochen? In: Probleme im Gespräch Band 3, Rauschmittel und Süchtigkeit. Studientagung des Gottlieb-Duttweiler Instituts Rüschlikon bei Zürich Bern 1971

562. SONNENREICH, M.R.: Drugs and Their Impact on Society. In: Report of the International Conference on Alcoholism and Drug Abuse. San Juan, Puerto Rico, November 1973
563. DER SOZIALBERATER: Hessen: Die Drogenwelle hat offenbar ihren Höhepunkt überschritten. In: Der Sozialberater 19, 1974
564. SOZIALMINISTER DES LANDES SCHLESWIG-HOLSTEIN: Kampf gegen Rauschgift. Bericht der Landesregierung Schleswig-Holstein. Schriften des Sozialministeriums Heft 1, 1972
565. SPANDL, O.P.: Rauschdrogenmißbrauch durch Jugendliche. Donauwörth 1971
566. SPILLE, D./GUSKI, R.: Langfristiger Drogenkonsum und Persönlichkeitsmerkmale. In: Zeitschrift für Sozialpsychologie 6, 1975
567. STADTJUGENDAMT SPEYER: Untersuchung über Rauschmittelgebrauch an Speyerer Schulen. Eigendruck 1971
568. STANDING JOINT COMMITTEE ON THE CLASSIFICATION OF PROPRIETARY PREPARATIONS: Zitiert in: British Medical Journal: Today's Drugs. Food or Drugs? In: British Medical Journal 1967
569. STOCKHAUSEN, J.: Der Arzt zum Rauschdrogenproblem. In: Weltgesundheit, Sonderausgabe Rauschdrogen. O.D.
57o. STOLL, G.: Vorwort zu "Das Baugerüst" 23, 1971
571. STRUNK, P.: Psychische Gesundheit von Jugendlichen und Jungerwachsenen. In: Deutsches Ärzteblatt vom 18.1o.1969
572. STUCKI, A.: Menschliche Hintergründe der Drogenabhängigkeit. In: Schweizerische Rundschau für Medizin, Praxis 6o, 1971
573. STUCKI, A.: Sucht - Krankheit oder Laster? In: Praxis 62, 1973
574. STUTTE, H.: Jugendpsychiatrische Aspekte zur Suchtgefährdung. In: Suchtgefahren 13, 1967
575. SÜLLWOLD, L.: Zur Pophylaxe des Drogenkonsums Jugendlicher.Sonderdruck aus "Zum Drogenkonsum Jugendlicher". Freiburg o.D.
576. SZASZ, T.S.: The Ethics of Addiction. In: American Journal of Psychiatry 128, 1971
577. TÄSCHNER, K.-L.: Drogen und Rauschmittel 1972. Zahlen, Fakten, Ergebnisse. In: Pharmazeutische Zeitung vom 14.12.1972
578. TÄSCHNER, K.-L./WANKE, K.: Drogenabhängigkeit bei Jugendlichen. In: Medizinische Klinik 15, 1972
579. TALBOTT, J.A./TEAGUE, J.W.: Marijuana Psychosis. In: Journal of the American Medical Association 21o, 1969
58o. TASK FORCE ON FEDERAL HEROIN ADDICTION PROGRAMS: Report Urges Government to Concentrate on Social Roots of Addiction. In: Drugs and Drug Abuse Education Newsletter 4, 1973
581. TAUBMANN, G.: Haschisch und LSD. In: Ärztliche Praxis vom 18.9.1971
582. TAYLOR, G.C.: An Analysis ot the Problems Presented in the Use of LSD. In: Bulletin of Narcotics 19, 1967

583. TAYLOR, R.W.J.: History and Pharmacology of Psychedelic Drugs. In: Internationale Zeitschrift für klinische Pharmakologie, Therapie und Toxikologie 5, 1971
584. TENNANT, F.S./GROESBECK, C.J.: Psychiatric Effects of Hashish. In: Archiv of General Psychiatry 27, 1972
585. TERRILL, J.: The Nature of the LSD Experience. In: SOLOMON, D.(Ed.): LSD - The Conciousness-Expanding Drug. New York 1964
586. TERRY, L.T.: Es geht vorwärts auf dem Wege, Nichtraucher zu werden. In: Rehabilitation 25, 1972
587. THIELICKE, H.: Anthropologische Grundtatbestände in individuellen Konfliktsituationen. In: Zeitschrift für evangelische Ethik 1974
588. THIEMANN, E.: Gewohnheit oder Sucht? Frankfurt 1970
589. THOMAS, K.: Die künstlich gesteuerte Seele. Stuttgart 1970
590. TIMES-INSERAT: The Law Against Marijuana is Immoral in Principle and Unworkable in Practice In: Times vom 24.7.1967
591. TINKLENBERG, J.R./STILLMAN, R.C.: Drug Use and Violence. In: DANIELS, D.N. (Ed.): Violence and the Struggle for Existence. Boston 1970
592. TÖLLE, R.: Zigarettenrauchen. Berlin-Heidelberg-New York 1974
593. TOLMAN, E.C.: Drives Toward War. New York 1942
594. TURNBULL, J.H.: Chinese Opium Narcotics. Richmond 1972
595. TYLDEN, E.: A Case for Cannabis? In: British Medical Journal 3, 1967
596. UNESCO-KURIER: Drogen sind nicht harmlos. In: UNESCO-Kurier 9, 1968
597. UNGER, S.M.: Mescaline, LSD, Psilocybin, and Personality Change. In: Psychiatry 26, 1963
598. UNGERLEIDER, J.T.: Review of Drug Abuse and Drug Control in California. In: TONGUE, A./TONGUE, E.(Eds.): Papers Presented at the International Institute on the Prevention and Treatment of Drug Dependence. Lausanne 1970
599. UNGERLEIDER, T.J./FISHER, D.D./GOLDSMITH, S.R./FULLER, M./FORGY, E.: A statistical Survey of Adverse Reactions to LSD in Los Angeles County. In: American Journal of Psychiatry 125, 1968
600. USAREUR: Drug Abuse. Army - Information - Commanders Notebook. Pamphlet No. 360-1o, 15.1o.1971. (Manuskriptdruck)
601. VAMOSE, M.: Einige Tatsachen über das Trinken von Kindern und Jugendlichen.- Analyse und Schlußfolgerungen aus verschiedenen Untersuchungen. In: Suchtgefahren 18, 1972
602. VINSON, C.F.: Wer zahlt, wenn jeder aufhört? In: Klar und Wahr, Januar 1973
603. VOGT, W.: Diskussionsbeitrag. In: Probleme im Gespräch: Rauschmittel und Süchtigkeit. Studientagung des Gottlieb-Duttweiler Instituts. Bern 1971
604. VOLLE, R.L./KOELLE, G.B.: Ganglionic Stimulating and Blocking Agents. In: GOODMAN, L.S./GILMAN, A.(Eds.): The Pharmacological Basis of Therapeutics. London 1970
605. WAGNER, H.: Rauschgift - Drogen. Berlin 1970

606. WALTERS, P.A./GOETHALS, G.W./POPE, H.G.: Drug Use and Life Style Among 500 College Undergraduates. In: Archives of General Psychiatry 26, 1972
607. WANKE, K.: Neue Aspekte zum Suchtproblem. Frankfurt 1971
608. WASKOW, I.E./OLSSON, J.E./SALZMAN, E./KATZ, M.M.: Psychological Effects of Tetrahydrocannabinol. In: Archives of General Psychiatry 22, 1970
609. WATTS, A.: A Psychedelic Experience: Fact or Fantasy? In: SOLOMON, D.(Ed.): LSD - the Consciousness-Expanding Drug. New York 1964
610. WATTS, A.: Psychedelics and Religious Experience. In: California Law Review 56, 1968
611. WAUGH, E.: Tod in Hollywood. Zürich 1950
612. LEONG WAY, E.: Contemporary Classification, Pharmacology, and Abuse Potential of Psychotropic Substances. In: WITTENBORN, J.R./BRILL, H./SMITH, J.P./WITTENBorn, S.A.(Eds.): Drugs and Youth. Springfield 1969
613. WECKOWICZ, T.E./JANSSEN, D.V.: Cognitive Functions, Personality Traits, and Social Values in Heavy Marijuana Smoker and Nonsmoker Controls. In: Journal of Abnormal Psychology 81, 1973
614. WEIDMANN, M.: Drogenkonsum als gesellschaftliches Problem. In: HEYMANN, K.(Hrsg.): Drogengefährdung als Zeiterscheinung. In: Psychologische Praxis 47, 1973
615. WEIDMANN, M./LADEWIG, D./FAUST, V./GASTPAR, M./HEISE, H./HOBI, V./MAYER-BOSS, S./WYSS, P.: Drogengebrauch von Basler Schülern - ein Beitrag zur Epidemiologie. In: Schweizerische Medizinische Wochenschrift 103, 1973
616. WEIDNER, K.: Gefahr durch Haschisch. In: Zeitschrift für Allgemeinmedizin 47, 1971
617. WEIL, A.T.: Adverse Reactions to Marihuana. In: New England Journal of Medicine 282, 1970
618. WEIL, A.T.: Altered States of Consciousness. In: Dealing With Drug Abuse. A Report to the Ford Foundation. London 1972
619. WEIL, A.T./ZINBERG, N.E./NELSEN, J.M.: Clinical and Psychological Effects of Marihuana in Man. In: Science 162, 1968
620. WEISSER, G.: Alkohol und Wirtschaftpolitik. In: Suchtgefahren 11, 1965
621. WESSELS, C.H.: Psychologische Motive des Drogenmißbrauchs. In: Medizinische Klinik 69, 1974
622. WESTPHAL, H.: Probleme des Drogenmißbrauchs. In: Zeitschrift für Sozialreform 18, 1972
623. WESTPHAL, H.: Brief an den Vorsteher des Börsenvereins des Deutschen Buchhandels vom 17.7.1972. In: Bundesministerium für Jugend, Familie und Gesundheit (Hrsg.): Dokumente zum Drogenproblem. Bonn 1972
624. WETZ, R.: a. Jugendliche und Rauschmittel. Köln 1972
625. WETZ, R.: b. Jugendliche und Rauschmittel. In: Soziale Welt 1972
626. WHO: Die WHO zum Thema "Rauchen und Gesundheit". In: Sonderdruck aus "Bundesgesundheitsblatt" 1970 Nr. 23, Sonderdruck durch Springer-Verlag 1970
627. WHO EXPERT COMMITTEE ON DRUGS LIABLE TO PRODUCE ADDICTION: Report on the Second Session. WHO Technical Report Series No. 21. Genf 1950

628. WHO EXPERT COMMITTEE ON DRUGS LIABLE TO PRODUCE ADDICTION: Third Report. WHO Technical Report Series No. 57. Genf 1952
629. WHO EXPERT COMMITTEE ON ADDICTION-PRODUCING DRUGS: Seventh Report. WHO Technical Report Series No. 116. Genf 1957
630. WHO EXPERT COMMITTEE ON ADDICTION-PRODUCING DRUGS: Thirteenth Report. WHO Technical Report Series No. 273. Genf 1964
631. WHO EXPERT COMMITTEE ON DEPENDENCE-PRODUCING DRUGS: Fourteenth Report. WHO Technical Report Series No. 312. Genf 1965
632. WHO EXPERT COMMITTEE ON DRUG DEPENDENCE: Sixteenth Report. WHO Technical Report Series No. 407. Genf 1969
633. WHO SCIENTIFIC GROUP: Evaluation of Dependence-Producing Drugs. WHO Technical Report Series No. 287. Genf 1964
634. WHO SCIENTIFIC GROUP: The Use of Cannabis. WHO Technical Report Series No. 478. Genf 1971
635. WILLARD, N.: Bedrohung durch Rauschdrogen. In: Weltgesundheit, Sonderausgabe "Rauschdrogen" (o.D.)
636. WILSON, C.W.M.: Drug Dependence or Drug Abuse? In: Wilson, C.W.M. (Ed.): Adolescent Drug Dependence. Oxford 1968
637. WINICK, Ch.: Maturing Out of Narcotic Addiction. In: Bulletin of Narcotics 14, 1962
638. WINICK, Ch.: The Life Cycle of the Narcotic Addict and of Addiction. In: Bulletin of Narcotics 16, 1964
639. WIRTH, W./HECHT, G./GLOXHUBER, Ch.: Toxikologie-Fibel Stuttgart 1971
640. WOLFF, B./NETZ, B./LILIEBLAD, B.: Narkotikamißbrauch unter den Musterungspflichten 1968/69. Rohübersetzung aus dem Schwedischen. (Manuskriptdruck 1969)
641. WURMSER, L.: Entwicklung und Bedeutung der Rauschgiftsucht in den USA. In: Schweizerische Medizinische Wochenschrift 104, 1974
642. ZEHM, G.: Haschisch und Mord. In: Welt vom 6.12.1969.
643. ZIMMERMANN, R.: Drogenkontakt bei Oberschülern einer Großstadt. In: Zeitschrift für Klinische Psychologie und Psychotherapie 22. 1974
644. ZUCKERMAN, M.: Dimensions of Sensation Seeking. In: Journal of Consulting and Clinical Psychology 36, 1971
645. ZUCKERMAN, M./KOLIN, E.A./PRICE, L./ZOOB, I.: Development of a SSS. In: Journal of Consulting and Clinical Psychology 28, 1964
646. ZUCKERMAN, M./LINK, K.: Construct Validity of the SSS. In: Journal fo Consulting and Clinical Psychology 32, 1968

Nachtrag:

ASCH, S.E.: Opinions and Social Pressure. In: Scientific American. November 1955
BENFORADO, J.M.: The Cannabis Controversy. New England Journal of Medicine 281, 1969
BUNDESZENTRALE FÜR GESUNDHEITLICHE AUFKLÄRUNG: Einstellung zum Drogengebrauch bei Jugendlichen (IJF 7-71). Manuskriptdruck. Köln 1971

CRUTCHFIELD, R.S.: Conformity and Character. American Psychologist X. 1955
FEUERLEIN, W.: Sucht und Süchtigkeit. In: Münchener Medizinische Wochenschrift 50, 12. Dez. 1969
KOOYMAN, M.: Medizinische Aspekte. In: Neumann,N. (Hrsg.): Hasch und andere Trips. Hamburg 1970
SHERIF, M.: Group Influence Upon the Formation of Norms and Attitudes. In: Maccoby, E.E./Newcomb, T.M./Hartley, E.L. (Eds): Reading in Social Psychology. New York 1958
VICTOR, H.L./GORSSMAN, J.C./EISENMAN, R.: Openness to Experience and Marijuana Use in High School Students. In: Journal fo Consulting and Clinical Psychology 41, 1973

I. SACHVERZEICHNIS

Alkohol
- Befragung Konsum USA 68
- Intensität 55-56
- Konsumabsicht 52-53
- Repräsentativbefragung 52
- Umsatz BRD 49-51

Analyse FAZ 263-267

Argumente für Kontrolle
- geringe Erfahrung mit der Droge 294
- kulturfremde Droge 295-296
- Reifungshemmung 293-294
- unverdienter Lustgewinn 296
- zusätzliche Droge 295

Argumente gegen Kontrolle
- keine Störungen 297
- kein medizinisches Problem 298
- Recht auf persönliche Entfaltung 299-300

Ärzte als Verteiler von Drogen 252-253

Beurteilung Schädlichkeit
- Umfrage Jugendliche 309-310
- Umfrage Ärzte u. Psychologen 310-313

Bureau of Narcotics and Dangerous Drugs 5

Cannabis
- Assassinen 135-137
- Bhang 108
- Charas 108
- Dosisabhängigkeit der Wirkung 112
- Ganja 108
- Gehalt an THC 113
- Gewinnung 108
- Haschisch 108-109
- Marihuana 109
- Persönlichkeitsabhängigkeit d. Wirkung 114
- Negative Wirkungen 112, 122, 150-160
- Nichtspezifische Faktoren der Wirkung 110
- Persönlichkeitsdepravation 138-143
  -, Begriff der 139, 142
  -, Methodenprobleme 139-141
- Situationsabhängigkeit d. Wirkung 114-115
- Wirkung, Aggressivität 131-138
- Wirkung, Fahrverhalten 123-127
- Wirkung, Sexualverhalten 127-131
- Wirkung, Steuerbarkeit 113
- Wirkung, Stimmung u. Wahrnehmungsveränderungen 111, 116-123
- Tetrahydrocannabinol (THC) 108

Drogenabhängigkeitsbegriff WHO 80-82, 102, 204-206
- Definition Bejerot 86-88
- Kritik 82-88, 206-209
- Theorie 209-216

Drogenbegriff 44, 46-47, 90-94

Drogenforschung
- interdisziplinär 4
- sozialer Druck auf 5-7
- weltanschauliche Grenzen 9-10, 12, 14-16

Drogenkatalog 45, 89

Drogenkonsum BRD (ohne Alkohol und Tabak)
- Beginn Drogenkonsum 37-38
- Beschlagnahmungen 17-19, 22
- Dauer des Konsums 38-39
- Definition User 43-44
- Drogentäter 20
- Gesamtperspektive 58-60
- Konsumenten 29, 30-32
- Ländervergleich 30-31

369

- Problematik amtlicher Statistiken 21
- Reihenfolge Häufigkeit d. gebr. Drogen 32-34 sh. auch Tabak u. Alk.
- Repräsentativbefragungen Überblick 26-27
- Repräsentativbefragungen Überblick Ergebnisse 29
- Schätzungen Ausmaß 28-29, 42
- Stärke d. Konsums 33-34
- User 29-30
- Wiederholungsstudien 40-41
- Zahl d. gebr. Drogen 35
- Zuwachsrate f. Altersstufen 39

Drogenkonsum Europa
- Beschlagnahmungen 18-19, 23

Drogenkonsum USA (ohne Alkohol u. Tabak)
- Entwicklung 63-64
- Hierarchie d. gebr. Drogen 64-66
- Stärke Konsum 66-67
- Umfang 62-63

Drogenkonsumenten
- Alter 39
- Alter Erstkonsum 40
- Kranke 12, 99-100
- Kriminelle 12, 134-135
- Persönlichkeit 226-232
- politische Haltung 233
- sensation-seeking 234-235
- Stichprobenprobleme 223-226
- Studenten 37
- stärker sexuell 130
- süchtige Persönlichkeit 219-221

Drogenkonsumstruktur 196-198

Drogensequenz 1-6
- Allgemeine Haltung 191
- Angebot entscheidend 191
- Bedeutung anderer Drogen 189, 195
- Bedeutung Fragestellung 181-182
- Methodische Probleme 186-189, 190
- Stellung Cannabis 182-186, 194, 199-204

Einschätzung des Drogencharakters einzelner Stoffe 260-261

Familienzusammenhalt 240-243

FPI 226-230

Gefühlsverarmung 280

Genußmittel 252, 254, 256-257

Gesellschaftliche Haltung gegenüber Drogen 270-275

Gewöhnungsbegriff WHO 79

Informationsquelle der Jugendlichen 269

Interventionsrecht des Staates 288-293

Juristische Regelung des Drogenkonsums 15-16, 103, 104

Kommunikationsstruktur mit Eltern 240-243

Kulturkritik 267

LSD
- Dosisabhängigkeit 144
- Erwartungshaltung 144-145
- flash-back 152
- halluzinogene Wirkung 143-150

- negative Wirkungen 150-160
- Persönlichkeitsabhängigkeit d. Wirkung 149-150
- religiöse Erlebnisse 146 146-149
- Vergleich mit Cannabis 145-146

Marihuana Tax Act 10-11

Massenmedien 262-270

Medikamentenkultur 253

Methodenprobleme der Drogenforschung 13-14, 70-77

Opiate
- Abhängigkeitsentwicklung 164-168
- Kontrollierter Gebrauch 170-180
- Morphin 161
- Opium 160
- Persönlichkeitsabhängigkeit d. Wirkung 163
- Persönlichkeitsdepravation 168-170
- Toleranzentwicklung 165, 172
- Wirkung 161-164

Peer-Gruppe 243-247

Prophylaxe
- Aufklärung 326-328
- Bedeutung 325
- Sozialreform 328-330, 333-334

Rauschdroge 94-96

Rauschmittel 254

Reizüberflutung 278

Sozialpsychologischer Ansatz 1-3, 107
- Suchtbegriff WHO 78-79

Tabak
- Befraung Konsum USA
- Drogencharakter 46, 103
- Gefahren durch Tabak 301-305
- Intensität Konsum 56-57
- juristische Einstufung des Rauchens 306-307
- Repräsentativbefragungen BRD 53-54
- Umsatz BRD 51
- Zukunftsabsicht Konsum 54

Therapie
- Heroin-Erhaltungsprogramm 323
- körperlicher Entzug 318
- Kritik am Methadon-Erhaltungsprogramm 322
- Methadon-Entzugsprogramm 319
- Methadon-Erhaltungsprogramm 320-322

Veräußerlichung 278

Vergleich Alkohol mit Cannabis 255-257

Vorbild der Eltern 247-250

Werbung für Medikamente u. traditionelle Drogen 250-252

WHO-Definition Mißbrauch 47, 96-97
Feuerlein 97
Fort 98

M.G. STRINGARIS
Die Haschischsucht
Pharmakologie. Geschichte. Psychopathologie. Klinik. Soziologie
2. überarbeitete Auflage
X, 150 Seiten. 1972
DM 19,–; US $8.20
ISBN 3-540-05696-3

Die zweite bearbeitete Auflage dieses höchst aktuellen Buches befaßt sich mit den individuellen und sozialen Folgen des chronischen Haschischgebrauchs und -mißbrauchs, mit der aktuellen Situation seiner Verbreitung und seiner Vorgeschichte.

R. TÖLLE
Zigarettenrauchen
Zur Psychologie und Psychopathologie des Rauchers
Unter Mitarbeit von U. Camerer, W. Digel, H.-P. Kastorf, R. Remppis, I. Rommelspacher, U. Wild
24 Tabellen. VII, 126 Seiten. 1974
DM 12,80; US $5.50
ISBN 3-540-06668-3

Dieser knappe Text, Ergebnis einer Erhebung an 1000 Zigarettenrauchern, vermittelt eine leicht verständliche Übersicht über die Häufigkeit, die Motivation, die Persönlichkeitsstruktur und die Gesundheit der Raucher. Darüber hinaus werden Abstinenzerfahrungen, Entziehungserscheinungen und Rauchertypen beschrieben.

B. WOGGON
Haschisch
Konsum und Wirkung
Mit einem Geleitwort von J. Angst
1 Abbildung, 59 Tabellen
VIII, 152 Seiten. 1974
DM 19,80; US $8.60
ISBN 3-540-06917-8

Dieses Buch vermittelt dem Leser das erforderliche Tatsachenmaterial, um über eine sachliche Diskussion des komplexen Themas zu einem objektiven eigenen Urteil zu gelangen. Die Darstellung ist so gewählt, daß sie nicht nur Ärzte, sondern auch Interessenten aller anderen betroffenen Fachrichtungen anspricht.

H. WAGNER
Rauschgift-Drogen
2. Auflage. 55 Abbildungen
VII, 142 Seiten. 1970
(Verständliche Wissenschaft, Band 99)
DM 12,–; US $5.20
ISBN 3-540-05028-0

Die Aktualität, die Rauschgifte in unserer Gesellschaft in immer stärkerem Maße gewinnen, vor allem aber die derzeitige Diskussion über den angeblich „harmlosen" Charakter einiger Rauschgifte verlangen nach einer objektiven und kritischen Gesamtdarstellung.

Preisänderungen vorbehalten

Springer-Verlag   Berlin   Heidelberg   New York

Psychological Research

An International Journal of Perception, Learning and Communication (founded as „Psychologische Forschung")

Editorial Board: D.E. Broadbent, C.N. Cofer, K. Foppa (Managing Editor), R.B. Freeman, Jr., R. Held, Th. Herrmann, H. Hörmann, H.M.B. Hurwitz, G. Johansson, H.W. Leibowitz (Managing Editor), J.A. Michon, Y. Tanaka

Psychological Research, founded in 1921, has become well-known as the first "official" journal of Gestalt psychology. Now that the major results of Gestalt psychology have become an integral part of psychology as a whole, the journal reflects the new and different problems that have moved to the forefront.

In accordance with its tradition, Psychological Research continues its concern with empirical studies of basic problems in psychology. Thus, the journal contains papers which use quantitative methods.

In this context, ethology, neurophysiology, and physiological psychology are also within the scope of the journal. Because of its orientation, perception, learning and communication are especially emphasized.

Social Psychiatry / Sozialpsychiatrie / Psychiatrie Sociale

Editorial Board: S. Fleck, H, Häfner, N. Kreitman (Editor-in-Chief), C. Müller

This journal contains original theoretical and clinical research papers on the role of interpersonal processes in health and disease and the sociological cross-cultural aspects of human behavior in and related to psychiatric illness. A wide spectrum of views is reflected in these international studies. In addition, it provides for the exchange of information on problems, theories, methodologies, institutional practices, administrative procedures, legislation, and social planning that are relevant to modern, socially oriented psychiatric treatment.

Ein Probeheft und Auskunft über Abonnementsbedingungen sowie Preis und Lieferbarkeit antiquarischer Bände erhalten Sie auf Anfrage.

Bitte schreiben Sie an:

Springer-Verlag
Werbeabteilung 4021
1000 Berlin 33
Heidelberger Platz 3

Springer-Verlag   Berlin   Heidelberg   New York

MIX
Papier aus verantwortungsvollen Quellen
Paper from responsible sources
FSC® C105338

If you have any concerns about our products,
you can contact us on
ProductSafety@springernature.com

In case Publisher is established outside the EU,
the EU authorized representative is:
**Springer Nature Customer Service Center GmbH
Europaplatz 3, 69115 Heidelberg, Germany**

Printed by Libri Plureos GmbH
in Hamburg, Germany